U0746775

中國古代史學叢書

[漢]班固 撰 [清]王先謙 補注
上海師範大學古籍整理研究所 整理

漢書補注

貳

上海古籍出版社

異姓諸侯王表第一〔一〕

〔一〕【補注】先謙曰：此表全倣史記秦楚之際月表例，而增列一統後年數。特月表始秦二世元年，此始漢元年爲異耳。

昔詩書述虞夏之際，舜禹受禪，〔一〕積德累功，洽於百姓，攝位行政，考之于天，〔二〕經數十年，然後在位。殷周之王，乃繇禼稷，〔三〕修仁行義，歷十餘世，至于湯武，然後放殺。〔四〕秦起襄公，章文、繆，獻、〔五〕孝、昭、嚴，稍蠶食六國，〔六〕百有餘載，至始皇，乃并天下。以德若彼，用力如此，其艱難也。〔七〕

〔一〕師古曰：古禪字，音上扇反。

〔二〕師古曰：謂在璿璣玉衡以齊七政，考之于天，知已合天心不也。

〔三〕師古曰：繇讀與由同。【補注】錢大昭曰：説文「偰，高辛氏之子，堯司徒，殷之先。从人，契聲」。又曰「禼，蟲也。从厹，象形，讀與偰同。𢧵，古文禼」。是禼即契也。先謙曰：官本「稷」作「積」。

〔四〕師古曰：殺讀曰弒。它皆類此。【補注】先謙曰：官本注末有「也」字。

〔五〕師古曰：言秦之初大，起於襄公始爲諸侯，至文公、繆公、獻公更爲章著也。襄公，莊公之子。文公，襄公之子也。

繆公，德公之少子。獻公，靈公之子也。【補注】齊召南曰：月表「秦起襄公，章於文、繆，獻、孝之後，稍以蠶食六國」。史記從「文繆」斷句，而獻公下連孝公云「獻、孝之後」，則昭王、莊襄王皆已包括。此表「章」字下無「於」字，則從「獻」字斷句。蓋秦自獻公以上，不過爲西方大國，至孝公以還，遂駸駸乎有并吞天下之勢矣。王念孫曰：獻公在繆公之後十六世，而與文、繆竝數之，既爲不倫，且上下句法亦屬參差，當斷「章文繆」爲句，「獻孝昭嚴」爲句，孝公即獻公之子也。章文、繆，據春秋時言之；獻、孝、昭、莊，蠶食六國，則據戰國時言之，文義甚明。師古不以「獻孝昭嚴」爲句者，其意以蠶食六國自孝公始，不當并及於獻耳。今案史記六國表，秦獻公十九年「敗韓、魏洛陰」。舊本「陰」譌作「陽」，今據魏世家集解所引改正。周本紀「顯王五年，賀秦獻公，獻公稱伯」。秦本紀獻公「二十一年，與晉戰於石門，斬首六萬，天子賀以黼黻。二十三年，與晉戰少梁，虜其將公孫痤」。舊本「晉」上有「魏」字，今刪，說見史記。則秦之彊，實自獻公始。六國表序「秦始小國僻遠，諸夏賓之，比於戎狄，至獻公之後常雄諸侯」。此又一證也。先謙曰：王說是。

〔六〕師古曰：孝謂孝公也，即獻公之子。昭謂昭襄王，即惠王之子，武王之弟也。嚴謂莊襄王，即昭襄王之孫，孝文王之子也。後漢時避明帝諱，以莊爲嚴，故漢書姓及謚本作莊者皆易爲嚴也。它皆類此。蠶食，謂漸吞滅之，如蠶食葉也。

〔七〕師古曰：囏，古艱字也。【補注】錢大昭曰：尋顔注，「艱」當作「囏」。說文「艱，土難治也。籀文艱，从喜」。周壽昌曰：乾道本、汪本、明德藩本，字俱作「囏」。先謙曰：官本作「囏」。以德謂殷周，用力謂秦也。索隱，以德即契、后稷及秦襄、文、穆，用力謂湯、武及始皇。襄、文、穆之德，何所考見！湯、武乃與始皇並以用力稱，可謂巨繆。

秦既稱帝，患周之敗，以爲起於處士橫議，諸侯力爭，四夷交侵，以弱見奪。〔一〕於是削去五等，〔二〕墮城銷刃，〔三〕箝語燒書，〔四〕内鋤雄俊，外攘胡粵，〔五〕用壹威權，爲萬世安。〔六〕然十餘年間，猛敵横發乎不虞，〔七〕適戍彊於五伯，〔八〕閭閻偪於戎狄，〔九〕響應瘖於謗議，〔一〇〕奮臂威於甲兵。鄉秦之禁，適所以資豪桀而速自斃也。〔一一〕是以漢亡尺土之階，繇一劍之任，五載而成帝業。〔一二〕書傳所記，未嘗有焉。何則？古世相革，皆承聖王之烈，〔一三〕今漢獨收孤秦之弊。鐫金石者難爲功，摧枯朽者易爲力，〔一四〕其埶然也。故據漢受命，譜十八王，月而列之，天下一統，乃以年數。〔一五〕訖于孝文，異姓盡矣。

〔一〕服虔曰：言因横議而敗也。應劭曰：孟軻云「聖王不作，諸侯恣行，處士横議」。師古曰：處士，謂不官於朝而居家者也。横音（朝）〔胡〕孟反。次下「横發」，其音亦同也。

〔二〕應劭曰：周制，公、侯、伯、子、男五等爵。

〔三〕應劭曰：壞其堅城，恐復阻以害己也。聚天下之兵，鑄以爲銅人十二，不欲令民復逆命也。古者以銅爲兵。師古曰：墮音火規反。

〔四〕應劭曰：禁民聚語，畏其謗己。箝，緘也。箝與鉗同。晉灼曰：許慎云「箝，籋也」。師古曰：晉說是也。謂箝籋其口，不聽妄言也，即所謂禁耦語者也。箝音（某）〔其〕占反。籋音躡。

〔五〕師古曰：攘，卻也。粤，古越字。

〔六〕師古曰：令威權壹歸於己。

〔七〕師古曰：虞，度也。意所不度，謂之不虞。

〔八〕師古曰：適讀曰謫。謫戍，謂陳勝、吳廣也。伯讀曰霸。五霸，謂昆吾、大彭、豕韋、齊桓、晉文也。謫音陟厄反。

〔九〕應劭曰：周禮二十五家爲閭。閻音簷，門閭外旋下蔭，謂之步簷也。閭閻民陳勝之屬，言其逼秦甚於戎狄也。師古曰：閭，里門也。閻，里中門也。陳勝、吳廣本起閭左之戍，故總言閭閻，應說非也。閭左，解在陳勝傳。偪音逼。

〔一〇〕服虔曰：瘠音慘。應劭曰：秦法，誹謗者族。今陳勝奮臂大呼，天下莫不嚮應，嚮應之害更瘠烈於所謗議也。師古曰：嚮音響。響應者，如響之應聲。瘠，痛也。服音是也。

〔一一〕師古曰：鄉讀曰嚮，謂曩時也。秦禁，謂隳城銷刃，箝語燒書之屬是也。

〔一二〕師古曰：繇讀與由同。任，用也，事也。【補注】先謙曰：官本注無「繇」下五字。

〔一三〕師古曰：革，變也。烈謂餘烈也。

〔一四〕師古曰：鐫，琢石也，音子全反。【補注】周壽昌曰：廣雅「鐫，鑿也」。方言「鐫，琢也。晉趙謂之鐫」。顔注訓石而遺金。

〔一五〕應劭曰：譜音補。項羽爲西楚霸王，爲天下主，命立十八王，王高祖於蜀漢。漢元年，諸王畢封各就國，始受命之元，故以冠表焉。張晏曰：時天下未定，參錯變易，不可以年紀，故列其月，五年誅籍，乃以年紀焉。【補注】錢大昕曰：長沙王吴芮，漢高所封，不在十八王之數。

漢元年[一]	一月[五]	
楚	西楚霸王項籍始,為天下主命立十八王。	
分為衡山	王吳芮始,故番君。[六]	
分為臨江	王共敖始,故楚柱國。[七]	
分為九江	王英布始,故楚將。	
趙常山[二]	王張耳始,故趙將。	
分為代	王趙歇始,故趙王。	二十七
齊臨淄[三]	王田都始,故齊將。	
分為濟北	王田安始,故齊將。	
分為膠東	王田市始,故齊將。[八]	二十
雍分關中	王章邯始,故秦將。[九]	
塞分關中	王司馬欣始,故秦長史。[一〇]	
翟分關中	王董翳始,故秦都尉。[一一]	
燕	王臧荼始,故燕將。[一二]	
分為遼東	王韓廣始,故燕王。	三十
魏[四]	王魏豹始,故魏王。[一三]	十九
分為殷	王司馬卬始,故趙將。[一四]	
韓	王韓成始,故韓王。	二十二
分為河南	王申陽始,故楚將。	

[一]【補注】先謙曰:高紀:十月秦王子嬰降。

[二]【補注】先謙曰:月表:趙更名常山。

[三]【補注】先謙曰:月表:齊更名臨淄。

[四]【補注】先謙曰:月表:更名西魏。

[五]應劭曰:諸王始受封之月也。十八王同時稱一月。趙歇起已二十七月,徙為代王。皆以月數旁行題「都」上云。【補注】錢大昭曰:此一月,據本紀是乙未歲之第五月。漢都南鄭獨不著,以別於十八王。

[六]師古曰:番音蒲河反。

[七]師古曰:共讀曰恭。

[八]【補注】錢大昭曰:項羽傳:徙齊王田市為膠東王。此當云故齊王。先謙曰:官本作「王」。

[九]【補注】先謙曰:羽傳:王咸陽以西。

[一〇]【補注】先謙曰:羽傳:王咸陽以東至河。

[一一]【補注】先謙曰:羽傳:王上郡。

[一二]師古曰:荼音大胡反。

[一三]【補注】先謙曰:羽傳:王河東。

[一四]【補注】先謙曰:羽傳:王河内。

二月	三月	四月
二 都彭城。	〔二〕	〔六〕
二 都郴。		
二 都江陵。		
二 都六。		
二 都襄國。		
二十八 都代。		
二 都臨淄。		
二 都博陽。		四 田榮擊都。降楚。〔七〕
二十一 都即墨。	二十二	
二 都廢丘。	〔三〕	二十三
二 都櫟陽。		〔八〕
二 都高奴。		
二 都薊。		
二十一〔一〕 都無終。	三十二	三十三
二十 都平陽。	二十一	三十二〔九〕
二 都朝歌。	三	四
二十三 都陽翟。	〔四〕	〔一〇〕
二 都雒陽。	〔五〕	

〔一〕【補注】先謙曰：汪本、官本作「三十一」，是。

〔二〕【補注】先謙曰：此下八格，當補五「三」字，一「廿九」字，二「三」字。官本並有。

〔三〕【補注】先謙曰：此下四格，各補「三」字。官本有。

〔四〕【補注】先謙曰：此格補「廿四」。官本有。

〔五〕【補注】先謙曰：此格補「三」字。官本亦脱。

〔六〕【補注】先謙曰：此下七格，補五「四」字，一「三十」字，一「四」字。官本有。

〔七〕【補注】齊召南曰：史記「都」下多一「都」字，是。

〔八〕【補注】先謙曰：此下四格，各補「四」字。官本有。

〔九〕【補注】朱一新曰：汪本「三」作「二」，是。

〔一〇〕【補注】先謙曰：此補「廿五」，下格補「四」。官本並有。

五月	六月	七月
〔一〕	六	七
	六	七
	六	七
	六	七
	六	七
	三十 二	三十 三
五 王田榮始，故齊相。	二	三
	六 田榮擊殺安。屬齊。	
二十 四 田榮擊殺市。屬齊。		
〔二〕	六	邯守廢丘，漢圍之〔五〕
	六	七 欣降漢。
	六	七 翳降漢。
	六	〔六〕
三十 四	三十 五	三十 六 臧荼擊殺廣。屬燕。
二十 三	三十 四〔四〕	二十 五
五	六	七
〔三〕	二十 七 項籍誅成。	
	六	七 王鄭昌始，項王立之。〔七〕

〔一〕【補注】先謙曰：此下七格，補五「五」字，一「三十一」字，一「五」字。官本有。
〔二〕【補注】先謙曰：此下四格，各補「五」字。官本有。
〔三〕【補注】先謙曰：此補「廿六」，下格補「五」。官本並有。
〔四〕【補注】朱一新曰：汪本「三」作「二」，是。
〔五〕【補注】先謙曰：官本有「七」字，是。月表亦有。
〔六〕【補注】先謙曰：官本有「七」字，是。月表亦有。
〔七〕【補注】先謙曰：官本「王」下八字上一格，是。

八月	九月	十月
八	九	十
八	九	十
八	九	十
八	九	十
八	九　耳降漢。	代王歇還王趙。
三十　四	三十　五　歇復趙王。	歇以陳餘爲代王，號安成君。〔二〕
四	五	六
八	九	十　漢拔我隴西。
屬漢，爲渭南、河上郡。		
屬漢，爲上郡。		
〔一〕	九	十
二十　六	二十　七	二十　八
八	九	十
二	三	王韓信始，漢立之。〔三〕
八	九　陽降漢。	屬漢，爲河南郡。

〔一〕【補注】先謙曰：官本有「八」字，是。月表亦有。

〔二〕【補注】先謙曰：官本「安成」作「成安」，是。

〔三〕【補注】先謙曰：月表作「韓王信」。

十一月	十二月	二年〔一〕		一月
十一	十二	二年		一月
十一	十二	二年		一月
十一	十二		十三〔二〕	
十一	十二	二年		一月
三十 七	三十 八		三十 九	
二	三		四	
七	項籍擊榮。走平原，民殺之。		項籍復立故齊王田假爲王。	二
十一	十二 漢拔我北地。	二年		一月
十一	十二	二年		一月
二十 九	三十		三十 一	
十一	十二		三十 三〔三〕	
二	三		四	

〔一〕【補注】先謙曰：案此三大行，當併爲一行。此二年之一月也。下同。

〔二〕【補注】先謙曰：官本前多「二年」，後多「一月」。

〔三〕【補注】先謙曰：官本無上「三」字，是。多「二年一月」四字。

二月	三月項王三萬人破漢兵五十六萬。	四月
二	三	四
二	三	四
十四	十五	十六
二	三	四
四十五	四十六　一	四十七　二
田榮弟横反城陽，擊假，假奔楚。殺假。〔一〕	王廣始，故田榮子，横立之。	二
		二〔二〕
二	三	四
二	三	四
三十　二　豹降，爲王。	三十　三　從漢伐楚。	三十　四　豹歸，畔漢。
十四　卬降漢。	屬漢，爲河內郡。	
五	六　從漢伐楚。	七

〔一〕【補注】先謙曰：「楚」下當更有「楚」字。月表有。

〔二〕【補注】先謙曰：衍。官本無。

五月	六月	七月	八月	
五	六	七	八	
五	六	七	八	
十七	十八	十九	二十	
五	六	七	八	
四十　三	四十　四	四十　五	四十　六	
八	九	十	十一	
三	四	五	六	
三〔一〕				
五　漢殺邯。屬漢，爲中地、隴西、北地郡。				
五	六	七	八	
三十　五	三十　六	三十　七	三十　八	漢將韓信擊虜豹。
八	九	十	十一	

〔一〕【補注】先謙曰：衍。官本無。

九月	十月	十一月	十二月
九	十	十一	十二
九	十	十一	十二
二十一	二十二	二十三	〔五〕
九	十	〔四〕	布降漢。
四十七	四十八 漢滅歇。〔二〕		
十二〔一〕	十（二）〔三〕〔三〕	屬漢，爲太原郡。	
七	八	九	十
九	十	十一	十二
屬漢，爲河東、上黨郡。			
十二	二年一月	二	三

〔一〕【補注】先謙曰：月表有「漢將韓信斬陳餘」七字，此當有。終餘事後乃滅歇，餘、信傳可證。

〔二〕【補注】先謙曰：月表有「屬漢爲郡」四字，謂爲常山郡也。各本脫。

〔三〕【補注】先謙曰：後「屬漢，爲太原郡」。當移入此格，各本俱誤，月表可證。

〔四〕【補注】先謙曰：官本有「十一」二字，此脫。月表「十二」下云「布身降漢，地屬項籍」。下「布降漢」三字，當在此行。

〔五〕【補注】先謙曰：官本有「二十四」三字，此脫。

三年〔一〕	三年	三年											三年						
一月	一月	一月	二十五				十一						一月				四		
二月	二	二	二十六				十二						二				五		
三月	三	三	二十七				十三						三				六		
四月	四 漢圍滎陽。〔二〕	四	二十八				十四						四				七		
五月	五	五	二十九				十五						五				八		
六月	六	六	三十				十六						六				九		
七月	七	七	三十一				十七						七				十		
八月	八	八	子尉嗣爲王。				十八						八				十一		

〔一〕【補注】先謙曰：此及下當共爲一行。官本不誤。

〔二〕【補注】先謙曰：「漢圍」當作「圍漢」。官本不誤。

九月	十月	十一月	十二月	四年一月	二月
九	十	十一 漢將韓信擊殺龍且。	十二	四年一月	二
九	十	十一	十二	四(月)(年)一月	二
二	三	四	五	六	七
		復趙，王張耳始，漢立之。	二	三	四
十九	二十	二十一 漢將韓信擊殺廣。屬漢，爲郡。			
				齊國。	王韓信始，漢立之。
九	十	十一	十二	四年一月	二
十二	三年一月	二	三	四	五

月																		
三月	三	三	八		五			二					三				六	
四月	四	四	九		六			三					四				七	
五月	五	五	十		七			四					五				八	
六月	六	六	十一	更爲淮南王。〔一〕	八			五					六				九	
七月	七	七	十二	王英布始，漢立之。	九			六					七				十	
八月	八	八	十三〔二〕	二	十			七					八				十一	

〔一〕【補注】先謙曰：「王」當爲「國」。各本俱誤。

〔二〕【補注】先謙曰：月表同。官本作「二年一月」。

九月	五年即皇帝位。
九	正月漢誅籍。王韓信始。
九	十芮徙長沙。〔四〕
十四〔一〕	十二月漢虜尉。〔五〕
三月〔二〕	二年〔六〕
十一	十二月乙丑，耳薨。
	以太原爲國。〔七〕
八	徙韓信王楚。〔八〕
九反。漢誅荼。〔三〕	後九月，王盧綰始，故太尉。
置梁國。	王彭越始。〔九〕
十二	四年
初置長沙國。	二月乙未，王吳芮始，六月，薨。

〔一〕【補注】先謙曰：月表同。官本作「二月」。

〔二〕【補注】先謙曰：「月」字衍。官本不誤，月表同。

〔三〕【補注】朱一新曰：高紀：荼五年七月反，九月虜。書此似未合，疑班史本在後五年，與「後九月」十字同格，轉寫移此。據月表、索隱，唐本已誤。

〔四〕【補注】先謙曰：據月表，衡山屬淮南國。

〔五〕【補注】先謙曰：月表：屬漢，爲南郡。

〔六〕【補注】先謙曰：此爲改月書年之始，上下文分書年月，義同。

〔七〕【補注】先謙曰：都馬邑也。

〔八〕【補注】先謙曰：高紀：王淮北，都下邳。月表：〔徙〕王楚。屬漢，（南）〔爲〕四郡。

〔九〕【補注】先謙曰：都定陶。

六年	七年	八年	九年	一十年〔三〕
十一月，信廢爲侯。				
三	四	五	六	七
一　子敖嗣爲王。〔一〕	二	三　敖廢爲侯。〔二〕		
王韓信始。九月，信反，降匈奴。				
二	三	四	五	六
二	三	四	五	六　越反，誅。
五　信徙太原。				
成王臣嗣。	二	三	四	五

〔一〕【補注】先謙曰：官本無「一」字。

〔二〕【補注】朱一新曰：高紀、張耳傳作九年封。功臣侯表敖以九年封，此列八年，誤。汪本同。先謙曰：官本同。

〔三〕【補注】先謙曰：「一」字衍。

十一年	十二年	孝惠帝元年〔二〕	二年	三年	四年	五年	六年
八　布反，誅。							
綰反，降匈奴。〔一〕							
六	七	八	哀王回嗣。	二	三	四	五

〔一〕【補注】錢大昭曰：紀在十二年。表誤。

〔二〕【補注】先謙曰：官本無「帝」字。

七年	高后元年	二年
初置魯國。〔一〕	四月，王張偃始，高后外孫。	二
初置淮陽國。〔二〕	四月辛卯，王強始，高后所詐立孝惠子。	二
復置常山國。	四月辛卯，王不疑始，高后所詐立孝惠子。	不疑薨，謚曰哀，
初置呂國。〔三〕	四月辛卯，王呂台始，高后兄子。	台薨，謚曰肅。子
六	七	共王若嗣。

〔一〕【補注】錢大昭曰：當在高后元年下，在此誤也。下並同。先謙曰：置國，例書於前一行，非謂在七年下也，錢說誤矣。

〔二〕【補注】王念孫曰：「初置」，當依表作「復置」，前已立高帝子友矣。朱一新曰：史表合同姓異姓爲一，故言復置。漢書分爲二表，此前無所承，焉得不言初置？

〔三〕【補注】錢大昕曰：魯本楚地，故與楚一行。呂即濟南，本齊地，與齊一行。淮陽與臨江非一地，而同在一行，以其皆楚之分也。

	三年	四年
	三	四
	三	四
	二〔一〕	
無子。十月癸丑，王義始，故襄城侯。〔二〕	二	義立爲帝。五月丙辰，王朝始，故軹侯。
	二〔三〕	三〔四〕
嘉嗣爲王。	〔二〕	三
	二	三

〔一〕【補注】朱一新曰：史表作「七月癸巳」。

〔二〕【補注】先謙曰：衍。官本無。

〔三〕【補注】先謙曰：衍。官本無。

〔四〕【補注】先謙曰：衍。官本無。

五年	六年	七年
五	六	七
五強薨，謚曰懷，無子。	王武始，故壺關侯。	二
二	三	四
四〔一〕		趙王呂祿始，高后兄子。
四		產徙梁。十一月丁巳，王大
	嘉坐驕廢。十一月，王呂產始。〔二〕	
		初置燕國。
	初置梁國。〔三〕	二月，王呂產始。〔四〕
四	五	六

〔一〕【補注】先謙曰：衍。官本無。

〔二〕【補注】先謙曰：誤下一格。官本不誤。

〔三〕【補注】錢大昕曰：前梁王彭越與魏同一行，以梁本六國故魏地也。此梁國與韓同行，殊非其類，恐傳寫之譌。

〔四〕【補注】朱一新曰：史表作「七月丙辰」。

	八年	孝文元年	二年	三年	四年
	八　偃廢爲侯。				
	三　武以非子誅。				
	五　朝以非子誅。				
	八月，漢大臣共誅祿。				
始，故平昌侯。					
	七月癸丑，王呂通。八月，漢大臣共誅通。				
	二　漢大臣共誅產。				
	七	八	靖王產嗣。	二	三

五年	六年	七年	八年	九年	十年	十一年	十二年	十三年	十四年	十五年
四	五	六	七	八	九	十	十一	十二	十三	十四

十六年	後元元年	二年	三年	四年	五年	六年	七年
十五	十六	十七	十八	十九	二十	二十一	二十二　來朝。薨，無子，國除。

諸侯王表第二

昔周監於二代，〔一〕三聖制法，〔二〕立爵五等，〔三〕封國八百，同姓五十有餘。周公、康叔建於魯、衛，各數百里。太公於齊，亦五侯九伯之地。〔四〕詩載其制曰：「介人惟藩，大師惟垣。大邦惟屏，大宗惟翰。懷德惟寧，宗子惟城。毋俾城壞，毋獨斯畏。」〔五〕所以親親賢賢，襃表功德，〔六〕關諸盛衰，深根固本，爲不可拔者也。故盛則周、邵相其治，致刑錯；衰則五伯扶其弱，與共守。〔七〕自幽、平之後，日以陵夷，〔八〕至虖阸陿河洛之間，〔九〕分爲二周，〔一〇〕有逃責之臺，被竊鈇之言。〔一一〕然天下謂之共主，〔一二〕彊大弗之敢傾。〔一三〕歷載八百餘年，數極德盡，既於王赧，〔一四〕降爲庶人，用天年終。號位已絕於天下，尚猶枝葉相持，莫得居其虛位，海內無主三十餘年。〔一五〕

〔一〕師古曰：監，視也。二代，夏、殷也。

〔二〕師古曰：三聖，謂文王、武王及周公也。

〔三〕師古曰：公、侯、伯、子、男。

〔四〕臣瓚曰：禮記王制云「五國以爲屬，屬有長。二百一十國以爲州，州有伯」。師古曰：五侯，五等諸侯也。九伯，九州之伯也。伯，長也。【補注】何焯曰：左傳但言「五侯九伯，汝實征之」，非兼有其地，蓋班氏誤也。若魯、衛各數百里，則以方計之耳。先謙曰：史記漢興以來諸侯年表云「太公於齊，兼五侯地」。

〔五〕師古曰：大雅板之詩也。介，善也。藩，籬也。屏，蔽也。垣，牆也。翰，幹也。懷，和也。俾，使也。以善人爲之藩籬，謂封周公、康叔於魯、衛。以大師爲垣牆，謂封太公於齊也。大邦以爲屏蔽，謂成國諸侯也。大宗以爲楨幹，謂王之同姓也。能和其德則天下安寧，分建宗子則列城堅固。城不可使墮壞，宗不可使單獨。單獨墮壞，則畏懼斯至。【補注】先謙曰：官本注「以爲楨幹」，「爲」作「謂」，同。

〔六〕師古曰：親賢俱封，功德並建。

〔七〕師古曰：伯讀曰霸。此五霸，謂齊桓、宋襄、晉文、秦穆、吴夫差也。【補注】齊召南曰：案五霸之説不一。通三代言曰：夏昆吾，商大彭、豕韋，周齊桓、晉文，異姓諸侯王表「適戍彊於五伯」注是也。此文專言周衰，故注異解。其不數楚莊而數吴夫差者，楚僭王，未有扶弱之事，吴夫差黄池之會嘗共貢職於周也。

〔八〕師古曰：陵夷，言如山陵之漸平。夷謂頽替也。【補注】先謙曰：顔説非也，詳見成紀。

〔九〕應劭曰：阸者，狹也。㠋者，踦𨇤也。西迫强秦，東有韓、魏，數見侵暴，踦𨇤不安也。師古曰：阸音於懈反。㠋音區。

〔一〇〕師古曰：謂東西二周也。

〔一一〕服虔曰：周赧王負責，無以歸之，主迫責急，乃逃於此臺，後人因以名之。劉德曰：洛陽南宫誃臺是也。應劭曰：竊鈇，謂出至路邊竊取人鈇也。師古曰：應説非也。鈇鉞，王者以爲威，用斬戮也。言周室衰微，政令不行於天下，雖有鈇鉞，無所用之，是謂私竊隱藏之耳。被音皮義反。鈇音膚。誃音移，又音直移反。【補注】錢大昭曰：説文「誃，離別也。周景王作洛陽誃臺」。沈欽韓曰：御覽一百七十七引帝王世紀云「周人名其臺曰逃債臺，洛陽南宮簃樓是也」。列子說符「人有亡鈇者，意其鄰之子動作態度無爲而不竊鈇也」。鶡冠子王鈇篇「王鈇者，非一世之器也」。案，此言王者大柄爲人所竊。

〔一二〕如淳曰：雖至微弱，猶共以爲之主。

〔一三〕師古曰：言諸侯雖彊大者，不敢傾滅周也。

〔一四〕師古曰：既亦盡也。赧，謚也，一曰名也，音女版反。

〔一五〕師古曰：秦昭襄王五十二年周初亡，五十六年昭襄王卒，孝文王立一年而卒，莊襄王立四年而卒，子政立二十六年而乃并天下，自號始皇帝，是爲三十五年無主也。

秦據勢勝之地，騁狙詐之兵，〔一〕蠶食山東，壹切取勝。〔二〕因矜其所習，自任私知，姍笑三代，盪滅古法，〔三〕竊自號爲皇帝，而子弟爲匹夫，内亡骨肉本根之輔，外亡尺土藩翼之衛。陳、吴奮其白挺，〔四〕劉、項隨而斃之。故曰，周過其曆，秦不及期，國勢然也。〔五〕

〔一〕應劭曰：狙，伺也，因聞伺隙出兵也。狙音若蛆反。師古曰：音千絮反。【補注】王念孫曰：應分狙詐爲二義，非也。狙詐，疊韻字，狙亦詐也。荀子大略篇「藍苴路作，似知而非」，楊倞注引趙蕤注長短經知人篇曰「姐者類智而非智」。苴、姐竝與狙同。狙詐者有似於智，故曰「藍苴路作，似知而非」，作即詐字也。月令「毋或作爲淫巧，以蕩上心」。鄭注「今月令『作爲』爲『詐僞』」是也。敘傳曰「吴、孫狙詐，申、商酷烈」，狙詐同義，酷烈同義，是其明證矣。朱一新曰：「聞」疑作「間」。汪本亦誤。先謙曰：官本注「聞」作「間」。

〔二〕師古曰：蠶食，解在異姓諸侯王表。壹切，解在平紀也。

〔三〕師古曰：姍，古訕字也。訕，謗也，音所諫反，又音删。【補注】錢大昭曰：說文「姍，誹也」。

〔四〕應劭曰：白挺，大杖也。孟子書曰「可使制挺以撻秦楚」是也。師古曰：挺音徒鼎反。【補注】先謙曰：官本正文作「梃」，注仍作「挺」。

〔五〕應劭曰：武王克商，卜世三十，卜年七百，今乃三十六世，八百六十七歲，此謂過其曆者也。秦以謚法少，恐後世相襲，自稱始皇，子曰「二世」，欲以一迄萬，今至子而亡，此之爲不及期也。

漢興之初，海内新定，同姓寡少，懲戒亡秦孤立之敗，於是剖裂疆土，立二等之爵。〔一〕功臣侯者百有餘邑，尊王子弟，大啟九國。〔二〕自鴈門以東，盡遼陽，爲燕、代。〔三〕常山以南，太行左轉，度河、濟，漸于海，爲齊、趙。〔四〕穀、泗以往，奄有龜、蒙，爲梁、楚。〔五〕東帶江、湖，薄會稽，爲荆吴。〔六〕北界淮瀕，略廬、衡，爲淮南。〔七〕波漢之陽，亙九嶷，爲長沙。〔八〕諸侯北境，周帀三垂，外接胡越。〔九〕天子自有三河、東郡、潁川、南陽，〔一〇〕自江陵以西至巴蜀，北自雲中至隴西，與京師内史凡十五郡，〔一一〕公主、列侯頗邑其中。〔一二〕而藩國大者夸州兼郡，連城數十，〔一三〕宫室百官同制京師，可謂撟枉過其正矣。〔一四〕雖然，高祖創業日不暇給，孝惠享國又淺，高后女主攝位，而海内晏如，〔一五〕亡狂狡之憂，卒折諸吕之難，成太宗之業者，亦賴之於諸侯也。

〔一〕項羽曰：漢封功臣，大者王，小者侯也。【補注】陳景雲曰：「項羽」疑「項昭」之誤。朱一新曰：史表集解引作「韋昭」。汪本亦誤。

〔二〕師古曰：九國之數在下也。【補注】周壽昌曰：下合長沙計之，本十國，以吴芮爲異姓，止言九國。

〔三〕師古曰：遼陽，遼水之陽也。【補注】先謙曰：史表「雁門」下有「太原」二字。

〔四〕師古曰：太行，山名也。左轉，亦謂自太行而東也。漸，入也，一曰浸也。行音胡剛反。漸音子廉反，亦讀如本字。

【補注】先謙曰：「漸于海」，史表作「阿、甄以東薄海」。

〔五〕晉灼曰：水經云泗水出魯卞縣。臣瓚曰：穀在彭城，泗之下流爲穀水。師古曰：奄，覆也。龜、蒙，二山名。【補注】朱一新曰：汪本注「卞」作「下」，是。先謙曰：官本「卞」作「下」，「山」作「水」。陳浩云，案「二水名」，應作「二山名」。

〔六〕文穎曰：即今吳也。高帝六年爲荊國，十年更名吳。師古曰：荊吳同是一國也。

〔七〕師古曰：瀕，水涯也，音頻，又音賓。廬、衡，二山名也。

〔八〕鄭氏曰：波音陂澤之陂。孟康曰：亘，竟也，音古贈反。師古曰：波漢之陽者，循漢水而往也。水北曰陽。（陂）〔波〕音彼皮反，又音彼義反。九嶷，山名，有九峰，在零陵營道。嶷音疑。【補注】先謙曰：史表作「自陳以西，南至九疑，東帶江、淮、穀、泗，薄會稽，爲梁、楚、吳、淮南、長沙國」。班氏剖析更明了。

〔九〕師古曰：比謂相接次也。三垂，謂北東南也。比音頻寐反。【補注】朱一新曰：汪本「北」作「比」，是。先謙曰：官本「北」作「比」，「市」作「帀」，是。

〔一〇〕師古曰：三河，河東、河南、河內也。

〔一一〕【補注】齊召南曰：案，師古無注。此以秦地計之，於三十六郡中得十五郡也。內史一，河東二，河南、河內即三川郡三，東郡四，潁川五，南陽六，南郡七，蜀郡八，巴郡九，漢中十，隴西十一，北地十二，上郡十三，雲中十四。以史記言「內地北距山以東盡諸侯地」推之，則上黨郡十五也。若計高帝所自立之郡，則不止於十五矣。

〔一二〕師古曰：十五郡中又往往有列侯、公主之邑。【補注】先謙曰：史表「邑」上有「食」字。

〔一三〕師古曰：夸音跨。

〔一四〕師古曰：撟（言）〔與〕矯同。扗，曲也。正曲曰矯。言矯秦孤立之敗而大封子弟，過於强盛，有失中也。【補注】朱一新曰：汪本「扗」作「枉」，注同。先謙曰：官本正文、注，「扗」並作「枉」。

〔一五〕師古曰：晏如，安然也。

然諸侯原本以大，末流濫以致溢，小者淫荒越法，大者睽孤橫逆，以害身喪國。〔一〕故文帝采賈生之議分齊、趙，景帝用鼂錯之計削吴楚。武帝施主父之册，〔二〕下推恩之令，使諸侯王得分户邑以封子弟，不行黜陟，而藩國自析。自此以來，齊分爲七，〔三〕趙分爲六，〔四〕梁分爲五，〔五〕淮南分爲三。〔六〕皇子始立者，大國不過十餘城。長沙、燕、代雖有舊名，皆亡南北邊矣。〔七〕景遭七國之難，抑損諸侯，減黜其官。〔八〕武有衡山、淮南之謀，作左官之律，〔九〕設附益之法，〔一〇〕諸侯惟得衣食稅租，不與政事。〔一一〕

〔一〕師古曰：易睽卦九四爻辭曰「睽孤，見豕負塗」。睽孤，乖剌之意。睽音工攜反。

〔二〕【補注】錢大昭曰：册與策同。

〔三〕師古曰：謂齊、城陽、濟北、濟南、淄川、膠西、膠東也。

〔四〕師古曰：謂趙、平原、真定、中山、廣川、河閒也。【補注】齊召南曰：案「平原」應作「平干」。漢世無平原王，平干即武帝征和二年封趙敬肅王小子偃者。各本俱訛。又史記徐廣注云「河閒、廣川、中山、常山、清河」也，此説較師古爲長。齊分爲七，淮南分三，文帝十五年事也。趙分爲六，至景帝中四年而全。梁分爲五，則中五年事也。師古不數常山、清河，而數武帝時所封之平干、真定，非是。

〔五〕師古曰：謂梁、濟川、濟東、山陽、濟陰也。

〔六〕師古曰：謂淮南、衡山、廬江。

〔七〕如淳曰：長沙之南更置郡，燕、代以北更置緣邊郡。其所有饒利、兵馬、器械，三國皆失之矣。【補注】朱一新曰：

汪本「矣」作「也」。先謙曰：官本作「也」。

〔八〕師古曰：謂改丞相曰相，省御史大夫、廷尉、少府、宗正、博士，損大夫、謁者諸官長丞員等也。

〔九〕服虔曰：仕於諸侯爲左官，絶不得使仕於王侯也。應劭曰：人道上右，今舍天子而仕諸侯，故謂之左官也。師古曰：左官猶言左道也。皆僻左不正，應説是也。漢時依上古法，朝廷之列以右爲尊，故謂降秩爲左遷，仕諸侯爲左官也。【補注】王鳴盛曰：周昌爲趙相，高帝曰「吾極知其左遷」，漢人尚右，則誠然矣。若謂自古皆然，則師古之妄也。男左女右，法乎天地，顯然當尚左。所以有尚右者，其説有二。吉事尚左，凶事尚右。吳仁傑據檀弓孔子有姊之喪，故拱而尚右；又兵車則尚右，乘車仍尚左，漢初人習於兵革，故相沿尚右。其説確矣。又一説，古宫室之制，前堂後室。室中以東向爲尊，户在其東南，牖在其西南。堂以南面爲尊，王位在户外之西，牖外之東，所謂户牖之閒南嚮坐也。人君在堂上，自然東爲尊，西爲卑。及入户在室中，在東者近户出入處，其勢又以坐西而東向者爲尊矣。而分侍兩旁者，則北爲上，南爲下。如漢宫室之制，未大變古，故周勃、田蚡皆自坐東鄉，蓋寬饒東向特坐，項羽紀，沛公見項王鴻門，項王東嚮坐，亞父南鄉坐，沛公北嚮坐，張良西嚮侍，其坐次尊卑歷然。此雖在軍中，亦放室中之制耳。王先恵曰：服説是也。兩龔、彭宣傳可參證。周壽昌曰：注「王侯」宜作「王朝」。

〔一〇〕張晏曰：律鄭氏説，封諸侯過限曰附益。或曰阿媚王侯，有重法也。師古曰：附益者，蓋取孔子云「求也爲之聚斂而附益之」之義也，皆背正法而厚於私家也。【補注】周壽昌曰：「或曰」十字，是解高五王傳贊「阿黨之法」語，誤入於此。

〔一一〕師古曰：與讀曰豫。

至於哀、平之際，皆繼體苗裔，親屬疏遠，〔一〕生於帷牆之中〔二〕，不爲士民所尊，勢與富室亡異。而本朝短世，國統三絶，〔三〕是故王莽知漢中外殫微，本末俱弱，〔四〕亡所忌憚，生其姦心，因母后之權，假伊周之稱，顓作威福廟堂之上，不降階序而運天下。〔五〕詐謀既成〔六〕，遂據南面之尊，分遣五威之吏，馳傳天下，班行符命。漢諸侯王厥角䭫首，〔七〕奉上璽韍，惟恐在後，〔八〕或乃稱美頌德，以求容媚，豈不哀哉！是以究其終始彊弱之變，明監戒焉。

〔一〕師古曰：言非始封之君，皆其後裔也，故於天子益疏遠矣。

〔二〕【補注】沈欽韓曰：帷，在旁四垂者，言不見外物也。

〔三〕師古曰：謂成、哀、平皆早崩，又無繼嗣。

〔四〕師古曰：殫，盡也，音單。

〔五〕師古曰：序謂東西廂。顓與專同。【補注】先謙曰：官本「廂」作「階」。

〔六〕【補注】先謙曰：官本「詐」作「作」。

〔七〕應劭曰：厥者，頓也。角者，額角也。稽首，首至地也。言王莽漸漬威福日久，亦值漢之單弱，王侯見莽篡弒，莫敢怨望，皆頓角稽首至地而上其璽綬也。晉灼曰：厥猶豎也，叩頭則額角豎。師古曰：應説是也。䭫音口禮反，與稽同。【補注】錢大昭曰：説文「䭫，下首也」。䭫，古稽字。先謙曰：官本注「額」並作「額」。

〔八〕師古曰：韍音弗，璽之組也。

號謚	屬	始封	子	孫	曾孫	玄孫	六世	七世〔一〕
楚元王交〔二〕	高帝弟〔三〕。	六年正月丙午立，二十三年薨。〔四〕	孝文二年，夷王郢客嗣，四年薨。	六年，王戊嗣，二十一年，孝景三年，反，誅。				
			孝景四年，文王禮以元王子平陸侯紹封，三年薨。〔五〕	七年，安王道嗣，二十二年薨。	元朔元年，襄王注嗣，十二年薨。〔六〕	元鼎元年，節王純嗣，十六年薨。	天漢元年，王延壽嗣，三十二年，地節元年，謀反，誅。	
代王喜〔七〕	高帝兄。	正月壬子立，七年，爲匈奴所攻，棄國自歸，	**吳**高祖十二年十月辛丑王濞以故代王子					

〔一〕張晏曰：禮，服盡於玄孫，故以世數名也。

〔二〕【補注】先謙曰：高紀：王碭郡、薛郡、郯郡三十六縣。本傳：王薛郡、東海、彭城三十六縣，是。

〔三〕師古曰：楚元王，帝弟，而表居代王前者，以封日先後爲次也。【補注】先謙曰：史表：都彭城。

〔四〕【補注】先謙曰：傳同。官本「三」作「二」。

〔五〕【補注】先謙曰：傳作「四年」，誤。

〔六〕【補注】先謙曰：傳作「十四年」，誤。

〔七〕【補注】先謙曰：高紀：王雲中、雁門、代郡五十三縣。

	齊悼惠王肥〔二〕	
	高帝子。	
廢爲郃陽侯，孝惠二年薨。	正月壬子立，十三年薨。〔三〕	
沛侯立四十二年，孝景三年反誅。〔一〕	孝惠七年，哀王襄嗣，十二年薨。〔四〕	孝文十六年，孝王將閭以悼惠王子楊虚侯紹封，十一年薨。
	孝文二年，文王則嗣，十四年薨，亡後。	孝景四年，懿王壽嗣，二十三年薨。
		元光四年，厲王次昌嗣，五年薨，亡後。〔五〕

〔一〕【補注】先謙曰：本傳：王三郡五十三城。

〔二〕【補注】先謙曰：高紀：王膠東、膠西、臨淄、濟北、博陽、城陽郡七十三縣。

〔三〕【補注】錢大昭曰：高五王傳：正月立。史表作「正月甲子」。證以高紀，壬子是，甲子非也。

〔四〕【補注】先謙曰：本傳：孝文元年薨，距嗣位十年。「二」字衍。

〔五〕【補注】先謙曰：懿王二十三年薨，表、傳合，是薨在元光四年也，厲王當云元光五年嗣爲是。

1	2	3	4	5	6	7	8	9
			城陽 孝文二年二月乙卯，景王章以悼惠王子朱虛侯立，二年薨。〔一〕	四年，共王喜嗣，八年，徙淮南。四年復還，凡三十三年薨。	孝景後元年，頃王延嗣，二十六年薨。〔二〕	元狩六年，敬王義嗣，九年薨。	元封三年，惠王武嗣，十二年薨。〔三〕	天漢四年，荒王順嗣，四十六年薨。〔四〕
			八世 甘露三年，戴王恢嗣，八年薨。	**九世** 永光元年，孝王景嗣，二十四年薨。	**十世** 鴻嘉二年，哀王雲嗣，一年薨，亡後。〔元〕〔永〕始元年，王俚以雲弟紹封，二十五年，王莽篡位，貶爲公，明年廢。〔五〕			

〔一〕【補注】朱一新曰：史表亦作「二月」。文紀作「三月」。地理志云，都莒。

〔二〕【補注】先謙曰：官本「元」作「六」，考證云宋本、監本同。案，當作後元年，景帝後三年即崩，安得有後六年乎？

〔三〕【補注】錢大昭曰：閩本作「十一年」。朱一新曰：汪本作「十一年」。先謙曰：十一年，天漢三年也。二當爲一，傳不誤。

〔四〕【補注】錢大昭曰：史表「順」作「質」。

〔五〕【補注】先謙曰：傳作「雲兄」。

濟北 二月乙卯，王興居以悼惠王子東牟侯立，二年謀反，誅。	**菑川** 十六年四月丙寅，懿王志以悼惠王子安都侯立爲濟北王，十一年，孝景四年，徙菑川，三十五年薨。
	元光六年，靖王建嗣，二十年薨。
	元封二年，頃王遺嗣，三十五年薨。
	元平元年，思王終古嗣，二十八年薨。
	初元三年，考王尚嗣，六年薨。〔一〕
	永光四年，孝王橫嗣，三十一年薨。

〔一〕【補注】先謙曰：傳作「五年」，誤，此是。

八世　元延四年，懷王友嗣，六年薨。[一]

九世　建平四年，王永嗣，十二年，王莽篡位，貶爲公，明年廢。

濟南　四月丙寅，王辟光以悼惠王子扐侯立，十一年反，誅。[二]

菑川　四月丙寅，王賢以悼惠王子武城侯立，十一年反，誅。[三]

[一]【補注】先謙曰：「友」，傳作「交」。

[二]師古曰：扐音力。【補注】錢大昭曰：「悼」下脱「惠」字。

[三]【補注】朱一新曰：汪本「城」作「成」。先謙曰：官本作「成」，傳亦作「成」。

			膠西 四月丙寅，王卬以悼惠王子平昌侯立，十一年反誅。				
			膠東 四月丙寅，王熊渠以悼惠王子白石侯立，十一年反，誅。〔一〕				
荆王賈	高帝從父弟。〔二〕	六年正月丙午立，六年十二月，爲英布所攻亡後。〔三〕					

〔一〕【補注】錢大昭曰：傳作「雄渠」。

〔二〕【補注】先謙曰：弟，傳作「兄」。

〔三〕【補注】朱一新曰：「十二月」當作「十一年」，字之誤也。汪本亦誤。上云「六年」，賈立之六年也。下云「十一年」，高帝十一年也。據高紀，布以十一年七月反，十二年十月敗。其擊賈當在十一年七八月間。諸人徒見此表中六年、十一年連文，以爲義不可通，妄改爲「十二月」。不知此時不改正朔，十月爲歲首，十一年十二月布尚未反；若十二年，布已破敗，均無由攻劉賈也。表中此例甚多。下文濟北王寬之十一年，後二年，功臣侯表淮陰侯下云六年封，五年，十一年坐謀反，誅，並其明證矣。先謙曰：官本亦作「十二月」。傳云爲布軍所殺，此「攻」乃「殺」之譌字。

淮南厲王長	高帝子。	十一年十月庚午立，二十三年，孝文六年，謀反，廢徙蜀，死雍。	十六年四月丙寅，王安以厲王子阜陵侯紹封，四十二年，元狩元年，謀反，自殺。〔一〕					
			衡山 四月丙寅，王賜以厲王子陽周侯立爲廬江王，十二年，徙衡山，三十三年，謀反，自殺。〔二〕					

〔一〕【補注】先謙曰：「二」當爲「三」。自十六年至元狩元年，正得四十三年。史表不誤。

〔二〕【補注】先謙曰：淮南、衡山同時發覺，自殺。「三十三」當作「四十三」年。

			濟北 四月丙寅，王勃以厲王子安陽侯立爲衡山王，十二年徙濟北，一年薨，謚曰貞王。	孝景六年，成王胡嗣，五十四年薨。〔一〕	天漢四年，王寬嗣，十一年，後二年，謀反，自殺。〔二〕			
趙隱王如意〔三〕	高帝子。	九年四月立，十二年，爲呂太后所殺，亡後。〔四〕						
代王〔五〕	高帝子。	十一年正月丙子立，十七年，高后八年，爲皇帝。						

〔一〕【補注】先謙曰：傳作「式」，王子侯表同。史表作「武」。

〔二〕【補注】先謙曰：據傳，坐誖人倫，祝詛上，自殺。後二年，謂後元二年。

〔三〕【補注】先謙曰：史表：都邯鄲。

〔四〕【補注】朱一新曰：如意先王代，不書者，以年幼未之國也。傳亦未書。先謙曰：如意立四年，薨於惠帝元年，此十二年，乃高帝紀年也。

〔五〕【補注】錢大昭曰：凡皇帝初封之國，表不書名，尊君也。膠東王、陽武侯皆同。

趙共王恢[一]	高帝子。	十一年三月丙午，爲梁王，十六年，高后七年，徙趙，其年自殺，亡後。[二]							
趙幽王友	高帝子。	十一年三月丙寅，立爲淮陽王，二年，徙趙，十四年，高后七年，自殺。	孝文元年，王遂以幽王子紹封，二十六年，孝景三年，反，誅。[三]						
			河間 孝文二年二月乙卯，文王辟彊以幽王子立，十三年薨。[四]	十五年，哀王福嗣，一年薨，亡後。					

[一] 師古曰：共讀曰恭。下皆類此。

[二]【補注】朱一新曰：史表作「十一年二月」，下王友同。先謙曰：高紀作「三月」，此是，下王友同。

[三]【補注】先謙曰：文紀：元年十二月立。

[四]【補注】朱一新曰：文紀作「三月」，汪本亦作「三月」，此「二月」誤。史表云都洛城。案，當作「樂成」。

燕靈王建	高帝子。	十二年二月甲午立，十五年，高后七年薨。呂太后殺其子。		
燕敬王澤	高帝從祖昆弟。	高后七年，以營陵侯立爲琅邪王，二年，孝文元年徙燕，二年薨。	三年，康王嘉嗣，二十六年薨。[一]	孝景六年，王定國嗣，二十四年，坐禽獸行，自殺。[二]

右高祖十一人。吴隨父，凡十二人。[三]

梁懷王揖[四]	文帝子。	二年二月乙卯立，十年薨，亡後。[五]		

[一]【補注】先謙曰：史表同。傳作「九年薨」，誤。

[二]【補注】先謙曰：二十四年，元朔元年也。傳云元朔中，紀在元朔二年，微異。史表與此同。傳作四十二年，非也。

[三]師古曰：吴王濞從其父代王喜在此表中，故十二人也。

[四]【補注】錢大昭曰：賈誼傳作「小子勝」，史記亦作「勝」。先謙曰：都定陶。

[五]【補注】朱一新曰：文紀：三月立。汪本作「三月」，不誤，下同。先謙曰：文紀：十一年薨也。十年，在位之年。

梁孝王武	
文帝子。	
二月乙卯立爲代王，三年，徙爲淮陽王，十年，徙梁，三十五年薨。	八世 陽朔元年，王立嗣，二十七年，元始三年，有罪，廢，徙漢中，自殺。元始五年二月丁酉，王音以孝王玄孫之曾孫紹封，五年，王莽篡位，貶爲公，明年廢。〔三〕
孝景後元年，恭王買嗣，七年薨。〔一〕	
建元五年，平王襄嗣，四十年薨。	
太始元年，貞王毋傷嗣，十一年薨。〔二〕	
始元二年，敬王定國嗣，四十年薨。	
初元四年，夷王遂嗣，六年薨。	
永光五年，荒王嘉嗣，十五年薨。	

〔一〕【補注】先謙曰：孝王子五王，同以孝景中六年立，而書後元年嗣者，史書王侯嗣位，例不併數初立之年。間有參差，皆傳寫之誤。全書各表，可用參稽。讀者不達斯旨，或反以不書中六年嗣爲誤，失考之甚也。

〔二〕【補注】先謙曰：傳「貞」作「頃」。

〔三〕【補注】先謙曰：平紀：元始四年，自殺。以二十七年計之，此「三年」是。

濟川 孝景中六年五月丙戌，王明以孝王子桓邑侯立，七年，建元三年坐殺中傅廢，遷房陵。〔一〕	**濟東** 五月丙戌，王彭離以孝王子立，二十九年，坐殺人廢，遷上庸。〔二〕	**山陽** 五月丙戌，哀王定以孝王子立，九年薨，亡後。

〔一〕【補注】先謙曰：濟川國後爲陳留郡。

〔二〕【補注】先謙曰：元鼎元年廢。

		濟陰 五月丙戌，哀王不識以孝王子立，七年薨，亡後。〔一〕					
代孝王參	文帝子。	二月乙卯立，爲太原王，王三年，更爲代王，七年薨。〔二〕	孝文後三年，恭王登嗣，二十九年薨。	清河 元光三年，剛王義嗣，十九年，元鼎三年，徙清河，三十八年薨。〔三〕	太始三年，頃王陽嗣，二十五年薨。〔四〕	地節元年，王年嗣，四年，坐與同產妹姦，廢遷房陵，與邑百家。〔五〕	廣宗 元始二年四月丁酉，王如意以孝王玄孫之子紹封，七年，王莽篡位，貶爲公，明年廢。

右孝文三人。齊、城陽、兩濟北、濟南、菑川、膠西、膠東、趙、河間、淮南、衡山十二人隨父，凡十五人。

〔一〕【補注】先謙曰：不識以景帝後元年薨，見史表，距始封僅一年，故傳作「立一年薨」。合始封、嗣位共爲二年，官本作「二年薨」，是也。此「七」乃「二」之誤。

〔二〕【補注】朱一新曰：汪本「二月」作「三月」，是。紀同。「王三年」，汪本無「王」字，是。考文紀王薨於孝文後二年，距始封正十七年，傳作十七年，是也，此「七」上脱「十」字。

〔三〕【補注】先謙曰：傳作「四十年」，誤。

〔四〕【補注】先謙曰：「陽」，傳作「湯」。

〔五〕【補注】先謙曰：傳「四年」作「三年」，誤。

河間獻王德	景帝子。	二年三月甲寅立，二十六年薨。	元光六年，共王不周嗣，四年薨。〔一〕	元朔四年，剛王基嗣，十二年薨。〔二〕	元鼎四年，頃王緩嗣，十七年薨。〔三〕	天漢四年，孝王慶嗣，四十七年薨。〔四〕	五鳳四年，王元嗣，十七年，建昭元年，坐殺人，廢，遷房陵。	
							建始元年正月丁亥，惠王良以孝王子紹封，二十七年薨。	建平二年，王尚嗣，十四年，王莽篡位，貶爲公，明年廢。
臨江哀王閼〔五〕	景帝子。	三月甲寅立，三年薨，亡後。						

〔一〕【補注】王念孫曰：本傳及史表、五宗世家作「不害」，是。隸書「害」字，或作「𡨄」，與「周」相似，因誤爲「周」。

〔二〕【補注】先謙曰：「基」，傳及史表作「堪」。

〔三〕【補注】先謙曰：傳「緩」作「授」，史表同。

〔四〕【補注】先謙曰：天漢四年至五鳳三年，是四十三年，非四十七年也。「七」當作「三」，傳是，此誤。孝王天漢四年嗣，此以三年薨，乃十六年也，「七」字誤。

〔五〕師古曰：閼音一曷反。

魯共王餘	景帝子。	三月甲寅立，爲淮陽王，二年，徙魯，二十八年薨。[一]	元朔元年，安王光嗣，四十年薨。	後元元年，孝王慶忌嗣，三十七年薨。	甘露三年，頃王封嗣，二十八年薨。[二]	陽朔二年，文王晙嗣，十九年薨，亡後。[三]		
					建平三年六月辛卯，王閔以頃王子郚鄉侯紹封，十三年，王莽篡位，貶爲公，明年，獻神書言莽德，封列侯，賜姓王。[四]			

[一]【補注】朱一新曰：當作「二十七年」，「八」字誤。先謙曰：自前二年至元光六年止二十七年，朱説是，傳亦誤作「八」。

[二]【補注】先謙曰：傳「封」作「勁」。

[三]晉灼曰：晙音鐫。師古曰：晙音子緣反。【補注】先謙曰：傳「十九」作「十八」。

[四]師古曰：郚音吾，又音魚。【補注】齊召南曰：閔，頃王子，宜低一格，與晙同行。古本亦誤。

江都易王非〔一〕	高帝子〔二〕。	三月甲寅，立爲汝南王，二年徙江都，二十八年薨〔三〕。	元朔二年，王建嗣，六年，元狩二年，謀反，自殺〔四〕。	廣世 元始二年四月丁酉，王宮以易王庶孫盱眙侯子紹封，五年，王莽簒位，貶爲公，明年廢〔五〕。				
趙敬肅王彭祖	景帝子。	三月甲寅，立爲廣川王，四年，徙趙，六十三年薨。	征和元年，頃王昌嗣，十九年薨。	本始元年，懷王尊嗣，五年薨。				

〔一〕師古曰：謚法，好更故舊曰易。

〔二〕【補注】先謙曰：「高」當作「景」，汪本、官本不誤。

〔三〕【補注】先謙曰：自前二年至元朔元年，正二十八年，傳誤「八」爲「七」。

〔四〕【補注】先謙曰：國除，爲廣陵郡。

〔五〕【補注】錢大昭曰：紀作「廣川」，傳作「廣陵」。案，水經陰溝水注「過水又東逕廣鄉城北。圈稱曰：襄邑有蚰丘亭，故廣鄉矣，改曰廣世」。

					地節四年二月甲子，哀王高以頃王子紹封，四月薨。〔一〕	元康元年，共王充嗣，五十六年薨。	元延三年，王隱，十九年，王莽篡位，貶爲公，明年廢。〔二〕	
			平干 征和二年，頃王偃以敬肅王小子立，十一年薨。〔三〕	元鳳元年，繆王元嗣，二十四年，五鳳二年，坐殺謁者，會薨，不得代。				
長沙定王發	景帝子。	三月甲寅立，二十八年薨。	元朔二年，戴王庸嗣，二十七年薨。〔四〕	天漢元年，頃王附朐嗣，十七年薨。〔五〕	始元四年，剌王建德嗣，三十四年薨。	黃龍元年，煬王旦嗣，二年薨，亡後。		

〔一〕【補注】錢大昭曰：哀王當與懷王同行，此誤下一格。

〔二〕【補注】先謙曰：「隱」下脱「嗣」字，官本有。

〔三〕【補注】先謙曰：孟康云，平干即廣平。

〔四〕【補注】錢大昭曰：史表作「康王」。

〔五〕晉灼曰：附音符。師古曰：附讀如本字。朐音劬。本傳作「鮒鮈」，其音同耳。

						初元四年，孝王宗以剌王子紹封，三年薨。〔一〕	永光二年，繆王魯人嗣，四十八年薨。〔二〕	居攝二年，舜嗣，二年王莽篡位，貶爲公，明年廢。
膠西于王端	景帝子。	三年六月乙巳立，四十七年，元封三年，薨，亡後。〔三〕						
中山靖王勝	景帝子。	六月乙巳立，四十二年薨。〔四〕	元鼎五年，哀王昌嗣，二年薨。〔五〕	元封元年，糠王昆侈嗣，二十一年薨。〔六〕	征和四年，頃王輔嗣，三年薨。〔七〕	始元元年，憲王福嗣，十七年薨。	地節元年，懷王脩嗣，十五年薨，亡後。〔八〕	**廣德** 鴻嘉二年八月，夷王雲客

〔一〕【補注】先謙曰：元紀及傳並作「初元二年」，「四」字誤。薨在永光元年，則四年薨。此作「三年」，傳作「五年」，皆誤。

〔二〕【補注】先謙曰：傳作「魯人嗣，王莽時絶」。下「居攝」云云，傳不載。

〔三〕【補注】先謙曰：國除，爲膠西郡。

〔四〕【補注】先謙曰：自前三年至元鼎四年，止四十二年，傳「二」作「三」，誤。

〔五〕【補注】先謙曰：元鼎六年，作「二年薨」，是也。傳作「一年」，誤。

〔六〕師古曰：糠音與穅同。穅，惡謚也，好樂怠政曰穅。它皆類此。【補注】沈欽韓曰：周書謚法解「好樂怠政曰荒」，不作「穅」。又云「凶年無穀曰穅。穅，虚也」。案，穀梁襄二十四年傳「四穀不升謂之康」。釋文引郭氏音義本「康」本或作「荒」。邢疏引穀梁亦作「荒」，是穅與康、荒音義並通。朱一新曰：「與穅」之「穅」，汪本作「康」，是。先謙曰：官本作「康」，穅王，傳作「康王」。

〔七〕【補注】先謙曰：征和四年、後元元、二年，共三年，是。傳作四年，誤。

〔八〕【補注】先謙曰：「脩」，傳作「循」。

1	2	3	4	5	6	7	8	9
								以懷王從父弟子紹封，一年薨，亡後。〔一〕
								廣平 建平三年正月壬寅，王漢以夷王弟紹封，十三年，王莽篡位，貶爲公，明年廢。〔二〕
膠東王	景帝子。	四年四月乙巳立，四年爲皇太子。〔三〕						

〔一〕【補注】沈欽韓曰：紀要：徽州黟縣治，漢廣德王雲客國於此。

〔二〕【補注】先謙曰：紀傳並作「廣漢」，此「漢」上脱「廣」字，餘詳傳。

〔三〕【補注】先謙曰：景紀「乙」作「己」。

臨王愍王榮〔一〕	景帝子。	七年十一月己酉，以故皇太子立，三年，坐侵廟壖地爲宮，自殺。〔二〕						
廣川惠王越	景帝子。	中二年四月乙巳立，十二年薨。〔三〕	建元五年，繆王齊嗣，四十五年薨。〔四〕	征和二年，王去嗣，二十二年，本始四年，坐亨姬不道，廢徙上庸，予邑百户。〔五〕				
				地節四年五月庚午，戴王文以繆王子紹封，二年薨。	元康二年，王汝陽嗣，十五年，甘露四年，殺人，廢，徙房陵。〔六〕			

〔一〕【補注】王先慎曰：「臨王」當作「臨江」。

〔二〕【補注】朱一新曰：景紀「十一月」作「正月」。史表「己酉」作「乙丑」。先謙曰：國除，爲南郡。

〔三〕【補注】先謙曰：自中二年至建元四年，止十二年。傳「二」作「三」，誤。

〔四〕【補注】先謙曰：傳作「四十四年」，誤。

〔五〕師古曰：忿怒其姬，亨煑而殺。

〔六〕【補注】錢大昭曰：紀、傳「汝陽」作「海陽」，是，此誤。

					廣德 元始二年四月丁酉，靜王榆以惠王曾孫，戴王子紹封，四年薨。〔二〕	居攝元年，王赤嗣，三年，王莽篡位，貶爲公，明年廢。		
膠東康王寄	景帝子。	四月乙巳立，二十八年薨。	元狩三年，哀王賢嗣，十四年薨。〔一〕	元封五年，戴王通平嗣，二十四年薨。	始元五年，頃王音嗣，五十四年薨。	河平元年，恭王授嗣，十四年薨。	永始三年，王殷嗣，二十三年，王莽篡位，貶爲公，明年廢。〔三〕	
			六安 元狩二年七月壬子，恭王慶以康王少子立，三十八年薨。	始元四年，夷王祿嗣，十四年薨。〔四〕	本始元年，繆王定嗣，二十三年薨。〔五〕	甘露四年，頃王光嗣，二十七年薨。	陽朔二年，王育嗣，三十三年，王莽篡位，貶爲公，明年廢。	

〔一〕【補注】先謙曰：榆爲「倫」之誤，平紀及王子侯表可證，傳作「瘉」，亦誤也。

〔二〕【補注】先謙曰：傳作「十五年」，誤。

〔三〕【補注】先謙曰：殷事亦見莽傳。

〔四〕【補注】先謙曰：傳作「十年薨」，當元平元年也。此「四」字衍。

〔五〕【補注】先謙曰：傳作「三十二年」，誤。

清河哀王乘	常山憲王舜	
景帝子。	景帝子。	
中三年三月丁酉立，十二年薨，亡後。〔一〕	中五年三月丁巳立，三十二年薨。〔二〕	
	元鼎三年，王勃嗣，坐憲王喪服姦，廢徙房陵。	**真定**元鼎三年，頃王平以憲王子紹封，二十五年薨。
		征和四年，烈王偃嗣，十八年薨。
		本始三年，孝王由嗣，二十二年薨。〔三〕
		建昭元年，安王雍嗣，十六年薨。〔四〕
		陽朔三年，共王普嗣，十五年薨。
		綏和二年，王楊嗣，十六年，王莽篡位，貶爲公，明年廢。〔五〕

〔一〕【補注】朱一新曰：紀作「九月」，史表「丁酉」作「丁巳」。先謙曰：官本作「二月」。

〔二〕【補注】先謙曰：中五年至元鼎二年，三十一年也。此作「三十二」，傳作「三十三」，並誤。

〔三〕【補注】先謙曰：自本始三年至永光五年，計三十三年，非二十二也，表與傳俱誤。「由」，閩本、汪本、官本並作「申」，傳作「由」。

〔四〕【補注】先謙曰：傳作「二十六年」，誤。

〔五〕【補注】先謙曰：傳「楊」作「陽」。

			泗水 元鼎二年，思王商以憲王少子立，十五年薨。[一]	太初二年，哀王安世嗣，一年薨，亡後。				
				三年，戴王賀以思王子紹封，二十年薨。[二]	元鳳元年三月丙子，勤王綜嗣，三十九年薨。[三]	永光三年，戾王駿嗣，三十一年薨。	元延三年，王靖嗣，十九年，王莽篡位，貶爲公，明年廢。	

右孝景十四人。楚、濟川、濟東、山陽、濟陰五人隨父，凡十九人。[四]

[一]【補注】先謙曰：元鼎二年，當作「三年」。「十五年」，當作「十一年」，當太初元年也。傳作「十」年，亦誤。

[二]【補注】先謙曰：自太初三年至始元六年，計二十二年，傳是。此(年)〔十〕下脫「二」字。

[三]【補注】劉攽曰：昭紀元鳳元年，立戴王遺腹子煖，此表作綜，二者不同。先謙曰：傳亦作「煖」，此作「綜」，誤。

[四]師古曰：此表列諸王次第與本傳不同者，本傳因母氏之次而盡言所生，表則序其昆弟長幼。又臨江閔王封時年月在後，故不同也。它皆類此。

齊懷王閎	武帝子。	元狩六年四月乙巳立，八年，元封元年薨，亡後。						
燕剌王旦	武帝子。	四月乙巳立，三十七年，元鳳元年，主謀反，自殺。〔一〕	廣陽 本始元年五月，頃王建以剌王子紹封，二十九年薨。〔二〕	初元五年，穆王舜嗣，二十一年薨。	陽朔二年，思王璜嗣，二十一年薨。〔三〕	建平四年，王嘉嗣，十二年，王莽篡位，貶爲公，明年廢。〔四〕		
廣陵厲王胥	武帝子。	四月乙巳立，六十三年，五鳳四年，坐祝詛上，自殺。〔五〕	初元二年三月壬申，孝王霸以厲王子紹封，十三年薨。	建昭五年，共王意嗣，十三年薨。〔六〕	建始二年，哀王護嗣，十五年薨，亡後。〔七〕			

〔一〕【補注】先謙曰：元狩六年至元鳳元年，計三十八年，傳是。此作「七」，誤。「主」，汪本、官本作「坐」，是。

〔二〕【補注】先謙曰：宣紀「五月」作「七月」。

〔三〕【補注】先謙曰：傳作「二十年」，誤。

〔四〕【補注】先謙曰：後王莽封扶美侯，賜姓，見傳。表例不載。

〔五〕【補注】先謙曰：元狩六年至五鳳四年，六十四年也，傳是，此誤。

〔六〕【補注】先謙曰：傳作「三年」，是。當建始元年也，「十」字衍。

〔七〕【補注】錢大昭曰：閩本作「護人」。先謙曰：官本「護」作「獲」。傳作「十六年」，是。

國							
				元延二年，靖王守以孝王子紹封，十七年薨。〔一〕	居攝二年，王宏嗣，三年，王莽篡位，貶爲公，明年廢。		
			高密 本始元年十月，哀王弘以厲王子立，八年薨。〔二〕	元康元年，頃王章嗣，三十四年薨。〔三〕	建始二年，懷王寬嗣，十一年薨。	鴻嘉元年，王慎嗣，二十九年，王莽篡位，貶爲公，明年廢。	
昌邑哀王髆	武帝子。	天漢四年六月乙丑立，十一年薨。〔四〕	元始元年，王賀嗣，十二年，徵爲昭帝後，立二十七日，以行淫亂，廢歸故國，予邑三千户。〔五〕				

〔一〕【補注】先謙曰：傳作「二十年」，皆誤。元延二年至居攝元年，十八年。

〔二〕【補注】先謙曰：宣紀「十月」作「七月」。傳「八年」作「九年」，誤。

〔三〕【補注】先謙曰：傳作「三十三年」，誤。

〔四〕【補注】先謙曰：宣紀「六月」作「四月」。

〔五〕【補注】先謙曰：「始元」誤倒作「元始」。

右孝武四人。六安、真定、泗水、平干四人隨父兄八人。〔一〕

淮陽憲王欽	宣帝子。	元康三年四月丙子立，三十六年薨。〔二〕	河平二年，文王玄嗣，二十六年薨。	元壽二年，王縯嗣，十九年，王莽篡位，貶爲公，明年廢。〔三〕				
東平思王宇	宣帝子。	甘露二年十月乙亥立，三十二年薨。〔四〕	鴻嘉元年，煬王雲嗣，十六年，建平三年，坐祝詛上，自殺。〔五〕	元始元年二月丙辰，王開明嗣，立五年薨，亡後。〔六〕				

〔一〕【補注】錢大昭曰：「兄」當作「凡」。先謙曰：官本作「凡」。
〔二〕【補注】先謙曰：宣紀「四月」作「七月」。
〔三〕師古曰：縯音羊善反。
〔四〕【補注】先謙曰：宣紀作「九月立」。傳作「三十三年薨」，誤。
〔五〕【補注】先謙曰：傳作「十七年」，是，此誤。
〔六〕【補注】先謙曰：傳作「立三年」，是，此誤。

中山	楚
	楚孝王囂〔三〕
	宣帝子。
	十月乙亥立，爲定陶王，四年，徙楚，二十八年薨。〔四〕
	陽朔元年，懷王芳嗣，一年薨，亡後。〔五〕
中山 元始元年二月丙辰，王成都以思王孫桃鄉頃侯宣子立，奉中山孝王後，八年，王莽篡位，貶爲公，明年，獻書言莽德，封列侯，賜姓王。〔一〕	
居攝元年，嚴鄉侯子匡爲東平王。〔二〕	

〔一〕【補注】先謙曰：官本「烈」作「列」，是。「丙辰」作「丙戌」。

〔二〕【補注】先謙曰：匡奉開明後，父信起兵討莽，兵敗，皆爲莽所滅。

〔三〕師古曰：囂音敖。

〔四〕【補注】先謙曰：宣紀作「正月立」。

〔五〕【補注】先謙曰：「芳」，傳作「文」。

陽朔二年，思王衎以孝王子紹封，十一年薨。〔一〕	
元壽元年，王紆嗣，十年，王莽篡位，貶爲公，明年廢。〔二〕	**信都** 綏和元年十一月壬子，王景以孝王孫立爲定陶王，奉恭王後，三年，建平二年，徙信都，十三年，王莽篡位，貶爲公，明年廢。

〔一〕【補注】先謙曰：陽朔二年至建平四年，計二十一年，傳是，此「十」上脱「二」字。

〔二〕【補注】先謙曰：「子」字衍。

中山哀王竟	宣帝子。	初元二年二月丁巳，立爲清河王，五年，徙中山王，十三年薨，亡後。[一]		
右孝宣四人。燕王繼絶，高密隨父，凡六人。				
定陶共王康	元帝子。	永光三年三月，立爲濟陽王，八年，徙山陽，八年，河平四年四月，徙定陶，凡十九年薨。	陽朔三年，王欣嗣，十四年，綏和元年爲皇太子。[二]	

[一]【補注】先謙曰：傳「五年」作「三年」。

[二]【補注】先謙曰：「十四年」，傳作「十五年」，是，此誤。

中山孝王興	元帝子。	建昭二年六月乙亥立爲信都王，十五年，陽朔二年，徙中山，凡三十年薨。[一]	綏和二年，王箕子嗣，六年，元壽二年立爲皇帝。[二]					

右孝元二人。廣陵繼絶，凡三人。孝成時河間、廣德、定陶三國，孝哀時廣平一國，孝平時東平、中山、廣德、廣世、廣宗五國，皆繼絶。

[一]【補注】先謙曰：傳作「十四年」，誤。

[二]【補注】先謙曰：「六年」當爲「七年」，傳是，此誤。

王子侯表第三上

漢書十五上

大哉，聖祖之建業也！後嗣承序，以廣親親。至于孝武，以諸侯王畺土過制，或替差失軌，而子弟爲匹夫，〔一〕輕重不相準，於是制詔御史：「諸侯王或欲推私恩分子弟邑者，令各條上，朕且臨定其號名。」自是支庶畢侯矣。詩云「文王孫子，本支百世」，〔二〕信矣哉！〔三〕

〔一〕師古曰：畺亦壃字也。替，古僭字也。軌，法也。【補注】錢大昭曰：替，顔以爲古僭字，則字當作「朁」。

〔二〕師古曰：大雅文王之詩也。本，本宗也。支，支子也。言文王有明德，故天祚之，子孫嫡者爲天子，支庶爲諸侯，皆不絶也。

〔三〕師古曰：侯所食邑，皆書其郡縣於下，其有不書者，史失之也。或但言某人嗣及直書薨，不具年月，皆闕文也。

號謚名〔一〕	屬	始封位次	子	孫	曾孫	玄孫
羹頡侯信〔二〕	帝兄子。	七年中封，十三年，高后元年有罪，削爵一級，爲關內侯。〔三〕				
合陽侯喜〔四〕	帝兄，爲代王，匈奴攻代，棄國，廢爲侯。	八年九月丙午封，七年，孝惠二年薨，以子爲王，謚曰頃王。〔五〕	**沛**十一年十二月癸巳，侯濞以帝兄子封，十二年，爲吳王。〔六〕			

〔一〕【補注】先謙曰：漢代侯國皆縣，雖壯武、冠軍，意取嘉名，仍以氏縣，無虛稱也。其後或併省，不可攷釋者，因有爵號侯之疑，其誤甚矣。

〔二〕服虔曰：音戛擊之戛。師古曰：音居黠反。【補注】先謙曰：羹頡，縣名。說見楚元王傳。

〔三〕師古曰：不記月日，故云七年中也。

〔四〕【補注】先謙曰：合陽，馮翊縣。志「合」作「郃」，說詳志。史表「喜」作「仲」。徐廣云：一名嘉。嘉又喜之譌。

〔五〕【補注】先謙曰：高紀「七年十二月」。史表與此同。

〔六〕【補注】先謙曰：沛，沛郡縣。史表「十二月」作「二月」。

德哀侯廣	〔一〕	**一百二十** 十二年十一月庚辰以兄子封，（十年）〔七年八月〕薨。〔二〕	高后三年，頃侯通嗣，（三）〔二〕十四年薨。〔三〕	孝景六年，康侯齕嗣，二十四年薨。〔四〕	元鼎四年，侯何嗣，五年坐酎金免。	**泰山** 元康四年，廣玄孫長安大夫猛，詔復家。〔五〕
			六世	**七世** 元壽二年五月甲子，侯勳以廣玄孫之孫長安公乘紹封，千户，九年，王莽篡位，絶。〔六〕		

〔一〕【補注】錢大昭曰：依例，當於此格書帝兄子。

〔二〕【補注】錢大昭曰：百二十，位次也。功臣黎朱蒼百二十，表缺一百二十七，蓋廣之位次。上邳侯郢客百二十八，朱虚侯章百二十九，廣同是宗室，位次必聯屬矣。先謙曰：史表正作百二十七。廣，濞弟。亦見史表。

〔三〕【補注】先謙曰：孝景三年爲宗正。見公卿表、吴王濞傳。

〔四〕師古曰：齕音紇。下亦同。【補注】錢大昭曰：閩本作二十八年。自孝景六年至元鼎三年，計三十八年。二表並誤。朱一新曰：汪本作「三十八年」。

〔五〕師古曰：大夫，第五爵也。復家，蠲賦役也。復音方目反。【補注】先謙曰：索隱「漢表在濟南」。案後封景建下注亦作濟南，與索隱合。則此「泰山」二字，傳寫之誤。

〔六〕師古曰：公乘，第八爵也。

右高祖					
上邳侯郢客（一）	楚元王子。	**一百二十八** 二年五月丙申封，七年爲楚王。			
朱虛侯章（二）	齊悼惠王子。	**百二十九** 五月丙申封，八年爲城陽王。（三）			
東牟侯興居（四）	齊悼惠王子。	六年四月丁酉封，四年爲濟北王。			
右高后					

（一）【補注】先謙曰：郢客，高后二年爲宗正，見公卿表、楚元王傳。上邳即邳，在薛縣。見泗水注。詳魯國薛下。

（二）【補注】先謙曰：朱虛，瑯邪縣。亦見巨洋水注。

（三）張晏曰：高后二年詔丞相陳平，令差第列侯位次高下，故王子侯三人有第，二年之後皆不第。【補注】錢大昭曰：表不著初封户數，文紀元年，益封二千户。

（四）【補注】先謙曰：東牟，東萊縣。

管共侯罷軍〔一〕	齊悼惠王子。	四年五月甲寅封，二年薨〔二〕。	六年，侯戎奴嗣，二十年，孝景二年，反，誅〔三〕。			
氏丘共侯甯國〔四〕	齊悼惠王子。	五月甲寅封，十一年薨。	十五年，侯偃嗣，十一年，孝景三年，反，誅。			
營平侯信都〔五〕	齊悼惠王子。	五月甲寅封，十年薨。	十四年，侯廣嗣，十一年，孝景三年，反，誅。			〔六〕
楊丘共侯安〔七〕	齊悼惠王子。	五月甲寅封，十二年薨。	十六年，侯偃嗣，十一年，孝景四年，坐出國界，耐爲司寇〔八〕。			

〔一〕師古曰：罷音皮彼反，又讀曰疲。共讀曰恭。下皆類此。【補注】先謙曰：「管」當爲「菅」，濟水注可證。史表亦誤。索隱誤以滎陽之管城當之。

〔二〕【補注】錢大昭曰：文紀作「九月」。

〔三〕【補注】錢大昭曰：「二年」當爲「三年」。先謙曰：史表作「三年」。

〔四〕【補注】先謙曰：史表作「瓜丘」。索隱「縣在魏郡」。「甯」作「寧」。先謙案，志魏郡有斥丘，無瓜丘。索隱不言漢表文異，似氏、瓜二字，皆「斥」之譌。

〔五〕【補注】先謙曰：營，縣名，平，其謚也。史表上標「營」字，下云「平侯」，其明證也。營見淄水注，詳齊郡臨淄下。

〔六〕【補注】先謙曰：索隱「漢表在濟南」。此奪「濟南」二字。

〔七〕【補注】先謙曰：楊、陽通用。陽丘，濟南縣。亦見濟水注。史表失載此侯。

〔八〕【補注】先謙曰：官本「耐」作「削」。

楊虛侯將閭〔一〕	齊悼惠王子。	五月甲寅封，十二年，爲齊王。				
朸侯辟光〔二〕	齊悼惠王子。	五月甲寅封，十二年，爲齊南王〔三〕。				
安都侯志〔四〕	齊悼惠王子。	五月甲寅封，十二年，爲濟北王。				
平昌侯卬〔五〕	齊悼惠王子。	五月甲寅封，十二年，爲膠西王。				
武成侯賢〔六〕	齊悼惠王子。	五月甲寅封，十二年，爲菑川王。				

〔一〕【補注】先謙曰：據河水注，楊虛即平原樓虛縣。史表「閭」作「廬」。

〔二〕師古曰：朸音其力反。下亦同。【補注】先謙曰：朸，平原縣。亦見河水注。史世家誤「勒」。後封城陽頃王子讓。

〔三〕【補注】先謙曰：「齊」當作「濟」。官本不誤。史表同。

〔四〕【補注】錢大昭曰：史正義「安都故城在瀛州高陽縣西南三十九里」。

〔五〕【補注】先謙曰：平昌，琅邪縣。亦見濰水注。索隱云「屬平原」，非。世家作「昌平侯」。

〔六〕【補注】先謙曰：史表「成」作「城」。通用字。案，東海南城縣，武帝封城陽共王子貞，即魯武城也。晉爲南武城，賢蓋封此，後改南城耳。

白石侯雄渠[一]	阜陵侯安[二]	安陽侯勃[三]	陽周侯賜[四]	東城哀侯艮[五]	右孝文
齊悼惠王子。	淮南厲王子。	淮南厲王子。	淮南厲王子。	淮南厲王子。	
五月甲寅封，十二年，爲膠東王。	八年五月丙午封，八年，爲淮南王。	五月丙午封，八年，爲衡山王。	五月丙午封，八年，爲廬江王。	五月丙午封，七年薨，亡後。	

[一]【補注】錢大昭曰：史正義「白石故城在德州安德縣北二十里。」索隱以爲「金城縣」，非。

[二]【補注】先謙曰：阜陵，九江縣。

[三]【補注】先謙曰：安陽，汝南縣。亦見淮水注。後封周左車。索隱云「屬馮翊」，非。屬漢中者，亦非侯國。

[四]【補注】先謙曰：上郡有陽周，疑非賜所封。志亦不云侯國。

[五]【補注】先謙曰：東城，九江縣。亦見淮水注。後封居股。「艮」字誤。官本作「良」。史表、本傳同。

平陸侯禮〔一〕	楚元王子。	元年四月乙巳封，三年爲楚王。〔二〕				
休侯富〔三〕	楚元王子。	四月乙巳封，三年，以兄子楚王戊反，免。三年，侯富更封紅侯，六年薨，謚曰懿。〔四〕	七年，懷侯登嗣，一年薨。〔五〕	中元年，敬侯嘉嗣，二十四年薨。〔六〕	元朔四年，哀侯章嗣，一年薨，亡後。	
沈猷夷侯歲〔七〕	楚元王子。	四月乙巳封，二十年薨。	建元五年，侯受嗣，十八年，元狩五年，坐爲宗正聽請，不具宗室，耐爲司寇。〔八〕			〔九〕

〔一〕【補注】錢大昭曰：孝景元年爲宗正。先謙曰：平陸後爲陳留尉氏之陵樹鄉。詳志。西河、東平俱有平陸，皆非此侯國。史表「三千一百六十七户」，後封淮陽憲王孫寵。

〔二〕【補注】先謙曰：史表一云「乙卯」。

〔三〕【補注】先謙曰：史表富一人，而休侯、紅侯，誤分爲二。索隱「紅、休蓋二鄉名，王莽封劉歆爲紅休侯。」一云「紅」即「虹縣」。先謙案，「紅」即「玒」，沛郡縣。亦見獲水注。紅、休可合爲一侯封地，則休、紅接壤可知。

〔四〕【補注】先謙曰：史表「富謚莊侯」，一云「禮侯」。錢大昭云：表例，謚當在封地下。史表「千七百五十户」。蘇輿云「侯富」二字疑衍。

〔五〕【補注】先謙曰：史表作「悼侯澄」。

〔六〕【補注】先謙曰：史表「嘉」作「發」。

〔七〕師古曰：沈音審。【補注】先謙曰：史表「歲」作「穢」，千三百八十户。

〔八〕師古曰：受爲宗正，人有私請求者，受聽許之，故於宗室之中事有不具，而受獲罪。【補注】先謙曰：史表「請」作「謁」。

〔九〕【補注】先謙曰：瓠子水注「沈猷」即「沈猶」。史表作「猶」。食邑在千乘高苑縣。索隱「漢表在高苑」，此奪「高苑」二字。

宛朐侯埶〔一〕	楚元王子。	四月乙巳封，三年，反，誅。				
棘樂敬侯調〔二〕	楚元王子。	三年八月壬子封，十六年薨。	建元三年，恭侯應嗣，十五年薨。〔三〕	元朔元年，侯慶嗣，十六年，元鼎五年，坐酎金免。		
乘氏侯買〔四〕	梁孝王子。	中五年五月丁卯封，一年，爲梁王。				
桓邑侯明〔五〕	梁孝王子。	五月丁卯封，一年，爲濟川王。				
右孝景						

〔一〕師古曰：埶音蓺。【補注】先謙曰：宛朐，濟陰縣。志作「冤句」。亦見濟水注。

〔二〕【補注】先謙曰：史表「户千二百一十三」。

〔三〕【補注】蘇輿曰：自建元三年至元光六年，止十年。「五」字衍。

〔四〕【補注】先謙曰：乘氏，濟陰縣。亦見濟水注。

〔五〕【補注】先謙曰：「桓邑」，傳作「垣邑」。

茲侯明	河閒獻王子。	元光五年正月壬子封，四年，元朔三年，坐殺人自殺。〔一〕				
安城思侯蒼	長沙定王子。	六年七月乙巳封，十三年薨。	元鼎元年，節侯自當嗣。	侯壽光嗣，五鳳二年，坐與姊亂，下獄病死。		豫章〔二〕
宜春侯成	長沙定王子。	七月乙巳封，十七年，元鼎五年，坐酎金免。				〔三〕
句容哀侯黨〔四〕	長沙定王子。	七月己巳封，二年薨，亡後。〔五〕				會稽〔六〕

〔一〕【補注】先謙曰：史表作「坐謀反、殺人，棄市」。徐廣云：一作「掠殺人棄市」。

〔二〕【補注】先謙曰：安城，長沙縣。志「城」作「成」，史表同。亦見贛水注。非「豫章」。

〔三〕【補注】先謙曰：宜春，豫章縣。亦見贛水注。此當有「豫章」二字。傳寫誤入上行。

〔四〕師古曰：句，讀爲章句之句。

〔五〕【補注】先謙曰：「己」當爲「乙」。汪本、官本不誤。史表同。

〔六〕【補注】先謙曰：句容，丹楊縣，非會稽。

容陵侯福〔一〕	長沙定王子。	七月乙巳封，十七年，元鼎五年坐酎金免。			
杏山侯成〔二〕	楚安王子。	後九月壬戌封，十七年，元鼎五年坐酎金免。			
浮丘節侯不害〔三〕	楚安王子。	後九月壬戌封，十一年薨。	元狩五年，侯霸嗣，六年，元鼎五年，坐酎金免。		沛
廣戚節侯將〔四〕	魯共王子。	元朔元年十月丁酉封，薨。〔五〕	侯始嗣，元鼎五年，坐酎金免。		

〔一〕【補注】先謙曰：容陵，長沙縣。史表作「句陵」。徐廣云：一作「容陵」，明「句」爲誤字。

〔二〕【補注】錢坫曰：後書岑彭傳「許邯起杏」。注「南陽復陽縣有杏聚」。郡國志同。寰宇記「光州仙居縣有杏山，仙居於漢爲軑縣，屬江夏」。先謙曰：後封楚思王子遵。

〔三〕【補注】先謙曰：史表作「不審」，蓋誤。

〔四〕【補注】先謙曰：廣戚，沛郡縣。後封楚孝王子勳。史「將」作「擇」。徐廣云：「擇」一作「將」，明「擇」爲誤字。

〔五〕【補注】先謙曰：史表作「十一月」。

丹楊哀侯敢	江都易王子。	十二月甲辰封，六年，元狩元年薨，亡後。				無湖[一]
盱台侯蒙之[二]	江都易王子。	十二月甲辰封，十六年，元鼎五年坐酎金免。				
胡孰頃侯胥行[三]	江都易王子。	正月丁卯封，十六年薨。	元鼎五年，侯聖嗣，坐知人脫亡名數，以爲保殺人免。[四]			丹陽[五]
秣陵終侯纏[六]	江都易王子。	正月丁卯封，元鼎四年薨，亡後。				

[一]【補注】先謙曰：無、蕪同。蕪湖亦丹陽郡屬。據此，丹楊縣乃蕪湖分置。官本「楊」作「陽」。

[二]【補注】先謙曰：盱台，臨淮縣。亦見淮水注。史表「象之」兩見。索隱云漢表作「蒙之」，是。唐本史、漢已歧出。

[三]【補注】先謙曰：史表「胡」作「湖」，「胥行」作「胥」。

[四]師古曰：脫亡名數，謂不占户籍也。以此人爲庸保，而又别殺人也。

[五]【補注】先謙曰：「胡孰」見志。

[六]【補注】先謙曰：史表「秣陵」作「秩陽」，「纏」作「漣」。兩見。

淮陵侯定國	江都易王子。	正月丁卯封，十六年，元鼎五年，坐酎金免。				淮陵〔一〕
張梁哀侯仁	梁共王子。〔二〕	二年五月乙巳封，十三年薨。	元鼎三年，侯順嗣，二十三年，征和三年，爲奴所殺。〔三〕			
龍丘侯代	菑川懿王子。〔四〕	五月乙巳封，十五年，元鼎五年，坐酎金免。				琅邪
劇原侯錯〔五〕	菑川懿王子。	九月乙巳封，十七年薨。〔六〕	元鼎二年，孝侯廣昌嗣。	戴侯骨嗣。〔七〕	質侯吉嗣。	節侯[illegible]嗣。

〔一〕【補注】先謙曰：上淮陵，史表作「睢陵」。睢水注同。當依史表。睢陵，臨淮縣也。下淮陵乃臨淮之誤，「臨」誤爲「陵」，又倒在「淮」下耳。索隱「漢表在淮陵」，則唐本漢書已誤。

〔二〕【補注】先謙曰：史表作「江都易王子」。

〔三〕【補注】先謙曰：官本「奴」上多「匈」字。

〔四〕【補注】先謙曰：史表作「江都易王子」。

〔五〕【補注】先謙曰：劇，北海縣。亦見巨洋水注。

〔六〕【補注】蘇輿曰：自元朔二年至元鼎元年，止十二年。「七」字誤。先謙曰：「九」當爲「五」。汪本、官本不誤，史表同。

〔七〕【補注】朱一新曰：汪本「骨」作「肙」，是也。「肙」，古「胥」字。先謙曰：官本作「肙」。

			六世　侯勝容嗣。〔一〕			
懷昌夷侯高遂〔二〕	菑川懿王子。	五月乙巳封，二年薨。	四年，胡侯延年嗣。〔三〕	節侯勝時嗣。	侯可置嗣。	
平望夷侯賞〔四〕	菑川懿王子。	五月乙巳封，七年薨。	元狩三年，原侯楚人嗣，二十六年薨。	太始三年，敬侯光嗣，十四年薨。〔五〕	神爵四年，頃侯起嗣。	孝侯均嗣。
			六世　侯旦嗣。			
臨衆敬侯始昌	菑川懿王子。	五月乙巳封，三十一年薨。	太始元年，康侯革生嗣，十八年薨。	元鳳三年，頃侯廣平嗣，薨。	原侯農嗣。	臨原　節侯理嗣。〔六〕

〔一〕【補注】王念孫曰：勝容義無所取，當是勝客之譌。功臣表有樊噲曾孫勝客，恩澤表有丙吉玄孫勝客。急就篇有薛勝客，未有名勝容者。

〔二〕【補注】先謙曰：史表「懷」作「壤」，無「昌」字。

〔三〕【補注】先謙曰：史表「延」下無「年」字。

〔四〕【補注】先謙曰：平望，北海縣。

〔五〕【補注】蘇輿曰：自太始三年至神爵三年，共三十六年，表作「十四」，誤。

〔六〕【補注】先謙曰：臨原，琅邪縣。志臨原注「侯國」。無臨衆縣。此侯至莽篡始絶。若是臨衆，志不當無。史表「臨衆」正作「臨原」。索隱「漢表作臨衆」，是唐世漢書已誤「原」爲「衆」，或校者注「臨原」於下，宋本從而誤增耳。

			六世	七世		
			釐侯賢嗣。	侯商嗣。王莽篡位，絕。〔一〕		
葛魁節侯寬〔二〕	菑川懿王子。	五月乙巳封，八年薨。	元狩四年，侯戚嗣，五年，元鼎三年，坐縛家吏恐猲受賕，棄市。〔三〕			
益都敬侯胡〔四〕	菑川懿王子。	五月乙巳封，薨。	原侯廣嗣。	侯嘉嗣，元鳳三年，坐非廣子免。		
平的戴侯强〔五〕	菑川懿王子。	五月乙巳封，十七年薨。	元狩元年，思侯中時嗣，二十年薨。〔六〕	太始三年，節侯福嗣，十三年薨。〔七〕	神爵四年，頃侯鼻嗣。	釐侯利親嗣。

〔一〕【補注】先謙曰：官本「恭」作「莽」，是。

〔二〕【補注】先謙曰：史表同。徐廣云：「葛」一作「莒」。

〔三〕師古曰：猲，謂以威力脅人也。賕，枉法以財相謝。猲音呼葛反。賕音求。【補注】先謙曰：史表作「坐殺人棄市」。

〔四〕【補注】先謙曰：巨洋水注「百尺溝西北，逕益都城，武帝封菑川懿王子胡爲侯國」。詳北海益下。

〔五〕師古曰：旳音丁歷反。【補注】先謙曰：平旳，北海縣，志作「的」。史表作「平酌」。「强」作「疆」，蓋「彊」之誤。

〔六〕【補注】先謙曰：官本「狩」作「封」，是。蘇輿云：自元封元年，至太始三年，止十六年。表誤。

〔七〕【補注】蘇輿曰：自太始三年至神爵三年，凡三十六年。此作「十三」，誤。

			六世 侯宣嗣。			
劇魁夷侯黑〔一〕	菑川懿王子。	五年乙巳封，十七年薨。〔二〕	元封元年，思侯招嗣，三年薨。〔三〕	四年，康侯德嗣。	孝侯利親嗣。〔四〕	釐侯嬰嗣。
			六世 侯向嗣。			
壽梁侯守〔五〕	菑川懿王子。	五月乙巳封，十五年，元鼎五年，坐酎金免。				壽樂
平度康侯行〔六〕	菑川懿王子。	五月乙巳封，四十七年薨。	元鳳元年，節侯慶忌嗣，三年薨。	四年，質侯帥軍嗣。	頃侯欽嗣。	孝侯宗嗣。

〔一〕【補注】先謙曰：劇魁，北海縣。史表「黑」作「墨」。

〔二〕【補注】先謙曰：汪本、官本「五年」作「五月」，是。史表同。

〔三〕【補注】先謙曰：史表「招」作「昭」。

〔四〕【補注】錢大昭曰：與平的釐侯同名，且同是菑川懿王後，疑有譌字。

〔五〕【補注】錢大昭曰：或說「壽梁」即「壽良」，東郡縣。

〔六〕【補注】先謙曰：平度，東萊縣。行，史表作「衍」。

號謚名	屬	始封	子	孫	曾孫	玄孫
			六世 侯嘉嗣。			
宜成康侯偃	菑川懿王子。	五月乙巳封，十二年薨。	元鼎元年，侯福嗣，十二年，太初元年，坐殺弟棄市。			平原〔一〕
臨朐夷侯奴〔二〕	菑川懿王子。	五月乙巳封，四十一年薨。	戴侯乘嗣。	節侯賞嗣。〔三〕	孝侯信嗣。	東海 安侯禕嗣。〔四〕
			六世 侯岑嗣。			
雷侯豨〔五〕	城陽共王弟。〔六〕	五月甲戌封，十五年，元鼎五年坐酎金免。				東海〔七〕

〔一〕【補注】先謙曰：宜成，濟南縣，非平原。索隱「漢表在平原」，是唐本已誤。後封燕倉。

〔二〕師古曰：朐音劬。【補注】先謙曰：史表作「哀侯」。

〔三〕【補注】先謙曰：官本「賞」作「質」。

〔四〕師古曰：禕音猗。【補注】先謙曰：臨朐，齊郡縣。亦見巨洋水注。疑先屬東海，又東萊亦有臨朐，非侯國。

〔五〕【補注】先謙曰：史表「豨」作「稀」，兩見。

〔六〕【補注】先謙曰：官本「弟」作「子」，是。史表同。

〔七〕【補注】先謙曰：「雷」當爲「盧」。沂水注「盧川水逕城陽之盧縣，武帝封城陽共王子豨爲侯國」，引詳城陽慮下。非東海。王念孫云：「盧」誤「慮」，見志。又誤「雷」。職方「其浸盧維」。鄭注「盧」當爲「雷」字之誤也。隸書「盧」作「□」，上半與雷相似，故轉寫互誤。或謂古字通用，非也。韻書「盧」在「模」部，「雷」在「灰」部，「灰」部之字不與「模」部通。故鄭不云聲之誤，而云「字之誤」。

號謚名	屬	始封	子	孫	曾孫	玄孫	郡
東莞侯吉〔一〕	城陽共王子。	五月甲戌封，五年，痼病不任朝免。					
辟土節侯壯〔二〕	城陽共王子。	五月甲戌封，三年薨。	五年，侯明嗣，十二年，元鼎五年，坐酎金免。〔三〕				東海〔四〕
尉文節侯丙	趙敬肅王子。	六月甲午封，五年薨。	元狩元年，侯犢嗣，十年，元鼎五年，坐酎金免。				南郡〔五〕
封斯戴侯胡傷〔六〕	趙敬肅王子。	六月甲午封，二十五年薨。	太初三年，原侯如意嗣，五十二年薨。	甘露四年，孝侯宮嗣。	侯仁嗣。		

〔一〕【補注】先謙曰：東莞，琅邪縣。亦見沂水注。

〔二〕師古曰：辟音闢。

〔三〕【補注】先謙曰：史表「明」作「朋」，兩見。蓋「明」字誤。

〔四〕【補注】先謙曰：史表無「土」字。索隱引漢表在東海，同。志東海無辟縣，亦無辟土縣。王念孫云：壁、辟古字通。成二年左傳「辟司徒」，杜注「主辟壘者」。釋天「營室東壁」。曲禮注「壘，軍壁也」。釋文「壁」並作「辟」。漢表作「壁」，寫者誤分爲二字。沭水注「葛陂水西南流逕辟城南，世謂之辟陽城。漢武帝元朔二年，封城陽共王子劉壯爲侯國」，則作辟土者誤也。漢之辟城在城陽莒縣，見沭水注。與東海相近，故表在東海。

〔五〕【補注】錢大昕曰：丙，趙王子，封不應遠屬南郡。沈欽韓曰：趙以尉文封廉頗爲信平君，尉文自在趙地。紀要「廉臺在真定府無極縣西十三里，相傳以廉頗名，或其封處與？」張守節云「尉文蓋蔚州地」。其説無稽。

〔六〕【補注】先謙曰：封斯，常山縣。史表作「共侯胡陽」。

榆丘侯受福〔一〕	趙敬肅王子。	六月甲午封，十五年，元鼎五年坐酎金免。				
襄嚵侯建〔二〕	趙敬肅王子。	六月甲午封，十五年，元鼎五年坐酎金免。				廣平
邯會衍侯仁〔三〕	趙敬肅王子。	六月甲午封，薨。	哀侯慧嗣。	後元年，勤侯賀嗣，三十五年薨。〔四〕	甘露元年，原侯張嗣。	釐侯康嗣。
			六世 節侯重嗣。	**七世** 懷侯蒼嗣，薨，亡後。		
朝節侯義〔五〕	趙敬肅王子。	六月甲午封，十三年薨。	元鼎三年，戴侯禄嗣。	侯固城嗣，五鳳四年，坐酎金少四兩免。		

〔一〕【補注】先謙曰：史表作「壽福」，兩見。

〔二〕晉灼曰：音内言毚菟。師古曰：音士咸反。【補注】周壽昌曰：猇節侯起。晉灼注，猇音内言鴞。案，音有内言、外言之别。釋獸釋文「猰，晉灼音内言餉」。公羊宣八年傳何休注「言乃者内而深，言而者外而淺」。顏氏家訓音辭篇加以内言、外言、急言、徐言、讀若之類，益使人疑。據何注，内言音深宜重讀，外言音淺宜輕讀也。地理志「猇，蔡謩音由、音鴞」蓋由爲外言，音稍輕，猇爲内言，音稍重耳。

〔三〕【補注】先謙曰：邯會，魏郡縣。

〔四〕【補注】蘇輿曰：「後元」下當更有「元」字，後並同。

〔五〕【補注】沈欽韓曰：紀要「故朝城在濮州朝城縣南十七里」。舊唐志「昌樂縣有故朝城，唐改置縣於此」。

東城侯遺〔一〕	趙敬肅王子。	六月甲午封，十一年，元鼎元年爲孺子所殺。〔二〕				
陰城思侯蒼	趙敬肅王子。	六(年)〔月〕甲午封，十七年，太初元年薨。嗣子有罪，不得代。〔三〕				
廣望節侯忠〔四〕	中山靖王子。	六月甲午封，三十年薨。	天漢四年，頃侯中嗣，十三年薨。	始元三年，思侯何齊嗣。	恭侯遂嗣。	侯閣嗣。
將梁侯朝平	中山靖王子。	六月甲午封，十五年，元鼎五年坐酎金免。				涿〔五〕

〔一〕【補注】先謙曰：東城，九江縣。但趙地封域疑不在此。

〔二〕師古曰：孺子，妾之號也。【補注】先謙曰：史表作「有罪，國除」。

〔三〕【補注】蘇輿曰：十七年當元封元年，疑有誤。先謙曰：史表作「侯蒼有罪，國除」。據思謚，此表爲得實。

〔四〕【補注】先謙曰：廣望，涿郡縣。史表「望廣」誤倒。「忠」作「中」，上多「安」字。

〔五〕【補注】先謙曰：渜水注「掘溝水逕將涼城東，即將梁也。武帝封中山靖王子朝平爲侯國」。詳涿郡廣望下。將梁、廣望鄰近，蓋國除後併入廣望。

薪館侯未央〔一〕	中山靖王子。	六月甲午封，十五年，元鼎五年，坐酎金免。				涿
陸城侯貞〔二〕	中山靖王子。	六月甲午封，十五年，元鼎五年，坐酎金免。				涿〔三〕
薪處侯嘉	中山靖王子。	六月甲午封，十五年，元鼎五年，坐酎金免。				涿〔四〕
蒲領侯嘉	廣川惠王子。	三年十月癸酉封，有罪，絶。				東海〔五〕

〔一〕【補注】先謙曰：史表「薪」作「新」。

〔二〕【補注】錢大昭曰：蜀志「中山靖王子貞，元狩六年封涿縣陸城亭侯」。案，亭侯建武始有。蜀志衍「亭」字。封年、涿縣並誤。

〔三〕【補注】先謙曰：陸城，中山縣，蓋後改隸。亦見滱水注。志「城」作「成」。史表作「陘城」。索隱云「志屬中山」。案志，中山無陘城縣。蜀志先主傳亦作「陸城」。

〔四〕【補注】先謙曰：薪處，中山縣。志「薪」作「新」。表注涿者，地析自涿郡，國除後隸中山。

〔五〕【補注】先謙曰：蒲領，勃海縣，亦見濁漳水注。「東」字誤。國除，後封清河綱王子禄。

西熊侯明	廣川惠王子。	十月癸酉封，薨亡後。				
棗强侯晏[一]	廣川惠王子。	十月癸酉封，薨亡後。				
畢梁侯嬰[二]	廣川惠王子。	十月癸酉封，十九年，元封四年，坐首匿罪人，爲鬼薪。				魏
旁光侯殷[三]	河閒獻王子。	十月癸酉封，十年，元鼎元年，坐貸子錢不占租，取息過律，會赦，免。[四]				魏

[一]【補注】先謙曰：棗强，清河縣，亦見淇水注。

[二]【補注】先謙曰：官本攷證云，監本作「卑梁」，從宋本改。錢大昭云：閩本作「卑」。朱一新云：汪本作「卑」。先謙案，作「卑」是也。國除後封高密頃王子都。

[三]【補注】先謙曰：史表作「房光」。

[四]師古曰：以子錢出貸人，律合收租，匿不占，取息利又多也。占音之贍反。【補注】沈欽韓曰：景紀服虔注「貲萬錢，算百二十七」。昭紀「始元六年，令民得以律占租」，貢禹所謂租銖之律也。周禮「卜司徒以下，攷夫家衆寡、六畜、兵器」。管子「問貧士之受責於大夫者幾何人？人之貸粟米有別券者幾何家？」此其貧富生業，皆官司所知。平紀「民貲不滿二萬，勿租稅」。蓋漢去古未遠，故私家具立文簿。泉府注「貸萬錢者，朞出息五百」。是取息無過二分也。

號諡名	屬	始封	子	孫	曾孫	玄孫
距陽憲侯匄〔一〕	河閒獻王子。	十月癸酉封，十四年薨。	元鼎五年，侯淒嗣，坐酎金免。〔二〕			
蔞節侯退〔三〕	河閒獻王子。	十月癸酉封，十六年薨。	元封元年，釐侯嬰嗣，二十二年薨。〔四〕	後元年，原侯益壽嗣，三十一年薨。	五鳳元年，安侯充世嗣，三年薨。	四年，侯遺嗣，二十年，建始四年薨，亡後。〔五〕
阿武戴侯豫〔六〕	河閒獻王子。	十月癸酉封，二十四年薨。	太初三年，敬侯宣嗣，二十年薨。〔七〕	始元三年，節侯信嗣，二十三年薨。	神爵元年，釐侯嬰齊嗣。	頃侯黃嗣。
			六世 侯長久嗣，王莽篡位，絕。			

〔一〕【補注】先謙曰：史表「匄」作「白」。

〔二〕師古曰：淒音妻。【補注】先謙曰：史表「淒」作「渡」，兩見。

〔三〕師古曰：蔞音力朱反。【補注】錢大昭曰：後書馮異傳有「無蔞亭」，注云「在今饒陽縣東北，即其地」。先謙曰：史表作「蔞安侯邈」。退非名，蓋邈是。

〔四〕【補注】朱一新曰：汪本作三十二年，誤。

〔五〕【補注】蘇輿曰：自五鳳四年至建始四年，凡二十五年。「十」下奪「五」字。

〔六〕【補注】先謙曰：阿武，涿郡縣。史表「戴」作「湣」。

〔七〕【補注】蘇輿曰：自太初三年至始元二年，止十八年。表作「二十」，誤。先謙曰：史表「宣」作「寬」。

參户節侯免〔一〕	河閒獻王子。	十月癸酉封，四十六年薨。	元鳳元年，敬侯嚴嗣。	頃侯元嗣。	孝侯利親嗣。	侯度嗣。
州鄉節侯禁〔二〕	河閒獻王子。	十月癸酉封，十一年薨。	元鼎二年，思侯齊嗣〔三〕	元封六年，憲侯惠嗣。	釐侯商嗣。	恭侯伯嗣。
			六世 侯禹嗣，王莽篡位，絕〔四〕			
平城侯禮	河閒獻王子。	十月癸酉封，六年，元狩三年，坐恐猲取雞以令買償免，復謾完爲城旦〔五〕				〔六〕

〔一〕【補注】先謙曰：參户，勃海縣。史表「免」作「勉」。

〔二〕【補注】先謙曰：州鄉，涿郡縣。

〔三〕【補注】先謙曰：史表「齊」作「惠」。

〔四〕【補注】朱一新曰：汪本「禹」作「禺」。

〔五〕師古曰：恐猲取人雞，依令買雞以償，坐此免侯，又犯欺謾，故爲城旦也。謾音漫。【補注】沈欽韓曰：景紀「吏飲食計償費，勿論」。此謂取飲食物，準令當買償，復欺謾未償，故論城旦也。以宗室，故不髡鉗。

〔六〕【補注】先謙曰：濁漳水注「成平故城，武帝封河閒獻王子禮爲侯國」。是道元所見漢書本作「成平」。成平，勃海縣。史表作「成平」，索隱「漢表在南皮」。明此奪「南皮」二字。成平，析南皮置無疑。西漢兩平城：一北海侯國，封膠東頃王子邑。一雁門縣。河閒王子封當在勃海。作平城者，後人傳寫誤倒也。

廣侯順	河閒獻王子。	十月癸酉封，十四年，元鼎五年坐酎金免。				勃海〔一〕
蓋胥侯讓〔二〕	河閒獻王子。	十月癸酉封，十四年，元鼎五年坐酎金免。				魏〔三〕
陰安康侯不害	濟北貞王子。	十月癸酉封，十一年薨。〔四〕	元鼎三年，哀侯秦容嗣，三年薨，亡後。〔五〕			魏〔六〕
榮關侯騫	濟北貞王子。	十月癸酉封，坐謀殺人會赦，免。				茬平〔七〕

〔一〕【補注】先謙曰：廣，齊郡縣，距河閒遠。勃海無廣縣，不知併入何縣。

〔二〕師古曰：蓋音公臘反。

〔三〕【補注】先謙曰：索隱云「漢志在太山」。表「在魏郡」。但史表標「蓋胥」二字於上。胥非謚，免侯不當有謚。則蓋胥是縣名。太山無蓋胥縣。豈小司馬所見本止作「蓋」耶？恩澤侯表蓋侯王信孫受，元鼎五年，坐酎金免。與讓同時國除。一地亦不能兩封。魏郡無蓋縣，亦無蓋胥縣。不知免侯後，地併入何縣，所當闕疑。

〔四〕【補注】蘇輿曰：自元朔三年至元鼎二年，凡十二年。「一」當爲「二」。

〔五〕【補注】先謙曰：史表「容」作「客」，兩見。「容」字蓋誤。閩本、汪本作「客」。官本考證云，宋本作「客」，舊監本作「容」。

〔六〕【補注】先謙曰：陰安見志，史表作陪安。陰、陪形近致誤也。衛不疑亦封陰安，元朔二年封，元鼎五年免。一陰安不能封兩侯國，存疑。

〔七〕師古曰：茬音任疑反。【補注】先謙曰：史表作「榮蘭」。徐廣云，一作「營蘭」。索隱「漢表作榮關，在茬平」。蓋此縣分茬平置。茬平，東郡縣。

周望康侯何〔一〕	濟北貞王子。	十年癸酉封，八年薨。〔二〕	元狩五年，侯當時嗣，六年，元鼎五年，坐酎金免。			
陪繆侯則〔三〕	濟北貞王子。	十月癸酉封，十一年薨。	元鼎二年，侯邑嗣，五年，坐酎金免。			平原
前侯信〔四〕	濟北貞王子。	十月癸酉封，十四年，元鼎五年，坐酎金免。				平原
安陽侯樂〔五〕	濟北貞王子。	十月癸酉封，三十八年薨。	後元年，穅侯延年嗣，十六年薨。	本始二年，康侯記嗣，十五年薨。	五鳳元年，安侯戚嗣。	平原 哀侯得嗣，薨，亡後。〔六〕

〔一〕【補注】先謙曰：史表「望」作「堅」。

〔二〕【補注】先謙曰：「十年」當爲「十月」，史表不誤。官本同。

〔三〕【補注】先謙曰：史表「則」作「明」。

〔四〕師古曰：字或作「菆」，音側流反。【補注】先謙曰：史表「前」作「叢」。徐廣云，一作「散」。索隱「叢音緅。漢表作『菆』，在平原。今平原無菆縣。此例非一，蓋鄉名也」。先謙案，據顔注，則小司馬所見本，乃顔所稱或作本，而顔所見作「前」之漢書本，小司馬未之見也。王念孫云：「前」即「菆」之誤。隸書「菆」字作「[illegible]」，因譌爲「前」。書傳「叢」字或作「菆」。叢、菆皆以取爲聲，故皆有緅音。公羊僖三十三年傳取叢。釋文「叢」作「菆」。作「散」者亦「菆」之譌。

〔五〕【補注】先謙曰：史表「樂」作「桀」。

〔六〕【補注】先謙曰：平原有安縣，無安陽。錢大昭云：「陽」當爲「煬」，樂之謚。然史表上標安陽，非安縣也。

五據侯臞丘〔一〕	濟北式王子〔二〕。	十月癸酉封，十四年，元鼎五年坐酎金免。				泰山
富侯龍〔三〕	濟北式王子〔四〕。	十月癸酉封，十六年，元康元年坐使奴殺人，下獄瘐死。〔五〕				
平侯遂〔六〕	濟北式王子。〔七〕	十月癸酉封，四年，元狩元年坐知人盜官母馬爲臧，會赦，復作。〔八〕				

〔一〕師古曰：臞音劬，又音欋。【補注】先謙曰：史表臞、臒兩見。索隱「舊作臒，音劬」。劉氏「烏霍反」。

〔二〕【補注】先謙曰：史表「式」作「貞」。

〔三〕【補注】先謙曰：史表「龍」作「襲」。

〔四〕【補注】先謙曰：史表「式」作「貞」。

〔五〕【補注】先謙曰：十六年，當元封元年。「康」是誤字。

〔六〕【補注】先謙曰：索隱「志屬河南，先封工師喜」。錢大昭以爲距濟北遠，疑非。

〔七〕【補注】先謙曰：史表「式」作「貞」。

〔八〕師古曰：有人盜馬，爲臧匿之，雖會赦，猶復作。復作者，徒役也。復音扶目反。【補注】沈欽韓曰：案漢法，若以重論，則盜官母馬之罪與當斬。爲臧者減一等。逢赦，猶復作一歲刑。

羽康侯成〔一〕	濟北式王子。〔二〕	十月癸酉封，六十年薨。〔三〕	地節三年，恭侯係嗣。	侯棄嗣，王莽篡位，絶。			
胡母侯楚	濟北式王子。〔四〕	二月癸酉封，十四年，元鼎五年，坐酎金免。〔五〕					泰山〔六〕
離石侯綰	代共王子。	正月壬戌封，後更爲涉侯，坐上書謾，耐爲鬼新。〔七〕					〔八〕

〔一〕【補注】先謙曰：羽，平原縣。

〔二〕【補注】先謙曰：史表「式」作「貞」。

〔三〕【補注】蘇輿曰：自元朔三年至地節二年，止五十九年，不當云六十。

〔四〕【補注】先謙曰：索隱「自不害以下，騫、何、㮚、騰、丘、襄、明、信、遂、成、楚十一人」。史是貞王子，而漢表自安陽侯已下是式王子。同是元朔三年十月封，恐因此誤也。先謙案，「安陽」當爲「五據」之誤。

〔五〕【補注】先謙曰：「二月」當爲「十月」，史表不誤。

〔六〕【補注】先謙曰：泰山無胡母縣。錢坫云：風俗通「胡母，姓。本陳胡公之後。公子完奔齊，有齊國。至宣王母弟，別封母鄉，遠本胡公，近取母邑，故曰胡母氏」。據此，則胡母爲齊地無疑。

〔七〕師古曰：謾，欺誑也，音漫。【補注】先謙曰：涉，魏郡縣。今本誤「沙」，說詳地理志。官本「新」作「薪」，是。

〔八〕【補注】先謙曰：離石，西河縣。亦見河水注。索隱「漢表在上黨」。據此，奪「上黨」二字。

邵侯順〔一〕	代共王子。		正月壬戌封，二十六年，天漢元年坐殺人及奴凡十六人，以捕匈奴千騎免。〔二〕			〔三〕
利昌康侯嘉〔四〕	代共王子。	正月壬戌封，五十一年薨。〔五〕	元鳳五年，戴侯樂嗣，十二年薨。	元康二年，頃侯萬世嗣。	節侯光祿嗣。	剌侯殷嗣。
			六世 侯換嗣，王莽篡位，絕。			
蘭侯罷軍〔六〕	代共王子。	五月壬戌封，後更為武原侯，坐盜賊免。〔七〕				西河〔八〕

〔一〕【補注】沈欽韓曰：「邵」疑「鄗」之誤。先謙曰：史表「順」作「慎」。通用字。

〔二〕師古曰：詐云「捕得匈奴騎」，故私殺人以當之。【補注】沈欽韓曰：順殺良賤十六人，本當重論，以捕得匈奴千騎，故第免侯也。武帝時有重罪者，得自募擊匈奴。顏謂私殺人當匈奴騎，此殺人而兼欺詐，至不道。豈但免侯乎？先謙曰：此誤低一格。官本不誤。

〔三〕【補注】先謙曰：索隱「漢表在山陽」。此奪「山陽」二字。

〔四〕【補注】先謙曰：利昌，齊郡縣。

〔五〕【補注】蘇輿曰：自元朔三年至元鳳四年，凡五十年。「一」字衍。

〔六〕【補注】先謙曰：史表「罷軍」作「意」。

〔七〕【補注】先謙曰：「五月」當爲「正月」，史表不誤。武原，楚國縣。先封衛肱。

〔八〕【補注】先謙曰：蘭見志。索隱云「志屬西河」，是所見漢表，本無「西河」二字。

臨河侯賢〔一〕	代共王子。	正月壬戌封，後更爲高俞侯，坐酎金免。				
濕成侯忠〔二〕	代共王子。	正月壬戌封，後更爲端氏侯，薨，亡後。〔三〕				
土軍侯郢客〔四〕	代共王子。	正月壬戌封，後更爲鉅乘侯，坐酎金免。〔五〕				
皋琅侯遷〔六〕	代共王子。	正月壬戌封，薨，亡後。				臨淮〔七〕

〔一〕【補注】先謙曰：臨河，朔方縣。

〔二〕師古曰：濕音它合反。【補注】先謙曰：「濕」當爲「隰」。隰成，西河縣。亦見河水注。

〔三〕【補注】先謙曰：端氏，河東縣。

〔四〕師古曰：土軍，西河之縣也。説者以爲洛陽土軍里，非也。【補注】先謙曰：先封宣義。

〔五〕【補注】先謙曰：史表作「坐與人妻姦，棄市」。不言更侯，案情罪未明，疑彼文有誤。

〔六〕【補注】先謙曰：史表「遷」作「選」。

〔七〕【補注】先謙曰：史表「琅」作「狼」。錢大昕云：代共王子同時侯者九人，離石、藺、濕成、土軍皆西河縣名。臨河則朔方縣名。皋琅、千章亦西河之縣也。志西河郡有皋狼縣。代與西河近，故代所分侯國，多改隸西河。表於皋琅下注臨淮，千章下注平原臨淮。平原與代風馬牛不相及。表似失之。先謙案，此皆傳寫錯誤，非表失也。

千章侯遇	代共王子。	正月壬戌封，後更爲夏丘侯，坐酎金免。〔一〕				平原〔二〕
博陽頃侯就〔三〕	齊孝王子。	三月乙卯封，薨。	侯終古嗣，元鼎五年坐酎金免。〔四〕			濟南〔五〕
寧陽節侯恬〔六〕	魯共王子。	三月乙卯封，五十二年薨。〔七〕	元鳳六年，安侯慶忌嗣，十八年薨。	五鳳元年，康侯信嗣。	孝侯扈嗣。	侯方嗣。〔八〕
瑕丘節侯政〔九〕	魯共王子。	三月乙卯封，五十三年薨。〔一〇〕	元平元年，思侯國嗣，四年薨。	本始四年，孝侯湯嗣，十年薨。	神爵二年，煬侯奉義嗣。	釐侯遂成嗣。

〔一〕【補注】先謙曰：夏丘，沛郡縣。

〔二〕【補注】先謙曰：徐廣云「千章」一作「斥」。索隱引表注同。案千章，西河縣。代王子封西河者多，「平原」誤也。

〔三〕【補注】先謙曰：史表「頃」作「康」。

〔四〕【補注】先謙曰：史表「古」作「吉」，兩見。蓋形近致誤。

〔五〕【補注】先謙曰：史表亦作「博陽」。索隱「志屬汝南」，是小司馬所見本無「濟南」二字。沭水注「相水逕傅陽縣故城東北，武帝封齊孝王子就爲侯國。」引詳楚傅陽下。據此，知道元所見漢書本作「傅」，不作「博」，濟南無博陽縣，汝南又非齊王子封域，疑道元所見本爲是也。

〔六〕【補注】先謙曰：「恬」，史表作「恢」。

〔七〕【補注】蘇輿曰：元朔三年至元鳳五年，凡五十一年。「二」字誤。

〔八〕【補注】先謙曰：寧陽，泰山縣。亦見洙水注。索隱「表在濟南」，此奪「濟南」二字。

〔九〕【補注】先謙曰：據睢水注作「敬丘」，屬沛。案史表亦作「瑕丘」。索隱「志屬山陽」。案志不云「瑕丘侯國」，「瑕」蓋「敬」之誤。道元所見漢書本是也。「政」，史表作「貞」。

〔一〇〕【補注】蘇輿曰：案，當云「五十二年」。

			六世 侯禹嗣。			
公丘夷侯順〔一〕	魯共王子。	三月乙卯封，三十年薨。	太始元年，康侯置嗣。	地節四年，煬侯延壽嗣，九年薨。	五鳳元年，思侯賞嗣。	侯元嗣，王莽篡位，絶。
郁根侯驕〔二〕	魯共王子。	三月乙卯封，十四年，元鼎五年坐酎金免。				
西昌侯敬	魯共王子。	三月乙卯封，十四年，元鼎五年坐酎金免。				
陸地侯義	中山靖王子。	三月乙卯封，十四年，元鼎五年坐酎金免。〔三〕				**辛處**〔四〕

〔一〕【補注】先謙曰：公丘，沛郡縣。

〔二〕師古曰：根音狼。【補注】沈欽韓曰：郁根即郁郎也。一統志「郎城在兗州府魚臺縣東北八十里，春秋時魯邑，古名郁郎亭。」左隱公元年傳杜注「郎，魯邑。高平方與縣東南有郁郎亭」。先謙曰：史表作「郁狼」，「驕」作「騎」，兩見。「驕」蓋誤字。

〔三〕【補注】先謙曰：史表「乙卯」作「癸酉」，蓋誤。

〔四〕【補注】先謙曰：史表作「陘城」。索隱「漢表作陸地，在辛處，於理爲得。靖王子貞封陘城，二人不應重封」。先謙案，辛處即薪處，中山縣。

邯平侯順	趙敬肅王子。	三月乙卯封，十四年，元鼎五年，坐酎金免。〔一〕				廣平
武始侯昌	趙敬肅王子。	四月甲辰封，三十四年，爲趙王。〔二〕				魏〔三〕
爲氏節侯賀〔四〕	趙敬肅王子。	四月甲辰封，十八年薨。〔五〕	元封三年，思侯安意嗣，二十七年薨。〔六〕	始元六年，康侯千秋嗣，十六年薨。	元康元年，孝侯漢彊嗣。	侯鄷嗣，王莽篡位，絕。
易安侯平	趙敬肅王子。	四月甲辰封，二十年薨。〔七〕	元封五年，康侯種嗣。	侯德嗣，始元元年，坐殺人免。		鄗〔八〕

〔一〕【補注】先謙曰：「三月乙卯」，史表作「四月庚辰」。

〔二〕【補注】先謙曰：史表「甲」作「庚」。

〔三〕【補注】先謙曰：武始見志。

〔四〕【補注】先謙曰：爲氏，鉅鹿縣志作「象氏」。史表亦作「象氏」。韋昭云「在鉅鹿也」。

〔五〕【補注】先謙曰：史表「甲」作「庚」。

〔六〕【補注】王念孫曰：「意」當作「悳」。悳，古德字，與「意」形相似而誤。史表作「德」。又高后功臣表有齊受玄孫安德。

〔七〕【補注】先謙曰：史表「甲」作「庚」。

〔八〕師古曰：鄗音呼各反。【補注】先謙曰：索隱「志屬涿郡」。表在鄗。

路陵侯童〔一〕	長沙定王子。	四年三月乙丑封，四年，元狩二年坐殺人自殺。				**南陽**
攸輿侯則	長沙定王子。	三月乙丑封，二十二年，太初元年坐篡死罪囚，棄市。〔二〕				**南陽**〔三〕
荼陵節侯訢〔四〕	長沙定王子。	三月乙丑封，十年薨。	元鼎二年，哀侯湯嗣，十一年，太初元年薨，亡後。〔五〕			**桂陽**〔六〕

〔一〕【補注】先謙曰：史表作「洛陵」。索隱引漢表同。「童」作「章」，兩見。「童」蓋形近之誤。錢大昭云：「洛」疑「昭」之誤。昭陵，長沙縣。

〔二〕【補注】蘇輿曰：「二十二年」當作「二十一年」。

〔三〕【補注】先謙曰：洣水注「攸水逕攸縣北。武帝封長沙定王子則爲攸輿侯，即地理志所謂攸縣者也」。引詳攸下。攸，長沙縣，非南陽。索隱「攸縣本名攸輿，漢表在南陽」。是唐本已誤。

〔四〕師古曰：荼音塗。「訢」與「欣」同。【補注】先謙曰：史表作「欣」。

〔五〕【補注】先謙曰：史表「湯」作「陽」，兩見。

〔六〕【補注】先謙曰：荼陵，長沙縣，非桂陽。亦見洣水注。

建成侯拾	長沙定王子。	三月乙丑封，元鼎二年，坐使行人奉璧皮薦，賀元年十月不會，免。〔一〕				〔二〕
安衆康侯丹〔三〕	長沙定王子。	三月乙丑封，三十年薨。〔四〕	元封六年，節侯山柎嗣，三十八年薨。〔五〕	地節三年，繆侯毋妨嗣。	釐侯褒嗣。	侯歙嗣。〔六〕
			侯崇嗣。居攝元年舉兵，爲王莽所滅。			
			侯寵，建武二年以崇從父弟紹封。	建武十三年，侯松嗣。		今見〔七〕

〔一〕師古曰：以皮薦璧也。時以十月爲歲首，有賀而不及會也。【補注】先謙曰：史表作「坐不朝，不敬」。文異義同。

〔二〕【補注】先謙曰：索隱「漢表在豫章」，此奪「豫章」二字。見贛水注，詳志建成下。

〔三〕【補注】先謙曰：安衆，南陽縣。又見湍水注。

〔四〕【補注】蘇輿曰：元朔四年至元封五年，止二十年。「三」字誤。

〔五〕師古曰：柎音方于反。

〔六〕師古曰：歙音其禁反。又音其錦反。【補注】先謙曰：官本無次音字。

〔七〕師古曰：作表時見爲侯也。

葉平侯喜〔一〕	長沙定王子。	三月乙丑封，十三年，元鼎五年，坐酎金免。				
利鄉侯嬰〔二〕	城陽共王子。	三月乙丑封，五年，元狩三年有罪免。				
有利侯釘〔三〕	城陽共王子。	三月乙丑封，三年，元狩元年，坐遺淮南王書稱臣棄市。				東海〔四〕
東平侯慶〔五〕	城陽共王子。	三月乙丑封，五年，元狩三年，坐與姊姦，下獄瘐死。〔六〕				東海

〔一〕師古曰：葉音式涉反。【補注】先謙曰：葉，南陽縣。「喜」，史表作「嘉」，兩見。「平」作「康」。

〔二〕【補注】先謙曰：淮水注「游水逕利成縣故城東，故利鄉也。武帝封城陽共王子嬰爲侯國」。詳東海利成下。

〔三〕師古曰：音丁，又音鼎。

〔四〕【補注】先謙曰：沭水注「倉山上有故城，即古有利城。武帝封城陽共王子釘爲侯國」。詳東海即丘下。

〔五〕【補注】錢大昭曰：即元鼎元年爲大河郡者。甘露二年爲王國。

〔六〕【補注】先謙曰：史表「姊」下有「妹」字。

運平侯記〔一〕	城陽共王子。	三月乙丑封，十三年，元鼎五年，坐酎金免。				東海
山州侯齒	城陽共王子。	三月乙丑封，十三年，元鼎五年，坐酎金免。〔二〕				
海常侯福	城陽共王子。	三月乙丑封，十三年，元鼎五年，坐酎金免。〔三〕				琅邪
騶丘敬侯寬〔四〕	城陽共王子。	三月乙丑封，六年薨。	元狩四年，原侯報德嗣。〔五〕	侯毋害嗣，本始二年，坐使人殺兄棄市。		

〔一〕【補注】先謙曰：史表「記」作「訢」，兩見。「記」蓋誤字。

〔二〕【補注】朱一新曰：元鼎六年，東越反，齒將兵居屯，坐畏懦誅。見兩粵傳。

〔三〕【補注】先謙曰：福後擊南越有功，復封。入功臣表。

〔四〕【補注】先謙曰：史表作「鈞丘」，「寬」作「憲」。

〔五〕【補注】先謙曰：史表「報」作「執」。

號謚姓名	屬	始封	子	孫	曾孫	玄孫
南城節侯貞(一)	城陽共王子。	三月乙丑封，四十二年薨。	始元四年，戴侯猛嗣，二十二年薨。	神爵元年，元侯尊嗣，二年薨。	四年，釐侯充國嗣。	頃侯遂嗣。
			六世 侯友嗣，王莽篡位，絕。			
廣陵虒侯裘(二)	城陽共王子。	三月乙丑封，七年薨。	元狩五年，侯成嗣，六年，元鼎五年，坐酎金免。			
杜原侯皋(三)	城陽共王子。	三月乙丑封，十三年，元鼎五年，坐酎金免。				
臨樂敦侯光(四)	中山靖王子。	四月甲午封，二十年薨。	元封六年，憲侯建嗣。	列侯固嗣。	五鳳三年，節侯萬年嗣。	侯廣都嗣，王莽篡位，絕。

(一)【補注】先謙曰：南城即南成，東海縣。

(二)晉灼曰：虒音斯。【補注】先謙曰：史表「虒」作「常」，「裘」作「表」。

(三)【補注】先謙曰：史表作「莊原」，非。漢書「莊」皆改「嚴」，今未改，知非「莊」也。

(四)師古曰：敦字或音弋灼反，又作敫，古穆字。【補注】王念孫曰：敦字無弋灼反之音，敫亦非古穆字。此傳寫脱誤。當作「敦字或作敫，音弋灼反，又作𢿱，古穆字」。説文敫讀若龠，正合弋灼反之音。玉篇「穆」，古文作「𢿱」。集韻云穆古作𢿱。皆其證。玉篇作「𢿱」，與俗書「敦」字尤相似。「敦」與「敫」皆周書謚法所無，則皆「𢿱」之譌也。索隱引謚法「善行不怠曰敦」，未詳所出。𢿱古穆字，謚法曰「布德執義曰穆」是也。先謙曰：臨樂，勃海縣。

東野戴侯章	中山靖王子。	四月甲午封，薨。	侯中時嗣，太初四年薨，亡後。			
高平侯喜〔一〕	中山靖王子。	四月甲午封，十三年，元鼎五年，坐酎金免。				平原
廣川侯頗〔二〕	中山靖王子。	四月甲午封，十三年，元鼎五年，坐酎金免。				
重侯擔〔三〕	河閒獻王子。	四月甲午封，四年，元狩二年，坐不使人爲秋請免。〔四〕				平原〔五〕

〔一〕【補注】先謙曰：史表「喜」作「嘉」，兩見。錢大昭云：元鳳五年，又封中山康王子喜爲成侯。此是喜父行，不應同名，當從史表。

〔二〕【補注】先謙曰：廣川，信都縣。

〔三〕師古曰：擔音丁甘反。

〔四〕師古曰：請音材姓反。

〔五〕【補注】先謙曰：史表作「千鍾」。徐廣云，一作「重」。索隱「漢表作『重侯』，在平原」。地理志有重丘。「擔」，表作「搖」，一云「劉陰」。案淇水注「千童縣，故『重』也，亦作『千鍾』。武帝封河閒獻王子陰爲侯國」。據此，「重」與「千童」「千鍾」異名一地。千童，志屬勃海，然與平原接壤，或先屬平原而後改隸勃海耳。史表「陰」兩見，又與酈注合，疑作「陰」爲是。「搖」、「擔」皆傳譌也。

侯號	屬	始封	子	孫	曾孫	玄孫
被陽敬侯燕〔一〕	齊孝王子。	四月乙卯封，十三年薨。〔二〕	元鼎五年，糠侯偃嗣，二十八年薨。〔三〕	始元二年，頃侯壽嗣。	孝侯定嗣。	節侯閎嗣。
			六世 侯廣嗣，王莽篡位，絶。			
定敷侯越〔四〕	齊孝王子。	四月乙卯封，十二年薨。	元鼎四年，思侯德嗣，五十一年薨。	元康四年，憲侯福嗣。	恭侯湯嗣。	定侯乘嗣，王莽篡位，絶。〔五〕
稻夷侯定〔六〕	齊孝王子。	四月乙卯封，薨。	蕳侯陽都嗣。〔七〕	本始二年，戴侯咸嗣，四十二年薨。〔八〕	甘露元年，頃侯閔嗣。	侯永嗣，王莽篡位，絶。

〔一〕師古曰：被音皮彼反。千乘之縣也。【補注】先謙曰：史表「被」作「披」。

〔二〕【補注】先謙曰：官本「二」作「三」，是。校點者按：原文如此。

〔三〕【補注】先謙曰：史表「偃」作「偶」。

〔四〕【補注】王念孫曰：敷，謚法所無。索隱單行本作「敫」，引説文「敫，讀如躍」。而謚法無「敫」，知爲「敫」字之譌，「敫」又譌作「敷」耳。今本史記改爲「敬侯」。又改索隱云「漢表作『敷』。説文云『敷讀如躍』」。可笑。先謙曰：定，勃海縣。亦見河水注。

〔五〕【補注】錢大昭曰：乘絶於王莽之世，不得有謚。其「定」爲國名，豈得更以「定」爲謚？衍文無疑。

〔六〕【補注】先謙曰：稻，琅邪縣。

〔七〕【補注】先謙曰：史表「陽都」作「都陽」。

〔八〕【補注】蘇輿曰：本始二年至甘露元年，不足四十二年。「本始」疑「太始」之誤。

號謚名	屬	始封	子	孫	曾孫	玄孫
山原侯國〔一〕	齊孝王子。	四月乙卯封，二十七年薨。五百五十户。	天漢三年，康侯棄嗣，十四年薨。	始元三年，安侯守嗣，二十二年薨。	侯發嗣。	勃海 甘露二年，孝侯外人嗣，十八年，建始五年薨。〔二〕
繁安夷侯忠〔三〕	齊孝王子。	四月乙卯封，十八年薨。	元封四年，安侯守嗣。〔四〕	節侯壽漢嗣。	元鳳五年，頃侯嘉嗣。	孝侯光嗣。
			六世 侯起嗣。			
柳康侯陽巳〔五〕	齊孝王子。	四月乙卯封，薨。	敷侯罷師嗣。〔六〕	于侯自爲嗣。	安侯攜嗣。	繆侯軻嗣。
			六世 侯守嗣，王莽篡位，絕。			

〔一〕【補注】錢大昭曰：山，國名；原，謚也。說文邑部「邖，地名。从邑，山聲」。疑即此。

〔二〕【補注】蘇輿曰：建始無五年，十八年當建昭四年。「始」乃「昭」之誤。

〔三〕【補注】先謙曰：繁安，千乘縣。

〔四〕【補注】先謙曰：史表「守」作「壽」。案子名壽漢，父必非名壽，作「守」是也。

〔五〕【補注】先謙曰：柳，勃海縣。史表作「陽」，無「巳」字。校點者按：表作「陽巳」，補注作「陽已」，全書僅此見，兩存。

〔六〕【補注】先謙曰：此「敷」亦「敫」之譌。

雲夷侯信[一]	齊孝王子。	四月乙卯封，十四年薨。	元鼎六年，侯茂發嗣。[二]	太始二年，康侯遂嗣。	釐侯終古嗣。	侯得之嗣，王莽篡位，絶。
牟平共侯渫[三]	齊孝王子。	四月乙卯封，五年薨。	元狩三年，節侯奴嗣，三十五年薨。[四]	太始二年，敬侯更生嗣，一十九年薨。[五]	地節四年，康侯建嗣，一年薨。	元康元年，孝侯齕嗣。
			六世　釐侯咸嗣。	七世　侯隆嗣，王莽篡位，絶。		
柴原侯代[六]	齊孝王子。	四月乙卯封，三十四年薨。	征和二年，節侯勝之嗣，二十七年薨。	元康二年，敬侯賢嗣。	三年，康侯齊嗣。	恭侯莫如嗣，薨，亡後。
柏暢戴侯終古[七]	趙敬肅王子。	五年十一月辛酉封，薨。	侯朱嗣，始元三年薨，亡後。			中山

[一]【補注】先謙曰：雲，琅邪縣。亦見河水注。詳平原富平下。

[二]【補注】先謙曰：史表「茂發」作「歲發」。

[三]師古曰：渫音先列反。【補注】先謙曰：牟平，東萊縣。「渫」，史表作「⿰王枼」。索隱「⿰王枼音薛」。錢大昭云：後漢劉寵傳、吳志劉繇傳並云孝王少子。

[四]【補注】王念孫曰：自元狩三年至太始元年，凡二十五年。「三」字誤。景祐本作「二十五年」。

[五]【補注】先謙曰：官本「一」作「二」，是。

[六]【補注】先謙曰：柴，泰山縣。亦見汶水注。

[七]【補注】沈欽韓曰：紀要柏暢亭在趙州臨城縣西十五里。俗謂爲柏楊亭。案史表作「柏陽」。

敲安侯延年〔一〕	趙敬肅王子。	十一月辛酉封，十二年，元鼎五年坐酎金免。				
乘丘節侯將夜〔二〕	中山靖王子。	三月癸酉封，十一年薨。〔三〕	元鼎四年，戴侯德嗣。	侯外人嗣，元康四年坐爲子時與後母亂，免。		〔四〕
高丘哀侯破胡	中山靖王子。	三月癸酉封，八年，元鼎元年薨，亡後。				

〔一〕師古曰：敲音許昭反。【補注】王念孫曰：敲當依史表作「鄗」。地理志「鄗屬常山」。左哀四年傳「齊國夏伐晉取鄗」者也。後有鄗侯舟，亦敬肅王子。蓋延年失侯，又封舟於鄗。鄗侯舟下書常山，則此亦當有「常山」二字，而寫者脱之。「鄗」與「敲」形近而誤。顔望文爲音，失之。先謙曰：官本「敲」作「歊」，是。注同。

〔二〕【補注】先謙曰：史表「將夜」作「洋」。

〔三〕【補注】先謙曰：「三月癸酉」史表作「十一月辛酉」。案中山王子封皆同月日，此不得獨異。本表是。

〔四〕【補注】先謙曰：史表作「桑丘」，索隱「漢表在深澤」。此奪「深澤」二字。案，乘丘，泰山縣，中山封域當作「桑丘」。王念孫云：趙世家「與齊魏戰於桑丘」。正義括地志「桑丘城在易州遂城縣界，今保定安肅縣西南有桑丘城，漢之北新城地也」。地理志作「北新成」，屬中山國。洙水注「洸水西南逕泰山郡乘丘縣故城東。趙肅侯二十三年，韓舉與齊魏戰於乘丘，即此縣也。漢武帝元朔二年，封中山靖王子劉將夜爲侯國」。蓋所見趙世家、王子侯表之「桑丘」，皆誤爲「乘丘」，遂有此謬，證矣。

柳宿夷侯蓋〔一〕	中山靖王子。	三月癸酉封，四年薨。	元狩三年，侯蘇嗣，八年，元鼎五年，坐酎金免。				〔二〕
戎丘侯讓	中山靖王子。	二月癸酉封，十三年，元鼎五年，坐酎金免。〔三〕					
樊輿節侯脩〔四〕	中山靖王子。	三月癸酉封，三十六年薨。	後元年煬侯過倫嗣。	思侯異衆嗣。	頃侯土生嗣。		侯自（子）〔予〕嗣，王莽篡位，絶。
曲成侯萬歲	中山靖王子。	二月癸酉封，十二年，元鼎五年，坐酎金免。〔五〕					涿〔六〕

〔一〕【補注】沈欽韓曰：寰宇記「柳宿城在定州望都縣東四十二里」。紀要「今爲六畜堡，音謁也」。在保定府慶都縣東南四十五里。

〔二〕【補注】先謙曰：索隱「漢表在涿郡」。此奪「涿」字。

〔三〕【補注】先謙曰：「二月」當作「三月」。史表不誤。汪本「二」作「三」，「三」作「二」，是。官本同。

〔四〕【補注】先謙曰：樊輿，涿郡縣。史表「脩」作「條」，通用字。

〔五〕【補注】先謙曰：「二月」當作「三月」。汪本、官本不誤，史表同。

〔六〕【補注】先謙曰：索隱引表注同。案涿郡有成縣，無曲成。東萊曲成縣封蟲達孫皇柔爲侯國，元鼎二年方免，無並封一地之理。且距中山遠，是涿或別有曲成縣，免侯後併省耳。

安郭于侯傳富[一]	中山靖王子。	二月癸酉封，薨。五百二十户。[二]	釐侯偃嗣。	侯崇嗣，元康元年，坐首匿死罪免。		涿[三]
安險侯應[四]	中山靖王子。	三月癸酉封，十二年，元鼎五年，坐酎金免。				
安道侯恢[五]	中山靖王子。	三月癸酉封，十二年，元鼎五年，坐酎金免。				
夫夷敬侯義[六]	長沙定王子。	三月癸酉封，十二年薨。	元鼎五年，節侯禹嗣，五十八年薨。[七]	五鳳三年，頃侯奉宗嗣。	釐侯慶嗣。	懷侯福嗣。

〔一〕【補注】先謙曰：史表「傳富」作「博」。

〔二〕【補注】先謙曰：「二月」，官本作「三月」，是。史表同。

〔三〕【補注】先謙曰：涿郡無安郭縣。滱水注「滱水逕安郭亭南，武帝封中山靖王子傳富爲侯國」。案地與中山安國縣近，見注。其後蓋併入安國。

〔四〕【補注】先謙曰：安險，中山縣。亦見滱水注。

〔五〕【補注】先謙曰：史表作「安遥」，誤。國除，後封揭陽定，下注南陽。

〔六〕【補注】先謙曰：夫夷，零陵縣。

〔七〕【補注】蘇輿曰：元鼎五年至五鳳二年，當云五十七年。

			六世 侯商嗣，王莽篡位，絶。			
春陵節侯買〔一〕	長沙定王子。	六月壬子封，四年薨。	元狩三年，戴侯熊渠嗣，五十六年薨。〔二〕	元康元年，孝侯仁嗣。〔三〕	侯敞嗣。	建武二年，立敞子社爲城陽王。〔四〕
都梁敬侯定〔五〕	長沙定王子。	六月壬子封，八月薨。〔六〕	元鼎元年，頃侯傒嗣。〔七〕	節侯弘嗣。	原侯順懷嗣。	煬侯容嗣。
			六世 侯佗人嗣，王莽篡位，絶。			

〔一〕【補注】先謙曰：此春陵地屬零陵。索隱云「志屬南陽」，誤也。後書宗室四王傳「買封零陵之春陵鄉。孫仁乃徙封南陽白水鄉，猶以春陵爲國名」。買即光武帝之祖。一統志「春陵故城在永州府甯遠縣東北」。

〔二〕【補注】錢大昭曰：後書同。惟景十三王傳作「庸」。

〔三〕【補注】錢大昭曰：後書城陽共王祉傳、文選南都賦注引東觀記並作「考侯」。

〔四〕【補注】朱一新曰：汪本「社」作「祉」，是。先謙曰：官本作「祉」。

〔五〕【補注】先謙曰：都梁，零陵縣。史表「定」作「遂」。

〔六〕【補注】先謙曰：汪本、官本「八月」作「八年」，是。

〔七〕師古曰：傒音胡禮反。【補注】先謙曰：史表「傒」作「係」。

號謚姓名	屬	始封	子	孫	曾孫	玄孫	郡
洮陽靖侯狩燕〔一〕	長沙定王子。	六月壬子封，七年，元狩六年薨，亡後。					
衆陵節侯賢〔二〕	長沙定王子。	六月壬子封，五十年薨。〔三〕	本始四年，戴侯真定嗣，二十二年薨。〔四〕	黃龍元年，頃侯慶嗣。	侯骨嗣，王莽篡位，絕。		
終弋侯廣置	衡山賜王子。〔五〕	六年四月丁丑封，十一年，元鼎五年，坐酎金免。					汝南
麥侯昌	城陽頃王子。	元鼎元年四月戊寅封，五年，坐酎金免。					琅邪

〔一〕【補注】先謙曰：史表名狗彘，兩見。索隱「漢表名將燕」。是小司馬所見本亦不作「狩燕」也。洮陽，零陵縣。

〔二〕【補注】先謙曰：史表作「泉陵」。索隱「志屬零陵」，而未言漢表作衆陵。則「衆」是後來傳寫誤字。

〔三〕【補注】蘇輿曰：元朔五年至本始三年，凡五十四年。此奪「四」字。

〔四〕【補注】蘇輿曰：當云「二十一年」。

〔五〕【補注】陳景雲曰：「衡山賜王」疑「衡山王賜」之誤。但賜坐謀反國除，事在元狩元年。若有子爲列侯，雖不與逆謀，亦應奪爵，不應至元鼎中始以酎金免矣。則「衡山賜」三字恐皆有誤。先謙曰：史表正作「衡山王賜」，史文不具，所當闕疑。

鉅合侯發	城陽頃王子。	四月戊寅封，五年，坐酎金免。					平原〔一〕
昌侯差	城陽頃王子。	四月戊寅封，五年，坐酎金免。					琅邪〔二〕
蕢侯方〔三〕	城陽頃王子。	四月戊寅封，五年，坐酎金免。					〔四〕
虖葭康侯澤〔五〕	城陽頃王子。	四月戊寅封，六十二年薨。〔六〕	神爵元年，夷侯舞嗣。	頃侯閣嗣。			侯永嗣，王莽篡位，絕。

〔一〕【補注】先謙曰：濟水注「巨合水北逕巨合城，武帝封城陽頃王子發爲侯國」，在濟南東平陵界，非平原也。詳志濟南歷城下。

〔二〕【補注】先謙曰：昌見志，先封(張)〔旅〕卿。

〔三〕師古曰：蕢音口怪反。字或作「費」，音扶未反。又音秘。【補注】王念孫曰：蕢不音扶味反，亦不音秘，且不與費通，當爲蕡字之誤。蕡從賁聲，賁音奔，又音彼義反。故蕡音墳，又音扶未反，又音秘，聲與費同，故字亦相通。内則釋文「蕡，扶云反。徐，扶畏反」。爾雅釋文「黂或作蕡，符分反，又扶沸反」。方言郭璞注云「蕡音翡翠」，皆其證也。史表「蕢」作「費」。索隱「費音秘，又扶味反」。單行本如是。今本後人妄改。「蕡」與「費」，字異義同，即東海費縣也。

〔四〕【補注】先謙曰：索隱「漢表在琅邪」，此奪琅邪二字。

〔五〕師古曰：虖音乎。葭音工遐反。【補注】先謙曰：琅邪有雩段縣。據顏音，段工下反，則「段」是「叚」之誤。叚、葭字同，虖、雩則以形近致誤也。史表作「雩殷」，索隱：漢表作「虖葭」，志屬琅邪」。據此，小司馬所見史表作「雩段」，不作「雩殷」。若作「雩殷」，與志字互異，小司(司)馬不得言「志屬琅邪」。知「殷」字爲後傳寫之誤。

〔六〕【補注】朱一新曰：自始封至神爵元年，止五十六年，表誤。

原洛侯敢〔一〕	城陽頃王子。	四月戊寅封，二十六年，征和三年，坐殺人棄市。				琅邪〔二〕
挾術侯昆景〔三〕	城陽頃王子。	四月戊寅封，十六年，天漢元年薨，亡後。				琅邪〔四〕
挾釐侯霸〔五〕	城陽頃王子。	四月戊寅封，三十五年薨。〔六〕	始元五年，夷侯戚嗣，二十一年薨。	神爵元年，節侯賢嗣。	頃侯思嗣。	孝侯衆嗣，薨，亡後。
朸節侯讓	城陽頃王子。	四月戊寅封，薨。	侯興嗣，爲人所殺。			平原〔七〕

〔一〕【補注】先謙曰：史表「敢」作「敬」。

〔二〕【補注】先謙曰：史表「原」作「石」。索隱引表注同，而不言地名之異。是唐世史、漢表本同。

〔三〕【補注】先謙曰：史表「景」作「吾」。

〔四〕【補注】先謙曰：史表作「扶㴆」。索隱「㴆音浸」。

〔五〕【補注】先謙曰：史表「挾」作「校」。志「琅邪郡有被縣」。闞駰、欒史皆以爲「校」字。索隱「校音效。志闕。説者或以爲琅邪被縣，被縣之誤。恐非」。又云，頃王子二十人，校侯名雲，挾釐侯名霸。史表止十九人，疑脱。

〔六〕【補注】蘇輿曰：元鼎元年至始元四年，當云「三十四年」。

〔七〕【補注】先謙曰：朸見志，先封齊悼惠子辟光。

文成侯光	城陽頃王子。	四月戊寅封，五年，坐酎金免。				東海〔一〕
挍靖侯雲〔二〕	城陽頃王子。	四月戊寅封，五年，坐酎金免。〔三〕				
庸侯餘〔四〕	城陽頃王子。	四月戊寅封，有罪死。				琅邪
翟侯壽	城陽頃王子。	四月戊寅封，五年，坐酎金免。				東海
鱣侯應〔五〕	城陽頃王子。	四月戊寅封，五年，坐酎金免。				襄賁〔六〕

〔一〕【補注】先謙曰：史表作父城。徐廣云：一作「六」。索隱「志在遼西，表在東海」。案父城，潁川縣。文城，遼西縣。是小司馬所見史記本仍作「文成」，不作「父城」。惟城陽王子封域，不能遠至遼西。蓋東海則有文成縣爲侯國，至國除併省。

〔二〕師古曰：挍音效。【補注】先謙曰：詳「挾釐侯」下。

〔三〕【補注】先謙曰：官本脱「免」字。

〔四〕【補注】先謙曰：「餘」，史表作「譚」。

〔五〕師古曰：鱣音竹連反。

〔六〕師古曰：賁音奔，又音肥。【補注】先謙曰：襄賁，東海縣。蓋析置鱣縣以封應，國除省併也。

號諡名	屬	始封	子	孫	曾孫	玄孫
彭侯强〔一〕	城陽頃王子。	四月戊寅封，五年，坐酎金免。				東海〔二〕
瓡節侯息〔三〕	城陽頃王子。	四月戊寅封，五十五年薨。〔四〕	元康四年，質侯守嗣，七年薨。			
虛水康侯禹〔五〕	城陽頃王子。	四月戊寅封，三十八年薨。〔六〕	地節元年，息侯爵嗣，七年薨。〔七〕	五鳳四年，侯敞嗣，王莽篡位，絶。		
東淮侯類	城陽頃王子。	四月戊寅封，五年，坐酎金免。				北海〔八〕

〔一〕【補注】先謙曰：史表「名偃」，兩見。

〔二〕【補注】錢坫曰：彭即祊。郡國志「泰山費縣有祊亭」是也。費前屬東海，後改屬泰山。説文「祊」作「鬃」。本表屈氂封澎侯，澎即鬃也，亦省作彭。彭先封秦同，其玄孫壽王爲費公士，彭、費正在一地，足可取證。

〔三〕師古曰：瓡即瓠字也，又音孤。【補注】王念孫曰：史表報侯劉息，集解徐廣曰「一作瓡」。今本「報」作「瓡」，「瓡」作「報」，後人轉改。索隱「報，今本刪此字。縣名」。志屬北海，表作「瓡」。韋昭以瓡爲諸蟄反。表作以下十一字，今本刪。索隱單行本如此。案「瓡」與「報」皆「執」之譌。隸書「執」或作「報」，見漢淳于長夏丞碑。故譌爲「瓡」，又譌爲「報」。史表鈎丘侯執德，漢表作「報德」。家語七十二弟子篇「子若執其書」，今本「執」譌作「報」。韋昭音諸蟄反，則非「報」字明矣。地理志之「瓡」，師古以爲即「執」字，正與諸蟄之音合。説文、玉篇有「執」無「瓡」，隸書執又與「瓡」相似，則「瓡」爲「執」之譌又明矣。顏既云「瓡」即「執」字，又云「瓡」即「瓠」字，又音孤，前後矛盾，則涉河東郡之瓡讘而譌也。見志。

〔四〕【補注】蘇輿曰：元鼎元年至元康三年，當云「五十四年」。

〔五〕【補注】先謙曰：虛水，琅邪縣。

〔六〕【補注】朱一新曰：「三」字誤，當作「四」。

〔七〕【補注】蘇輿曰：自地節元年至五鳳三年，凡十五年。「七」字誤。

〔八〕【補注】先謙曰：索隱「漢表在東海，與今本異」。城陽封國東海是也。

列一	列二	列三	列四	列五	列六	列七
拘侯賢〔一〕	城陽頃王子。	四月戊寅封，五年，坐酎金免。				**千乘**〔二〕
淯侯不疑〔三〕	城陽頃王子。	四月戊寅封，五年，坐酎金免。				**東海**〔四〕
陸元侯何	菑川靖王子。	七月辛卯封，薨〔五〕。	原侯賈嗣。	侯延壽嗣，五鳳三年坐知女妹夫亡命笞二百首匿罪，免〔六〕。		**壽光**〔七〕

〔一〕【補注】先謙曰：史表「賢」作「買」，兩見。

〔二〕【補注】先謙曰：史表作「枸侯」。索隱「漢表作枸，音俱，在東海。案志，枸在扶風，與枸別也」。先謙案，本表作「拘」，不作「枸」，在千乘，不在東海。並與小司馬所見本異。又扶風有枸邑縣，無枸縣。東海有朐縣。索隱注文當是。案志枸邑在扶風，與朐別也。傳寫誤倒其文耳。當依其説作朐侯。下注東海，則表、志俱符，於城陽王子封域，亦無不合矣。

〔三〕師古曰：淯音育。

〔四〕【補注】先謙曰：史表作「涓侯」。索隱「漢表作淯，在東海。案淯水在南陽，有淯陽縣，疑表非也」。先謙案，城陽封域，不得至南陽。索隱説未是。王念孫云：濰水注「涓水出馬耳山北，注於濰水」。馬耳山在今青州府諸城縣西南，涓水出其陰，北過諸城縣西，又北入濰水。此侯封於涓，蓋鄉聚之以水得名者，諸縣在琅邪，與東海相近。故表在東海。

〔五〕【補注】朱一新曰：史表作「四月戊寅」，誤。

〔六〕師古曰：妹夫亡命，又有笞罪，而藏匿之，坐免也。【補注】沈欽韓曰：謂其妹夫有笞二百罪，亡命，延壽知而首匿，故免。非謂亡命後又有笞罪也。

〔七〕【補注】先謙曰：壽光，北海縣。蓋當時析置陸縣爲侯國，後復併省。

廣饒康侯國〔一〕	菑川靖王子。	七年辛卯封，五十年薨。〔二〕	地節三年，共侯坊嗣，十四年薨。〔三〕	甘露元年，侯鱗嗣，王莽篡位絕。〔四〕		
缾敬侯成〔五〕	菑川靖王子。	七月辛卯封，五十四年薨。〔六〕	地節二年，頃侯龍嗣，五十年薨。〔七〕	永康三年，原侯融嗣。〔八〕	侯閔嗣，王莽篡位，絕。	
俞閭煬侯毋害〔九〕	菑川靖王子。	七月辛卯封，四十四年薨。〔一〇〕	地節三年，原侯況嗣，十年薨。	五鳳元年，侯瞵嗣，十二年，初元三年薨，亡後。〔一一〕		

〔一〕【補注】先謙曰：廣饒，齊郡縣。亦見淄水注。

〔二〕【補注】先謙曰：「七年」當爲「七月」，史表作「十月」，亦誤。

〔三〕師古曰：坊音房。【補注】先謙曰：官本「三」作「二」。

〔四〕【補注】錢大昭曰：王莽傳「有廣饒侯劉京奏符命」。

〔五〕師古曰：缾音步于反。【補注】先謙曰：缾，琅邪縣。先封孫單。索隱引韋昭云「古駢邑」。官本注「缾」作「瓶」，「于」作「丁」，是。

〔六〕【補注】周壽昌曰：成以齊孝王子劉澤與燕刺王謀反告雋不疑，收捕澤以聞，益封缾侯。此當加地益户，表漏未敘及。朱一新曰：自元鼎元年至地節元年，止四十八年，表誤。先謙曰：「七月」，史表作「十月」，誤。

〔七〕【補注】蘇輿曰：地節二年，至元康二年，止五年。「十」字衍。

〔八〕【補注】蘇輿曰：西漢無永康年號，「永」乃「元」之誤。

〔九〕師古曰：俞音喻。【補注】先謙曰：「毋害」，史表作「不害」。

〔一〇〕【補注】朱一新曰：自元鼎元年至地節二年，實四十九年。此誤。先謙曰：史表作「十月」，誤。

〔一一〕師古曰：瞵音鄰。

甘井侯光〔一〕	廣川繆王子。	七月乙酉封，二十五年，征和二年，坐殺人棄市。〔二〕				鉅鹿
襄隄侯聖〔三〕	廣川繆王子。	七月乙酉封，五十年，地節四年，坐奉酎金斤(十)〔八〕兩少四兩，免。〔四〕	始元二年，聖子倫，以曾祖廣川惠王曾孫爲廣德王。〔五〕			鉅鹿〔六〕
皋虞煬侯建〔七〕	膠東康王子。	元封元年五月丙午封，九年薨。	太初四年，糠侯定嗣，十四年薨。〔八〕	本始二年，節侯哀嗣。	釐侯勳嗣。	頌侯顯嗣。〔九〕

〔一〕【補注】先謙曰：史表「光」作「元」。

〔二〕【補注】先謙曰：史表作「十月」，誤。

〔三〕師古曰：隄音丁奚反。

〔四〕【補注】先謙曰：史表作「十月」，誤。

〔五〕【補注】錢大昭曰：「始元」當作「元始」，「曾祖」二字疑衍。

〔六〕【補注】先謙曰：史表作「襄陵」。索隱「漢表在鉅鹿」，志「屬河東」，不言漢表作「襄隄」，是小司馬所見本與史表不異。

〔七〕師古曰：煬音弋向反。後皆類此。【補注】先謙曰：皋虞，琅邪縣。

〔八〕【補注】蘇輿曰：自太初四年至本始元年，實二十九年。表誤。先謙曰：史表「定」作「處」。

〔九〕【補注】錢大昭曰：「頌」非謚，疑「頃」之譌。

			六世 侯樂嗣，王莽篡位，絕。			
魏其煬侯昌〔一〕	膠東康王子。	五月丙午封，十七年薨。	本始四年，原侯傅光嗣，三十三年薨。〔二〕	甘露三年，孝侯禹嗣。	質侯蟜嗣。〔三〕	侯嘉嗣，王莽篡位，絕。
祝茲侯延年	膠東康王子。	五月丙午封，五年，坐棄印綬出國，免。				**琅邪**〔四〕
高樂康侯〔五〕	齊孝王子。	不得封年，薨，亡後。				**濟南**〔六〕
参鬷侯則〔七〕	廣川惠王子。	不得封年，坐酎金免。				**東海**

〔一〕【補注】先謙曰：魏其，琅邪縣。先封竇嬰。史表「煬」作「暢」。

〔二〕【補注】蘇輿曰：自元封元年始，十七年，正當太始三年。「本始」爲「太始」之誤。太始三年至甘露二年，實四十二年。此云三十三年，亦誤。

〔三〕師古曰：蟜音矯。

〔四〕【補注】先謙曰：膠水注「膠水逕祝茲故城東，武帝封膠東康王子延年爲侯國」。詳琅邪黔陬下。

〔五〕師古曰：史失其名也。

〔六〕【補注】先謙曰：高樂，勃海縣。「濟南」蓋誤。國除後，以封東平思王孫修。

〔七〕晉灼曰：鬷音悾鬷。師古曰：音子弄反，又音子公反。【補注】錢大昭曰：郡國志「濟陰定陶有三鬷亭，即此参鬷」。

沂陵侯喜〔一〕	廣川惠王子。	不得封年，坐酎金免。				東海
沈陽侯自爲	河間獻王子。	不得封年。				勃海
漳北侯寬	趙敬肅王子。	不得封年，元鳳三年爲奴所殺。				魏
南䜌侯佗〔二〕	趙敬肅王子。	不得封年，征和二年，坐酎金免。				鉅鹿〔三〕
南陵侯慶	趙敬肅王子。	不得封年，後三年，坐爲沛郡太守橫恣罔上，下獄瘐死。〔四〕				臨淮

〔一〕師古曰：沂音牛衣反。

〔二〕師古曰：䜌音力專反。

〔三〕【補注】先謙曰：南䜌見志。

〔四〕【補注】朱一新曰：後元三年也。汪本「三」作「二」。蘇輿曰：後元無三年，作「二」是。先謙曰：官本作「二」。

鄗侯舟〔一〕	趙敬肅王子。	不得封年，征和四年，坐祝詛上，要斬。〔二〕				常山〔三〕
安檀侯福	趙敬肅王子。	不得封年後三年，坐爲常山太守祝詛上，訊未竟病死。〔四〕				魏
爰戚侯當	趙敬肅王子。	不得封年，後三年，坐與兄廖謀反自殺。				濟南〔五〕
栗節侯樂〔六〕	趙敬肅王子。	征和元年封，二十七年薨。〔七〕	地節四年，煬侯忠嗣。	質侯終根嗣。	侯況嗣。	

〔一〕【補注】錢大昭曰：南監本、閩本有「師古曰鄗音呼各反」八字。朱一新曰：汪本有。先謙曰：官本有。

〔二〕師古曰：禮，古詛字也。音側據反。

〔三〕【補注】先謙曰：鄗見志。

〔四〕師古曰：訊謂考問之。

〔五〕【補注】先謙曰：爰戚，山陽縣，非濟南。後封趙長年。

〔六〕【補注】先謙曰：栗，沛郡縣。

〔七〕【補注】蘇輿曰：征和元年至地節三年，當云二十六年。

洨夷侯周舍〔一〕	趙敬肅王子。	元年封，薨。	孝侯惠嗣。	節侯迺始嗣。	哀侯勳嗣。	侯承嗣。
猇節侯起〔二〕	趙敬肅王子。	元年封，十三年薨。〔三〕	始元六年，夷侯充國嗣，二十年薨。	神爵元年，恭侯廣明嗣。	釐侯固嗣。	侯鉅鹿嗣。
揤裴戴侯道〔四〕	趙敬肅王子。	元年封，十二年薨。	元鳳元年，哀侯尊嗣。	頃侯章嗣。	釐侯景嗣。	東海 侯發嗣。〔五〕
澎侯屈釐〔六〕	中山靖王子。	二年三月丁巳封，三年，坐爲丞相祝詛，要斬。〔七〕				
右孝武						

〔一〕師古曰：洨音交，又音爻。【補注】先謙曰：洨，沛郡縣。先封呂產。

〔二〕晉灼曰：猇音內言鴞。師古曰：音于虯反。【補注】先謙曰：猇，濟南縣。「內言」，見前襄嚵侯下。

〔三〕【補注】蘇輿曰：征和元年至始元五年，止十一年。「三」字誤。

〔四〕鄭氏曰：揤裴音即非。在肥鄉縣南五里，即非成也。【補注】先謙曰：注「成」當作「城」。

〔五〕【補注】先謙曰：揤裴，魏郡縣，非東海。

〔六〕師古曰：澎音彭，東海縣也。屈音丘勿反，又音求勿反。【補注】先謙曰：彭即澎也。先封秦同及城陽頃王子強。

〔七〕【補注】先謙曰：澎侯以丞相封，則恩澤侯也。本傳以澎户二千二百封。

王子侯表第三下

漢書十五下

孝元之世，亡王子侯者[一]，盛衰終始，豈非命哉！元始之際，王莽擅朝，僞襃宗室，侯及王之孫焉；[二]居攝而愈多，非其正，故弗録。[三]旋踵亦絶，悲夫！

〔一〕【補注】齊召南曰：元帝三子。一成帝。一定陶王，其子爲哀帝。一中山王，其子爲平帝。二王更無餘子封侯者也。

〔二〕師古曰：王之孫亦得封侯，謂承鄉侯闔以下是也。

〔三〕師古曰：王莽所封，故不以爲正也。

號謚姓名(一)	屬	始封	子	孫	曾孫	玄孫
松茲戴侯霸(二)	六安共王子。	始元五年六月辛丑封，二十二年薨。(三)	神爵二年，共侯始嗣。	頃侯綄嗣。(四)	侯均嗣，王莽篡位，絶者凡百八十一人。(五)	
溫水侯安國	膠東哀王子。	六月辛丑封，十年，本始二年，坐上書爲妖言，會赦免。				
蘭旗頃侯臨朝(六)	魯安王子。	六月辛丑封，二十二年薨。	神爵二年，節侯去疾嗣，七年薨。	甘露元年，釐侯嘉嗣。	侯位嗣，絶。	

(一)【補注】錢大昕曰：宗室例不書姓，「姓」字衍文。然北宋本已然。蘇明允謂「王莽僞褎宗室，故從異姓例，示天子不得有其同姓」。此不攷其本末而妄爲之說也。昭、宣、元、成、哀五朝之侯，與王莽何與！即元始之際，王子封侯，亦循故事。惟承鄉侯以下二十二人，以王孫得封，出於莽之僞褎耳。入居攝所封，班氏未嘗列於表，何故一例譏之乎？

(二)【補注】先謙曰：松茲，廬江縣。

(三)【補注】先謙曰：官本作元始。引劉攽曰：當爲始元。錢大昕云：劉說是也。蘇氏謂此卷皆元始之際，王莽僞褎宗室而侯者，正由讀此誤本，不能校正耳。

(四)師古曰：綄音(于)〔千〕涉反。【補注】先謙曰：官本「綄」作「緁」。考證云「宋本作綄」。錢大昭云「綄」不成字。閩本作「緁」。朱一新云：汪本作「緁」。蘇輿云：通考作「緁」。

(五)師古曰：此下言免絶者皆是也。

(六)【補注】先謙曰：「旗」當爲「祺」，蘭祺，東海縣。

容丘戴侯方山〔一〕	魯安王子。	六月辛丑封。	頃侯未央嗣。	侯昭嗣，絶。		
良成頃侯文德〔二〕	魯安王子。	六月辛丑封。	共侯舜嗣。	釐侯原嗣。	戴侯元嗣。	侯閔嗣，絶。
蒲領煬侯禄〔三〕	清河綱王子〔四〕。	六年五月乙卯封。	哀侯推嗣，亡後。			
			元延三年，節侯不識以推弟紹封。	侯京嗣，免。		
南曲煬侯遷〔五〕	清河綱王子。	五月乙卯封，三十年薨。	甘露三年，節侯江嗣。	侯尊嗣，免。		
高城節侯梁〔六〕	長沙頃王子。	六月乙未封。	質侯景嗣。	頃侯請士嗣〔七〕。	侯馮嗣，免。	

〔一〕【補注】先謙曰：容丘，東海縣。

〔二〕【補注】先謙曰：良成，東海縣。

〔三〕【補注】先謙曰：蒲領，勃海縣。先封廣川惠王子嘉。

〔四〕【補注】齊召南曰：「綱」應作「剛」，諸侯王表可證。宋本、別本俱誤。謚法未有稱「綱」者。下南曲、修市、東昌、新鄉、東陽五侯，並剛王子，其誤並同。蘇輿曰：通考作「剛」。

〔五〕【補注】先謙曰：南曲，廣平縣。

〔六〕【補注】先謙曰：高城，南郡縣。

〔七〕【補注】先謙曰：後宣帝封，複出，作「諸士」。

成獻侯喜	中山康王子。	元鳳五年十一月庚子封，十五年薨。	神爵元年，頃侯得疵嗣。〔一〕	煬侯偝嗣。〔二〕	哀侯貴嗣，建平元年薨，亡後。	涿郡〔三〕
新市康侯吉	廣川繆王子。	十一月庚子封，二十五年薨。	甘露三年，頃侯義嗣。	侯欽嗣。		堂陽〔四〕
江陽侯仁	城陽慧王子。〔五〕	六年十一月乙丑封，十年，元康元年，坐役使附落免。〔六〕				東海
陽武侯	孝武皇帝曾孫。	元平元年七月庚申封，即日即皇帝位。				

〔一〕師古曰：疵音才斯反。

〔二〕師古曰：偝音普等反。

〔三〕【補注】先謙曰：成見志。先封董渫。

〔四〕【補注】先謙曰：新市，鉅鹿縣。封時分堂陽置。先封王棄之。

〔五〕【補注】齊召南曰：「慧」應作「惠」，音近致譌。宋本、别本俱誤。

〔六〕師古曰：有聚落來附者，輒役使之，非法制也。

右孝昭十二〔一〕

侯號	屬	始封	子	孫	曾孫	地
朝陽荒侯聖	廣陵厲王子。	本始元年七月壬子封。	思侯廣德嗣。	侯安國嗣，免。〔二〕		濟南〔三〕
平曲節侯曾	廣陵厲王子。	七月壬子封，十九年，五鳳四年，坐父祝詛上免，後復封。	釐侯臨嗣。	侯農嗣，免。		東海〔四〕
南利侯昌	廣陵厲王子。	七月壬子封，五年，地節二年，坐賊殺人免。				汝南〔五〕
安定戾侯賢〔六〕	燕剌王子。	十月壬子封。〔七〕	頃侯延年嗣。	侯昱嗣，免。		鉅鹿〔八〕

〔一〕【補注】朱一新曰：十二，總題上數也。各處皆無之，疑傳寫脱誤。

〔二〕【補注】蘇輿曰：通考作「安國」。

〔三〕【補注】先謙曰：朝陽見志。

〔四〕【補注】先謙曰：平曲見志。先封周堅。

〔五〕【補注】先謙曰：南利地屬女陽縣，見潁水注。蓋免侯後併入。

〔六〕【補注】先謙曰：傳作「定安」，誤。

〔七〕【補注】朱一新曰：汪本「十」作「七」，是。先謙曰：官本作「七」。

〔八〕【補注】先謙曰：安定見志。

東襄愛侯寬	廣川繆王子。	二年四月壬申封。〔一〕	侯使親嗣，建昭元年薨，亡後。〔二〕			信都
宣處節侯章	中山康王子。	三年六月甲辰封，四年薨。	地節三年，原侯衆嗣，薨，亡後。			
修市原侯寅	清河綱王子。	四年四月己丑封，二年薨。〔三〕	地節三年，頃侯千秋嗣。	釐侯元嗣。	侯雲嗣，免。	勃海〔四〕
東昌趮侯成〔五〕	清河綱王子。	四月己丑封。	頃侯親嗣。	節侯霸嗣。	侯祖嗣，免。	
新鄉侯豹〔六〕	清河綱王子。	四月乙丑封，四年薨。〔七〕	地節四年，釐侯步可嗣。	煬侯尊嗣。	侯佟嗣，元始元年上書言王莽宜居攝，莽篡位，賜姓王。〔八〕	

〔一〕【補注】朱一新曰：汪本「二」作「三」。先謙曰：官本作「三」。

〔二〕【補注】錢大昭曰：「使」當作「便」，「便親」猶「利親」也。表中參户、平的、劇魁三侯皆名利親。

〔三〕【補注】先謙曰：官本「二年」作「三年」，是。

〔四〕【補注】先謙曰：修市見志。

〔五〕晉灼曰：音躁疾。師古曰：即古躁字也。【補注】沈欽韓曰：謚法，好變動民曰躁。先謙曰：東昌，信都縣。

〔六〕【補注】先謙曰：新鄉，清河縣。王莽傳同。地理志作「信鄉」，古字通。後封東平煬王子鯉。

〔七〕【補注】錢大昭曰：「乙」當作「己」。下修故侯亦誤。朱一新曰：汪本作「己」，下同。

〔八〕師古曰：佟音徒冬反。

修故侯福	清河綱王子。	四月乙丑封，五年，元康元年，坐首匿羣盜棄市。				**清河**
東陽節侯弘〔一〕	清河綱王子。	四月己丑封，十年薨。	神爵二年，釐侯縱嗣。	頃侯迺始嗣。	哀侯封親嗣。	侯伯造嗣，免。
新昌節侯慶	燕剌王子。	五月癸丑封。	頃侯稱嗣。	哀侯未央嗣，薨，亡後。		**涿**〔二〕
				元延元年，釐侯嫋以未央弟紹封。〔三〕	侯晉嗣，免。〔四〕	
邯⿱艹冓節侯偃〔五〕	趙頃王子。	地節三年四月癸卯封，九年薨。〔六〕	神爵三年，釐侯勝嗣。	頃侯度嗣。	侯定嗣，免。	**魏**〔七〕

〔一〕【補注】先謙曰：東陽，清河縣。先封張相如。

〔二〕【補注】先謙曰：新昌見志。

〔三〕師古曰：嫋音乃了反。【補注】錢大昭曰：說文「嫋，姌也。姌，弱長貌」。

〔四〕【補注】先謙曰：汪本、官本「晉」作「普」。

〔五〕師古曰：邯音寒。⿱艹冓音溝。

〔六〕【補注】朱一新曰：汪本作「二年」。先謙曰：官本作「二年」。蘇輿云：以下紀年推之，作「二」是。

〔七〕【補注】先謙曰：志作「邯溝」。

樂陽繆侯説	趙頃王子。	四月癸卯封。	孝侯宗嗣。	頃侯崇嗣。	侯鎮嗣，免。	常山〔一〕
桑中戴侯廣漢〔二〕	趙頃王子。	四月癸卯封。	節侯縱嗣。	頃侯敬嗣，亡後。		
				元延二年，侯舜以敬弟紹封，十九年免。		
張侯嵩	趙頃王子。	四月癸卯封，八年，神爵二年，坐賊殺人上書要上，下獄瘐死。〔三〕				常山〔四〕
景成原侯雍	河間獻王子。〔五〕	四月癸卯封，六年薨。	元康四年，頃侯歐嗣。	釐侯禹嗣。	節侯福嗣，免。	勃海〔六〕

〔一〕【補注】先謙曰：樂陽見志。

〔二〕【補注】先謙曰：桑中，常山縣。

〔三〕師古曰：要上者，怙親而不服罪也。

〔四〕【補注】先謙曰：張，廣平縣，非常山。先封彨昭。

〔五〕【補注】劉攽曰：獻王薨，至此六十年，不應有未封之子。疑誤。

〔六〕【補注】先謙曰：景成見志。

平隄嚴侯招〔一〕	河間獻王子。	四月癸卯封，一年薨。	三年，繆侯榮嗣。	節侯曾世嗣。	釐侯育嗣。	**鉅鹿** 侯迺始嗣，免。〔二〕
樂鄉憲侯佟	河間獻王子。	四月癸卯封，九年薨。〔三〕	神爵三年，節侯蒯嗣。	頃侯鄧嗣。	釐侯勝嗣。	**鉅鹿** 侯地緒嗣，免。〔四〕
高郭節侯嗑〔五〕	河間獻王子。	四月癸卯封，薨。	孝侯久長嗣。	頃侯菲嗣。〔六〕	共侯稱嗣。	哀侯霸嗣，薨，亡後。
						鄚 元延元年，侯異衆以霸弟紹封。〔七〕
			六世 侯發嗣，免。			

〔一〕師古曰：隄音丁奚反。

〔二〕【補注】先謙曰：平隄，信都縣，非鉅鹿。

〔三〕【補注】先謙曰：「四年」，官本作「四月」。

〔四〕【補注】先謙曰：樂鄉，信都縣，非鉅鹿。

〔五〕師古曰：嗑音一蓋反。【補注】先謙曰：高郭，涿郡縣。

〔六〕師古曰：菲音斐。

〔七〕師古曰：河間之縣也，音莫。【補注】先謙曰：鄚，涿郡縣。顏説誤。

樂望孝侯光	膠東戴王子。	四年二月甲寅封。	釐侯林嗣。	侯起嗣，免。		北海〔一〕
成康侯饒	膠東戴王子。	二月甲寅封。	侯新嗣，免。			北海〔二〕
柳泉節侯强	膠東戴王子。	二月甲寅封，十七年薨。	黄龍元年，孝侯建嗣。	煬侯萬年嗣。	侯永昌嗣，免。	南陽〔三〕
復陽嚴侯延平〔四〕	長沙頃王子。	元康元年正月癸卯封。	煬侯漢嗣。	侯道嗣，免。		南陽〔五〕
鍾武節侯度〔六〕	長沙頃王子。	正月癸卯封。	孝侯宣嗣。	哀侯霸嗣，亡後。		
			元延二年，節侯則以霸叔父紹封。			

〔一〕【補注】先謙曰：樂望見志。

〔二〕【補注】先謙曰：當作「饒康侯成」。文誤倒。北海有饒。注云「侯國」，無成縣。

〔三〕【補注】先謙曰：柳泉，北海縣，非南陽。

〔四〕師古曰：復音力目反。【補注】錢大昭曰：南監本、閩本「力」作「方」。蘇輿曰：通考「平」作「年」。先謙曰：官本奪「平」字。「力」作「方」，是。

〔五〕【補注】先謙曰：復陽見志。

〔六〕【補注】錢大昭曰：後書劉聖公傳「前鍾武侯劉望起兵略汝南，遂自立爲天子」。未知度幾世孫，表未載。先謙曰：鍾武，江夏縣。

高城節侯梁	長沙頃王子。	正月癸卯封。〔一〕	質侯景嗣。	頃侯諸士嗣。〔二〕	侯馮嗣，免。	
富陽侯賜〔三〕	六安夷王子。	二年五月丙戌封，二十八年，建昭二年，坐上書歸印綬，免八百户。				
海昏侯賀	昌邑哀王子。	二年四月壬子，以昌邑王封，四年，神爵三年薨。坐故行淫辟，不得置後。〔四〕	初元三年，釐侯代宗以賀子紹封。	原侯保世嗣。	侯會邑嗣，免，建武後封。〔五〕	豫章〔六〕
曲梁安侯敬	平干頃王子。	七月壬子封。	節侯時光嗣。	侯瓠辯嗣，免。		魏郡〔七〕

〔一〕【補注】錢大昭曰：此侯見前，止始封年月不同，重出無疑。但始元所封長沙頃王子惟一侯，而元康元年與復陽、鍾武同日封，似宜去彼存此。

〔二〕【補注】先謙曰：前昭帝封複出，作「請士」。

〔三〕【補注】先謙曰：富陽，泰山縣。國除後，以封東平思王子萌。

〔四〕師古曰：辟讀曰僻。【補注】蘇輿曰：上有二年，此不應複出「二年」二字。「二」當爲「三」。自元康三年至神爵二年，適合四年，明「二」是「三」之誤。先謙曰：據紀是「三年」。「昌邑王」上當有「故」字。

〔五〕【補注】錢大昭曰：傳云「今見爲〔侯〕」，疑脱「今見」。

〔六〕【補注】先謙曰：海昏見志。

〔七〕【補注】先謙曰：曲梁，廣平縣，非魏郡。

遽鄉侯宣〔一〕	真定列王子。〔二〕	四年三月甲寅封，二年薨，亡後。				常山
新利侯偃	膠東戴王子。	神爵元年四月癸巳封，十一年，甘露四年，坐上書謾，免。復更封户都侯，建始三年，又上書謾，免。四百户。				
樂信頃侯强	廣川繆王子。	三年四月戊戌封。	孝侯何嗣。	節侯賀嗣。	侯涉嗣，免。	鉅鹿〔三〕
昌成節侯元	廣川繆王子。	四月戊戌封，四年薨。	五鳳三年，頃侯齒嗣。	釐侯應嗣。	質侯江嗣。建平三年薨，亡後。	信都〔四〕
廣鄉孝侯明	平干頃王子。	七月壬申封。	節侯安嗣。	釐侯周齊嗣。	侯充國嗣，免。	鉅鹿〔五〕

〔一〕【補注】錢坫曰：後書杜茂傳「茂定封遽鄉侯」。攷茂歷封樂鄉、苦陘、廣武、修等地，並近常山。然則遽鄉即遽鄉與？

〔二〕【補注】齊召南曰：「列」應作「烈」，以征和四年嗣真定王。各本俱誤。

〔三〕【補注】先謙曰：樂信見志。

〔四〕【補注】先謙曰：昌成見志。

〔五〕【補注】先謙曰：廣鄉，廣平縣，非鉅鹿。

成鄉質侯慶	平干頃王子。	七月壬申封，九百戶。	節侯霸嗣，鴻嘉三年薨，亡後。			廣平〔一〕
			元延二年，侯果以霸弟紹封，十九年免。〔二〕			
平利節侯世	平干頃王子。	四年三月癸丑封。	質侯嘉嗣。	釐侯禹嗣。	侯旦嗣，免。	魏郡〔三〕
平鄉孝侯王〔四〕	平干頃王子。	三月癸丑封。	節侯成嗣。	侯陽嗣，免。		魏郡〔五〕
平纂節侯梁	平干頃王子。	三月癸丑封，薨，亡後。〔六〕				平原

〔一〕【補注】先謙曰：成鄉見志，作「城鄉」。
〔二〕【補注】先謙曰：「免」，官本作「薨」。
〔三〕【補注】先謙曰：平利，廣平縣，非魏郡。
〔四〕【補注】先謙曰：官本「王」作「壬」，是。錢大昭云，通考作「任」。
〔五〕【補注】先謙曰：平鄉，廣平縣，非魏郡。
〔六〕【補注】先謙曰：後封東平思王孫況。

成陵節侯充	平干頃王子。	二月癸丑封，四百一十户。〔一〕	侯德嗣，鴻嘉二年，坐弟與後母亂，共殺兄，德知不舉，不道，下獄瘐死。			廣平
西梁節侯闞兵	廣川戴王子。	三月乙亥封，七年薨。	甘露三年，孝侯廣嗣。	哀侯宫嗣。	侯敞嗣，免。	鉅鹿〔二〕
歷鄉康侯必勝	廣川繆王子。	七月壬子封，五年薨。	甘露元年，頃侯長壽嗣。	繆侯宫嗣。	侯東之嗣，免。〔三〕	鉅鹿〔四〕
陽城愍侯田〔五〕	平干頃王子。	七月壬子封。	節侯賢嗣。	釐侯説嗣。	侯報嗣，免。	

〔一〕【補注】朱一新曰：汪本「二月」作「三月」，是。先謙曰：官本作「三」。

〔二〕【補注】先謙曰：西梁，信都縣，非鉅鹿。

〔三〕【補注】先謙曰：官本「東」作「柬」。

〔四〕【補注】先謙曰：歷鄉見志。

〔五〕【補注】沈欽韓曰：續志「中山蒲城縣有陽城」。先謙曰：陽城侯國在汝南，縣在潁川，疑非平干封域。廣平國有陽臺侯國，當即封地。臺、城二字未知孰是。

祚陽侯仁	平干頃王子。	五鳳元年四月乙未封，十三年，初元五年坐擅興繇賦，削爵一級，爲關内侯，九百一十户。				廣平
武陶節侯朝	廣川繆王子。	七月壬午封。	孝侯弘嗣。	節侯勳嗣。	侯京嗣，免。	鉅鹿〔一〕
陽興侯昌	河間孝王子。	十二月癸巳封，二十六年，建始二年，坐朝私留他縣，使庶子殺人，棄市。千三百五十户。〔二〕				涿郡
利鄉孝侯安	中山頃王子。	甘露元年三月壬辰封。	戴侯遂嗣。	侯固嗣，免。〔三〕		常山〔四〕

〔一〕【補注】先謙曰：武陶見志。

〔二〕【補注】沈欽韓曰：庶子，列侯屬官。續志「列侯置家丞、庶子各一人」。先謙曰：後封東平思王孫寄生。

〔三〕【補注】先謙曰：汪本、官本「固」作「國」。

〔四〕【補注】先謙曰：利鄉，涿郡縣。蓋先屬常山。

都鄉孝侯景	趙頃王子。	二年七月辛未封。	侯湊嗣，免。〔一〕			東海〔二〕
昌慮康侯弘〔三〕	魯孝王子。	四年閏月丁亥封。	釐侯奉世嗣。	侯蓋嗣，免。		泰山〔四〕
平邑侯敞	魯孝王子。	閏月丁亥封，二年，初元元年，坐殺一家二人棄市。〔五〕				東海
山鄉節侯綰	魯孝王子。	閏月丁亥封。	侯丘嗣，免。			東海〔六〕
建陵靖侯遂	魯孝王子。	閏月丁亥封，一年薨。	黃龍元年，節侯魯嗣。	侯連文嗣，免。		東海〔七〕
合陽節侯平	魯孝王子。	閏月丁亥封，千一百六十户。	孝侯安上嗣，建始元年薨，亡後。			東海〔八〕

〔一〕師古曰：湊音臻。

〔二〕【補注】先謙曰：都鄉，常山縣，非東海。

〔三〕師古曰：慮音力於反。

〔四〕【補注】先謙曰：昌慮，東海縣，非泰山。

〔五〕【補注】先謙曰：國除後，以封東平思王孫閔。

〔六〕【補注】先謙曰：山鄉見志。

〔七〕【補注】先謙曰：建陵見志。先封衛綰。

〔八〕【補注】先謙曰：東海有合鄉，無合陽。

東安孝侯强	魯孝王子。	閏月丁亥封。	侯拔嗣，免。			東海〔一〕
承鄉節侯當〔二〕	魯孝王子。	閏月丁亥封，二千七百户。	侯德天嗣，鴻嘉二年坐恐猲國人，受財臧五百以上，免。			東海〔三〕
建陽節侯咸	魯孝王子。	閏月丁亥封。	孝侯霸嗣。	侯竝嗣，免。		東海〔四〕
高鄉節侯休	城陽惠王子。	十一月壬申封。	頃侯興嗣。	侯革始嗣，免。		琅邪〔五〕
茲鄉孝侯弘	城陽荒王子。	十一月壬申封。	頃侯昌嗣。	節侯應嗣。	侯宇嗣，免。	琅邪〔六〕
藉陽侯顯〔七〕	城陽荒王子。	十一月壬申封，十六年，建昭四年，坐恐猲國民取財物，免。六百户。				東海

〔一〕【補注】先謙曰：東安見志。

〔二〕師古曰：承音證。

〔三〕【補注】先謙曰：東海有承縣，無承鄉。未詳。後封楚孝王孫閎。

〔四〕【補注】先謙曰：建陽見志。

〔五〕【補注】先謙曰：高鄉見志。

〔六〕【補注】先謙曰：茲鄉見志。

〔七〕【補注】先謙曰：官本「藉」作「籍」。

都平愛侯丘	城陽荒王子。	十一月壬申封。	恭侯訢免。〔一〕	侯堪嗣，免。		**東海**〔二〕
棗原侯山	城陽荒王子。	十一月壬申封。	節侯蒻嗣。	侯妾得嗣，薨，亡後。〔三〕		**琅邪**〔四〕
箕愿侯文〔五〕	城陽荒王子。	十一月壬申封。	節侯瞵嗣。〔六〕	侯欽嗣，免。〔七〕		**琅邪**〔八〕
高廣節侯勳	城陽荒王子。	十一月壬申封。	哀侯賀嗣。	質侯福嗣。	侯昊嗣，免。	**琅邪**〔九〕
即來節侯佼〔一〇〕	城陽荒王子。	十一月壬申封。	侯欽嗣，免。			**琅邪**〔一一〕

右孝宣

〔一〕【補注】朱一新曰：汪本「免」作「嗣」，是。先謙曰：官本作「嗣」。

〔二〕【補注】先謙曰：都平見志。

〔三〕【補注】蘇輿曰：通考「妾」作「妄」。先謙曰：官本作「妄」。

〔四〕【補注】先謙曰：琅邪有柔縣，無棗縣。柔、棗形近致誤。

〔五〕師古曰：愿音願，又音原。

〔六〕師古曰：瞵音鄰。

〔七〕【補注】錢大昭曰：閩本「欽」作「褒」，通考同。朱一新曰：汪本作「褒」。先謙曰：官本作「褒」。

〔八〕【補注】先謙曰：箕見志。

〔九〕【補注】先謙曰：高廣見志。

〔一〇〕師古曰：佼音狡。

〔一一〕【補注】先謙曰：即來見志。

膠鄉敬侯漢	高密哀王子。	初元元年三月丁巳封，七百四十户。	節侯成嗣，陽朔四年薨，亡後。〔一〕			琅邪〔二〕
桃煬侯良	廣川繆王子。	三月封。	共侯敞嗣。	侯狗嗣，免。		鉅鹿〔三〕
安平釐侯習	長沙孝王子。	三月封。	侯嘉嗣，免。			鉅鹿〔四〕
陽山節侯宗	長沙孝王子。	三月封。	侯買奴嗣，免。			桂陽〔五〕
庸釐侯談	城陽荒王子。	三月封，九百一十户。	侯端嗣，永光二年坐强姦人妻，會赦免。			琅邪
昆山節侯光	城陽荒王子。	三月封。	侯儀嗣，免。			琅邪〔六〕
折泉節侯根	城陽荒王子。	三月封。	侯詡嗣，免。			琅邪〔七〕

〔一〕【補注】先謙曰：國除後，以封東平思王孫武。

〔二〕【補注】先謙曰：膠鄉，北海縣，非琅邪。後封東平思王孫武。

〔三〕【補注】先謙曰：桃，信都縣，非鉅鹿。

〔四〕【補注】先謙曰：安平，豫章縣，非鉅鹿。先封楊敞。涿郡有安平，非長沙封域。

〔五〕【補注】先謙曰：陽山見志。

〔六〕【補注】先謙曰：昆山見志。

〔七〕【補注】先謙曰：折泉見志。

博石頃侯淵	城陽荒王子。	三月封。	侯獲嗣，免。			琅邪〔一〕
要安節侯勝	城陽荒王子。	三月封。	哀侯守嗣，薨，亡後。			琅邪〔二〕
房山侯勇	城陽荒王子。	三月封，五十六年薨。〔三〕				琅邪〔四〕
式節侯憲	城陽荒王子。	三月封，三百户。	哀侯霸嗣，鴻嘉元年薨，亡後。			泰山〔五〕
			元延元年，侯萌以霸弟紹封，十九年免。〔六〕			
臨鄉頃侯雲	廣陽頃王子。	五年六月封。	侯交嗣，免。			涿〔七〕

〔一〕【補注】先謙曰：博石見志。

〔二〕【補注】錢大昭曰：後書劉盆子傳「求軍中城陽景王後，得七十餘人，惟盆子與前西安侯劉孝最爲近屬」。表中城陽景王之後有要安，無西安，疑即此侯。西安，齊郡縣，非琅邪也。先謙曰：錢説是也。國除後封東平思王孫漢。

〔三〕【補注】朱一新曰：汪本「薨」作「免」，恐誤。先謙曰：官本作「免」。

〔四〕【補注】先謙曰：房山見志。

〔五〕【補注】先謙曰：式見志。或以爲當作「成」。

〔六〕【補注】錢大昭曰：劉盆子傳云，王莽篡位，國除。

〔七〕【補注】先謙曰：臨鄉見志。

西鄉頃侯容〔一〕	廣陽頃王子。	六月封。	侯景嗣，免。				涿〔二〕
陽鄉思侯發	廣陽頃王子。	六月封。	侯度嗣，免。				涿〔三〕
益昌頃侯嬰	廣陽頃王子。	永光三年三月封。	共侯政嗣。	侯福嗣，免。			涿〔四〕
羊石頃侯回	膠東頃王子。	三月封。	共侯成嗣。	侯順嗣，免。			北海〔五〕
石鄉煬侯理	膠東頃王子。	三月封。	侯建國嗣，免。				北海〔六〕
新城節侯根	膠東頃王子。	三月封。	侯霸嗣，免。				北海〔七〕
上鄉侯歙〔八〕	膠東頃王子。	三月封，三十九年免。〔九〕					北海〔一〇〕

〔一〕【補注】錢大昭曰：三國志「容」作「弘」。劉放傳云「廣陽頃王子西鄉侯弘後也」。

〔二〕【補注】先謙曰：西鄉見志。

〔三〕【補注】先謙曰：陽鄉見志。

〔四〕【補注】先謙曰：益昌見志。

〔五〕【補注】先謙曰：羊石見志。

〔六〕【補注】先謙曰：石鄉見志。

〔七〕【補注】先謙曰：新城見志。

〔八〕師古曰：歙音翕。

〔九〕【補注】先謙曰：官本作「二十九年」。

〔一〇〕【補注】先謙曰：上鄉見志。

于鄉節侯定	泗水勤王子。	三月封。	侯聖嗣，免。			東海〔一〕
就鄉節侯璋。	泗水勤王子。	三月封，七年薨，亡後。〔二〕				東海
石山節侯玄〔三〕	城陽戴王子。	三月封。	釐侯嘉嗣，免。〔四〕			
都陽節侯音〔五〕	城陽戴王子。	三月封。	侯閎嗣，免。〔六〕			
參封侯嗣〔七〕	城陽戴王子。	三月封。	侯殷嗣，免。			
伊鄉頃侯遷〔八〕	城陽戴王子。	三月封，薨，亡後。				

〔一〕【補注】先謙曰：于鄉見志。

〔二〕【補注】先謙曰：後封東平思王孫不害。

〔三〕【補注】先謙曰：石山，琅邪縣。

〔四〕【補注】陳景雲曰：嘉既免，不當有謚。「釐」字衍。

〔五〕【補注】先謙曰：都陽，東海縣。

〔六〕【補注】先謙曰：官本「閎」作「閔」。考證云：「閎」，宋本作「閎」。

〔七〕【補注】陳景雲曰：侯再傳始奪，則嗣以善終，法當有謚。今奪去。先謙曰：參封，琅邪縣。侯善終無謚者多，疑皆如陳說。

〔八〕【補注】先謙曰：伊鄉，琅邪縣。後封東平思王孫開。

襄平侯畳〔一〕	廣陽厲王子。〔二〕	五年三月封，四十七年免。				
貰鄉侯平〔三〕	梁敬王子。	建昭元年正月封，四年病狂自殺。				
欒侯義	梁敬王子。	正月封，四年，坐使人殺人，髡爲城旦。				
中鄉侯延年〔四〕	梁敬王子。	正月封，四十六年薨。				
鄭頃侯罷軍〔五〕	梁敬王子。	正月封。	節侯駿嗣。	侯良嗣，免。		
黄節侯順	梁敬王子。	正月封。	釐侯申嗣，元壽二年薨，亡後。			**濟陰**〔六〕

〔一〕【補注】先謙曰：襄平，臨淮縣。

〔二〕【補注】劉攽曰：廣陽無厲王，當是廣陵王。

〔三〕師古曰：貰音式制反。【補注】錢大昭曰：臨淮有射陽縣。「射」亦作「貰」。

〔四〕【補注】先謙曰：中鄉，山陽縣。

〔五〕【補注】先謙曰：鄭，山陽縣。

〔六〕【補注】先謙曰：黄，山陽縣。此注濟陰，蓋封時所隸，後改屬山陽。

平樂節侯遷〔一〕	梁敬王子。	正月封。	侯寶嗣，免。			
菑鄉釐侯就	梁敬王子。	正月封。	侯逢喜嗣，免。			濟南〔二〕
東鄉節侯方	梁敬王子。	正月封。	侯護嗣，免。			沛〔三〕
陵鄉侯訢〔四〕	梁敬王子。	正月封，七年，建始二年，坐使人傷家丞，又貸穀息過律，免〔五〕。				沛
溧陽侯欽〔六〕	梁敬王子。	正月封。	侯畢嗣，免。			沛〔七〕

〔一〕【補注】先謙曰：平樂，山陽縣。

〔二〕【補注】先謙曰：菑鄉，山陽縣，非濟南。

〔三〕【補注】先謙曰：東鄉見志。

〔四〕【補注】沈欽韓曰：淇水注「應劭曰『東武城西南七十里有陵鄉，故縣也』。後漢封太僕梁松爲侯國，故世謂之梁侯城。遂立侯城縣治也」。當即此陵鄉。

〔五〕師古曰：以穀貸人而多取其息。

〔六〕師古曰：溧音栗。

〔七〕【補注】先謙曰：漂陽，沛郡縣。「溧」當爲「漂」。説見志。顔音誤。

釐鄉侯固〔一〕	梁敬王子。	正月封，二十一年，鴻嘉四年，坐上書歸印綬免。四百七十二户〔二〕。				沛
高柴節侯發	梁敬王子。	正月封。	釐侯賢嗣。	侯隱嗣，免。		沛〔三〕
臨都節侯未央〔四〕	梁敬王子。	正月封。	侯息嗣，免。			
高質侯舜〔五〕	梁敬王子。	正月封。	釐侯始嗣。	侯便翁嗣，免。		
北鄉侯譚〔六〕	菑川孝王子。	四年六月封，四十三年免。				
蘭陵節侯宜〔七〕	廣陵孝王子。	五年十二月封。	共侯譚嗣。	侯便强嗣，免。		

〔一〕師古曰：釐音力之反。

〔二〕【補注】先謙曰：後封東平煬王子褒。

〔三〕【補注】先謙曰：高柴見志。

〔四〕【補注】先謙曰：臨都，沛郡縣。

〔五〕【補注】先謙曰：高，沛郡縣。

〔六〕【補注】先謙曰：北鄉，齊郡縣。

〔七〕【補注】先謙曰：「蘭陵」當作「蘭陽」。蘭陽，臨淮縣。

廣平節侯德〔一〕	廣陵孝王子。	十二月封。	侯德嗣，免。〔二〕			
博鄉節侯交〔三〕	六安繆王子。	竟寧元年四月丁卯封。	侯就嗣，免。			
柏鄉戴侯買〔四〕	趙哀王子。	四月丁卯封。	頃侯雲嗣。	侯譚嗣，免。		
安鄉孝侯喜〔五〕	趙哀王子。	四月丁卯封。	釐侯胡嗣。	侯合衆嗣，免。		
廣釐侯便	菑川孝王子。	四月丁卯封。	節侯護嗣。	侯宇嗣，免。		齊〔六〕
平節侯服	菑川孝王子。	四月丁卯封。	侯嘉嗣，免。			齊〔七〕

右孝元

〔一〕【補注】先謙曰：廣平，臨淮縣。

〔二〕【補注】錢大昭曰：父子同名，必有一誤。蘇輿曰：通考無子名。

〔三〕【補注】先謙曰：博鄉，九江縣。

〔四〕【補注】先謙曰：柏鄉，鉅鹿縣。

〔五〕【補注】先謙曰：安鄉，鉅鹿縣。

〔六〕【補注】先謙曰：廣見志。

〔七〕【補注】吳卓信曰：齊郡無平縣，有平廣。注曰「侯國」。此脱「廣」字。

昌鄉侯憲[一]	膠東頃王子。	建始二年正月封，三十年，元壽二年，坐使家丞封上印綬，免。				
順陽侯共[二]	膠東頃王子。	正月封，三十九年免。				
樂陽侯獲[三]	膠東頃王子。	正月封，三十九年免。				
平城釐侯邑[四]	膠東頃王子。	正月封。	節侯珍嗣。	侯理嗣，免。		
密鄉頃侯林[五]	膠東頃王子。	正月封。	孝侯欽嗣。	侯敞嗣，免。		
樂都煬侯訢[六]	膠東頃王子。	正月封。	繆侯臨嗣。	侯延年嗣，免。		

〔一〕【補注】先謙曰：此與封東平煬王子旦之昌鄉異地。

〔二〕【補注】錢坫曰：琅邪有慎鄉縣，於膠東爲近。慎、順古通用字。「陽」蓋「鄉」之誤。

〔三〕【補注】先謙曰：「樂陽」當作「陽樂」，東萊縣。距膠東近，膠東王子封當在此。樂陽，常山縣。宣帝封趙頃王子説，傳子至曾孫，非獲所得封也。

〔四〕【補注】先謙曰：平城，北海縣。

〔五〕【補注】先謙曰：密鄉，北海縣。

〔六〕【補注】先謙曰：樂都，北海縣。

卑梁侯都〔一〕	高密頃王子。	正月封，三十九年免。				
膠陽侯恁〔二〕	高密頃王子。	正月封，三十九年免。				
武鄉侯慶〔三〕	高密頃王子。	正月封。	侯勁嗣，免。			
成鄉釐侯安〔四〕	高密頃王子。	正月封。	侯德嗣，免。			
麗茲共侯賜〔五〕	高密頃王子。	正月封。	侯放嗣，免。			
竇梁懷侯强	河間孝王子。	正月封，四年薨，亡後。				
廣戚陽侯勳〔六〕	楚孝王子。	河平三年二月乙亥封。	侯顯嗣。	子嬰，居攝元年爲孺子，王莽篡位，爲定安公，莽敗死。		

〔一〕【補注】沈欽韓曰：史記楚世家「吴之邊邑卑梁與楚邊邑鍾離爭桑」。鍾離爲鳳陽府臨淮縣，今省入鳳陽。卑梁當在縣東。先謙曰：先封廣川惠王子嬰彼。「卑」誤「畢」。

〔二〕師古曰：恁音女林反。【補注】先謙曰：膠陽，北海縣。

〔三〕【補注】先謙曰：武鄉，琅邪縣。

〔四〕【補注】先謙曰：成鄉，北海縣。與封平干頃王子慶之成鄉異地。

〔五〕【補注】先謙曰：麗，琅邪縣。「茲」字衍。

〔六〕【補注】錢大昭曰：「陽」當作「煬」。傳云，謚曰煬。載户數〔三〕〔四〕千〔六〕〔二〕百。此失書。朱一新曰：汪本作「煬」。先謙曰：官本作「煬」。廣戚，沛郡縣。先封魯共王子將。

陰平釐侯回[一]	楚孝王子。	陽朔二年正月丙午封。[二]	侯詩嗣，免。			
			承鄉 元始元年二月丙午，侯閎以孝王孫封，八年免。[三]			
樂平侯訢	淮陽憲王子。	閏六月壬午封，病狂易，免。師古曰：病狂而改易其本性也。元壽二年，更封共樂侯。[四]	外黃 元始元年二月丙辰，侯圉以憲王孫封，八年免。[五]			
			高陽 二月丙辰，侯竝以憲王孫封，八年免。			

〔一〕【補注】先謙曰：陰平，東海縣。

〔二〕【補注】朱一新曰：汪本作「二月」。先謙曰：官本作「二月」。

〔三〕【補注】先謙曰：承鄉疑即東海承縣。先封魯孝王子當。

〔四〕【補注】朱一新曰：「元」下九字，班自注，應移顏注前。蘇輿曰：「易」訓輕，讀爲禮樂記「慢易」之易。顏讀如亦音，似非。

〔五〕【補注】先謙曰：外黃，陳留縣。

			平陸 二月丙辰，侯寵以憲王孫封，八年免。〔一〕			
郚鄉侯閔〔二〕	魯頃王子。	四年四月甲寅封，十七年，建平三年，爲魯王。	宰鄉 侯延以頃王孫封，八年免。			
建鄉釐侯康〔三〕	魯頃王子。	四月甲寅封。	侯自當嗣，免。			
安丘侯常〔四〕	高密頃王子。	鴻嘉元年正月癸巳封，二十八年免。				
栗鄉頃侯護〔五〕	東平思王子。	四月辛巳封。	侯玄成嗣，免。			

〔一〕【補注】先謙曰：當即尉氏縣之陵樹鄉，前封劉禮者也。詳陳留郡尉氏下。

〔二〕師古曰：郚音魚，又音吾。【補注】先謙曰：郚鄉，東海縣。後封楚思王子光。

〔三〕【補注】先謙曰：建鄉，東海縣。

〔四〕【補注】先謙曰：安丘，琅邪縣。先封張說。

〔五〕【補注】先謙曰：栗鄉，山陽縣。

			金鄉元始元年二月丙辰，侯不害以思王孫封，八年免。〔一〕			
			平通二月丙辰，侯旦以思王孫封，八年免。〔二〕			
			西安二月丙辰，侯漢以思王孫封，八年薨。〔三〕			

〔一〕【補注】先謙曰：後漢山陽郡有金鄉縣，蓋緣此侯國復設。今爲縣，屬濟寧州。

〔二〕【補注】先謙曰：先封楊惲，表在博陽。

〔三〕【補注】先謙曰：先封城陽荒王子勝。表誤作「要安」，在琅邪。志屬齊郡。官本「薨」作「免」。

			湖鄉 二月丙辰，侯開以思王孫封，八年免。〔一〕			
			重鄉 二月丙辰，侯少栢以思王孫封，八年免。〔二〕			
桑丘侯頃〔三〕	東平思王子。	四月辛巳封。	**陽興** 二月丙辰，侯寄生以思王孫封，八年免。〔四〕			

〔一〕【補注】陳景雲曰：此與金鄉、伊鄉、就鄉並思王孫，同時封，不應二人同名，前後必有一誤。

〔二〕【補注】錢大昭曰：菏水注「菏水東逕重鄉城南，左傳所謂臧文仲宿于重館」。沈欽韓曰：重鄉城在兖州府魚臺縣西北十一里。朱一新曰：汪本「免」作「薨」。先謙曰：官本作「薨」。

〔三〕【補注】王念孫曰：桑丘當爲乘丘，泰山縣。與東平相近。中山國北新城縣之桑丘城去東平遠。互見前「乘丘」下。

〔四〕【補注】先謙曰：前封河間孝王子昌，下注涿郡。

			陵陽　二月丙辰，侯嘉以思王孫封，八年免。			
			高樂　二月丙辰，侯修以思王孫封，八年免。〔一〕			
			平邑　二月丙辰，侯閔以思王孫封，八年免。〔二〕			
			平纂　二月丙辰，侯況以思王孫封，八年免。〔三〕			

〔一〕【補注】先謙曰：先封齊孝王子康。侯表在濟南。志屬勃海。

〔二〕【補注】先謙曰：先封魯孝王子敞，下注東海。

〔三〕【補注】先謙曰：先封平干頃王子梁，下注平原。官本「況」作「沈」。

			合昌 二月丙辰，侯輔以思王孫封，八年免。			
			伊鄉 二月丙辰，侯開以思王孫封，八年免。〔一〕			
			就鄉 二月丙辰，侯不害以思王孫封，八年免。〔二〕			
			膠鄉 二月丙辰侯武以思王孫封，八年免。〔三〕			

〔一〕【補注】先謙曰：先封城陽戴王子遷。志屬琅邪。

〔二〕【補注】先謙曰：先封泗水勤王子璋。表注東海。

〔三〕【補注】先謙曰：先封高密哀王子漢。表在琅邪。志屬北海。

			宜鄉 二月丙辰，侯恢以思王孫封，八年免。〔一〕			
			昌城 二月丙辰，侯豐以思王孫封，八年免。			
			樂安 二月丙辰，侯禹以思王孫封，八年免。〔二〕			
桃鄉頃侯宣〔三〕	東平思王子。	二年正月戊子封。	侯立嗣，免。			
新陽頃侯永〔四〕	魯頃王子。	五月戊子封。〔五〕	侯級嗣，免。			

〔一〕【補注】先謙曰：先封馮參。

〔二〕【補注】先謙曰：樂安，千乘縣。

〔三〕【補注】先謙曰：桃鄉，泰山縣。

〔四〕【補注】先謙曰：新陽，東海縣。

〔五〕【補注】蘇輿曰：與上同日。「五」疑「正」之誤。

陵石侯慶〔一〕	膠東共王子。	四年六月乙巳封，二十五年免。				
祁鄉節侯賢〔二〕	梁夷王子。	永始二年五月乙亥封。	侯富嗣，免。			
富陽侯萌〔三〕	東平思王子。	三年三月庚申封，二十三年免。				
曲鄉頃侯鳳	梁荒王子。	六月辛卯封，十七年薨。	侯雲嗣，免。			濟南〔四〕
桃山侯欽〔五〕	城陽孝王子。	四年五月戊申封，二十一年免。				

〔一〕【補注】先謙曰：陵石，志無此縣，疑「陽石」之譌。陽石，東萊縣，膠東王子封當在此。

〔二〕【補注】先謙曰：祁鄉，沛郡縣。

〔三〕【補注】先謙曰：富陽，泰山縣。

〔四〕【補注】先謙曰：曲鄉，山陽縣，非濟南。

〔五〕【補注】先謙曰：桃山，泰山縣。

昌陽侯霸〔一〕	泗水戾王子。	五月戊申封，二十一年免。				
臨安侯閔〔二〕	膠東共王子。	五月戊申封，二十一年免。				
徐鄉侯炔〔三〕	膠東共王子。	元延元年二月癸卯封，二十一年，王莽建國元年，舉兵欲誅莽，死。				齊〔四〕
臺鄉侯畛〔五〕	菑川孝王子。	二年正月癸卯封，十八年免。				
西陽頃侯竝	東平思王子。	四月甲寅封。	侯偃嗣，免。			東萊〔六〕

〔一〕【補注】先謙曰：昌陽，臨淮縣。東萊亦有昌陽，距泗水遠。

〔二〕【補注】先謙曰：臨安，琅邪縣。

〔三〕師古曰：炔音桂。字或作「快」。【補注】錢大昭曰：王莽傳、漢紀並作「快」。

〔四〕【補注】先謙曰：徐鄉，東萊縣，非齊。

〔五〕師古曰：畛音軫。【補注】先謙曰：臺鄉，齊郡縣。

〔六〕【補注】先謙曰：西陽，山陽縣，非東萊。

堂鄉哀侯恢〔一〕	膠東共王子。	綏和元年五月戊午封，三年薨，亡後。				
安國侯吉〔二〕	趙共王子。	六月丙寅封，十六年免。				
梁鄉侯交〔三〕	趙共王子。	六月丙寅封，十六年免。				
襄鄉頃侯福	趙共王子。	六月丙寅封。	侯章嗣，免。			
容鄉釐侯强	趙共王子。	六月丙寅封。	侯弘嗣，免。			
緼鄉侯固〔四〕	趙共王子。	六月丙寅封，十六年免。				
廣昌侯賀〔五〕	河間孝王子。	六月丙寅封，十六年免。				

〔一〕【補注】先謙曰：此與封楚思王子護之堂鄉異地。

〔二〕【補注】先謙曰：安國，中山縣。

〔三〕【補注】先謙曰：梁鄉，涿郡縣。良、梁通用。

〔四〕師古曰：緼音於粉反。

〔五〕【補注】先謙曰：廣昌，代郡縣。

都安節侯普	河間孝王子。	六月丙寅封。	侯胥嗣，免。			
樂平侯永	河間孝王子。	六月丙寅封，十六年免。				
方鄉侯常得	廣陽惠王子。[一]	六月丙寅封，十六年免。				
庸鄉侯宰	六安頃王子。	三年七月庚午封，十五年免。				
右孝成						
南昌侯宇	河間惠王子。[二]	建平二年五月丁酉封，十二年免。[三]				

[一]【補注】劉攽曰：廣陽亦無惠王，疑是思王。

[二]【補注】先謙曰：官本「惠」作「孝」。蘇輿云：通考與今本同。

[三]【補注】朱一新曰：汪本作十三年。先謙曰：官本作「十三」。

嚴鄉侯信	東平煬王子。	五月丁酉封，四年坐父大逆，免。元始元年復封。六年，王莽居攝二年，東郡太守翟義舉兵立信爲天子，兵敗死。〔一〕				
武平侯璜	東平煬王子。	五月丁酉封，四年，坐父大逆，免。元始元年復封，居攝二年舉兵死。				
陵鄉侯曾	楚思王子。	四年三月丁卯封，至王莽六年舉兵欲誅莽，死。				
武安侯慢〔二〕	楚思王子。	三月丁卯封，二年，元壽二年，坐使奴殺人免，元始元年復封，八年免。				

〔一〕【補注】錢大昭曰：信二子穀鄉侯章、德廣侯鮪，見翟義傳。當是莽居攝時封，故表弗録。

〔二〕師古曰：慢音受。【補注】先謙曰：武安，魏郡縣。

湘鄉侯昌〔一〕	長沙王子。〔二〕	五月丙午封，十一年免。					
方樂侯嘉	廣陽繆王子。〔三〕	元壽元年五月乙卯封，十一年免。					
宜禾節侯得	河間孝王子。	二年四月丁酉封。	侯恢嗣，免。				
富春侯玄	河間孝王子。	四月丁酉封，十年免。					
右孝哀〔四〕							
陶鄉侯恢	東平煬王子。	元始元年二月丙辰封，八年。〔五〕					
釐鄉侯褒〔六〕	東平煬王子。	二月丙辰封，八年免。					

〔一〕【補注】先謙曰：續志「湘鄉屬零陵」，緣此復設，今縣屬長沙。

〔二〕【補注】錢大昭曰：通考作長沙孝王子，此脫「孝」字。

〔三〕【補注】朱一新曰：汪本作「廣陵」。廣陵無繆王。先謙曰：官本作「廣陵」。

〔四〕【補注】錢大昭曰：燕王澤傳「哀帝時繼絶世，封澤玄孫之孫無終公士歸生爲營陵侯」。表失載。

〔五〕【補注】錢大昭曰：南監本、閩本有「免」字，此脫。先謙曰：官本有「免」字。

〔六〕【補注】先謙曰：先封梁敬王子固。表注沛。

昌鄉侯旦[一]	東平煬王子。	二月丙辰封，八年免。				
新鄉侯鯉[二]	東平煬王子。	二月丙辰封，八年免。				
郚鄉侯光[三]	楚思王子。	二月丙辰封，八年免。				
新成侯武[四]	楚思王子。	二月丙辰封，八年免。				
宜陵侯豐	楚思王子。	二月丙辰封，八年免。				
堂鄉侯護[五]	楚思王子。	二月丙辰封，八年免。				
成陵侯由	楚思王子。	二月丙辰封，八年免。				
成陽侯衆[六]	楚思王子。	二月丙辰封，八年免。				
復昌侯休	楚思王子。	二月丙辰封，八年免。				

[一]【補注】先謙曰：此與封膠東頃王子憲之昌鄉異地。

[二]【補注】先謙曰：先封清河綱王子豹。

[三]【補注】先謙曰：先封魯頃王子閔，志屬東海。

[四]【補注】先謙曰：官本「成」作「城」。

[五]【補注】先謙曰：此與封膠東共王子恢之堂鄉異地。

[六]【補注】先謙曰：成陽，汝南縣。先封趙臨。

安陸侯平〔一〕	楚思王子。	二月丙辰封，八年免。				
梧安侯譽〔二〕	楚思王子。	二月丙辰封，八年免。				
朝鄉侯充	楚思王子。	二月丙辰封，八年免。				
扶鄉侯普〔三〕	楚思王子。	二月丙辰封，八年免。				
方城侯宣〔四〕	廣陽繆王子。〔五〕	二年四月丁酉封，七年免。				
當陽侯益〔六〕	廣陽思王子。	四月丁酉封，七年免。				
廣城侯逮〔七〕	廣陽思王子。	四月丁酉封，七年免。				
春城侯允	東平煬王子。	四月丁酉封，七年免。				

〔一〕【補注】錢大昭曰：後書劉般傳作「原鄉侯」。先謙曰：江夏縣。

〔二〕【補注】錢大昭曰：後書馬嚴傳注引東觀記「建武三年，右扶風曹貢爲梧安侯相」。則光武初其國尚存。

〔三〕【補注】錢大昭曰：莽傳有扶恩侯劉貴。師古云「不知誰子侯」。貴、普形近，疑即此侯。表、傳封地微不同，蓋有一誤。

〔四〕【補注】先謙曰：方城，廣陽縣。

〔五〕【補注】蘇輿曰：王表廣陽無繆王，有思王。當依下文一律作「思」。

〔六〕【補注】先謙曰：此非南郡之當陽縣。

〔七〕師古曰：逮音竹二反。【補注】錢大昭曰：「逮」不成字，閩本作「疌」。注同。依顏音當爲「疐」之譌。先謙曰：官本作「疌」。

昭陽侯賞[一]	長沙剌王子。	五年閏月丁酉封，四年免。				
承陽侯景[二]	長沙剌王子。	閏月丁酉封，四年免。				
信昌侯廣	真定共王子。	閏月丁酉封，四年免。				
呂鄉侯尚	楚思王子。	閏月丁酉封，四年免。				
李鄉侯殷	楚思王子。	閏月丁酉封，四年免。				
宛鄉侯隆	楚思王子。	閏月丁酉封，四年免。				
壽泉侯承	楚思王子。	閏月丁酉封，四年免。				
杏山侯遵[三]	楚思王子。	閏月丁酉封，四年免。				
右孝平						

[一]【補注】先謙曰：續志「昭陽屬零陵，緣此復置」。紀要「昭陽城在寶慶府東五十里，後漢析昭陵縣置」。

[二]師古曰：承音烝，字或作「丞」。【補注】先謙曰：承陽，長沙縣。

[三]【補注】先謙曰：先封楚安王子成。

高惠高后文功臣表第四

自古帝王之興，曷嘗不建輔弼之臣所與共成天功者乎！〔一〕漢興自秦二世元年之秋，楚陳之歲，〔二〕初以沛公總帥雄俊，三年然後西滅秦，立漢王之號，五年東克項羽，即皇帝位，八載而天下乃平，始論功而定封。訖十二年，侯者百四十有三人。〔三〕時大城名都民人散亡，户口可得而數裁什二三，〔四〕是以大侯不過萬家，小者五六百户。封爵之誓曰：「使黄河如帶，泰山若厲，國以永存，爰及苗裔。」〔五〕於是申以丹書之信，重以白馬之盟。〔六〕又作十八侯之位次。〔七〕高后二年，復詔丞相陳平盡差列侯之功，録弟下竟，〔八〕臧諸宗廟，副在有司。〔九〕始未嘗不欲固根本，而枝葉稍落也。故逮文、景四五世閒，流民既歸，户口亦息，列侯大者至三四萬户，小國自倍，〔一〇〕富厚如之。〔一一〕子孫驕逸，忘其先祖之艱難，多陷法禁，隕命亡國，云子孫。〔一二〕訖於孝武後元之年，靡有孑遺，耗矣。〔一三〕罔亦少密焉。〔一四〕故孝宣皇帝愍而録之，乃開廟臧，覽舊籍，詔令有司求其子孫，咸出庸保之中，〔一五〕並受復除，或加以金帛，〔一六〕用章中興之德。降及孝成，復加卹問，稍益衰微，不絶如綫。〔一七〕善乎杜業之納説也！曰：「昔唐以萬國致時雍之政，〔一八〕虞、夏以之多羣后饗共己之治。〔一九〕湯法三聖，殷氏太平。〔二〇〕周封八百，重譯來賀。〔二一〕是以内恕之君樂繼絶世，隆名之主安立亡國，〔二二〕至於不及下車，德念深矣。〔二三〕成王察牧野之克，顧羣后之勤，知其恩結於民心，功光於王府也，故追述先父之志，録遺老之策，高其位，大其寓，〔二四〕愛敬飭盡，命賜備厚。〔二五〕大孝之隆，於是爲至。至其没也，世主歎其功，無民而不思。所息之樹且猶不伐，〔二六〕況其廟乎？是以燕、齊之祀與周並傳，〔二七〕子繼弟及，歷載不墮。〔二八〕豈無刑辟，繇祖之竭力，故支庶賴焉。〔二九〕跡漢功臣，亦皆割符世爵，受山河之誓，存以著其號，亡以顯其魂，賞亦不細矣。百餘年間而襲封者盡，或絶失姓，或乏無主，朽骨孤於墓，苗裔流於道，生爲愍隸，死爲轉屍。〔三〇〕以往況今，甚可悲傷。〔三一〕聖朝憐閔，詔求其後，四方忻忻，靡不歸心。出入數年而不省察，恐議者不思大義，設言虚亡，則厚德掩息，遴柬布章，〔三二〕非所以視化勸後也。〔三三〕三人爲衆，雖難盡繼，宜從尤功。」〔三四〕於是成帝復紹蕭何。哀、平之世，增修曹參、周勃之屬，得其宜矣。以綴續前記〔三五〕，究其本末，并序位次，盡于孝文，以昭元功之侯籍云。〔三六〕

〔一〕師古曰：天功，天下之功業也。虞書舜典曰「欽哉，惟時亮天功」也。

〔二〕師古曰：謂陳涉自稱楚王時也。

〔三〕【補注】齊召南曰：案此文總計高帝所封，並外戚二人，王子四人在内，故有一百四十三人也。「十二年」，宋本作「十二月」，誤。監本是。

〔四〕師古曰：裁與纔同，十分之内纔有二三也。

〔五〕應劭曰：封爵之誓，國家欲使功臣傳祚無窮也。帶，衣帶也。厲，砥厲石也。河當何時如衣帶，山當何時如厲石，言如帶厲，國猶永存，以及後世之子孫也。【補注】王念孫曰：案「黄」字乃後人所加，欲以黄河對泰山耳。不知西漢以前無謂河爲黄河者，且此誓皆以四字爲句也。北堂書鈔、藝文類聚封爵部引此，皆有「黄」字，則所見本已誤。漢紀及吴志周瑜傳有「黄」字，亦後人依誤本漢書加之。史表無「黄」字。如淳注高紀引功臣表誓詞云「使河如帶，大山若厲」。此引漢表，非引史表也，史表作「如厲」，漢表作「若厲」。而亦無「黄」字，則「黄」字爲後人所加甚明。沈欽韓曰：御覽兩引楚漢春秋作「漢有宗廟，爾無絶世」，與此二語異。蓋陸賈之辭在先，至文景後大半絶世，故掌籍者改其語也。

〔六〕師古曰：丹書解在高紀。白馬之盟，謂刑白馬歃其血以爲盟也。【補注】沈欽韓曰：秋官司約鄭注：今俗語有丹書鐵券。然則此約誓之詞，刻在鐵券也。

〔七〕孟康曰：唯作元功蕭、曹等十八人位次耳。高后乃詔作位次下竟。師古曰：謂蕭何、曹參、張敖、周勃、樊噲、酈商、奚涓、夏侯嬰、灌嬰、傅寬、靳歙、王陵、陳武、王吸、薛歐、周昌、丁復、蟲達，從第一至十八也。【補注】錢大昭曰：注蕭、曹，閩本「曹」作「何」。朱一新曰：汪本作「何」。先謙曰：顧炎武云「自蕭、曹至蟲達爲十八侯，當時所尚者戰功，而張良、陳平皆居中計謀之臣，故平列在四十七，良列在六十二也。至十八侯贊，則蕭何第一，樊噲第二，張良第三，周勃第四，曹參第五，陳平第六，張敖第七，酈商第八，灌嬰第九，夏侯嬰第十，傅寬第十一，靳歙第十二，王陵第十三，韓信第十四，陳武第十五，蟲達第十六，周昌第十七，王吸第十八，而無奚涓、薛歐、丁復。此後人論定，非復當日之功次矣。且韓信已誅，安得復在功臣之位！即此可知」。齊召南云：案十八侯贊之後，陸機作漢高祖功臣頌，共三十一人，皆非當日之功次。故師古注依表中所列位次，是也。沈欽韓云：索隱引姚氏云「史、漢表自蕭何至蟲達同，而楚漢春秋則不同者，陸賈逮事高祖、惠帝時，漢書是後定功臣等列，及陳平受呂后命而定，或已改邑號，故人名亦别。且高祖初定惟十八侯，呂后令陳平終竟已下列侯凡一百四十三人也」。案古文苑班固十八侯銘「蕭何一，樊噲二，張良三，周勃四，曹參五，陳平六，張敖七，酈商八，灌嬰九，夏侯嬰十，傅寬十一，靳歙十二，王陵十三，韓信十四，將軍襄平侯韓信。陳武十五，蟲達十六，周昌十七，王吸十八」。然考其次的然爲妄者，以鄂千秋云「蕭何第一，曹參次之」，則蕭、曹相連，不應反居第五。而張良未嘗有戰功，不應在第三。且使高帝時良已有位次，高后方德良，不當又退在第六十二也。兩韓信見爲王，其後楚王信封淮陰，又非襄平，或紀信之誤。銘云：「御雄乘險，雖困不違。」然紀信前死，亦不當以死名參生位。玉海引之，直作紀通。若然，周苛何不預乎？反覆推之，未可信楚漢春秋爲元定功臣位次也。玉海引史記正義云「楚漢春秋無奚涓、薛歐，有韓欽、陳濆，而王吸爲王崇，丁復爲丁侵，又與古文苑不同」。先謙案：楚漢春秋確非陸賈元書，就諸書所稱引，悉與正史相違，豈有親見時事如斯乖舛！而前人取以證史，良爲不審。

〔八〕【補注】先謙曰：官本「弟」作「第」。

〔九〕師古曰：副，貳也。其列侯功籍已藏於宗廟，副貳之本又在有司。

〔一〇〕師古曰：自倍者，謂舊五百户，今者至千也。曹參初封萬六百户，至後嗣侯宗免時，有户二萬三千，是爲户口蕃息故也。它皆類此。

〔一一〕師古曰：言其貲財亦稍富厚，各如户口之多也。

〔一二〕【補注】錢大昭曰：閩本無「云」字，作「或亡子孫」。南監本有「或」字，「亡」譌爲「云」。閩本是。朱一新曰：汪本作「隕命亡國，或亡子孫」。先謙曰：官本與南監本同。閩、汪本是也。

〔一三〕孟康曰：耗音毛。無有毛米在者也。師古曰：孟音是也，而解非也。孑然，獨立貌。言無有獨存者，至於耗盡也。今俗語猶謂無爲耗，音毛。【補注】周壽昌曰：後書馮衍傳「飢者毛食」，李注案衍集「毛」字作「无」，今俗語猶然，或古亦通乎？是耗、毛、無，古通訓。案董仲舒傳「死者甚衆，刑者相望，耗矣哀哉」！師古注「耗，虛也」。虛、無字轉相訓。文選注引蒼頡篇云「耗，消也」。越人謂無曰耗」。佩觿集云「河朔謂無曰毛」。毛讀如謨。馬令南唐書查文徽傳「越人謨信」。注「謨信，無信也」。閩人語音「謨」即「莫」，韻會「莫，無也，亦音謨」。皆一音之轉。先謙曰：官本無孟注，及「孟音是也而解非也」八字。

〔一四〕服虔曰：法罔差益密也。

〔一五〕師古曰：庸，功庸也。保，可安信也。皆賃作者也。【補注】錢大昭曰：南監本、閩本「功」上並有「賣」字。朱一新曰：汪本有「賣」字，是。先謙曰：官本有「賣」字。

〔一六〕師古曰：復音方目反。

〔一七〕晉灼曰：綫，今線縷字也，音先戰反。

〔一八〕師古曰：雍，和也。堯典云「黎萌於變時雍」，故杜業引之也。【補注】先謙曰：官本考證云「案，改『黎民』作『黎萌』，師古避太宗諱也。他處俱改『民』作『人』」。「萌」古與「氓」同。

〔一九〕師古曰：羣后謂諸侯也。恭己，無爲也。孔子曰「無爲而治者，其舜也歟！夫何爲哉？共己正南面而已」。共讀曰恭。【補注】王念孫曰：案「以」下「之」字，涉上下文而衍。漢紀孝成紀無。

〔二〇〕師古曰：三聖謂堯、舜、禹也。【補注】錢大昭曰：閩本「禹」下有「三人」二字。朱一新曰：汪本有。先謙曰：官本有。

〔二一〕師古曰：重譯謂越裳氏也。

〔二二〕師古曰：以立亡國之後爲安泰也。

〔二三〕張晏曰：謂武王入殷，未及下車，封黃帝之後於薊，虞舜之後於陳也。

〔二四〕師古曰：寓謂寄土所居也。

〔二五〕師古曰：飭，謹也，讀與敕同。【補注】蘇輿曰：「飭盡」與「備厚」對文，「飭」亦「備」也。見方言及廣雅釋詁。顔訓「飭」爲謹，於此文義不順。

〔二六〕師古曰：謂召伯止於甘棠之下而聽訟，人思其德，不伐其樹。召南甘棠之詩是也。

〔二七〕【補注】何焯曰：禮記「武王克殷，封黃帝之後於薊」。陸德明云「黃帝姓姬，君奭其後也，故燕、齊並稱」。

〔二八〕師古曰：弟代兄位謂之及也。隋，毁也，音火規反。

〔二九〕師古曰：言國家非無刑辟，而功臣子孫得不陷罪辜而能長存者，思其先人之力令有嗣續也。繇讀與由同。【補注】王念孫曰：刑辟當爲邪辟字之誤也。辟與僻同，言燕、齊後世豈無邪僻之君，皆賴其先祖之功以免於禍也。成八年左傳「三代之令王，皆數百年保天之禄。夫豈無辟王，賴前哲以免也」。杜注言「三代亦有邪辟之君，但賴其先人以免禍耳」。杜業之説即本於左傳，若謂國家豈無刑辟，則非其指矣。漢紀正作「豈無邪辟」。

〔三〇〕應劭曰：死不能葬，故屍流轉在溝壑之中。師古曰：愍隸者，言爲徒隸可哀愍之也。【補注】沈欽韓曰：文子上仁篇「生無乏用，死無傳尸」。古傳、轉通用。淮南主術作「轉尸」。注「轉，棄也」。

〔三一〕師古曰：況，譬也。

〔三二〕晉灼曰：許慎云「遴，難行也」。柬，古簡字也。簡，少也。言今難行封，則得繼絶者少，若然，此必布聞彰於天下也。師古曰：遴讀與吝同。【補注】沈欽韓曰：廣雅「[illegible]、嗇、遴，貪也」。「柬」疑「嗇」之誤。册府元龜一百三十一憲宗元和二年，録配饗功臣之後，詔曰：「詔書屢勤於褒飾，有司不忘於遴簡。」直用晉解。先謙曰：簡，略也。遴柬即吝嗇、簡略之謂。文自明顯，不煩改字。晉、沈説非。「厚德」疑「德厚」誤倒，德厚、吝簡對文，唐詔亦非用晉解也。

〔三三〕師古曰：視讀與示同。

〔三四〕孟康曰：言人三爲衆，雖難盡繼，取其功尤高者三人繼之，於名爲衆矣。服虔曰：尤功，封重者一人也。師古曰：孟説是也。【補注】何焯曰：從其尤者，亦非以三人一人爲限，孟、服二説皆失之。先謙曰：官本注作「一人繼之」，是。

〔三五〕【補注】王念孫曰：案「以綴」上當有「是」字，而今本脱之。諸侯王表敘云「是以究其終始强弱之變，明監戒焉」。外戚恩澤侯表敘云「是以別而敘之」。皆其例也。

〔三六〕師古曰：籍謂名録也，高紀所云通侯籍也。【補注】錢大昭曰：閩本無「云」字。朱一新曰：汪本無「云」字。

號謚姓名	侯狀户數	始封	位次	子	孫	曾孫	玄孫
平陽懿侯曹參〔一〕	以中涓從起沛至霸上，侯。以將軍入漢，以假左丞相定魏、齊，以右丞相侯，萬六百户〔二〕。	六年十二月甲申封，十二年薨。	〔三〕	孝惠六年，靖侯窋嗣，二十九年薨。〔四〕	孝文後四年，簡侯奇嗣，七年薨。	孝景四年，夷侯時嗣，二十三年薨。〔五〕	元光五年，共侯襄嗣，十六年薨。〔六〕
				六世 元鼎二年，侯宗嗣，二十四年，征和二年，坐與中	**七世** 元康四年，參玄孫之孫杜陵公乘喜詔復家。〔七〕	**八世**	**九世** 元壽二年五月甲子，侯本始以參玄孫之玄孫

〔一〕【補注】先謙曰：平陽，河東縣。

〔二〕師古曰：中涓，親近之臣，若謁者、舍人之類也。涓，絜也。主居中掃絜也。涓音工玄反。【補注】先謙曰：史集解引漢儀注「天子有中涓，如黄門」。帝時方爲沛公，則顔説親近之臣是也。「入漢」謂漢中。

〔三〕孟康曰：曹參位第二，而表在首，蕭何位第一，而表在十三，表以封前後故也。【補注】齊召南曰：表第四層爲位次班，本文應大書「二」字，言參位次第二也。孟康即解此文。偏校各本俱無，明係脱誤。

〔四〕【補注】錢大昭曰：高后時，窋爲御史大夫。

〔五〕【補注】先謙曰：史索隱衛青傳「平陽侯曹壽尚陽信公主，即此人。當是字謌」。先謙案，或二名。

〔六〕【補注】先謙曰：武帝時襄爲後將軍，見武紀、衛青傳。元光五年至元鼎元年，止十五年。「六」字誤。

〔七〕孟康曰：諸復家皆世世無所與，得傳同産子。【補注】錢大昭曰：杜陵，京兆縣，自平陽徙居之。公乘第八爵。

號謚姓名	侯狀戶數	始封	位次	子	孫	曾孫	玄孫
				人姦闌入宮掖門，入財贖完爲城旦。户二萬三千。〔一〕			杜陵公士紹封，千户，元始元年益滿二千户。〔二〕
				十世 建武二年，侯宏嗣，以本治子舉兵佐軍，紹封。〔三〕	十一世 侯曠嗣，今見。〔四〕		
信武肅侯靳歙〔五〕	以中涓從起宛朐，入漢，以騎都尉定三秦，擊項籍，別定江漢，侯，	十二月甲申封，九年薨。〔六〕	**十一**	高后六年，侯亭嗣，二十一年，孝文後三年，坐事國人過律，免。〔七〕	**孫**	**曾孫**	**玄孫**

〔一〕【補注】錢大昭曰：世家「宗坐太子死，國除」。五行志「征和二年四月，巫蠱事興，宗下獄死」。與此異。沈欽韓曰：新書等齊篇「天子宮門曰司馬門，闌入者爲城旦。殿門闌入者棄市」。

〔二〕【補注】錢大昭曰：「之」下「玄孫」二字不應用大字，公士第一爵。先謙曰：官本玄孫作小字，不誤。

〔三〕【補注】錢大昭曰：當作「本始」。先謙曰：官本作「本始」。

〔四〕【補注】先謙曰：洪邁云「漢列侯八百餘人，及光武時在者，平陽、富平二侯耳」。

〔五〕師古曰：歙音翕。【補注】先謙曰：地理志無信武縣，後廢也。

〔六〕【補注】錢大昭曰：自高帝六年至高后五年薨，凡十九年。脱「十」字。

〔七〕師古曰：事謂役使之也。【補注】先謙曰：史表作夷侯亭。疑免侯者未必有謚。

	五千三百户以將軍攻豨布。〔一〕						
				六世 元康四年，歙玄孫之子長安上造安漢詔復家。			
汝陰文侯夏侯嬰〔二〕	以令史從降沛，爲太僕，常奉車，竟定天下，及全皇太子、魯元公主，侯，六千九百户。〔三〕	十二月甲申封，三十年薨。	八	孝文九年，夷侯竈嗣，七年薨。	十六年，共侯賜嗣，四十一年薨。〔四〕	元光三年，侯頗嗣，十八年，元鼎二年坐尚公主與父御姦，自殺。〔五〕	玄孫

〔一〕【補注】先謙曰：史表「昫」作「朐」，「江漢」作「江陵」，是。「以將軍攻豨布」作「以車騎將軍攻黥布、陳豨」。傳云「定食四千六百户」。

〔二〕【補注】先謙曰：汝陰，汝南縣，亦見潁水注。

〔三〕【補注】先謙曰：「降」當爲「起」。史表亦誤。

〔四〕【補注】錢大昭曰：「四」閩本作「三」，是。朱一新曰：汪本作「三」。

〔五〕【補注】朱一新曰：「三年」，汪本史記作「二年」，是。先謙曰：嬰傳「頗尚平陽公主，坐與父御婢姦，自殺」。史表同。此「御」下奪「婢」字。

				六世 元康四年，嬰玄孫之子長安大夫信詔復家。〔一〕			
清河定侯王吸〔二〕	以中涓從起豐，至霸上，爲騎郎將，入漢，以將軍擊項籍，侯，二千二百戶。〔三〕	十二月甲申封，二十三年薨。〔四〕	**十四**	孝文元年，哀侯彊嗣，七年薨。	八年，孝侯伉嗣，二十年薨。〔五〕	孝景五年，哀侯不害嗣，十九年，元光二年薨，亡後。	元康四年，吸玄孫長安大夫充國詔復家。
				元壽二年八月，詔賜吸代後爵關內侯，不言世。〔六〕			

〔一〕【補注】錢大昭曰：長安，京兆縣。大夫，第五爵。

〔二〕【補注】錢大昭曰：史表作「清陽」，清河縣也。周昌功比清陽侯，亦謂吸也。索隱引楚漢春秋作「清陽侯王隆」。王念孫曰：河水注作「清河」，則所見漢表已誤。先謙曰：高帝遣吸出武關迎太公、呂后，見紀。

〔三〕【補注】先謙曰：史表作「三千一百戶」。

〔四〕【補注】錢大昭曰：「三」當從閩本作「二」。先謙曰：官本作「二」。

〔五〕師古曰：伉音口浪反，又音工郎反。

〔六〕【補注】錢大昭曰：爲吸之後者，故云代後。不知其世次，故不言世。

號謚姓名	侯狀戶數	始封	位次	子	孫	曾孫	玄孫
陽陵景侯傅寬〔一〕	以舍人從起橫陽，至霸上，爲騎將，入漢，定三秦，屬淮陰，定齊，爲齊丞相，侯，二千六百户。〔二〕	十二月甲申封，十二年薨。	**十** 位次曰武忠侯。〔三〕	孝惠六年，頃侯清嗣，二十四年薨。〔四〕	孝文十五年，共侯明嗣，十二年薨。〔五〕	孝景四年，侯偃嗣，三十一年，元狩元年，坐與淮南王謀反，誅。	**玄孫**
				六世	**七世** 元康四年，寬玄孫之孫。長陵士伍景詔復家。〔六〕		
廣嚴侯召歐〔七〕	以中涓從起沛，至霸上，爲連敖，	十二月甲申封，二十三年薨。	**二十八**	孝文二年，戴侯勝嗣，九年薨。	十一年，共侯嘉嗣，十三年，孝文	**曾孫**	元康四年，歐玄孫安陵大夫不

〔一〕【補注】先謙曰：索隱「陽陵縣屬馮翊」。楚漢春秋作「陰陵」。錢大昭云：陽陵，景帝更名，漢初未有也。陰陵，九江縣。

〔二〕【補注】先謙曰：横陽蓋鄉名，如酈食其高陽之比。史表「騎」作「魏」。

〔三〕師古曰：漢列侯位次簿有謚號姓名，與史所記不同者，表則具載矣。【補注】朱一新曰：汪本「簿」下有「中」字，是。先謙曰：官本作忠武侯。

〔四〕【補注】先謙曰：史表「清」作「靖」，官本「四」作「二」。

〔五〕【補注】先謙曰：史表「明」作「則」。

〔六〕【補注】錢大昭曰：如淳云「律有罪失官爵，稱士伍」。

〔七〕師古曰：召讀曰邵。歐音烏后反。它皆類此。【補注】先謙曰：史表廣嚴連文，下作「壯侯呂歐」。索隱「晉地道記廣縣在東莞。嚴，謚也。『壯』，班、馬二史並誤」。案漢表不誤，小司馬誤也。呂、召形近致譌。廣，齊郡縣，國除後，封菑川孝王子便。

	入漢，以騎將定燕、趙，得燕將軍，侯，二千二百户。				後七年薨，亡後。		識詔復家。
廣平敬侯薛歐〔一〕	以舍人從起豐，至霸上，爲郎，入漢，以將軍擊項籍將鍾離眜，侯，四千五百户。〔二〕	十二月甲申封，十四年薨。	**十五**	高后元年，靖侯山嗣，二十六年薨。	**平棘** 孝文後三年，侯澤嗣，孝景中三年，有罪，免。中五年，澤復封，三十三年薨。謚曰節侯。〔三〕	元朔四年，侯穰嗣，三年，元狩元年，坐受淮南賂稱臣，在赦前，免。	元康四年，歐玄孫長安大夫去病詔復家。
博陽嚴侯陳濞〔四〕	以舍人從碭，以刺客將入漢，以都尉擊項羽滎陽，絶甬道，殺追士卒，侯。〔五〕	十二月甲申封，三十年薨。〔六〕	**十九**	孝文後三年，侯始嗣，九年，坐謀殺人，會赦，免。	**孫**	元康四年，濞曾孫茂陵公乘壽詔復家。	

〔一〕【補注】先謙曰：廣平，臨淮縣，國除後封廣陵孝王子德。廣平國亦有廣平縣，非侯國。高帝遣歐出武關迎太公、吕后，見紀。後爲典客，見公卿表。

〔二〕【補注】先謙曰：史表「爲郎」下有「中」字。

〔三〕【補注】先謙曰：平棘，常山縣。官本作「二十三年」。

〔四〕【補注】先謙曰：博陽，汝南縣。史表「嚴」作「壯」，索隱「楚漢春秋名(嬻)〔濆〕」。

〔五〕師古曰：楚軍追漢兵者，濞殺其士卒也。【補注】先謙曰：「從」下奪「起」字，史表有。

〔六〕【補注】蘇輿曰：自高帝六年至孝文後二年爲四十年，「三」字誤。

侯號	功狀	始封	位次	子	孫	曾孫	玄孫
				塞孝景中五年，始復封，二年，後元年有罪，免。〔一〕			
堂邑安侯陳嬰〔二〕	以自定東陽為將，屬楚項梁，為楚柱國。四歲，項羽死，屬漢，定豫章、浙江，都漸，定自為王壯息，侯，六百户。復相楚元王十二年。〔三〕	十二月甲申封，六年薨。〔四〕	**八十六**	高后五年，共侯祿嗣，十八年薨。	孝文三年，侯午嗣，尚館陶公主，四十八年薨。〔五〕	元光六年，侯季須嗣，十三年，元鼎元年，坐母公主卒未除服，姦，兄弟爭財，當死，自殺。〔六〕	

〔一〕【補注】先謙曰：索隱「塞在桃林之西」。案，以爲封塞王故地也。

〔二〕【補注】先謙曰：堂邑，臨淮縣。

〔三〕師古曰：漸，水名。在丹陽黝縣南蠻中。嬰既定諸地而都之，時又有壯息者，稱僭王，嬰復討平也。【補注】先謙曰：史表作「都折」，折即浙，漸亦浙也。「壯息」史作「壯寧」。

〔四〕【補注】蘇輿曰：自高帝六年至高后四年爲十八年。「六」字蓋「十八」二字之駮文。

〔五〕【補注】先謙曰：史表作夷侯午。公主，文帝女嫖。

〔六〕【補注】先謙曰：史表作「須」，無「季」字。外戚傳同。

					隆慮 孝景中五年，侯融以長公主子侯，萬五千户，二十九年，坐母薨未除服姦，自殺。[一]		
				六世 元康四年，嬰玄孫之子霸陵公士尊詔復家。			
曲逆獻侯陳平[二]	以故楚都尉，漢王二年初起修武，爲都尉，以護軍中尉出奇計定天下，侯，五千户。[三]	十二月甲申封，二十四年薨。	**四十七**	孝文三年，共侯買嗣，二年薨。	五年，簡侯悝嗣，二十二年薨。	孝景五年，侯何嗣，二十三年，元光五年，坐略人妻，棄市。户萬六千。	

[一]【補注】先謙曰：隆慮，河内縣。史表「融」作「蟜」。「姦」下有「禽獸行當死」五字。事在元鼎元年也。中五年，史表同。徐廣云：案本紀乃前五年。表又云「户四千一百二十六」，與此異。

[二]【補注】先謙曰：曲逆，中山縣。亦見滱水注。初封户牖徙，見傳。

[三]【補注】齊召南曰：史表「初起」作「初從」，是。「以護軍中尉出奇計」作「六出奇計」。錢大昭曰：文紀以謀奪吕産等軍益封三千户。

				六世 元康四年，平玄孫之子長安簪褭莫詔復家。〔一〕	元始二年，詔賜平代後者鳳爵關内侯，不言世。		
留文成侯張良〔二〕	以廄將從起下邳，以韓申都下韓，入武關，設策降秦王嬰，解上與項羽隙，請漢中地，常爲計謀，侯萬户。〔三〕	正月丙午封，十六年薨。	六十二〔四〕	高后三年，侯不疑嗣，十年，孝文五年，坐與門大夫殺故楚内史，贖爲城旦〔五〕	**孫**	**曾孫**	**玄孫**

〔一〕【補注】錢大昭曰：簪褭，第三爵。

〔二〕【補注】先謙曰：留，楚國縣。亦見濟水注。

〔三〕師古曰：韓申都即韓王信也。楚漢春秋作「信都」。古信、申同字。【補注】先謙曰：史表作「申徒」。都、徒音同通用。申都，韓官名，顔注誤。詳良傳。

〔四〕師古曰：高祖自云傳天下由張良，稱其才也。敘位次，乃以曹參比蕭何，校其勳也。至於户數多少，或以才德，或以功勢，亦無定也。故稱蕭何位第一，户唯八千。張良食萬户，而位過六十。它皆類此。【補注】先謙曰：「傳」乃「得」之誤。

〔五〕師古曰：門大夫，侯之屬官也。【補注】錢大昭曰：傳作「坐不敬」。先謙曰：史表「殺」上有「謀」字，是。

				六世 元康四年，玄孫之子陽陵公乘千秋詔復家。			
射陽侯劉纏[一]	兵初起，與諸侯共擊秦，爲楚左令尹。漢王與項有隙於鴻門，纏解難，以破羽，降漢，侯。	正月丙午封，九年，孝惠三年薨。嗣子睢有罪，不得代[二]。					
酇文終侯蕭何[三]	以客初從入漢，爲丞相，守蜀及關中，給軍食，佐定諸侯，爲法令宗廟，侯，八千户。	正月丙午封，九年薨。	一	孝惠三年，哀侯祿嗣，六年薨，亡後。高后二年，封何夫人祿母同爲侯，孝文元年罷[四]。			

[一]師古曰：即項伯也。「射」字或作「貰」者，後人改也。【補注】先謙曰：射陽，臨淮縣。亦見淮水注。

[二]【補注】錢大昭曰：纏與彭越、張越、棘丘侯襄、鄧弱、趙堯六人皆無位次，蓋呂后時或以罪免，或以身死不得與也。陽夏、淮陰反誅，其不與更不待言。

[三]師古曰：酇音贊。【補注】先謙曰：此沛郡之酇。字本作「鄼」，後轉寫作「酇」。志注，應劭「音嵯」是也。與何曾孫慶所封之酇地、音俱別。師古不加分晰，非也。詳見志。

[四]【補注】朱一新曰：史表同，有罪免，乃封延於筑陽。今證以何傳，則史表誤。先謙曰：史記同謚懿侯。

				筑陽 高后二年，定侯延以何少子封，孝文元年更爲酇，二年薨。[一]	煬侯遺嗣，一年薨，亡後。[二]		
					武陽 五年，侯則以何孫遺弟紹封，二十年有罪，免。二萬六千户。[三]		
					孝景二年，侯嘉以則弟紹封，二千户，七年卒。[四]	中二年，侯勝嗣，二十一年，坐不齋，耐爲隸臣。[五]	

[一] 師古曰：筑音逐。【補注】先謙曰：筑陽，南陽縣。

[二]【補注】先謙曰：史表後元四年嗣。以後嗣位之年逆推之，應作孝文四年嗣。延之二年薨，當作「十年薨」，時代方合。

[三]【補注】先謙曰：武陽，東海縣。封嘉，非則也。見何傳及史表。二字當移入嘉格内。國除後，以封師丹。其犍爲郡之武陽，非侯國。

[四]【補注】朱一新曰：景紀作傒，史表謚幽。

[五] 師古曰：謂當侍祠而不齋也。【補注】先謙曰：公卿表：勝由奉常嗣侯。史表：元朔二年，坐不敬絶。正二十一年。

						鄭 元狩三年，共侯慶以何曾孫紹封，二千四百户，三年薨。〔一〕	六年，侯壽成嗣，十年，坐爲太常犧牲瘦免。
							地節四年，安侯建世以何玄孫紹封，十四年薨。〔二〕
				六世 甘露二年，思侯輔嗣。	**七世** 侯獲嗣，永始元年，坐使奴殺人，減死，完爲城旦。		

〔一〕【補注】先謙曰：鄭，南陽縣。

〔二〕【補注】錢大昕曰：宣紀作曾孫，非。傳亦作玄孫。先謙曰：傳「〔三〕〔二〕千户」。

	絳武侯周勃〔一〕
	以中涓從起沛，至霸上，侯。定三秦，食邑，爲將軍。入漢，定隴西，擊項籍，守嶢關，定泗水、東海，侯，八千一百户〔三〕。
	正月丙午封，三十三年薨。〔四〕
	四
六世 永始元年七月癸卯，釐侯喜以何玄孫之子南繺長紹封，三年薨。〔一〕	孝文十二年，侯勝之嗣，六年有罪，免。〔五〕
七世 永始四年，質侯尊嗣，五年薨。	
八世 綏和元年，質侯章嗣，元始元年，益封滿二千户，十三年薨。	
九世 王莽居攝元年，侯禹嗣，建國元年更爲蕭鄉侯，莽敗，絶。	

〔一〕師古曰：繺音力全反，鉅鹿之縣也。【補注】錢大昭曰：紀作元延元年。案，此云三年薨，四年尊嗣，明紀誤。

〔二〕【補注】先謙曰：絳，河東縣。

〔三〕【補注】錢大昭曰：世家及傳作八千一百八十户。文紀以謀奪呂産等軍，益封萬户。

〔四〕【補注】先謙曰：官本作三十二年。

〔五〕【補注】先謙曰：傳「坐殺人死，國絶」。

				修 後二年，侯亞夫以勃子紹封，十八年有罪，免。〔一〕			
				平曲 孝景後元元年，共侯堅以勃子紹封，十九年薨。〔二〕	元朔五年，侯建德嗣，十二年，元鼎五年，坐酎金免。	元康四年，勃曾孫槐里公乘廣漢詔復家。	元始二年，侯共以勃玄孫紹封，千户。〔三〕
舞陽武侯樊噲〔四〕	以舍人起沛從至霸上，爲侯，以郎入漢，定三秦，爲將軍，擊項籍，再益封，從破燕，執韓信，侯，五千户。〔五〕	正月丙午封，十三年薨。	**五**	孝惠七年，侯伉嗣，九年，高后八年，坐呂氏誅。〔六〕			

〔一〕師古曰：修讀曰條。【補注】朱一新曰：汪本「二」作「三」，是。傳云勝之死後，國絕一年，則亞夫紹封在後三年。先謙曰：修，信都縣，亦見淇水注。

〔二〕【補注】朱一新曰：汪本作「後元年」，是。先謙曰：平曲，東海縣。先封公孫渾邪，後封廣陵厲王子曾。

〔三〕【補注】錢大昭曰：以傳證之，共紹封絳侯，非平曲也。當注「絳」字。平紀亦云玄孫，傳云玄孫之子，小異。

〔四〕【補注】先謙曰：舞陽，潁川縣。亦見潕水注。

〔五〕【補注】錢大昭曰：傳云，五千四百户。先謙曰：「起沛從」當作「從起沛」。

〔六〕師古曰：伉音口浪反，又音岡。

				孝文元年，荒侯市人以噲子紹封，二十九年薨。	孝景七年，侯它廣嗣，中六年，坐非子免。〔一〕	元康四年，噲曾孫長陵不更勝客詔復家。〔二〕	**玄孫**
				六世 元始二年，侯章以噲玄孫之子紹封，千户。			
曲周景侯酈商〔三〕	以將軍從起岐，攻長社以南，別定漢及蜀，定三秦，擊項籍，侯四千八百户。〔四〕	正月丙午封，十二年薨。	**六**	孝文元年，侯寄嗣，三十二年，有罪，免。户萬八千。〔五〕			

〔一〕【補注】先謙曰：官本「老」作「孝」，是。

〔二〕師古曰：不更，爵名。勝客，其人名。

〔三〕【補注】先謙曰：曲周，廣平縣。亦見濁漳水注。

〔四〕【補注】錢大昭曰：傳作五千一百户。王念孫曰：「漢」下脱「中」字，當依史表補。定漢中事見商傳。

〔五〕【補注】先謙曰：以欲取平原君姊爲夫人。

				繆 孝景中三年，靖侯堅紹封。〔一〕	元光四年，康侯遂成嗣。〔二〕	懷侯世宗嗣。〔三〕	元鼎二年，侯終根嗣，二十九年，後二年祝詛上，腰斬。〔四〕
				六世 元康四年，商玄孫之子長安公士共詔復家。	元始二年，詔賜商代後者猛友爵關内侯。〔五〕		
潁陰懿侯灌嬰〔六〕	以中涓從起碭，至霸上，爲昌文君，入漢，定三秦，食邑。以將軍屬韓信定齊、淮南	正月丙午封，二十六年薨。	**九**	孝文五年，平侯何嗣，二十八年薨。	孝景中三年，侯彊嗣，十三年，有罪免。户八千四百。〔七〕		

〔一〕【補注】先謙曰：繆不詳其封域所在。公卿表同。

〔二〕【補注】先謙曰：史表無「成」字。

〔三〕【補注】先謙曰：史表作「侯宗，元朔三年封」。

〔四〕【補注】先謙曰：「後二年」，「二」上奪「元」字。

〔五〕【補注】錢大昭曰：平紀作「明友」。明、孟古通，故「明」一作「猛」。

〔六〕【補注】先謙曰：潁陰，潁川縣。亦見潁水注。

〔七〕【補注】先謙曰：「彊」，傳作「疆」，史表同。此誤。

	及八邑，殺項籍。侯五千户。〔一〕						
					臨汝 元光二年，侯賢以嬰孫紹封，九年，元朔五年，坐子傷人首匿，免。千户。〔二〕	元康四年，嬰曾孫長安官首匿詔復家。〔三〕	元壽二年八月，詔賜嬰代後者詣爵關內侯。
汾陰悼侯周昌 〔四〕	初起以職志擊秦，入漢，出關，以內史堅守敖倉，以御史大夫侯，比清陽侯。〔五〕	正月丙午封，十年薨。	**十六**	孝惠四年，哀侯開方嗣，十六年薨。〔六〕	孝文前五年，侯意嗣，十三年，坐行賕，髡爲城旦。〔七〕		

〔一〕【補注】錢大昭曰：文紀以合誅吕氏，益三千户。先謙曰：史表「八邑」作「下邑」，是。

〔二〕【補注】先謙曰：史表作「行賕」，即此事。臨汝先封楊毋害，元光二年免，以封賢。

〔三〕師古曰：官首，爵名。匿，其人名也。

〔四〕【補注】先謙曰：汾陰，河東縣。亦見河水注。

〔五〕如淳曰：職志，官名，主旗幟也。師古曰：志音式吏反。【補注】錢大昭曰：清陽侯即清河侯王吸，此言功相埒。吸位次十四，昌十六。先謙曰：史記清陽侯下有「二千八百户」五字，以下表例之，「擊」下當有「破」字。「以御史大夫」下有「定諸」二字。史表皆有。

〔六〕【補注】先謙曰：史表上標建平二字，乃徙封也。此脱建平，沛郡縣。

〔七〕【補注】先謙曰：國除後封程嘉。

	梁鄒孝侯武虎〔三〕
	兵初起，以謁者從擊破秦，入漢，定三秦，出關，以將軍擊定諸侯，比博陽侯，二千八百户。〔四〕
	正月丙午封，十一年薨。
	二十
	孝惠五年，侯最嗣，五十八年薨。
安陽 孝景中二年，侯左車以昌孫紹封，八年，建元元年，有罪，免。〔一〕	元光三年，頃侯嬰齊嗣，二十年薨。〔五〕
元康四年，昌曾孫沃侯國士伍明詔復家。〔二〕	元鼎四年，侯山柎嗣，一年，坐酎金免。〔六〕
	玄孫

〔一〕【補注】先謙曰：安陽，汝南縣。先封淮南厲王子勃，免，後封王音。

〔二〕師古曰：明舊有官爵，免爲士伍而屬沃侯之國也。【補注】先謙曰：漢縣無單名沃者，涇沃、臨沃亦非侯國，未知何地。

〔三〕【補注】先謙曰：梁鄒，濟南縣。亦見濟水注。史表「虎」作「儒」。

〔四〕【補注】錢大昭曰：博陽侯，陳濞也。濞位次十九，虎二十。

〔五〕【補注】蘇輿曰：自元光三年至元鼎三年，止十九年。此云二十，誤。史表作「元光元年」，下元鼎四年作「元光四年」。與此異。

〔六〕師古曰：柎音膚，其字從木。

				六世 元康四年，虎玄孫之子夫夷侯國公乘充竟詔復家。〔一〕			
成敬侯董渫〔二〕	初起以舍人從擊秦，爲都尉，入漢，定三秦，出關，以將軍定諸侯，比厭次侯，二千八百户。〔三〕	正月丙午封，七年薨。	二十五	節氏 孝惠元年，康侯赤嗣，四十四年，有罪免。户五千六百。孝景中五年，赤復封，八年薨。〔四〕	建元四年，共侯罷軍嗣，五年薨。〔五〕	元光三年，侯朝嗣，十二年，元狩三年，坐爲濟南太守與城陽王女通耐爲鬼薪。	元康四年，渫玄孫平陵公乘詘詔復家。

〔一〕【補注】先謙曰：夫夷，零陵縣。

〔二〕師古曰：渫音先列反。字或作緤。【補注】先謙曰：索隱「成，縣名，屬涿郡」。案汝水注，渫封邑在泰山郡，後漢所置成縣也。詳泰山式下。後封成陽荒王子憲如。索隱説作「成」。則國除後昭帝以封中山康王子喜，亦可通。

〔三〕【補注】錢大昭曰：厭次侯爰類。類位次廿四，渫廿五。

〔四〕【補注】錢大昭曰：匈奴傳作「董赫」，赤、赫古通。先謙曰：索隱「節氏，縣名」。

〔五〕【補注】先謙曰：史表「罷」作「霸」。

蓼夷侯孔聚〔一〕	以執盾前元年從起碭，以左司馬入漢，爲將軍，三以都尉擊項籍，屬韓信，侯。〔二〕	正月丙午封，三年薨。〔三〕	三十	孝文九年，侯臧嗣，四十五年，元朔三年，坐爲太常衣冠道橋壞不得度，免。〔四〕	孫	曾孫	元康四年，聚玄孫長安公士宣詔復家。
費侯陳賀〔五〕	以舍人前元年從起碭，以左司馬入漢，用都尉屬韓信，擊項籍，爲將軍，定會稽、浙江、湖陵，侯。〔六〕	正月丙午封，二十二年薨。	三十一	孝文元年，共侯常嗣，二十四年薨。	孝景二年，侯偃嗣，八年，有罪，免。		

〔一〕【補注】先謙曰：蓼，六安縣。索隱「家語：子文生最，字子產」。説文以「最」爲「積聚」字。官本作「蕞」，史表同。

〔二〕師古曰：前元年，謂初起之年，即秦胡亥元年。後皆類此。擊項籍者，即楚漢春秋及史記所謂孔將軍居左者。【補注】吴仁傑曰：漢紀「二年，沛公將碭郡兵西，灌嬰以中涓從」。嬰侯狀從起碭，與孔聚同。則前元年乃胡亥二年，非元年也。是歲後九月，沛公封武安侯。蓋以封爵之歲稱元年，後王漢中，乃復以至霸上之歲爲漢元年，而謂此爲前元年。且參考各侯狀及傳中事，則知前元年皆胡亥二年，顔説非。沈欽韓曰：執盾見墨子號令篇，其名甚古。

〔三〕【補注】先謙曰：「三年」，官本作「三十年」。

〔四〕師古曰：游衣冠之道。【補注】先謙曰：史表作南陵橋壞，衣冠車不得度。

〔五〕師古曰：費音扶味反。説者以爲季氏邑，非也。【補注】先謙曰：費，東海縣。亦見沂水注，即季氏邑。顔説非。史表謚「圉侯」。徐廣云：「圉」或作「幽」。

〔六〕【補注】先謙曰：「湖陵」，史表作「湖陽」。

				巢 孝景中六年，侯最以賀子紹封，二年薨，亡後。〔一〕		元康四年，賀曾孫茂陵上造僑詔復家。	
陽夏侯陳豨〔二〕	以特將將卒五百人前元年從起宛朐，至霸上，爲游擊將軍，別定代，破臧荼侯。	正月丙午封，十年，以趙相國反，自爲王，十二年，誅。〔三〕					
隆慮克侯周竈〔四〕	以卒從起碭，以連敖入漢，以長鉟都尉擊項籍，侯。〔五〕	正月丁未封，三十九年薨。	三十四	孝文後二年，侯通嗣，十二年，孝景中元年，有罪，完爲城旦。〔六〕	孫	曾孫	元康四年，竈玄孫陽陵公乘詔復家。〔七〕

〔一〕【補注】蘇輿曰：史表後元三年元字衍。薨，則距中六年爲四年。先謙曰：志有居巢，廬江縣。唐復爲巢縣，今廬江府巢縣是也。

〔二〕【補注】先謙曰：陽夏，淮陽縣。

〔三〕【補注】齊召南曰：趙當作代，各本俱誤。時趙相國周昌，非陳豨也。

〔四〕【補注】先謙曰：隆慮，河内縣。亦見洹水注。史表「克」作「哀」。

〔五〕如淳曰：連敖，楚官。左傳楚有連尹、莫敖，其後合爲一官號。師古曰：長鉟，長刃兵也，爲刀而劍形。史記作長鈹，鈹亦刀耳。鉟音丕。鈹音披。

〔六〕【補注】蘇輿曰：自文後二年至景中元年，寔十四年。「十二」字誤。

〔七〕【補注】錢大昭曰：史逸其名。

陽都敬侯丁復[一]	以越將從起薛，至霸上，以樓煩將入漢，定三秦，屬周呂侯，破龍且彭城，爲大司馬，破項籍葉，爲將軍，忠臣，侯，七千八百户。[二]	正月戊申封，十九年薨。	**十七**	高后六年，趮侯甯嗣，十三年薨。[三]	孝文十年，侯安城嗣，十五年，孝景二年，有罪，免。户萬七千。[四]	元康四年，復曾孫臨沂公士賜詔復家。	
陽信胡侯呂青[五]	以漢五年用令尹初從，功比堂邑侯，千户。[六]	正月壬子封，十年薨。	**八十七**	孝惠四年，頃侯臣嗣，十八年薨。[七]	孝文七年，懷侯義嗣，二年薨。	九年，惠侯它嗣，十九年薨。	孝景五年，共侯善嗣，五年薨。

[一]師古曰：復音扶目反。【補注】先謙曰：陽都，城陽縣。亦見沂水注。索隱「漢志闕」，不可解。郊祀志有丁夫人，在武帝時。應劭以爲復後。

[二]【補注】先謙曰：史表「越」作「趙」。葉，南陽縣。

[三]師古曰：趮，古躁字也。【補注】蘇輿曰：自高后六年，至文十年，止十二年。「三」當作「二」。

[四]【補注】先謙曰：史表「城」作「成」。國除後封張彭祖。

[五]【補注】先謙曰：陽信，勃海縣。史表作新陽，汝南縣。新、信字通。本表文誤倒。潁水注「新陽，高帝封呂青爲侯國」，是其證。史表「胡」作「朝」，「青」作「清」。朝非謚，宜作「胡」。

[六]【補注】錢大昭曰：堂邑侯，陳嬰也。嬰位次八十六，青八十七。先謙曰：史表「令尹」上有「左」字。

[七]【補注】先謙曰：史表「臣」作「世」。

				六世 中三年，侯談嗣，三十五年，元鼎五年，坐酎金免。〔一〕			元康四年二月，青玄孫長陵大夫陽詔復家。
東武貞侯郭蒙〔二〕	以户衛起薛，屬周呂侯，破秦軍杠里，陷楊熊軍曲遇，入漢爲城將，定三秦，以都尉堅守敖倉，爲將軍破項籍，侯，三千户。〔三〕	正月戊午封，十九年薨。	四十一〔四〕	高后六年，侯它嗣，三十一年，孝景六年，有罪，棄市，户萬一百。	孫	曾孫	元康四年，蒙玄孫茂陵公士廣漢詔復家。

〔一〕【補注】先謙曰：史表「談」作「譚」，兩見。

〔二〕【補注】先謙曰：東武，琅邪縣。

〔三〕師古曰：城將，將築城之兵也。

〔四〕【補注】錢大昭曰：丙猜位四十一。表無「二十一」，疑「四」當作「二」。

汁防肅侯雍齒[一]	以趙將前三年從定諸侯，二千五百戶，功比平定侯。齒故沛豪，有力，與上有隙，故晚從。[二]	三月戊子封，九年薨。	**五十七**	孝惠三年，荒侯鉅鹿嗣，三十八年薨。[三]	孝景三年，侯野嗣，十年薨。	終侯桓嗣，元鼎五年，坐酎金免。[四]	元康四年，玄孫長安上造章詔復家。
棘蒲剛侯陳武[五]	以將軍前元年將卒二千五百人起薛，別救東阿，至霸上，一歲十月入漢，擊齊歷下軍臨薔，侯。[六]	三月丙申封，[四]〔三〕十八年，孝文後元年薨。子奇反，誅，不代。	**十三**	**子**	**孫**	元康四年，武曾孫雲陽上造嘉詔復家。	

[一] 師古曰：汁音什。防音方。【補注】先謙曰：汁防，廣漢縣。説文作「什邡」。官本「師古」作「如淳」。

[二] 【補注】吳仁傑曰：月表於胡亥三年十月書漢元年，則武安侯有元年、二年，無前三年。意齒侯狀亦當年。伐閱本語十月至十二月未王漢以前，爲前三年耳。月表於十月書漢元年，是史家追書。錢大昭曰：平定侯，齊受也。受位次五十四，齒五十七。

[三] 【補注】先謙曰：史表「鉅」作「巨」，無「鹿」字。

[四] 【補注】先謙曰：史表作孝景中元六年。

[五] 【補注】錢大昭曰：高五王傳云「棘蒲侯柴將軍」，張晏以爲柴武。淮南王傳云「柴武子奇」，賈誼傳作「柴奇」，後書隗囂傳云「昔柴將軍與韓信書」，注云「柴武也」。史漢表並作「陳武」，明有二姓。周壽昌曰：賈山傳作「柴唐」。蓋武育於陳，後復柴姓。唐或其字。先謙曰：應劭以爲棘蒲即常山平棘縣，師古駮之，以平棘乃林摯侯國也。見常山平棘注。案一統志棘蒲故城，今趙州治。平棘故城在趙州南，或棘蒲國除後併入平棘。陳武一姓柴，如繁延壽之一爲李延壽矣。

[六] 【補注】王鳴盛曰：監本作「臨菑」，「薔」字誤。朱一新曰：「薔」當作「葘」，古災字也。見揚雄傳。災、菑古同字。臨菑即臨甾也。後人加水作淄，非。先謙曰：官本作「臨菑」，史表作「田既」，「一歲」作「二歲」。

都昌嚴侯朱軫〔一〕	以舍人前元年從起沛，以隊帥先降翟王虜章邯侯。	三月庚子封，十四年薨。	二十三	高后元年，剛侯率嗣，十五年薨。	孝文八年，夷侯詘嗣，十六年薨。〔二〕	孝景元年，共侯偃嗣，二年薨。	三年，侯辟彊嗣，五年，中元年薨，亡後。〔三〕
							元康四年，軫玄孫昌侯國公士先詔復家。〔四〕
武彊嚴侯嚴不職〔五〕	以舍人從起沛，公至霸上，以騎將入漢，還擊項籍，屬丞相甯，功侯。用將軍擊黥布，侯。〔六〕	三月庚子封，二十年薨。	三十三	高后七年，簡侯嬰嗣，十九年薨。	孝文後二年，侯青翟嗣，四十七年，元鼎二年，坐爲丞相建御史大夫陽不直，自殺。〔七〕	元康四年，不職曾孫長安公乘仁詔復家。	

〔一〕【補注】先謙曰：都昌，北海縣。亦見濰水注。

〔二〕【補注】先謙曰：史表「八年」作「六年」，誤。

〔三〕【補注】先謙曰：史表「彊」作「疆」，兩見，是。

〔四〕【補注】錢坫曰：昌侯國當是都昌侯國。南安侯宣虎曾孫南安簪褭，肥如侯蔡寅曾孫肥如大夫，皆其例。

〔五〕【補注】先謙曰：史表作「莊侯莊不識」。

〔六〕【補注】先謙曰：「公」字衍。

〔七〕師古曰：以獄建之意，而不直也。【補注】先謙曰：史表作「逮御史大夫湯」，張湯也。此誤。

貰齊合侯傅胡害〔一〕	以越户將從破秦入漢定三秦，以都尉擊項籍，侯，六百户，功比臺侯。〔二〕	三月庚子封，二年薨。	三十六	八年，共侯方山嗣，二十年薨。〔三〕	孝文元年，煬侯赤嗣，十一年薨。	十二年，康侯遺嗣，四十四年薨。	元朔五年，侯猜嗣，八年，元鼎元年坐殺人棄市。〔四〕
							元康四年，胡害玄孫茂陵公士世詔復家。
				元壽一年八月，詔賜胡害爲後者爵太上造。〔五〕			

〔一〕師古曰：貰音式制反。【補注】錢大昭曰：南監本、閩本「合侯」作「侯合」。先謙曰：貰，鉅鹿縣。亦見濁漳水注，作「封吕博爲侯國」。史表作「齊侯吕」。徐廣云：吕，一作台。索隱「謚法，執心克莊曰齊」。先謙案，合非謚，蓋吕誤爲台，台誤爲合，又倒在侯上。據史表、水經注及各本參之，當作「貰齊侯吕博」。此誤「博」爲「傅」，又衍「胡害」二字。史表脱「博」字，官本作「侯合」。

〔二〕【補注】錢大昭曰：臺侯，戴野也。野位次三十五，此三十六。

〔三〕【補注】錢大昭曰：閩本作二十九年，誤。先謙曰：官本作二十九年。

〔四〕【補注】先謙曰：史表「猜」作「倩」，兩見。索隱「倩音七淨反」。

〔五〕【補注】朱一新曰：汪本「一」作「二」，是。先謙曰：官本「太」作「大」，是。

海陽齊信侯搖毋餘〔一〕	以越隊將從破秦，入漢定三秦，以都尉擊項籍，侯千七百户。	三月庚子封，九月薨。〔二〕	三十七	孝惠三年，哀侯昭襄嗣，九年薨。	高后五年，康侯建嗣，三十年薨。	孝景四年，哀侯省嗣，十年薨，亡後。	玄孫
				六世 元康四年，母餘玄孫之子不更未央詔復家。	元壽二年八月，詔賜母餘代後者賢爵關内侯。		
南安嚴侯宣虎〔三〕	以河南將軍漢王三年降晉陽，以重將破臧荼，侯九百户〔四〕。	三月庚子封，三十年薨。	六十三	孝文九年，共侯戎嗣，十一年薨。	後四年，侯千秋嗣，十一年，孝景中元年，坐傷人，免。户二千一百。	元康四年，虎曾孫南安簪褭護詔復家。	

〔一〕【補注】先謙曰：索隱「亦南越縣。地理志闕。毋餘，東越之族」。先謙案，海陽，遼西縣。此非。王子侯可比。小司馬謂越人宜封越地，未必然也。果在何地，則不敢臆決耳。

〔二〕【補注】朱一新曰：自高帝六年至孝惠三年，實九年也。「月」字誤。

〔三〕【補注】先謙曰：南安，犍爲縣。

〔四〕師古曰：重將者，主將領輜重也。重音直用反。一曰持重之將也。音直勇反。【補注】先謙曰：史表「重將」作「亞將」。索隱「亞將」，漢表作「連將」。是小司馬與顔所見本異。

肥如敬侯蔡寅〔一〕	以魏太僕漢王三年初從，以車騎將軍破龍且及彭城，侯，戶千。〔二〕	三月庚子封，二十四年薨。	六十六〔三〕	孝文三年，嚴侯戎嗣，十四年薨。〔四〕	後元年，侯奴嗣，七年，孝景元年薨。亡後。	元康四年，寅曾孫肥如大夫福詔復家。	
曲成圉侯蟲達〔五〕	以西城戶將三十七人從起碭，至霸上，爲執金吾，五年爲二隊將，屬周呂侯，入漢，定三秦，以都尉破項籍陳下，	三月庚子封，十二年薨。	十八 位次曰夜侯恆。〔六〕	孝文元年，侯捷嗣，八年有罪免。十四年，捷復封，十八年復免。戶九千三百。孝景中五年，侯捷復封，五年薨。〔七〕	建元二年，侯皇柔嗣，二十四年，元鼎二年，坐爲汝南太守知民不用赤側錢爲賦，爲鬼薪。〔八〕	曾孫	元康四年，達玄孫茂陵公乘宣詔復家。

〔一〕【補注】先謙曰：肥如，遼西縣。

〔二〕【補注】先謙曰：「將軍」，史表作「都尉」。

〔三〕【補注】錢大昭曰：六十六已有酈疥，疑當作六十八。表尚有紀通亦六十六，則五十六之譌也。

〔四〕【補注】先謙曰：史表「戎」作「成」。

〔五〕【補注】沈欽韓曰：論衡別通篇「劍技之家，鬭戰必勝者，得曲成、越女之學」，即蟲達以劍術擅名也。先謙曰：曲成，東萊縣。其初蓋封夜縣，故位次作夜侯。夜即掖，亦東萊縣也。索隱「謚法，威德彊武曰圉」。

〔六〕【補注】先謙曰：史表「恭侯捷二次復封」，中標垣字。索隱「捷封垣，故位次曰『夜侯垣』，亦誤」。先謙案，位次曰夜侯，屬達言，垣屬捷言，傳寫者移垣于夜侯下，併成一事，故索隱以爲誤。小司馬指漢表言，上奪漢表二字也。後人又誤「垣」爲「恒」耳。垣，河東縣。

〔七〕【補注】先謙曰：據史表，侯捷上奪「共」字。

〔八〕師古曰：赤側解在食貨志。時並令以充賦，而汝南不遵詔令。【補注】先謙曰：「皇柔」，史表作「皋柔」，兩見。

號諡姓名	侯狀戶數	始封	位次	子	孫	曾孫	玄孫
	侯，四千户以將軍擊燕、代。〔一〕						
河陽嚴侯陳涓〔二〕	以卒前元(王)〔年〕起碭從，以二隊將入漢，擊項籍，得梁郎將處，侯，以丞相定齊。〔三〕	三月庚子封，二十二年薨。	二十九	孝文元年，信嗣，三年，坐不償人責過六月，免。〔四〕	孫	曾孫	元康四年，涓玄孫即丘公士元詔復家。
淮陰侯韓信〔五〕	初以卒從項梁，梁死屬項羽爲郎中，至咸陽，亡從入漢，爲連敖票客，蕭何言信爲大將軍，別定	六年封，五年，十一年，坐謀反誅。					

〔一〕【補注】先謙曰：史表「西城」作「曲城」，「執金吾」作「執珪」，「代」下有「拔之」二字。

〔二〕【補注】先謙曰：河陽，河内縣。亦見河水注。

〔三〕【補注】先謙曰：「起碭從」當作「從起碭」。史表「得」上有「身」字，下無「梁」字。

〔四〕【補注】沈欽韓曰：潛夫論斷訟篇「永平時，諸侯負責，輒有紬削之罰。其後皆不敢負民」。蓋沿舊制。

〔五〕【補注】先謙曰：淮陰，臨淮縣。亦見淮水注。

	魏、趙爲齊王,徙楚,擅發兵,廢爲侯。〔一〕						
芒侯耏跖〔二〕	以門尉前元年初起碭,至霸上,爲定武君,入漢,還定三秦,爲都尉,擊項羽,功侯。〔三〕	六年封,三年薨,亡後。		張 九年,侯昭嗣,四年,有罪,免。孝景三年,昭以故列侯將兵擊吳、楚,復封。〔四〕	侯申嗣,元朔六年,坐尚南宮公主不敬,免。〔五〕		
敬市侯閻澤赤〔六〕	以執盾初起從入漢,爲河上守,遷爲殷相,擊項	四月癸未封,三年薨。	五十五	九年,夷侯無害嗣,三十八年薨。	孝文後四年,戴侯續嗣,八年薨。	孝景五年,侯穀嗣,四十年,元鼎五年,坐酎金免。	

〔一〕師古曰:高紀及信傳並云爲治粟都尉,而此云票客,參錯不同。或者以其票疾而賓客禮之,故云票客也。票音頻妙反。【補注】先謙曰:史表「票」作「典」。索隱「漢表作『粟客』,蓋字誤。傳作『治粟都尉』,或先爲連敖典客也」。與顏本異。

〔二〕師古曰:耏音而。左氏傳曰「宋耏班」。跖音之亦反。【補注】先謙曰:史表直作芒侯昭,脱耏跖一代。齊召南云:此班定史表之誤。芒,沛郡縣。亦見睢水注。

〔三〕【補注】先謙曰:史表「定武」作「武定」。

〔四〕【補注】先謙曰:張,廣平縣。先封毛釋之,後封趙頃王子嵩。

〔五〕師古曰:景帝女也。

〔六〕【補注】先謙曰:敬字誤,當依史表作「故」。故市,河南縣。

	籍，侯，千户。功比平定侯。〔一〕			六世 元康四年，澤赤玄孫之子長安上造章世詔復。〔二〕			
柳丘齊侯戎賜〔三〕	以連敖從起薛，以三隊將入漢，定三秦，以都尉破項籍軍，爲將軍，侯，八千户。〔四〕	六月丁亥封，十八年薨。	三十九	高后五年，侯安國嗣，三十年薨。〔五〕	孝景四年，敬侯嘉成嗣，十年薨。	後元年，侯角嗣，有罪，免。户三千。〔六〕	元康四年，賜玄孫長安公士元生詔復家。

〔一〕【補注】錢大昭曰：平定侯，齊受也。受五十四，此五十五。先謙曰：史表「殷相」作「假相」。

〔二〕【補注】先謙曰：「復」下脱「家」字，官本有。

〔三〕【補注】先謙曰：索隱「縣屬勃海」。錢大昭云：勃海有柳縣，非柳丘。小司馬誤。

〔四〕【補注】先謙曰：史表無「八」字。「三隊將」作「二隊將」。錢大昭云：陳涓、蟲達皆爲此官。

〔五〕【補注】錢大昭曰：史表謚定侯。

〔六〕【補注】先謙曰：史表作「角月」。

魏其嚴侯周止〔一〕	以舍人從起沛，以郎中入漢，爲周信侯，定三秦，以爲騎郎將，破項籍東城，侯，千户。〔二〕	六月丁亥封，十八年薨。	**四十四**	高后五年，侯簡嗣，二十九年，孝景三年，謀反，誅。户三千。〔三〕	**孫**	**曾孫**	元康四年，止玄孫長陵不更廣世詔復家。
祁穀侯繒賀〔四〕	以執盾漢王三年初起從晉陽，以連敖擊項籍。漢王敗走，賀擊楚追騎，以故不得進。漢王顧謂賀祁王。戰彭城，	六月丁亥封，三十三年薨。〔五〕	**五十一**	孝文十二年，頃侯胡嗣，十七年薨。	孝景六年，侯它嗣，十九年，元光二年，坐射擅罷，免。〔六〕	**曾孫**	元康四年，賀玄孫茂陵公大夫賜詔復家。

〔一〕【補注】先謙曰：魏其，琅邪縣。史表「止」作「定」。

〔二〕【補注】錢大昭曰：閩本「將」作「從」，非。

〔三〕【補注】先謙曰：史表「簡」作「閒」，兩見。國除後封竇嬰。

〔四〕【補注】先謙曰：祁，太原縣。索隱「謚法，行見中外曰穀」。

〔五〕【補注】先謙曰：官本作二十三年。

〔六〕師古曰：方大射而擅自罷去也。【補注】先謙曰：徐廣云，「射」一作「酎」。

	斬項籍，爭惡絶延壁，侯千四百户。〔一〕						
平悼侯工師喜〔二〕	初以舍人從擊破秦，以郎中入漢，以將軍定諸侯守雒陽，侯，比費侯賀，千三百户。〔三〕	六月丁亥封，六年薨。	**三十二** 位次曰聊城侯。〔四〕	十二年，靖侯奴嗣，三十一年薨。	孝文十六年，侯執嗣，十九年，孝景中五年，坐匿死罪，會赦，免。户三千三百。		
魯侯奚涓〔五〕	以舍人從起沛，至咸陽爲郎，入漢，以將軍定諸	**重平** 六年，侯涓亡子，封母底爲侯，十	**七**				

〔一〕師古曰：謂之祈王，蓋嘉其功，故寵號之，許以爲王也。爭惡，謂爭惡地。延壁，壁壘之名也。【補注】蘇輿曰：「迫騎」，史表作「追騎」，是。「祁王」作「祈子」，據顔注作「祁王」，以爲寵號，與今本異。「壁」當爲「壁」。

〔二〕【補注】錢大昭曰：「工師喜」史表作「沛嘉」。廣韻一東作「公師壹」。先謙曰：平，河南縣。後封濟北式王子遂。

〔三〕【補注】錢大昭曰：賀，陳賀也。賀三十一，喜三十二。

〔四〕【補注】先謙曰：聊城，東郡縣。

〔五〕【補注】先謙曰：魯，魯國縣。

	侯，四千八百户。功比舞陽侯，死軍事。〔一〕	九年薨。〔二〕					
城父嚴侯尹恢〔三〕	初以謁者從入漢，以將軍擊定諸侯，以右丞相備守淮陽，功比厭次侯，頃侯諸莊，二千户。〔四〕	六年封，九年薨。	**二十六**	孝惠三年，侯開方嗣，七年，高后三年奪爵爲關內侯。	**孫** **六世** 元康四年，恢玄孫之子新豐簪褭殷詔復家。〔五〕	**曾孫**	**玄孫**

〔一〕【補注】先謙曰：史表「侯」下更有「侯」字，是。誤奪奚涓一代。

〔二〕【補注】先謙曰：史表作「母侯疵」。徐廣云：漢書云「魯侯涓，涓死無子，封母疵」，是徐所見本作「疵」，不作「底」。證之史表，作「疵」是也。「母侯」則文之倒誤耳。重平，勃海縣。

〔三〕【補注】先謙曰：史表作「故城」。城父，沛郡縣。

〔四〕【補注】錢大昭曰：厭次侯，爰類也。類位次二十四，恢二十六。先謙曰：史表無「頃侯諸莊」四字，疑衍。

〔五〕【補注】先謙曰：此誤下一格。官本不誤。

任侯張越〔一〕	以騎都尉漢五年從起東垣，擊燕、代，屬雍齒，有功，爲車騎將軍。〔二〕	六年封，十六年，高后三年，坐匿死罪，免。戶七百五十。					
棘丘侯襄	以執盾隊史前元年從起碭，破秦，治粟內史，入漢，以上郡守擊定西魏地，功侯。〔三〕	六年封，十四年，高后元年，有罪，免。戶九百七十。〔四〕					
河陵頃侯郭亭〔五〕	以連敖前元年從起單父，以塞路入漢，還定三	七月庚寅封，二十四年薨。	二十七	孝文三年，惠侯歐嗣，二十二年薨。	孝景二年，勝侯客嗣，八年，有罪，免。〔六〕		

〔一〕【補注】先謙曰：任，廣平縣。

〔二〕【補注】先謙曰：史表「有功」下有「侯」字，是。

〔三〕【補注】先謙曰：史表「治」上有「以」字，此奪。

〔四〕【補注】先謙曰：史表：奪侯爲士伍。

〔五〕【補注】先謙曰：史表作「阿陵」。涿郡縣。「河」字誤。

〔六〕【補注】錢大昭曰：「勝」非謚。史表作「侯勝客」，是。

	秦屬周呂侯，以都尉擊項籍，功侯。〔一〕						
					南中六年，靖侯延居紹封，十五年薨。〔二〕	元光六年，侯則嗣，十七年，元鼎五年坐酎金免。	元康四年，亭玄孫茂陵公乘賢詔復家。
昌武靖信侯單究〔三〕	初以舍人從，以郎入漢，定三秦，以郎騎將軍擊諸侯，侯，九百户。功比魏其侯。〔四〕	七月庚寅封，十三年薨。	**四十五**	孝惠六年，惠侯如意嗣，四十三年薨。〔五〕	孝景中元四年，侯賈成嗣，十六年薨。〔六〕	元光五年，侯德嗣，四年，元朔三年，坐傷人二旬內死，棄市。户六百。〔七〕	

〔一〕師古曰：塞路者，主遮塞要路以備敵寇也。【補注】先謙曰：史表「路」作「疏」。徐廣云：一作「塞路」，一云「以衆入漢中」。

〔二〕【補注】先謙曰：南，縣名。

〔三〕【補注】先謙曰：史表「究」作「甯」。昌武，膠東縣。

〔四〕【補注】先謙曰：史表「騎」作「中」。「九百」下有「八十」字。下丁義亦爲郎騎。魏其侯，周止也。止四十四，此(五)〔四〕十五。

〔五〕【補注】先謙曰：史表「惠」作「夷」。

〔六〕【補注】蘇輿曰：「元」字當衍。史表多衍「元」字，而此處無之。先謙曰：史表作「康侯」。

〔七〕【補注】沈欽韓曰：此在保辜限也。唐鬥訟律諸保辜者，手足毆傷人，限十日，以它物毆傷人者二十日，以刃及湯火傷人者三十日，限內死者，皆依殺人論。與漢制同。先謙曰：史表「德」作「得」，兩見。

				六世	七世 元康四年，究玄孫之孫陽陵公乘萬年詔復家。		
高宛制侯丙猜〔一〕	初以客從入漢，定三秦，以中尉破項籍，侯，千六百五户，比斥丘侯。〔二〕	七月戊戌封，七年薨。	四十一	孝惠元年，簡侯得嗣，三十年薨。	孝文十六年，平侯武嗣，二十四年薨。〔三〕	建元元年，侯信嗣，三年，坐出入屬車間，免。户三千二百。〔四〕	
				六世	七世 元康四年，猜玄孫之孫高宛大夫齮詔復家。	八世 元始三年，猜玄孫之曾孫内詔賜爵關内侯。	

〔一〕【補注】先謙曰：高宛，千乘縣。亦見瓠子水注。史表「宛」作「苑」，「猜」作「倩」。索隱音七淨反。

〔二〕【補注】錢大昭曰：斥丘侯唐厲也。厲四十，此四十一。先謙曰：史表「客」作「舍人」。

〔三〕【補注】先謙曰：史表「平」作「孝」。

〔四〕師古曰：天子出行，陳列屬車，而輒至於其間。

宣曲齊侯丁義〔一〕	以卒從起留，以騎將入漢定三秦，破籍軍滎陽，爲郎騎將，破鍾離昧軍固陵，侯，六百七十户。〔二〕	七月戊戌封，三十二年薨。	四十三	發婁 孝文十一年，侯通嗣，十七年，有罪，赦爲鬼薪。户千一百。孝景中五年，通復封，十一年，有罪，免。〔三〕	孫	元康四年，義曾孫陽安公士年詔復家。
終陵齊侯華毋害〔四〕	以越將從起留，入漢定三秦，擊臧荼，侯，七百四十户。從攻馬邑及布。	七月戊戌封，十五年薨。〔五〕	四十六	孝文四年，共侯勃嗣，十六年薨。〔六〕	後四年，侯禄嗣，七年，孝景四年，坐出界耐爲司冦。户千五百。〔七〕	元康四年，曾孫於陵大夫告詔復家。〔八〕

〔一〕【補注】錢大昭曰：史記貨殖傳有宣曲任氏。

〔二〕【補注】先謙曰：史表「郎騎」下無「將」字。

〔三〕【補注】朱一新曰：案史表通中五年復封，中六年免，僅一年。「十」字衍。先謙曰：發婁，縣名。

〔四〕【補注】先謙曰：史表作「絳陽」。王念孫云：下有毋害曾孫於陵大夫告，則「絳陵」乃「於陵」之譌。上文南安、肥如、高宛諸侯，皆其證。於陵，濟南縣。「絳陽」又「終陵」之誤。澮水注以爲河東之絳縣，非也。

〔五〕【補注】蘇輿曰：自高六年至文三年，爲二十五年。「三」字誤。

〔六〕【補注】先謙曰：史表作「勃齊」。

〔七〕【補注】蘇輿曰：「冦」當爲「寇」。

〔八〕【補注】錢大昭曰：「曾孫」上脱「毋害」二字。

東茅敬侯劉到〔一〕	以舍人從起碭，至霸上，以二隊入漢，定三秦，以都尉擊項籍，破臧荼侯，捕韓王信，爲將軍，邑益千户。〔二〕	八月丙辰封，二十四年薨。	四十八〔三〕	孝文三年，侯告嗣，十二年，十六年，坐事國人過員，免。〔四〕	孫	元康四年，到曾孫鮦陽公乘咸詔復家。〔五〕	
斥丘懿侯唐厲〔六〕	以舍人初從起豐，以左司馬入漢，以亞將攻籍，郤敵，爲東部都	八月丙辰封，二十年薨。〔七〕	四十	孝文九年，共侯朝嗣，十三年薨。	後六年，侯賢嗣，四十三年薨。	元鼎二年，侯尊嗣，二年，坐酎金免。〔八〕	

〔一〕【補注】錢大昭曰：續志東平有茅鄉城。沈欽韓曰：一統志：茅鄉城在兖州府金鄉縣西南，古茅國，周公子所封。謂之東茅者，以解州平陸縣西南亦有茅城，古茅戎之邑，而别之。先謙曰：史表「到」作「釗」。後有劉到，此作「釗」是。

〔二〕【補注】先謙曰：「邑益」當作「益邑」。史表不誤。「二隊」即「二隊將」也。

〔三〕【補注】錢大昭曰：位次内劉釗、張平皆四十八，而三十八無人，疑當作三十八。

〔四〕師古曰：嗣爵十三年，至孝文十六年而免也。事謂役使之。員，數也。【補注】蘇輿曰：「十二年」當作「十三年」。先謙曰：史表「告」作「吉」，兩見。

〔五〕師古曰：鮦音紂。【補注】先謙曰：鮦陽，汝南縣。説詳志。

〔六〕【補注】先謙曰：斥丘，魏郡縣。

〔七〕【補注】蘇輿曰：自高六年至文八年爲三十年，「二」當爲「三」。

〔八〕【補注】先謙曰：史表：元鼎五年國除。「二年」當爲「四年」。

	臺定侯戴野〔二〕
尉，破籍，侯成武，爲漢中尉，擊布，爲斥丘侯，千户。〔一〕	以舍人從起碭，用隊率入漢，以都尉擊籍，籍死，擊臨江屬將軍賈，功侯。以將軍擊燕、代。〔三〕
	八月甲子封，二十五年薨。
	三十五
	孝文四年，侯午嗣，二十二年，孝景三年，坐謀反誅。〔四〕
	孫
元康四年，厲曾孫長安公士廣意詔復家。	曾孫
	元康四年，野玄孫長陵上造安昌詔復家。

〔一〕師古曰：初爲成武侯，後更封斥丘也。【補注】先謙曰：「爲東部」十字，史表作「爲東郡都尉，擊破籍武城」。徐廣云：一作「城武」。先謙案，東郡是也。破籍下「侯」字衍。徐注是其明證。顔云「初爲成武侯」，誤也。

〔二〕【補注】先謙曰：臺，濟南縣。亦見濟水注。

〔三〕【補注】錢大昭曰：申屠嘉嘗爲隊率，一作「隊帥」，朱軫爲隊帥是也。先謙曰：賈，劉賈。史表無「代」字。

〔四〕【補注】先謙曰：史表「午」作「才」，兩見。

安國武侯王陵〔一〕	以自聚黨定南陽，漢王還擊項籍，以兵屬，從定天下，侯，五千户。〔二〕	八月甲子封，二十一年薨。	**十二**	高后八年，哀侯忌嗣，一年薨。	孝文元年，終侯斿嗣，三十九年薨。〔三〕	建元元年，安侯辟方嗣，二十年薨。	元狩三年，侯定嗣，八年，元鼎五年坐酎金免。
							元康四年，陵玄孫長安公乘襄詔復家。
樂成節侯丁禮〔四〕	以中涓騎從起碭，爲騎將入漢，定三秦，爲正奉侯，以都尉擊籍，屬灌嬰，殺龍且，更爲樂成侯，千户。	八月甲子封，二十六年薨。	**四十二**	孝文五年，夷侯馬從嗣，十八年薨。	後七年，武侯客嗣，四十二年薨。〔五〕	元鼎二年，侯義嗣，三年，坐言五利侯不道，棄市。户二千四百。〔六〕	**玄孫**

〔一〕【補注】先謙曰：安國，中山縣。國除後，封趙共王子吉。

〔二〕【補注】齊召南曰：史表「以客從起豐，以厩將別定東郡、南陽，從至霸上」云云，以陵本傳核之，似此表是。

〔三〕【補注】先謙曰：史表「斿」作「游」。徐廣云：一作「昭」。

〔四〕【補注】先謙曰：樂成，河間縣。

〔五〕【補注】先謙曰：史表作「武侯客」。

〔六〕【補注】先謙曰：五利侯，欒大。

				六世	七世 元康四年，禮玄孫之孫長安公士禹詔復家。		
辟陽幽侯審食其〔一〕	以舍人初起侍呂后、孝惠。二歲十月，呂后入楚，食其侍從，一歲，侯。〔二〕	八月甲子封，二十五年，爲淮南王長所殺。	五十九	孝文四年，侯平嗣，二十一年，孝景二年，坐謀反自殺。〔三〕		元康四年，食其曾孫茂陵公乘非詔復家。	
⿰崩阝成制侯周緤〔四〕	以舍人從起沛，至霸上，入漢，定三秦，食邑池陽，擊項籍滎陽，絶	八月甲子封，二十七年薨。	二十二	侯昌嗣，有罪，免。			長沙〔五〕

〔一〕【補注】先謙曰：辟陽，信都縣。

〔二〕【補注】蘇輿曰：二歲，漢之二年也。據紀事在二年四月，史表作「沛三年」，誤。

〔三〕【補注】朱一新曰：二年，史表作「三年」，是。

〔四〕師古曰：⿰崩阝音陪，又音普肯反。緤音息列反。【補注】先謙曰：史表作「蒯成」。索隱「晉地道記屬北地。蒯音苦懷反，一音裴」。小顏音普肯反。據此，是小司馬所見顏注漢書亦作「蒯」，不作「⿰崩阝」也。史表作「尊侯」。傳作「貞侯」。案此作「⿰崩阝成」，是。詳緤傳。

〔五〕【補注】朱一新曰：此表末格皆不載郡名，獨此偶一見之。索隱不引此而引地道記，疑小司馬所見漢表無長沙二字。

		安平敬侯鄂秋[四]
甬道，從度平陰，遇韓信軍襄國。楚、漢分鴻溝，以緤爲信，戰不利，不敢離上侯，二千二百户。[一]		以謁者漢王三年初從定諸侯，有功(秋)〔秩〕，
		八月甲子封，十二年薨。
		六十一
	鄲 孝景中元年，康侯應以昌弟紹封，一年薨。[二]	孝惠三年，簡侯嘉嗣，九年薨。
	中三年，侯仲居嗣。三十四年，元鼎三年，坐爲太常收赤側錢不收，完爲城旦。[三]	高后八年，頃侯應嗣，十四年薨。
	元康四年，緤曾孫長安公士禹詔賜黃金十斤，復家死，亡子，復免。	孝文十四年，煬侯寄嗣，二十五年薨。
	沛 元始元年，緤玄孫護以詔書爲次復禹同產弟子，死，亡子，絕。	孝景後三年，侯但嗣，十九年，元狩元年，坐與淮

[一]【補注】先謙曰：史表作「三千三百户」。

[二] 師古曰：鄲，沛之縣也。音多。【補注】先謙曰：鄲縣見志，亦見淮水注。

[三] 如淳曰：食貨志民巧法，用之不便，又廢也。【補注】先謙曰：史表「中三年」作「中二年」。

[四]【補注】先謙曰：豫章安平注云「侯國」，涿郡安平非侯國。此蓋豫章之安平也。國除後，封楊敞。鄂秋，史表作「鄂千秋」。

	舉蕭何功，因故侯二千户。〔一〕						南王安通，遺王書稱臣盡力，棄市。〔二〕
				六世 元康四年，秋玄孫之子解大夫后詔復家。			
北平文侯張蒼〔三〕	以客從起武陽，至霸上，爲常山守，得陳餘，爲代相，從趙相，以代相侯。爲計相四歲，淮南相十四歲。千二百户。〔四〕	八月丁丑封，五十年薨。	**六十五**	孝景六年，康侯奉嗣，八年薨。	後元年，侯類嗣，七年，建元五年，坐臨諸侯喪後，免。	**曾孫**	**玄孫**

〔一〕師古曰：先以食邑，因就封之也。事見蕭何傳。

〔二〕【補注】先謙曰：史表作「與淮南王女陵通」。

〔三〕【補注】先謙曰：北平，中山縣。

〔四〕如淳曰：計相，官名，但知計會。【補注】先謙曰：史表及傳「武陽」作「陽武」，是。「計會」誤倒。

				六世 元康四年，蒼玄孫之子長安公士蓋宗詔復家。			
高胡侯陳夫乞〔一〕	以卒從起杠里，入漢，以都尉擊籍，將軍定燕，千户。〔二〕	六年封，二十五年薨。	八十二	孝文五年，煬侯程嗣，薨，亡後。〔三〕			元康四年，夫乞玄孫長陵公乘勝之詔復家。
厭次侯爰類〔四〕	以慎將元年從起留，入漢，以都尉守廣武，功侯。〔五〕	六年封，二十二年薨。	二十四	孝文元年，侯嗣，五年謀反，誅。〔六〕	孫	曾孫	玄孫

〔一〕【補注】先謙曰：史表標「高胡」二字，索隱「漢志闕」。是以高胡爲縣名。先謙案，「具石侯」狀下，亦云比「高胡侯」，或以爲封高諡胡，非也。「胡」一作「湖」。又史表諡中侯。「中」蓋「忠」之誤。

〔二〕【補注】蘇輿曰：「燕」下奪「侯」字。史表有。

〔三〕【補注】先謙曰：史表「煬」作「殤」。

〔四〕【補注】先謙曰：索隱「厭次，晉地道記屬平原」。爰類，史表作「元頃，諡中侯」。案厭次，平原富平縣也。見志。

〔五〕師古曰：以謹慎爲將也。【補注】蘇輿曰：慎將，蓋其時官名，若重將之比。顏訓疑非其寔。先謙曰：史表「元年」上有「前」字。

〔六〕【補注】先謙曰：「侯」下奪「賀」字。史表「賀」字兩見。

國名	侯狀戶數	始封	位次	子	孫	曾孫	玄孫
				六世　元康四年，類玄孫之子陽陵公士世詔復家。	七世　元始三年，類玄孫之孫萬詔賜爵關內侯。		
平皐煬侯劉它〔一〕	漢六年以碭郡長初從，功比軑侯，侯五百八十戶。實項氏，賜姓。〔二〕	七年十月癸亥封，十年薨。	百二十一	孝惠五年，共侯遠嗣，二十四年薨。〔三〕	孝景元年，節侯光嗣，十六年薨。	建元元年，侯勝嗣，二十八年，元鼎五年，坐酎金免。	玄孫
				六世	七世　元康四年，它玄孫之孫長安簪褭勝之詔復家。		

〔一〕師古曰：它音徒何反。【補注】先謙曰：平皐，河內縣。亦見河水注。

〔二〕師古曰：軑音大，又音第。【補注】先謙曰：軑侯黎朱蒼也。蒼百二十，它百二十一。史表作「功比戴侯彭祖」，非也。彭祖百二十六。

〔三〕【補注】朱一新曰：汪本「二」作「三」，是。先謙曰：官本作「三」。

復陽剛侯陳胥〔一〕	以卒從起薛,以將軍入漢,以右司馬擊項籍,侯,千户。	七年十月甲子封,三十一年薨。	**四十九**	孝文十一年,共侯嘉嗣,十八年薨。	孝景六年,康侯拾嗣,二十三年薨。〔二〕	元朔元年,侯彊嗣,七年,元狩二年,坐父拾非嘉子,免。〔三〕	
						元康四年,胥曾孫雲陽簪褭幸詔復家。	**玄孫**
				六世 元始元年,胥玄孫之子傳詔賜帛百疋。			
陽河齊侯其石〔四〕	以中謁者從入漢,以郎中騎從	十一月甲子封,三年薨。〔五〕	**八十三**	十年,侯安國嗣,五十一年薨。	孝景中四年,侯午嗣,三十三年	**埤山** 元鼎四年,共侯	元封元年,侯仁嗣,征和三年坐

〔一〕【補注】先謙曰:復陽,清河縣。亦見淇水注。

〔二〕【補注】先謙曰:官本「三」作「五」。齊召南云:作「三」,非也。計孝景六年至元朔元年,恰二十五年。監本別本誤。今從宋本。

〔三〕【補注】先謙曰:史表「彊」作「疆」。

〔四〕【補注】先謙曰:索隱注云「上黨」。先謙案,上黨郡有陽阿縣,「河」字誤。「齊侯其石」,史表作「齊哀侯」而無名。沁水注云:陽泉水東逕陽泉城南,即陽阿縣之故城也。高帝封卞訢爲侯國,則又不名其石矣。

〔五〕【補注】先謙曰:官本考證云,當作「十月甲子」。復陽及此以十月甲子封,後柏至以十月戊辰封,知此「一」字衍。朱一新云:史表作「十月」。

		柏至靖侯許盎〔四〕
定諸侯，侯五百户。功比高湖侯。〔一〕		以駢鄰從起昌邑，以説衛入漢，以中尉擊籍侯，千户。〔五〕
		十月戊辰封，十四年，高后元年，有罪免。三年，復封，六年薨。〔六〕
		五十八
	六世 元康四年，石玄孫之子長安官大夫益壽詔復家。	孝文元年，簡侯禄嗣，十四年薨。
薨。〔二〕		十五年，侯昌嗣，三十二年薨。〔七〕
章更封，十三年薨。〔三〕		元光二年，侯安如嗣，十三年薨。〔八〕
祝詛，要斬。		元狩三年，侯福嗣，五年，元鼎二年，坐爲姦，爲鬼薪。

〔一〕【補注】錢大昭曰：高湖侯，陳夫乞也。夫乞八十二，石八十三。

〔二〕【補注】沈欽韓曰：史表云「中絶」，故此下更封埤山。

〔三〕師古曰：埤音脾，又音婢。【補注】先謙曰：埤山，縣名。索隱音卑。蘇輿曰：自元鼎四年至元封元年止，當云「三年」，「十」字衍。

〔四〕【補注】先謙曰：史表「盎」作「温」。

〔五〕師古曰：二馬曰駢，駢鄰，謂並兩騎爲軍翼也。説讀曰税。〔説〕衛謂軍行初舍止之時，主爲衛也。【補注】先謙曰：索隱引姚氏「駢隣猶比隣也」。

〔六〕【補注】先謙曰：史表作七月。

〔七〕【補注】先謙曰：史表作「哀侯昌」。公卿表「孝景後三年爲太常」。

〔八〕【補注】先謙曰：史表作「共侯如安」，此脱謚，文有倒誤。

	中水嚴侯呂馬童〔一〕	
	以郎騎將漢元年從好畤,以司馬擊龍且,復共斬項籍,侯,千五百户。〔二〕	
	正月己酉封,三十年薨。	
	百一	
六世 元康四年,盎玄孫之子長安公士建詔復家。	孝文十年,夷侯瑕嗣,三年薨。〔三〕	**六世**
	十二年,共侯青眉嗣,三十二年薨。〔四〕	**七世** 元康四年,馬童玄孫之孫長安公士建明詔復家。
	建元六年,靖侯德嗣,一年薨。	
	元光元年,侯宜城嗣,二十二年,元鼎五年,坐酎金免。〔五〕	

〔一〕【補注】先謙曰:中水,涿郡縣。

〔二〕【補注】先謙曰:「從」下當有「起」字。史表有。

〔三〕【補注】先謙曰:史表「瑕」作「假」。

〔四〕【補注】先謙曰:史表「十二年」作「十三年」,「眉」作「肩」。

〔五〕【補注】先謙曰:史表「城」作「成」。

杜衍嚴侯王翥〔一〕	以中郎騎漢王二年從起下邳，屬淮陰侯，從灌嬰共斬項羽，侯，千七百户。〔二〕	正月己酉封，十八年薨。	**百二**	高后六年，共侯福嗣，七年薨。	孝文五年，孝侯市臣嗣，七年薨。	十二年，侯舍嗣，二十四年，有罪，爲鬼薪。户三千四百。〔三〕	
				孝景後元年，侯郢人以翥子紹封，十二年薨。〔四〕	元光四年，侯定國嗣，十三年，元狩五年，有罪，免。	元康四年，翥曾孫長安大夫安樂詔復家。	
赤泉嚴侯楊喜〔五〕	以郎中騎漢王二年從起杜，屬淮陰，後從灌嬰，	正月己酉封，十三年，高后元年，有罪，免。二年，復	**百三**	孝文十二年，定侯敷嗣，十五年薨。〔六〕	**臨汝** 孝景四年，侯毋害嗣，六年，坐詐	**曾孫**	元康四年，喜玄孫茂陵不更孟嘗詔賜黃金十

〔一〕如淳曰：翥音署。師古曰：音之庶反。【補注】先謙曰：史表作「王翳」，索隱引漢表作「翥」，項羽傳亦作「翳」，是漢表之誤已久。杜衍，南陽縣。亦見清水注。

〔二〕【補注】先謙曰：中郎騎，史表作「郎中騎」，與楊喜同。漢初但有郎中，無中郎。二年，史表作「三年」。

〔三〕【補注】先謙曰：史表「舍」作「翕」。

〔四〕【補注】先謙曰：史表作「彊侯」。徐廣云：「彊」一作「景」。

〔五〕【補注】錢大昭曰：後漢楊震碑作「憙」。

〔六〕【補注】先謙曰：史表「敷」作「殷」。

	共斬項籍，侯千九百户。	封，十八年薨。			給人臧六百，免。 中五年，毋害復封，十二年，元光二年，有罪，免。[一]		斤，復家。
				六世 子恢代復。	七世 子譚代。[二]	八世 子並代，永始元年，賜帛百足。	元始二年，求復不得。
朝陽齊侯華寄[三]	以舍人從起薛，以連敖入漢，以都尉擊項羽，復攻韓王信，侯，千户。	三月壬寅封，十二年薨。	**六十九**	高后元年，文侯要嗣，二十一年薨。	孝文十四年，侯當嗣，三十九年，元朔二年，坐教人上書枉法，耏爲鬼薪。户五千。	**曾孫**	元康四年，寄玄孫奉明大夫定國詔復家。[四]

[一]【補注】先謙曰：東漢有臨汝縣，屬豫章郡，即此。國除後，封灌賢。

[二]【補注】朱一新曰：汪本「代」下有「復」字。先謙曰：官本有「復」字。

[三]【補注】先謙曰：朝陽，濟南縣，亦見河水注。國除後，以封廣陵厲王子聖。

[四]【補注】先謙曰：奉明，京兆縣。

棘陽嚴侯杜得臣〔一〕	以卒從起湖陵，入漢，以郎將迎左丞相軍擊項籍，侯，二千戶。	七月丙申封，二十六年薨。〔二〕	八十一	孝文六年，侯但嗣，四十三年薨。〔三〕	元光四年，懷侯武嗣，七年，元朔五年薨，亡後。		
涅陽嚴侯呂騰〔四〕	以騎士漢三年從出關，以郎中共擊斬項羽，侯，千五百戶，比杜衍侯。〔五〕	七年封，二十五年，孝文五年薨。子成實非子，不得代。	百四		孫	曾孫	玄孫
				六世 元康四年，騰玄孫之子涅陽不更忠詔復家。			

〔一〕【補注】先謙曰：棘陽，南陽縣，亦見淯水注。

〔二〕【補注】先謙曰：史作「丙辰」。官本同。

〔三〕【補注】先謙曰：史表作「質侯」。

〔四〕【補注】先謙曰：涅陽，南陽縣，後武帝以封最。史表「騰」作「勝」。

〔五〕【補注】先謙曰：杜衍侯，王翥。翥百二，騰百四。

平棘懿侯林摯〔一〕	以客從起亢父，斬章邯所置蜀守，用燕相侯，千户。	七年封，二十四年薨。	六十四	孝文五年，侯辟彊嗣，有罪，爲鬼薪。〔二〕		元康四年，摯曾孫項圉大夫常驩詔復家，死亡子，絕。〔三〕	
深澤齊侯趙將夕〔四〕	以趙將漢王三年降，屬淮陰侯，定趙、齊、楚，以擊平城功侯，七百户。	八年十月癸丑封，十三年，高后元年，有罪，免，二年復封，二年薨。〔五〕	九十八	孝文後二年，戴侯頭嗣，八年薨。	孝景三年，侯脩嗣，七年有罪，耏爲司寇。〔六〕	曾孫	元康四年，將夕玄孫平陵上造延世詔復家。
					臾 中五年，夷胡侯以頭子紹封，二十一年，元朔五年薨，亡後。〔七〕		

〔一〕【補注】先謙曰：平棘，常山縣。史表作「懿侯執」。徐廣云：漢書作「林摯」。

〔二〕【補注】先謙曰：史表「彊」作「疆」，兩見，「五年」作「八年」。

〔三〕【補注】先謙曰：項，汝南縣。圉，淮陽縣。不能合併爲一，疑有衍文。

〔四〕【補注】先謙曰：深澤，中山縣。涿郡有南深澤，地亦相近。史表「夕」作「夜」。

〔五〕【補注】蘇輿曰：史表「薨」作「絶」。下云文十四年復封，與此異。案薨後不應曠久無嗣，疑此有奪誤。

〔六〕【補注】先謙曰：史表「脩」作「循」，兩見。

〔七〕【補注】先謙曰：「夷胡侯」當作「夷侯胡」。官本不誤。臾，縣名。

𢶳頃侯温疥[一]	以燕將軍漢王四年從破曹咎軍，爲燕相告燕王荼反，侯，以燕相國定盧綰，千九百户。[二]	十月丙辰封，二十五年薨。	九十一	孝文六年，文侯仁嗣，十七年薨。	後七年，侯何嗣，七年，孝景四年薨。[三]	曾孫	元康四年，疥玄孫長安公士福詔復家。
歷簡侯程黑[四]	以趙衛將軍漢王三年從起盧奴，擊項羽敖倉下，爲將軍，攻臧荼有功，封千户。	十月癸酉封，十四年薨。	九十二[五]	高后三年，孝侯氂嗣，二十二年薨。[六]	孝文後元年，侯竈嗣，十四年，孝景中元年，有罪，免。	曾孫	玄孫

〔一〕師古曰：𢶳音詢，又音旬。疥音介。【補注】王念孫曰：説文、廣韻、玉篇、集韻皆無「𢶳」字，當作「⿱旬木」。此即右扶風栒邑縣也。作⿱旬木者，借字耳。説文「⿱旬木，大木，可爲鉏柄」。廣韻「相倫、祥勻二切」。故顏云⿱旬木音詢，又音旬也。史表作「⿰扌旬」即「栒」之誤。

〔二〕【補注】先謙曰：史表「綰」作「奴」，是。

〔三〕【補注】蘇輿曰：自文後七年至景四年，止五年。此云七年，不合。史表孝景中元四年，元字當衍。侯河有罪，國除。案薨後不應無嗣。下又云，詔復家。則史表爲是。先謙曰：史表「何」作「河」，兩見。

〔四〕【補注】先謙曰：歷，信都縣。史表作「磨」。

〔五〕【補注】錢大昭曰：九十二有王虞人，此當是九十七。史表作九十三，非。説見高陵侯下。

〔六〕【補注】先謙曰：史表「氂」作「釐」。

				六世元康四年，黑玄孫之子長安簪裹弘詔復家。	元始五年，詔賜黑代復者安爵關內侯。		
武原靖侯衛胠〔一〕	漢七年以梁將軍從初起擊韓信、陳豨、黥布軍功侯，二千八百户功比高陵侯。〔二〕	十二月丁未封，八年薨。	**九十三**	孝惠四年，共侯寄嗣，三十七年薨。	孝景三年，侯不害嗣，三十年，後二年坐葬過律，免。〔三〕	**曾孫**	元康四年，胠玄孫郭公乘堯詔復家。〔四〕
稾祖侯陳錯〔五〕	高帝七年爲將從擊代陳豨有	十二月丁未封，七年薨。	**百二十四**	孝惠三年，懷侯嬰嗣，十九年	孝文七年，共侯應嗣十四年薨。	後五年，節侯安嗣，三十一年薨。〔六〕	元狩二年，侯千秋嗣，九年，元鼎

〔一〕師古曰：胠音脅，又音怯。【補注】周壽昌曰：索隱「漢表『胠』作『怯』，音怯」。與顔所見本異。先謙曰：武原，楚國縣。國除後，封代共王子罷軍。

〔二〕【補注】錢大昭曰：高陵侯，王虞人也。虞人九十二，此九十三，史表作九十二，非。先謙曰：史表「七年」作「四年」。

〔三〕【補注】錢大昭曰：潛夫論「景帝時，原侯衛不害坐葬過律奪國」，即其事。惟少一「武」字。蘇輿曰：「三十年」當作「十三年」，文誤倒。

〔四〕【補注】先謙曰：「郭」即「虢」也，扶風縣。

〔五〕師古曰：稾音公老反。錯音口駭反。【補注】王念孫曰：「稾」當爲「橐」字之誤也。泗水注「高帝封陳錯爲橐侯」。五行志「山陽橐茅鄉社有大槐樹」。師古曰：橐，縣名，音拓。地理志「山陽郡橐」。臣瓚曰：音拓，則字本作「橐」，而師古此注音公老反。失之矣。索隱「漢志橐縣屬山陽」，司馬所見本正作「橐」，故引漢志爲解。今本索隱亦作「稾」，則後人以顔注改之也。「祖」當依史表作「祇」。蔡邕獨斷説謚法云「治典不殺曰祇」。

〔六〕【補注】先謙曰：此以安爲千秋父也。史表侯安下云「不得，千秋父」。徐廣云：千秋父以元朔元年立。

	功，侯六百户。〔一〕			薨。〔二〕			五年，坐酎金免。
				六世 元康四年，鍇玄孫之子茂陵公乘主儒詔復家。〔三〕			
宋子惠侯許瘛〔四〕	以漢三年用趙右林將初擊定諸侯，五百三十六户，功比歷侯。〔五〕	二月丁卯封，四年薨。〔六〕	**九十九**	十二年，共侯留嗣，二十五年薨。〔七〕	孝文十年，侯九嗣，二十二年，孝景中二年，坐寄使匈奴買塞外禁物，免。	**曾孫**	**玄孫**

〔一〕【補注】先謙曰：史表「將」下有「軍」字。

〔二〕【補注】先謙曰：官本「三」作「二」。

〔三〕【補注】先謙曰：官本「主」作「王」。

〔四〕師古曰：瘛音充制反。【補注】先謙曰：宋子，鉅鹿縣。亦見濁漳水注。

〔五〕師古曰：林將，將士林，猶言羽林之將也。【補注】錢大昭曰：歷侯，程黑也。黑九十七。表在九十二，誤。此九十九。蘇輿曰：「侯」下當更有「侯」字。先謙曰：史表「右」作「羽」，是。此誤字。顏依文釋之。

〔六〕【補注】先謙曰：官本「二」作「三」。

〔七〕【補注】先謙曰：史表「留」作「不疑」。

				六世	七世		
					元康四年，瘛玄孫之孫宋子大夫迺詔復家。		
猗氏敬侯陳遬〔一〕	以舍人從起豐，入漢，以都尉擊項羽，侯，千一百户。	三月丙戌封，十一年薨。	五十 位次曰長陵侯。	孝惠七年，靖侯支嗣，三十四年薨。〔二〕	孝景三年，頃侯羌嗣，一年薨，亡後。〔三〕	元康四年，遬曾孫猗氏大夫胡詔賜黄金十斤，復家。	
清簡侯室中同〔四〕	以弩將初起從，入漢，以都尉擊項羽、代，侯，比彭侯，户千。〔五〕	三月丙戌封，五年薨。	七十一	孝惠元年，頃侯聖嗣，二十二年薨。	孝文八年，康侯鮒嗣，五十二年薨。	元狩三年，共侯古嗣，七年薨。〔六〕	元鼎四年，侯生嗣，一年，坐酎金免。

〔一〕師古曰：遬，古速字。【補注】先謙曰：猗氏，河東縣。

〔二〕【補注】先謙曰：史表「支」作「交」。

〔三〕【補注】先謙曰：史表「羌」作「差」。

〔四〕【補注】先謙曰：清，東郡縣，亦見河水注。「室中同」，史表作「空中」，脱「同」。徐廣云：「空」一作「室」。索隱「室中，姓。見風俗通」。

〔五〕【補注】錢大昭曰：彭侯，秦同也。同七十，此七十一。

〔六〕【補注】先謙曰：史表「古」作「右」。

侯	功狀	始封	位次	子	孫	曾孫	玄孫
							元康四年，同玄孫高宛簪裹武詔復家。
彊圉侯留肹[一]	以客吏初起從入漢，以都尉擊項羽、代，侯，比彭侯，千户。[二]	三月丙戌封，三年薨。	七十二	十一年，戴侯章復嗣，二十九年薨。[三]	文侯三年，侯復嗣，二年有罪，免。[四]	元康四年，肹曾孫長安大夫定詔復家。	
彭簡侯秦同[五]	以卒從起薛，以弩將入漢，以都尉擊項羽、代，侯，千户。	三月丙戌封，二十二年薨。	七十	孝文三年，戴侯執嗣，二十三年薨。	孝景三年，侯武嗣，十一年，後元年有罪，免。	**曾孫**	元康四年，同玄孫費公士壽王詔復家。

[一]【補注】先謙曰：吴卓信云：「彊，涿郡東彊也」。先謙案，東彊不得單稱彊，闕疑。史表「圉」作「簡」，「肹」作「勝」，「彊」作「疆」，蓋誤。

[二]【補注】錢大昭曰：彭侯秦同七十〔二〕，此七十二。

[三]【補注】先謙曰：父名章復，子不得名復。史表無「復」字，是。

[四]【補注】先謙曰：史表孝文十三年，侯復元年。十五年，侯復有罪，國除。是「文侯三年」，當爲「孝文十三年」。

[五]【補注】錢大昭曰：索隱「漢表在東海」。今脱。王子侯表彭侯强下注東海，又澎侯劉屈氂。晉灼云「東海縣」，然東海無彭縣。錢坫曰：「同玄孫爲費公士，費亦屬東海」。然則彭爲費縣地矣。郡國志「費縣有祊亭」。古祊、彭字通，此「彭」即「祊」。

吴房嚴侯楊武〔一〕	以郎中騎將漢元年從起下邽，擊陽夏，以騎都尉斬項籍，侯，七百户。〔二〕	三月辛卯封，三十二年薨。〔三〕	九十四	孝文十三年，侯去疾嗣，二十五年，孝景後三年，有罪，耏爲司寇。〔四〕	元康四年，武孫霸陵公乘談詔賜黄金十斤，復家，亡子，絶。		談兄孫爲次復，亡子，絶。〔五〕
甯嚴侯魏遬〔六〕	以舍人從碭入漢，以都尉擊臧荼功，侯，千户。	四月辛卯封，三十五年薨。	七十八	孝文十六年，共侯連嗣，八年薨。	孝文後元年，侯指嗣，三年，坐出國界，免。〔七〕	**曾孫**	元康四年，遬玄孫長安公士都詔復家。
昌圉侯旅卿〔八〕	以齊將漢王四年從韓信起無鹽，定齊，擊項羽，	六月戊申封，三十四年薨。	**百九**	孝文十五年，侯通嗣，十一年，孝景三年，坐謀反，誅。	**孫**	**曾孫**	元康四年，卿玄孫昌上造光詔賜黄金十斤，復家。

〔一〕【補注】先謙曰：吴房，汝南縣。亦見灈水注。

〔二〕【補注】先謙曰：史表「陽夏」作「夏陽」。

〔三〕【補注】先謙曰：史表作二月辛巳。

〔四〕【補注】先謙曰：「耏」字誤，官本作「耐」。史表「十三年」作「十二年」，「後三年」作「後元元年」。

〔五〕【補注】先謙曰：次復，猶上云代復。

〔六〕【補注】先謙曰：史表亦作「甯」。索隱「漢表甯陽，屬濟南郡」，是小司馬所見漢書本「甯」字下有「陽」字也。「遬」，史表作「選」，亦見匈奴傳。甯即河内之脩武縣。甯陽，太山縣。非濟南。

〔七〕【補注】蘇輿曰：自文十六年至後（七）〔元〕年，止一年。據上八年推之，當孝景元年。此誤。史表正作孝景元年。

〔八〕【補注】先謙曰：昌，琅邪縣。後封城陽頃王子差。史表「旅」作「盧」。索隱「漢表姓張，張即盧，古張弓字」。是旅當爲「張」。亦見匈奴傳。

	又擊韓王信於代,侯千户。						
				六世 子賜代,死,亡子,絶。有同産子元始二年求不得。			
共嚴侯旅罷師[一]	以齊將漢王四年從淮陰侯起,擊項籍,又攻韓王信於平城,有功,侯千二百户。[二]	六月壬子封,二十六年薨。	**百一十四**	孝文七年,惠侯黨嗣,八年薨。	十五年,懷侯高嗣,五年薨,亡子。[三]	元康四年,罷師曾孫霸陵簪褭信詔復家。	
閼氏節侯馮解散[四]	以代大與漢王三年降,爲鴈門	六月壬子封,四年薨。	**一百**	十二年,共侯它嗣,一年薨,亡後。	孝文二年,文侯遺以它遺腹子	十六年,共侯勝之嗣,十三年薨。	孝景六年,侯平嗣,三十九年,元

[一] 師古曰:共音恭。罷音皮彼反,又讀曰皮。【補注】先謙曰:共,河内縣。亦見清水注。

[二] 【補注】先謙曰:史表「起」下有「臨淄」二字,是。

[三] 【補注】先謙曰:史表「高」作「商」。

[四] 【補注】先謙曰:索隱「縣名,屬安定」。閼氏即烏氏也。清漳水注以上黨涅氏之閼與聚當之,非是。説見酈商傳。史表「散」作「敢」。

	守，以將軍平代反寇侯千户。〔一〕				嗣，十四年薨。		鼎五年，坐酎金免。〔二〕
安丘懿侯張說〔三〕	以卒從起方與，屬魏豹，一歲五月。以執盾入漢，以司馬擊項羽，以將軍定代，侯，二千户。〔四〕	七月癸酉封，三十二年薨。	**六十七**	孝文十三年，共侯奴嗣，十二年薨。〔五〕 **六世** 元康四年，說玄孫之子陽陵上造舜詔復。〔八〕	孝景三年，敬侯執嗣，一年薨。	四年，康侯新嗣，三十一年薨。〔六〕	元狩元年，侯拾嗣，九年，元鼎四年，坐入上林謀盗鹿，又搏揜，完爲城旦。〔七〕

〔一〕師古曰：大與，主爵禄之官。【補注】先謙曰：大與，史表作「太尉」，索隱：漢表作「太與」，音余。

〔二〕【補注】蘇輿曰：「二十九年」當作「三十九年」。

〔三〕師古曰：說讀曰悦。【補注】先謙曰：安丘，琅邪縣。後封高密頃王子常。

〔四〕【補注】先謙曰：史表「執盾」作「執鈹」。「一歲」作「二歲」。「二千户」作「三千户」。

〔五〕【補注】王念孫曰：十二年，景祐本作「十三年」，是也。孝文十三年至孝景二年，凡十三年。

〔六〕【補注】先謙曰：史表「新」作「訢」。

〔七〕師古曰：搏揜謂搏擊揜襲人而奪其物也。搏字或作「博」。一曰「博，六博也。揜，意錢之屬也。皆謂戲而取人財也」。【補注】先謙曰：史表「拾」作「指」，兩見。

〔八〕【補注】錢大昭曰：閩本有「家」字，是。先謙曰：官本有「家」字。

襄平侯紀通〔一〕	父城以將軍從擊破秦，入漢定三秦，功比平定侯，戰好時，死事，子侯。〔二〕	九月丙午封，五十二年薨。〔三〕	六十六	孝景中三年，康侯相夫嗣，十九年薨。〔四〕	元朔元年，侯夷吾嗣，十九年，元封元年薨，亡後。		元康四年，通玄孫長安簪褭萬年詔復家。
龍陽敬侯陳署〔五〕	以卒從漢王元年起霸上，以謁者擊項籍，斬曹咎，侯，户千。〔六〕	九月己未封，十八年薨。〔七〕	八十四	高后七年，侯堅嗣，十八年，孝文後元年有罪，免。			

〔一〕【補注】先謙曰：襄平，臨淮縣。國除後，封廣陵厲王子聖。

〔二〕【補注】錢大昭曰：平定侯，齊受也。受五十四，通當是五十六。尚闕此位次。先謙曰：史表「城」作「成」，與高紀合。比平定，是成非通。蓋以父功次子位也。

〔三〕【補注】錢大昭曰：孝文元年，通以誅諸吕定策，益封二千户。

〔四〕【補注】錢大昭曰：景紀三年，襄平侯嘉子恢説不孝謀反，赦嘉復故爵，論恢説如法。晉灼云「紀通子也」。孝景三年，康侯相夫嗣。推其封、薨，正與此合。豈更名嘉乎？大昭案，晉説非也。通封在高帝八年，閲五十二年薨，正孝景中三年，豈得删去三年上「中」字以就己説。詔書稱「嘉爲襄平侯」，則嘉嗣封在相夫前，以嘉爲通別名則可，以爲相夫更名，非也。

〔五〕【補注】先謙曰：據汶水注，泰山博縣有龍鄉故城，高帝封陳署爲侯國，是「陽」字蓋衍。史表作「龍」。索隱「廬江有龍舒縣，蓋其地」。不若酈説爲長。

〔六〕【補注】先謙曰：官本作「千户」。

〔七〕【補注】先謙曰：史表作「後九月」，官本「己」作「乙」。

號謚姓名	侯狀戶數	始封	位次	子	孫	曾孫	玄孫
平嚴侯張瞻師〔一〕	以趙騎將漢王五年從擊諸侯，比吳房侯，千五百户。〔二〕	九年十二月壬寅封，八年薨。	九十五	孝惠五年，康侯惸嗣，三十七年薨。〔三〕	孝景四年，侯寄嗣。	侯安國嗣，不得年，元狩元年爲人所殺。〔四〕	玄孫
				六世 元康四年，瞻師玄孫之子敏上造，連城詔復家。〔五〕			
陸量侯須無〔六〕	詔以爲列諸侯，自置吏令長，受令長沙王。〔七〕	三月丙戌封，三年薨。〔八〕	百三十七	十二年，共侯桑嗣，三十四年薨。	孝文後三年，康侯慶忌嗣，五年薨。	孝景元年，侯冉嗣，四十四年，元鼎五年，坐酎金免。	

〔一〕【補注】先謙曰：史表作繁莊侯張瞻。王念孫云：前已有平侯工師喜，此「平」即「繁」，蜀郡縣也。繁、平聲近而字通，若詩之「平平左右」，左傳作「便蕃左右」矣。

〔二〕【補注】先謙曰：吳房侯楊武九十四，此九十五。史表「五年」作「三年」。

〔三〕師古曰：惸音煢。【補注】先謙曰：史表「惸」作「昫獨」，一云「侯惸」。

〔四〕【補注】先謙曰：史表作「中三年」。

〔五〕【補注】錢大昭曰：古「繁」作「緐」，故譌爲「敏」。

〔六〕如淳曰：秦始皇本紀所謂「陸梁地」也。【補注】先謙曰：史表作「陸梁侯須毋」。索隱「陸梁地今在江南」。

〔七〕【補注】先謙曰：史表無「諸」字，是。

〔八〕【補注】先謙曰：史表「丙戌」作「丙辰」，官本「三年」作「二年」。

						元康四年，無曾孫酈陽秉鐸聖詔復家。〔一〕	
高景侯周成〔二〕	父苛以內史從擊破秦，爲御史大夫，入漢，圍取諸侯，守滎陽，功比辟陽侯，罵項籍，死事，子侯。〔三〕	四月戊寅封，三十五年，孝文後五年，謀反，下獄死。	六十	子	繩 孝景中元年，侯應以成孫紹封。〔四〕	侯平嗣，元狩四年，坐爲太常不繕園屋，免。〔五〕	元康四年，成玄孫長安公大夫賜詔復家。
離侯鄧弱	四月戊寅封。楚漢春秋亦闕。成帝時，光祿大夫滑堪日旁占驗						

〔一〕師古曰：秉鐸，武功爵第六級。

〔二〕【補注】先謙曰：史表標「高京」二字。徐廣云：一作「景」。則高景是縣名。

〔三〕【補注】錢大昭曰：辟陽侯審食其五十九，成六十。朱一新曰：案周昌傳「苛以卒史從」。此云「内史」，誤。史表亦作「内史」。

〔四〕【補注】先謙曰：繩，縣名。繩、澠同字。此縣蓋以水氏，淄水注可證。

〔五〕【補注】先謙曰：史表「不繕治園陵」。

	曰「鄧弱以長沙將兵侯」。[二]						
義陵侯吳郢[一]	以長沙柱國侯，千五百户。	九月丙子封，七年薨。[三]	百三十四		孝惠四年，侯重嗣，十年，高后七年薨，亡後。[四]		
宣平武侯張敖[五]	嗣父耳爲趙王，坐相貫高等謀，反廢王爲侯。	九月封，十七年薨。[六]	三[七]		高后二年，侯偃爲魯王，孝文元年復爲侯，十五年薨，謚共。[八]	六年，哀侯歐嗣，十七年薨。[九]	孝景中三年，侯王嗣，十四年，有罪，免。[一〇]

[一]【補注】錢大昭曰：「四月」五字當下一格。「楚漢」以下二十二字疑是注文，上脱「師古曰」三字。蘇輿曰：史表索隱云「按楚漢春秋亦闕。漢表成帝時」云云，與此文同。日旁占驗無日字。是小司馬所見本，但無「楚漢」六字。「成帝」以下，蓋班元文也。先謙曰：史表「滑」作「滔」。日旁占驗書見藝文志。

[二]【補注】先謙曰：史表「郢」作「程」，通用字。義陵，武陵縣。

[三]【補注】先謙曰：史表「子」作「午」。

[四]【補注】先謙曰：史表「重」作「種」，兩見。

[五]【補注】先謙曰：索隱「楚漢春秋南宮侯張耳」。此作宣平侯敖。敖，耳子。陳平録第時，耳已薨故也。案，耳未爲南宮侯，僞書不足徵信如此。

[六]【補注】先謙曰：本傳「敖高后六年薨」。自高帝九年至高后六年，正十七年。下高后二年，「二」是「七」之誤。

[七]師古曰：張耳及敖並爲無大功，蓋以魯元之故，吕后曲升之也。

[八]【補注】先謙曰：史表偃上有「信平」二字。徐廣云：改封信平。下又云「以故魯王爲南宮侯」。此並失載。偃與孝惠後宫子强同時封，應在高后元年。異姓王表是，此誤。信平即新平，淮陽縣。南宫説詳張買下。

[九]【補注】先謙曰：史表「六年」作「十六年」。

[一〇]【補注】先謙曰：「王」當爲「生」。史表及傳可證。

						睢陵 元光三年，侯廣國以王弟紹封，十八年薨。〔一〕	元鼎二年，侯昌嗣，十二年，太初二年，坐爲太常乏祠，免。〔二〕
							元始二年，侯慶忌以敫玄孫紹封，千户。〔三〕
						信都〔四〕 高后八年四月丁酉，侯侈以魯太后子封，孝文元年，以非正免。 **樂昌**〔五〕 四月丁亥，侯受以魯太后子封，元年免。〔六〕	元康四年，耳玄孫長陵公乘遂詔復家。

〔一〕【補注】先謙曰：史表「陵」作「陽」。案公卿表作「睢陵」，傳同。史表誤。「王」亦當作「生」，「八」當爲「七」。見耳傳。

〔二〕師古曰：祠事有闕也。

〔三〕【補注】先謙曰：據本傳「紹封宣平」。表脱「宣平」二字。

〔四〕【補注】先謙曰：信都縣。

〔五〕【補注】先謙曰：東郡縣。

〔六〕【補注】錢大昭曰：傳「受」作「壽」，侈、壽皆敖前婦子，故云非正。

東陽武侯張相如〔一〕	高祖六年爲中大夫，以河間守擊陳豨力戰功，侯千三百户。	十一年十二月癸巳封，三十二年薨。	**百一十八**	孝文十六年，共侯殷嗣，五年薨。	後五年，戴侯安國嗣，六年薨。	孝景四年，哀侯彊嗣，十三年，建元元年薨，亡後。	**玄孫**
				六世 元康四年，相如玄孫之子茂陵公乘宣詔復家。			
慎陽侯樂説〔二〕	淮陰侯韓信舍人，告信反，侯二千户。〔三〕	十二月甲寅封，五十一年薨。〔四〕	**百三十一**	孝景中六年，靖侯願嗣，四年薨。〔五〕	建元元年，侯買之嗣，二十二年，元狩五年，坐鑄白金棄市。	**曾孫**	**玄孫**

〔一〕【補注】先謙曰：東陽，清河縣。後封清河綱王子宏。臨淮亦有東陽，非侯國。索隱誤。

〔二〕如淳曰：慎音震。師古曰：字本作滇，音真，後誤作慎耳。滇陽，汝南縣名也。説讀曰悦。【補注】先謙曰：地理志仍作「慎」。亦見淮水注。史表「樂」作「欒」。

〔三〕【補注】先謙曰：官本作「三千户」。

〔四〕【補注】先謙曰：官本「一」作「二」。

〔五〕【補注】先謙曰：史表「願」下有「之」字。

				六世 元康四年，說玄孫之子長安公士通詔復家。			
開封愍侯陶舍[一]	以右司馬漢王五年初從，以中尉擊燕、代，侯，比共侯，二千户。[二]	十二月丙辰封，一年薨。	百一十五	十二年，夷侯青嗣，四十八年薨。[三]	孝景中三年，節侯偃嗣，十七年薨。	元光五年，侯睢嗣，十八年，元狩五年，坐酎金免。[四]	玄孫
				六世	七世 元康四年，舍玄孫之孫長安公士元始詔復家。		

[一]【補注】先謙曰：開封，河南縣。亦見渠水注。

[二]【補注】錢大昭曰：共侯(旅)〔旅〕罷師百十四，此百十五。

[三]【補注】先謙曰：史表「景帝時爲丞相」。

[四]【補注】錢大昭曰：「元狩」當作「元鼎」。

禾成孝侯公孫昔〔一〕	以卒漢五年初從，以郎中擊代，擊陳豨，侯，千九百户。〔二〕	正月己未封，二十年薨。	**百一十七**	孝文五年，懷侯漸嗣，九年薨。	**孫**	元康四年，昔曾孫霸陵公乘廣意詔復家。	
堂陽哀侯孫赤〔三〕	以中涓從起沛，以郎入漢，以將軍擊項籍，爲惠侯，坐守滎陽降楚，免，復來，以郎擊籍，爲上黨守，擊陳豨，侯，八百户。	正月己未封，九年薨。	**七十七**	高后元年，侯德嗣，四十三年，孝景中六年，有罪，免。	**孫**	元康四年，赤曾孫霸陵公乘明詔復家。	
祝阿孝侯高色〔四〕	以客從起齧桑，以上隊將入漢，以將軍擊魏太原、井陘，屬淮陰	正月己卯封，二十一年薨。	**七十四**	孝文五年，侯成嗣，十四年，後三年，坐事國人過律，免。	**孫**	**曾孫**	元康四年，色玄孫長陵上造弘詔復家。

〔一〕【補注】先謙曰：據濁漳水注，「禾成」作「和城」，在鉅鹿敬武、貰縣之間，史表「昔」作「耳」。

〔二〕【補注】先謙曰：史表「五年」作「二年」。

〔三〕【補注】先謙曰：堂陽，鉅鹿縣。

〔四〕【補注】先謙曰：祝阿，平原縣。亦見濟水注。史表「色」作「邑」。

	侯，罌度軍破項籍及豨侯千八百户。〔一〕						
長脩平侯杜恬〔二〕	以漢王二年用御史初從出關，以內史擊諸侯，攻項昌以廷尉死事，侯千九百户。〔三〕	三月丙戌封，四年薨。	**百八** 位次曰信平侯。〔四〕	孝惠三年，懷侯中嗣，十七年薨。	孝文五年，侯意嗣，二十七年，有罪，免。〔五〕	**陽平**〔六〕 孝景中五年，侯相夫紹封，三十七年，元封三年，坐爲太常與樂令中可當鄭舞人擅繇，闌出入關，免。〔七〕	

〔一〕如淳曰：罌桑，邑名。【補注】先謙曰：史表「桑」作「乘」，蓋誤。「罌」上有「以」字，「八百」上無「千」字。

〔二〕【補注】先謙曰：長脩，河東縣。史表一云「杜恪」。

〔三〕【補注】先謙曰：「攻項昌」史表作「功比須昌侯」。須昌侯趙衍百七，此百八。公卿表「孝惠三年，恬爲廷尉」。下云「薨」，則「死事」二字衍。

〔四〕【補注】先謙曰：信平即新平，淮陽縣。

〔五〕【補注】王念孫曰：史表作「侯喜」，是。「喜」與「憙」古字通，此作「憙」而誤爲「意」也。人表「司馬喜」，中山策作「憙」。

〔六〕【補注】先謙曰：陽平，東郡縣。

〔七〕師古曰：擇可以爲鄭舞，而擅從役使之，又闌出入關。

江邑侯趙堯	以漢五年爲御史，用奇計徙御史大夫周昌爲趙相，代昌爲御史大夫，從擊陳豨，功侯，六百户。	十一月封，高后元年有罪，免。[一]					
營陵侯劉澤[二]	漢三年爲郎中擊項羽，以將軍擊陳豨，得王黃，侯。帝從昆弟，萬一千户。[三]	十一月封，十五年，高后七年，爲琅邪王。[四]	八十八				
土軍式侯宣義[五]	高祖六年爲中地守，以廷尉擊陳豨，侯，一千一	二月丁亥封，七年薨。	百二十二 位次曰信成侯。[六]	孝惠六年，孝侯莫如嗣，三十五年薨。	孝景三年，康侯平嗣，十九年薨。	建元六年，侯生嗣，八年，元朔二年，坐與人妻姦，免。	玄孫

[一]【補注】錢大昭曰：史表作正月辛未封。

[二]【補注】先謙曰：營陵，北海縣。

[三]【補注】先謙曰：史表云「與高祖疏屬劉氏，世爲衛尉。萬二千户。」

[四]【補注】先謙曰：史表「七年」作「六年」。

[五]【補注】先謙曰：土軍，西河縣。亦見河水注。國除後，封代共王子郢客。史表「式」作「武」。

[六]【補注】先謙曰：信成，清河縣。

	百户，就國後爲燕相。						
				六世 元康四年，義玄孫之子阿武不更寄詔復家。[一]			
廣阿懿侯任敖[二]	以客從起沛，爲御史，守豐二歲，擊項籍，爲上黨守，陳豨反，堅守，侯千八百户。後遷爲御史大夫。	二月丁亥封，十九年薨。	八十九	孝文三年，夷侯敬嗣，一年薨。[三]	四年，敬侯但嗣，四十年薨。	建元五年，侯越人嗣，二十一年，元鼎二年，坐爲太常廟酒酸，免。[四]	元康四年，敖玄孫廣阿簪褭定詔復家。

[一]【補注】先謙曰：阿武，涿郡縣。

[二]【補注】先謙曰：廣阿，鉅鹿縣。

[三]【補注】先謙曰：史表「敬」作「竟」。

[四]【補注】先謙曰：公卿表亦作「越人」。史表奪「人」字。

須昌貞侯趙衍〔一〕	以謁者漢王元年初從起漢中，雍軍塞渭上，上計欲還，衍言從它道，道通，後爲河間守，豨反，誅都尉相如，功侯，千四百户。	二月己丑封，三十二年薨。〔二〕	百七	孝文十六年，戴侯福嗣，四年薨。	後四年，侯不害嗣，八年，孝景五年有罪，免。	曾孫	玄孫
				六世	七世 元康四年，衍玄孫之孫長安簪褭步昌詔復家。		
臨轅堅侯戚鰓	初從爲郎，以都尉守蘄城，以中	二月乙酉封，六年薨。〔三〕	百一十六	孝惠五年，夷侯觸龍嗣，二十七年薨。	孝景四年，共侯中嗣，十六年薨。〔四〕	建元四年，侯賢嗣，二十五年，元	元康四年，鰓玄孫孫梁郎官大夫

〔一〕【補注】先謙曰：須昌，東郡縣。亦見濟水注。

〔二〕【補注】先謙曰：史表作「二月己酉」。官本作「三月」。

〔三〕【補注】先謙曰：官本「二月」作「三月」。

〔四〕【補注】先謙曰：史表「中」作「忠」。

		汲紹侯公上不害〔三〕
尉侯，五百户。〔一〕		高祖六年爲太僕，擊代豨有功，侯千三百户。爲趙太僕。〔四〕
		二月乙酉封，三年薨。〔五〕
		百二十三
	六世	孝惠二年，夷侯武嗣，二十七年薨。
	七世 元始二年，鰓玄孫之孫少詔賜爵關內侯。	孝文十四年，康侯通嗣，二十七年薨。
鼎五年，坐酎金免。		建元二年，侯廣德嗣，九年，元光五年，坐妻大逆棄市。〔六〕
常詔復家。〔二〕		元康四年，不害玄孫安陵五大夫常詔復家。

〔一〕【補注】先謙曰：「鄿」當爲「蘄」。閩本、官本不誤。史表同。

〔二〕師古曰：仕梁爲郎，而有官大夫之爵也。

〔三〕【補注】先謙曰：汲，河內縣。史表「紹」作「終」。濟水注「汲」作「波」。

〔四〕【補注】先謙曰：史表作「趙太傅」，「三百」作「二百」。

〔五〕【補注】先謙曰：「乙酉」史表作「己巳」。

〔六〕【補注】先謙曰：史表「坐妻精大逆罪，頗連廣德」。

甯陵夷侯呂臣〔一〕	以舍人從起留，以郎入漢，破曹咎成皋，爲都尉擊豨，功侯，千户。	二月辛亥封，十七年薨。	七十三	孝文十一年，戴侯謝嗣，十六年薨。〔二〕	孝景四年，惠侯始嗣，十七年薨。〔三〕	曾孫	元康四年，呂臣玄孫南陵公大夫得詔復家。
汾陽嚴侯靳彊〔四〕	以郎中騎千人前三年從起櫟陽，擊項羽，以中尉破鍾離眛軍，功侯。〔五〕	三月辛亥封，十一年薨。	九十六	高后三年，共侯解嗣，三十三年薨。	孝景五年，康侯胡嗣，十二年絶，不得狀。	江鄒 元鼎五年，侯石封嗣，九年，太始四年，坐爲太常行幸離宮道橋苦惡，太僕敬聲繫以謁聞，赦免。〔六〕	元康四年，彊玄孫長安公乘忠詔復家。

〔一〕【補注】先謙曰：甯陵，陳留縣。呂臣亦見高紀。

〔二〕【補注】先謙曰：史表「謝」作「射」，古字通。

〔三〕【補注】蘇輿曰：十七年當孝武建元五年。史表作「孝景五年薨」，相距止一年，不合。疑史表誤上一格。

〔四〕【補注】先謙曰：汾陽，太原縣。亦見汾水注。官本作「靳疆」。

〔五〕【補注】先謙曰：史表「前三年」作「前二年」，「櫟陽」作「陽夏」。

〔六〕【補注】先謙曰：史表爲「太常」下作「行太僕事，治嗇夫可年，益縱年，國除」。「江鄒」，公卿表作「江都」。「封嗣」當作「紹封」。

戴敬侯祕彭祖〔一〕	以卒從起沛，以卒開沛城門爲太公僕，以中廄令擊陳豨功侯，千一百户。〔二〕	三月癸酉封，十一年薨。	百二十六	高后三年，共侯憚嗣，十二年薨。〔三〕	孝文八年，夷侯安國嗣，四十八年薨。	元朔五年，安侯軫嗣，十二年薨。〔四〕	元鼎五年，侯蒙嗣，二十五年，後元年，坐祝詛上，大逆要斬。
				六世	七世 元康四年，彭祖玄孫之孫陽陵大夫政詔復家。		
衍簡侯翟盱〔五〕	以漢王二年爲燕令，以都尉下	七月己丑封，十二年薨。	百三十	高后四年，祗侯山嗣，一年薨。〔六〕	六年，節侯嘉嗣，四十四年薨。	建元三年，侯不疑嗣，十年，元朔	元康四年，盱玄孫陽陵公乘光

〔一〕師古曰：今見有祕姓，讀如祕書，而韋昭妄爲音讀，非也。【補注】先謙曰：戴故國後爲甾縣，屬梁國，見泲水注。彭祖所封也。引詳甾下。據此，高帝時有戴縣，彭祖國，而後併入甾耳。史表無「祕」字。

〔二〕【補注】先謙曰：「一百户」，史表作「二百户」。「沛」作「漢」。

〔三〕【補注】蘇輿曰：自高后三年至文七年，爲十三年，「二」當爲「三」。先謙曰：史表「憚」作「悼」。

〔四〕【補注】先謙曰：「安侯軫」史表作「侯安期」。

〔五〕師古曰：盱音況于反。【補注】周壽昌曰：濟水注「濟瀆又東逕封丘縣，此南燕縣之延鄉也。高帝封翟盱爲侯國」。是道元所見漢表「衍」當爲「延」，蓋音近而譌也。御覽一百二引陳留風俗傳云「高祖與項氏戰，厄於延鄉。有翟母者，免其難，故以延鄉爲封丘縣，以封翟母焉」。今表無翟母，當即盱母，然則盱兼以其母之功，不止如侯狀所云矣。

〔六〕【補注】先謙曰：官本「一」作「二」，是。

1	2	3	4	5	6	7	8
	楚九城堅守燕，侯九百户。					元年，坐挾詔書論，耐爲司寇。〔一〕	詔復家。
平州共侯昭涉掉尾〔二〕	漢四年，以燕相從擊項籍，還擊臧荼，侯千户。	八月甲辰封，十八年薨。	百一十一	孝文二年，戴侯種嗣，三年薨。〔三〕	五年，懷侯它人嗣，四年薨。	九年，孝侯馬童嗣，二十九年薨。	孝景後一年，侯昧嗣，二十四年，元狩五年，坐行馳道中免。
							元康四年，掉尾玄孫涪不更福詔復家。〔四〕
中牟共侯單右車〔五〕	以卒從沛入漢，以郎擊布功侯，二千二百户，始	十二年十月乙未封，二十三年薨。	百二十五	孝文(四)〔八〕年，敬侯繒嗣，五年薨。	十三年，戴侯終根嗣，三十七年薨。〔六〕	元光二年，侯舜嗣，十八年，元鼎五年，坐酎金免。〔七〕	玄孫

〔一〕師古曰：詔書當奉持之，而挾以行，故爲罪也。

〔二〕師古曰：姓昭涉，名掉尾也。音徒弔反。【補注】錢大昕曰：「涉」當作「沙」。廣韻「沙」下引作「昭沙掉尾」，以「昭沙」爲複姓。先謙曰：索隱「晉地道記屬巴郡」。錢大昭云：左宣元年傳杜注「平州，齊地，在泰山牟縣西」。先謙案，下有平州侯王唊，下注梁父，此封地同。錢説是。

〔三〕【補注】先謙曰：史表「種」作「福」。

〔四〕【補注】先謙曰：涪，蜀郡縣。

〔五〕【補注】先謙曰：史表作「單父聖」，索隱「漢表作單父右車」，是此人姓單父不疑。此本脱「父」字。中牟，河南縣。

〔六〕【補注】先謙曰：官本作「二十七年」。

〔七〕【補注】朱一新曰：二年，史表作「五年」。據上文推之，史表是。

	高祖微時有急，給高祖馬，故得侯。						
				六世　元康四年，右車玄孫之子陽陵不更充國詔復家。			
邔嚴侯黃極忠〔一〕	以羣盜長爲臨江將，已而爲漢擊臨江王及諸侯，破布，封千户。	十月戊戌封，二十七年薨。	百十三	孝文十二年，夷侯榮成嗣，九年薨。〔二〕	後元五年，共侯明嗣，三十五年薨。〔三〕	元朔五年，侯遂嗣，八年，元鼎元年，坐掩搏奪公主馬，髡爲城旦。户四千。〔四〕	

〔一〕師古曰：邔音鉅己反。【補注】先謙曰：邔，南郡縣。

〔二〕【補注】先謙曰：史表作「慶侯榮盛」。

〔三〕【補注】蘇輿曰：「元」字衍。

〔四〕師古曰：「搏」字或作「博」，已解於上。【補注】先謙曰：史表作「坐賣宅縣官故貴，國除」。官本「掩」作「揜」。

號謚姓名	侯狀戶數	始封	位次	子	孫	曾孫	玄孫
				六世 元康四年，極忠玄孫之子邵公乘調詔復家。	元始元年，賜極忠代後者敞爵關内侯。		
博陽節侯周聚〔一〕	以卒從豐，以隊率入漢，擊項籍，城皋有功，爲將軍，布反，定吳郡，侯。〔二〕	十月辛丑封，二十四年薨。〔三〕	**五十三**	孝文九年，侯遬嗣，十五年，孝景元年，有辠，奪爵一級。〔四〕	**孫**	元康四年，聚曾孫長陵公乘萬年詔復家。	
陽羨定侯靈常〔五〕	以荆令尹漢五年初從，擊鍾離眛及陳公利幾，	十月壬寅封，十四年薨。	**百一十九**	高后七年，共侯賀嗣，八年薨。	孝文七年，哀侯勝嗣，六年薨，亡後。	**曾孫**	元康四年，常玄孫南和大夫横詔復家。〔六〕

〔一〕【補注】齊召南曰：陳濞既封博陽，不應一地兩侯。索隱「縣屬彭城」，則此應作「傅陽」。博、傅定形近而誤耳。先謙曰：傅陽，楚國縣。聚，亦見南粵傳。

〔二〕【補注】先謙曰：史表「從」下有「起」字，「城」作「成」，是。

〔三〕【補注】先謙曰：「十月」，史表作「十一月」。

〔四〕【補注】先謙曰：案「元年」，史表作「中五年」。

〔五〕【補注】先謙曰：史表作「陽義」。徐廣云：一作「羡」。陽羨，吳郡縣。

〔六〕【補注】先謙曰：南和，廣平縣。

	徙爲漢中大夫，從至陳取韓信，還中尉以擊布，侯二千户。〔一〕						
下相嚴侯泠耳〔二〕	以客從起沛，入漢，用兵擊破齊田解軍，以楚丞相堅守彭城距布軍功侯，二千户。	十月己酉封，十八年薨。〔三〕	**八十五**	孝文三年，侯順嗣，二十三年，孝景三年，坐謀反，誅。〔四〕	**孫**	**曾孫**	元康四年，耳玄孫長安公士安詔復家。
高陵圉侯王虞人〔五〕	以騎司馬漢王元年從起廢丘，	十二月丁亥封，十年薨。〔六〕	**九十二**〔七〕	高后三年，侯弄弓嗣，十八年	孝文十三年，侯行嗣，十二年，孝		

〔一〕【補注】先謙曰：利幾見高紀。

〔二〕師古曰：泠音零。【補注】先謙曰：下相，臨淮縣。亦見睢水注。

〔三〕【補注】先謙曰：史表「己酉」作「乙酉」。

〔四〕【補注】先謙曰：史表「順」作「慎」。通用字。

〔五〕【補注】先謙曰：索隱「縣屬琅邪」。史表「王虞人」作「王周」。

〔六〕【補注】先謙曰：「十二月」史表作「十一月」。

〔七〕【補注】錢大昭曰：九十二有程黑、王虞人二人，依史表「衛胠九十二，程黑九十三」。然胠下云「功比高陵」，則虞人當九十二，胠當九十三，表闕九十七，其程黑與？

	以都尉破田横、龍且,追籍至東城,以將軍擊布,侯九百户。			薨。〔一〕	景三年,謀反,誅。		
期思康侯賁赫〔二〕	淮南王英布中大夫,告反,侯,千户。〔三〕	十二月癸卯封,二十九年,孝文十四年薨,亡後。	百三十二				元康四年,赫玄孫壽春大夫充詔復家。
戚圉侯季必〔四〕	以騎都尉漢二年初起櫟陽,攻破廢丘,因擊項籍,屬韓信,破齊,	十二月癸卯封,十六年薨。	九十	孝文元年,貞侯長嗣,三年薨。〔五〕	四年,躁侯瑕嗣,三十八年薨。〔六〕	建元三年,侯信成嗣,二十年,元狩五年,坐爲太常縱丞相侵神	元康四年,必玄孫長安公士買之詔復家。

〔一〕【補注】先謙曰:史表作「惠侯并弓」。

〔二〕師古曰:賁音肥。【補注】先謙曰:期思,汝南縣。亦見淮水注。

〔三〕【補注】先謙曰:官本「一」作「二」。史表「布盡殺其宗族」。

〔四〕師古曰:灌嬰傳云「李必」,今此作「季」。表、傳不同,當有誤。【補注】先謙曰:戚蜀東郡觀,亦見河水注。又東海亦有戚縣,即晉代所因。索隱以爲彼,是也。史表亦作「季必」,案當作「李」,詳灌嬰傳。

〔五〕【補注】先謙曰:史表少此一代。

〔六〕【補注】先謙曰:史表作「齊侯班」。

	攻臧荼，爲將軍，擊韓信，侯，千五百户。					道，爲隸臣。〔一〕	
穀陽定侯馮谿〔二〕	以卒前二年起拓，擊籍，定代，爲將軍，功侯。〔三〕	正月乙丑封，二十二年薨。	**百五**	孝文七年，共侯熊嗣，十八年薨。	孝景二年，隱侯卬嗣，三年薨。〔四〕	五年，懿侯解中嗣，十二年薨。〔五〕	建元四年，侯偃嗣。〔六〕
				六世 元康四年，谿玄孫之子穀陽不更武詔復家。			

〔一〕師古曰：刑法志「罪人獄已決，完爲城旦、舂，滿三歲爲鬼薪、白粲，一歲爲臣妾，一歲免爲庶人。然則男子爲隸臣，女子爲隸妾也」。【補注】先謙曰：丞相侵神道，謂李蔡也。見樂安侯下。

〔二〕【補注】先謙曰：穀陽，沛郡縣。史表作「穀陵」。

〔三〕【補注】先謙曰：史表「拓」作「柘」，是。柘，沛郡縣。

〔四〕【補注】先謙曰：史表「卬」作「印」。

〔五〕【補注】先謙曰：史表作「獻侯解」。

〔六〕【補注】錢大昕曰：「嗣」下史闕文。

嚴敬侯許猜〔一〕	以楚將漢二年降，從起臨濟，以郎中擊項羽、陳豨，侯，六百户。〔二〕	正月乙丑封，四十年薨。	**百一十二**	孝景二年，侯恢嗣，十六年薨。	建元二年，煬侯則嗣，九年薨。〔三〕	元光五年，節侯周嗣，三年薨。〔四〕	元朔二年，侯廣宗嗣，十五年，元鼎五年，坐酎金免。
				六世 元康四年，猜玄孫之子平壽公士任壽詔復家。〔五〕			
成陽定侯奚意〔六〕	以魏郎漢王二年從起陽武，擊項籍，屬魏王豹，豹反，徙屬相國彭越，以太原尉定代，侯，六百户。	正月乙酉封，二十六年薨。	**百一十**	孝文十一年，侯信嗣，二十九年，建元元年有罪，要斬。〔七〕	**孫**	元康四年，意曾孫陽陵公乘通詔復家。	

〔一〕師古曰：猜音千才反。【補注】先謙曰：史表「嚴」作「壯」，「猜」作「倩」。徐廣云：「壯」一作「莊」。案「莊」是也。「莊」諱爲「嚴」，「壯」則不諱矣。莊，不詳其封地。

〔二〕【補注】先謙曰：史表「二年」作「三年」。

〔三〕【補注】周壽昌曰：史表「煬」作「殤」。案嗣九年薨，則非殤，作「煬」是。

〔四〕【補注】先謙曰：史表少此一代。

〔五〕【補注】先謙曰：平壽，北海縣。

〔六〕【補注】先謙曰：成陽，汝南縣。亦見淮水注。侯絕後，封趙臨。史表無「奚」字。

〔七〕【補注】先謙曰：史表作「有罪鬼薪」。

號謚姓名	侯狀戶數	始封	位次	子	孫	曾孫	玄孫
桃安侯劉襄[一]	以客從，漢王二年起定陶，以大謁者擊布，侯，千戶。爲淮南太守。項氏親。[二]	三月丁巳封，七年，孝惠七年，有罪免，二年復封，十六年薨。[三]	百三十五	孝文十年，懿侯舍嗣。三十年薨。[四]	建元元年，厲侯由嗣，十三年薨。[五]	元朔二年，侯自爲嗣，十五年，元鼎五年，坐酎金免。	玄孫
				六世 元康四年，襄玄孫之子長安上造益壽詔復家。			
高梁共侯酈疥[六]	父食其以客從破秦，以列侯入	二月丙寅封，六十三年薨。[七]	六十六	元光三年，侯勃嗣。[八]	侯平嗣，元狩元年，坐詐衡山王	曾孫	元康四年，食其玄孫陽陵公乘

[一]【補注】先謙曰：桃，信都縣。國除後，封廣川繆王子良。

[二]【補注】先謙曰：史表「淮南太守」作「淮陰守」。

[三]【補注】先謙曰：史表「三月」作「二月」。

[四]【補注】先謙曰：史表作「哀侯」。景帝時爲丞相。

[五]【補注】先謙曰：史表「由」作「申」。

[六]【補注】先謙曰：汾水注「汾水逕高梁城西，高帝封酈疥爲侯國地，距楊縣不遠」。引詳河東楊下。

[七]【補注】杜貴墀曰：據傳「疥後更食武陽」。史傳「更食武遂」。正義云「武陽誤也。武遂即武隧，河間縣」。此及史表俱失載。

[八]【補注】先謙曰：傳「勃」作「遂」。

侯號	功狀戶數	始封	位次	子	孫	曾孫	玄孫
	還定諸侯，常使使約和諸侯，説齊王死事子侯。〔一〕				取金，免。〔二〕		賜詔復家。
紀信匡侯陳倉	以中涓從起豐，以騎將入漢，以將軍擊項籍，後攻盧綰，侯，七百户。	六月壬辰封，十年薨。	八十	高后三年，夷侯開嗣，二十二年薨。〔三〕	孝文後二年，侯煬嗣，八年，孝景二年反，誅。〔四〕	**曾孫**	**玄孫**
				六世 元康四年，倉玄孫之子長安公士千秋詔復家。			

〔一〕【補注】先謙曰：「入」下脱「漢」字。史表有。
〔二〕【補注】先謙曰：史表事屬侯勃，無侯平一代。
〔三〕【補注】先謙曰：官本作「二十三年」。
〔四〕【補注】先謙曰：史表「煬」作「陽」。

號謚姓名	功狀戶數	始封	位次	子	孫	曾孫	玄孫
景嚴侯王競〔一〕	以車司馬漢元年初從起高陵，屬劉賈，以都尉從軍，侯，五百户。	六月壬辰封，七年薨。	百六	孝惠七年，戴侯真粘嗣，十九年薨。〔二〕	孝文十一年，侯嫗嗣，二十二年，孝景十年，有罪，免。〔三〕	曾孫	元康四年，競玄孫長安公士昌詔復家。
張節侯毛釋之〔四〕	以中涓從起豐，以郎騎入漢，還從擊諸侯，侯，七百户。〔五〕	六月壬辰封，二十六年薨。	七十九	孝文十一年，侯鹿嗣，二年薨。〔六〕	十三年，侯舜嗣，二十三年，孝景中六年，有罪，免。	曾孫	元康四年，釋之玄孫長安公士景詔復家。
賁棗端侯革朱〔七〕	以越連敖從起薛，別以越將入漢，擊諸侯，以都尉侯，九百户。〔八〕	六月壬辰封，七年，孝惠七年薨。嗣子有罪，不得代。	七十五	孝文二年，康侯式以朱子紹封，二十一年薨。〔九〕	孝景中二年，侯昌嗣，二年，有罪，免。〔一〇〕	曾孫	元康四年，朱玄孫陽陵大夫奉詔復家。

〔一〕【補注】先謙曰：史表「景」作「甘泉」。徐廣云：一作「景」，「競」作「竟」。索隱「甘泉疑是甘水」。

〔二〕師古曰：粘亦黏字。【補注】先謙曰：史表「真粘」作「莫摇」。

〔三〕師古曰：嫗音許孕反。【補注】先謙曰：史表「嫗」作「嫖」。

〔四〕【補注】先謙曰：張，廣平縣。國除後封彭昭。史表「毛釋之」作「毛澤」。

〔五〕【補注】先謙曰：史表「騎」字在「涓」下。「郎」下有「將」字。

〔六〕【補注】先謙曰：史表「侯鹿」作「夷侯慶」。錢大昭云：篆文「慶」從鹿，今作「鹿」，壞字。

〔七〕【補注】先謙曰：濟陰，冤朐縣。有煮棗城，朱所國。見濟水注。蓋免侯後并入冤朐。「端侯革朱」，史表作「靖侯赤」。

〔八〕【補注】先謙曰：史表「越將」作「郎將」，是。

〔九〕【補注】蘇輿曰：自文二年至景中二年，當作三十一年。先謙曰：史表「式」作「武」。

〔一〇〕【補注】錢大昭曰：公卿表「孝景中，煮棗侯乘昌爲奉常」。「乘」與「革」相似而誤。

偃陵嚴侯朱濞〔一〕	以卒從起豐，入漢，以都尉擊項籍、臧荼，侯，二千七百户。	十二月封，十一年薨。	**五十一**〔二〕	高后四年，共侯慶嗣，十一年，孝文七年薨，亡後。		元康四年，濞曾孫陽陵公士言詔復家。	
藏鹵侯張平〔三〕	以中尉前元年從起單父，不入關，以擊黥布、盧綰，得南陽，侯，二千七百户。〔四〕	十二月封，十二年薨。	**四十八**	高后五年，侯勝〔五〕嗣，七年，孝文四年，有罪，爲隸臣。		**曾孫**	**玄孫**
				六世 元康四年，平玄孫之子長安公士常詔復家。			

〔一〕【補注】先謙曰：偃陵，潁川縣。

〔二〕【補注】錢大昭曰：當從史表作五十二，因五十一已有繒賀也。

〔三〕【補注】先謙曰：史表作「菌莊侯」。徐廣云：「菌」一作「鹵」。案閩本、官本俱作「鹵嚴侯」，是也。鹵，安定縣，史誤爲「菌」。此又誤加「藏」脫「嚴」也。

〔四〕【補注】先謙曰：史表「中尉」作「中涓」。

〔五〕【補注】先謙曰：脫「孫」字。

右高祖百四十七人[一]。周呂、建成二人在外戚，羹頡、合陽、沛、德四人在王子，凡百五十三人[二]。

便頃侯吳淺	以父長沙王功侯二千户。	元年九月癸卯封，三十七年薨。	**百三十三**	孝文後七年，共侯信嗣，六年薨。	孝景六年，侯廣志嗣。	侯千秋嗣，元鼎五年，坐酎金免。	**編** 元康四年，淺玄孫長陵上造長樂詔復家。[三]
軑侯黎朱蒼[四]	以長沙相侯，七百户。	二年四月庚子封，八年薨。	**百一十**[五]	高后三年，孝侯豨嗣，二十一年薨。	孝文十六年，彭祖嗣，二十四年薨。[六]	侯扶嗣，元封元年，坐爲東海太守行過擅發卒爲衛，當斬，會赦，免。[七]	**玄孫** 江夏[八]

〔一〕【補注】齊召南曰：案，應作百三十六人。錢大昭曰：宣紀「元康元年，復高皇帝功臣絳侯周勃等百三十六家子孫」。「六」當爲「七」。

〔二〕【補注】齊召南曰：應作「凡百四十三人」。錢大昭曰：此用史記原數也。序云「侯者百四十三人」，荀紀同。則「五」當爲「四」。

〔三〕【補注】先謙曰：南郡縣。便，桂陽縣。蓋分編置。

〔四〕師古曰：軑音大，又音第。【補注】先謙曰：史表「黎朱蒼」作「利倉」。索隱「漢書作軑侯朱蒼」，是小司馬所見漢表又異。

〔五〕【補注】錢大昭曰：閩本作百二十。案王子侯表德哀侯廣位次亦百二十，廣實百二十七，説見彼表。閩本是。先謙曰：官本作「百二十」。

〔六〕【補注】錢大昭曰：「彭祖」上脱「某侯」二字。

〔七〕【補注】先謙曰：史表「扶」作「秩」。

〔八〕【補注】先謙曰：「軑」見志，亦見江水注。

				六世 元康四年，蒼玄孫之子竟陵簪褭漢詔復家。			
平都孝侯劉到〔一〕	以齊將高祖三年定齊，降侯千戶。〔二〕	五年六月乙亥封，十三年薨。	百一十〔三〕	孝文三年，侯成嗣，三十五年，孝景後二年，有罪，免。		元康四年，到曾孫長安公乘如意詔復家。	
右孝惠三人							
南宮侯張買	以父越人爲高祖騎將從軍，以中大夫侯。	元年四月丙寅封。〔四〕		侯生嗣，孝武初，有罪，爲隸臣。萬六千六百戶〔五〕			北海〔六〕

〔一〕【補注】先謙曰：平都，上郡縣。

〔二〕【補注】先謙曰：史表「降」字在「定齊」上，此誤倒。

〔三〕【補注】錢大昭曰：前奚意亦百十，此有誤字。

〔四〕【補注】先謙曰：史表「高后八年，侯買坐吕氏事誅，國除」，是也。故孝文以南宫封張敖子偃。

〔五〕【補注】先謙曰：史表無此一代，是也。錢大昭云：張生是偃之孫，孝武時正爲南宫侯，安得復有張買之子名生者爲南宫侯乎？且户數甚多，必張敖之後，封國本大，故有此數。當是傳寫者因其姓及封地皆同，誤移於此。

〔六〕【補注】先謙曰：南宫，信都縣。非北海。亦見濁漳水注。

號謚姓名	功狀	封年	位次	子	孫	曾孫	玄孫
梧齊侯陽城延[一]	以軍匠從起郟，入漢，後爲少府，作長樂、未央宮，築長安城，先就，侯。[二]	四月乙酉封，六年薨。	七十六	七年，敬侯去疾嗣，三十四年薨。	孝景中三年，靖侯偃嗣，十五年薨。	元光三年，侯戎奴嗣，十四年，元狩五年，坐使人殺季父，棄市，户三千三百。	玄孫
				六世 元康四年，延玄孫之子梧公士注詔復家。			
平定敬侯齊受[三]	以卒從起留，以家車吏入漢，以驍騎都尉擊項	四月乙酉封，九年薨。	五十四	孝文二年，齊侯市人嗣，四年薨。	六年，共侯應嗣，四十一年薨，亡後。	元光二年，康侯延居嗣，八年薨。[四]	元鼎四年，侯昌嗣，二年，元鼎二年有罪免。[五]

[一]【補注】先謙曰：梧，楚國縣。史表「城」作「成」，字同。陽城複姓，見廣韻。

[二]師古曰：郟，潁川之縣也。音夾。【補注】周壽昌曰：高紀七年，蕭何治未央宮。十二年，帝崩于長樂宮。是二宮最先就，何督延所修。長安城經始于惠帝元年，落成于五年，時何已故，延一人所修也。

[三]【補注】先謙曰：平定，西河縣。

[四]【補注】朱一新曰：「八年」當作「十八年」。

[五]【補注】朱一新曰：「元鼎四年」、「二年」，誤倒。

	籍，得樓煩將，用齊丞相侯。〔一〕						元康四年，受玄孫安平大夫安德詔復家。〔二〕
博成敬侯馮無擇〔三〕	以悼武王郎中從高祖起豐，攻雍，共擊項籍，力戰，奉悼武王出滎陽，侯。〔四〕	四月己丑封，三年薨。〔五〕		四年，侯代嗣，八年，坐呂氏誅。			

〔一〕師古曰：家車吏，主漢王之家車，非軍國所用。【補注】沈欽韓曰：家車見管子問篇。史記呂后紀「封齊丞相壽爲平定侯」，即此。壽、受音同字變。先謙曰：史表「驍」作「梟」。又云，一云「項涓」。

〔二〕【補注】先謙曰：官本「德」作「惠」。

〔三〕【補注】吴卓信曰：博，泰山之縣。成敬，謚也。先謙曰：史表標「博成」二字，則「博成」是縣，「敬」是謚。吴説非也。張守節云：括地志「兖州博城本漢博城縣城」。先謙案，隋志魯郡有博城縣，在今泰安府泰安縣東南。

〔四〕師古曰：悼武王，高后兄周呂侯呂澤也。高后追尊曰悼武王。

〔五〕【補注】先謙曰：史表作「四月乙酉」。

沅陵頃侯吳陽〔一〕	以父長沙王功侯。	七月丙申封，二十五年薨。〔二〕	**百三十六**	孝文後二年，頃侯福嗣，十七年薨。	孝景中五年，哀侯周嗣，薨，亡後。		
中邑貞侯朱進〔三〕	以執矛從入漢，以中尉破曹咎，用呂相侯，六百户。〔四〕	四年四月丙申封，二十二年薨。		孝文後二年，侯悼嗣，二十一年，孝景後三年，有罪，免。			
樂成簡侯衛毋擇〔五〕	以隊率從起沛，屬皇訢，以郎擊陳餘，用衛尉侯，六百户。〔六〕	四月丙申封，二年薨。〔七〕		六年，共侯勝嗣，四十一年薨。	孝景後三年，侯侈嗣，六年，建元六年，坐買田宅不法，有請賕吏，死。〔八〕		

〔一〕師古曰：沅音元。【補注】先謙曰：沅陵，武陵縣。

〔二〕【補注】先謙曰：史表作「十二月壬申封」。

〔三〕【補注】先謙曰：史表作「真侯朱通」。中邑，勃海縣。

〔四〕師古曰：爲呂王之相也。【補注】沈欽韓曰：魯頌箋「兵車之法，左人持弓，右人持矛」。

〔五〕【補注】先謙曰：史表「成」作「平」，「毋擇」作「無擇」。官本、閩本並作「樂平」。樂成，南陽縣。樂平，後漢爲東郡縣。

〔六〕【補注】先謙曰：史表「隊率」作「隊卒」，「皇訢」即「皇欣」。見高紀。

〔七〕【補注】先謙曰：官本「二」作「三」。

〔八〕【補注】沈欽韓曰：田宅踰制，漢刺史所察第一條也。「有」讀爲「又」。又以財請賕吏。先謙曰：史表「賕」作「求」。

號謚姓名	侯狀户數	始封		子	孫	曾孫	玄孫
山都貞侯王恬啟〔一〕	漢五年，爲郎中柱下令，以衛將軍擊陳豨，用梁相侯。〔二〕	四月丙申封，八年薨。		孝文四年，憲侯中黄嗣，二十三年薨。〔三〕	孝景四年，敬侯觸龍嗣，二十三年薨。〔四〕	元狩五年，侯當嗣，八年，元封元年，坐闌入甘泉上林，免。	
祝茲夷侯徐厲〔五〕	以舍人從沛，以郎中入漢，還得雍王邯家屬，用常山丞相侯。〔六〕	四月丙申封，十一年薨。		孝文七年，康侯悼嗣，二十九年薨。〔七〕	孝景中六年，侯偃嗣，九年，建元六年，有罪免。		
成陰夷侯周信〔八〕	以卒從起單父，爲吕后舍人，度吕后爲河南守，侯，五百户。〔九〕	四月丙申封，十六年薨。		孝文十二年，侯勃嗣，十五年，有辠，免。			

〔一〕【補注】先謙曰：山都，南陽縣。亦見沔水注。史表「啟」作「開」。

〔二〕師古曰：柱下令，今主柱下書史也。

〔三〕【補注】先謙曰：「憲」，史表作「惠」。

〔四〕【補注】蘇輿曰：自景四年至元狩四年，凡三十五年。表有誤字。

〔五〕【補注】先謙曰：史表作「松茲」，廬江縣。陸錫熊云：厲以吕后四年封，十一年薨。又吕榮以吕后八年封祝茲。二侯不應同時並封一地。班於表末已明言祝茲在恩澤外戚。則功臣表之徐厲，從史表作「松茲」爲是。蓋傳寫誤耳。

〔六〕【補注】先謙曰：史表「從」下有「起」字，是。

〔七〕【補注】先謙曰：後七年也。孝文後六年，厲尚爲將軍，未薨。史表亦誤作七年。「悼」或作「悍」，見文紀。「十一年」當爲「二十七年」。

〔八〕【補注】先謙曰：「陰」，史記作「陶」。徐廣云：一作「陰」。

〔九〕師古曰：時有寇難，得度於水，因以免也。

俞侯呂它〔一〕	父嬰以連敖從高祖破秦，入漢，以都尉定諸侯，功比朝陽侯，死事，子侯。〔二〕	四月丙申封，四年，坐呂氏誅。				
醴陵侯越〔三〕	以卒從，漢二年起櫟陽，以卒吏擊項羽，爲河内都尉，用長沙相侯，六百户。〔四〕	四月丙申封，八年，孝文四年，有罪，免。				
右高后十二人。扶柳、襄城、軹、壺關、昌平、贅其、騰、昌城、腄、祝茲、建陵十一人在恩澤外戚，洨、沛、信都、樂昌、東平五人隨父，上邳、朱虛、東牟三人在王子，凡三十一人。〔五〕						

〔一〕如淳曰：俞音輸。【補注】先謙曰：俞，清河縣。地理志作「鄃」。亦見河水注。國除後封欒布。

〔二〕【補注】錢大昭曰：朝陽侯，華寄也。它封在高后四年，不入位次内。先謙曰：史表云「用太中大夫侯」。

〔三〕【補注】先謙曰：醴陵，後漢爲縣，屬長沙。

〔四〕【補注】先謙曰：史表「河内」作「河南」。

〔五〕師古曰：腄音直瑞反。洨音交，又音下交反。【補注】錢大昕曰：案外戚恩澤侯表「騰」作「滕」，「昌成」作「呂成」。高后十人，五人隨父，共十五人。十人者，扶柳、襄城、軹、壺關、昌平、贅其、滕、呂成、祝茲、建陵也。五人隨父者，腄侯呂通、東平侯呂庀、汶侯呂産汶是洨之誤。皆呂澤子，不其侯呂種、漢陽侯呂禄皆呂釋之子也。信都侯張侈、樂昌侯張受別隨父敖在功臣表，故恩澤侯不復數之也。此表失數不其、漢陽，而多一沛，又別出腄，不入隨父之例。與外戚恩澤侯表互異。

陽信夷侯劉揭〔一〕	高祖十三年爲郎，以典客奪呂祿印，閉殿門止產等，共立皇帝，侯二千戶。〔二〕	元年十一月辛丑封，十四年薨。		十五年，侯中意嗣，十四年，孝景六年，有罪，免。			
壯武侯宋昌〔三〕	以家吏從高祖起山東，以都尉從滎陽，食邑，以代中尉勸王，驂乘入即帝位，侯，千四百戶。	四月辛亥封，三十三年，孝景中四年，有罪，奪爵一級，爲關內侯。					
樊侯蔡兼〔四〕	以睢陽令高祖初從阿，以韓家	六月丙寅封，十四年薨。		十五年，康侯客嗣，十八年薨。〔五〕	孝景中二年，共侯平嗣，二十一	元朔二年，侯辟方嗣，元鼎四年，	

〔一〕【補注】先謙曰：陽信，勃海縣。後爲武帝姊長公主邑。索隱「漢表在新野」，此奪「新野」二字。又云「志屬勃海，恐有二縣」。案新野是也。或作陽新，後封鄭業。

〔二〕【補注】錢大昭曰：本紀作「十月辛亥」。

〔三〕【補注】先謙曰：壯武，膠東縣。

〔四〕【補注】先謙曰：樊，東平縣。

〔五〕【補注】先謙曰：徐廣云：「客」一作「容」。

	子還定北地，用常山相侯，千二百户。〔一〕				年薨。	坐搏揜，完爲城旦。
泜陵康侯魏駟〔二〕	以陽陵君侯。	七年三月丙寅封，十二年薨，亡後。				
南鄍侯起〔三〕	以信平君侯。	(二)〔三〕月丙寅封，坐後父故削爵一級，爲關内侯。〔四〕				
黎頃侯召奴〔五〕	以父齊相侯。	十年四月癸丑封，十一年薨。		後五年，侯瀆嗣，三十五年薨。〔六〕	元朔五年，侯延嗣，十九年，元封六年，坐不出持馬，要斬，户千八百。〔七〕	

〔一〕師古曰：本六國時韓家之諸子也。後更姓蔡也。【補注】先謙曰：「從阿」，「從」下當有「起」字。史表又誤作「起從阿」。

〔二〕晉灼曰：「泜」，古「柢」字。師古曰：音直夷反。【補注】先謙曰：「泜陵」，史表作「波陵」。索隱「漢表波作泜」。案晉注，「柢」當爲「泜」，與小司馬所見本異。

〔三〕師古曰：鄍音貞。説者云當爲鄭，非也。【補注】先謙曰：索隱「韋昭云，鄍音貞，一音程。李彤云，河内有鄍亭，音潁」。起，史失其姓。

〔四〕師古曰：會於廷中而隨父，失朝廷以爵之序，故削爵也。

〔五〕師古曰：召平之子也。召讀曰邵。【補注】先謙曰：黎，東郡縣。史表作「犂」，通用字。史表云「以齊相召平子侯」，此顔注所本。

〔六〕【補注】先謙曰：史表「瀆」作「澤」。

〔七〕師古曰：時發馬給軍，匿而不出也。【補注】錢大昭曰：潛夫論「黎陽侯邵延坐不出持馬，身斬國除」，是其事也。「黎」作「黎陽」，「召」作「邵」，則傳記之誤耳。

缾侯孫單[一]	父卬以北地都尉匈奴入力戰死事，子侯。	十四年三月丁巳封，十二年，孝景前三年，坐反，誅。					
弓高壯侯韓隤當[二]	以匈奴相國降，侯。故韓王子。[三]	十六年六月丙子封。		不得子嗣侯者年名。[四]	元朔五年，侯則嗣，薨，亡後。		
					龍頟　元朔五年四月丁未，侯譊以都尉擊匈奴得王，侯，十二年，元鼎五年，坐酎金，免。[五]		

[一] 師古曰：缾音步丁反。【補注】先謙曰：缾，瑯邪縣。國除後，以封菑川靖王子成。史表「缾」作「鉼」，「單」作「鄲」。

[二] 【補注】先謙曰：弓高，信都縣。亦見濁漳水注。韓王信傳晉灼注同。索隱：「漢表『在營陵』。」此奪「營陵」二字，閩本、官本有。史表「壯」作「莊」，非。若是莊，班書已改「嚴」矣。

[三] 【補注】先謙曰：史表「千二百一十七户」。

[四] 【補注】錢大昭曰：史記以則爲頽當子，此以則爲頽當孫，故云。先謙曰：史、漢本傳並云「傳子至孫，孫無子，失侯」。則此表是也。

[五] 師古曰：譊音女交反。【補注】先謙曰：龍頟，平原縣。索隱亦云劉氏音額。崔浩音洛，屬齊。又云，今在河關，有龍頟雀村，與弓高相近。先謙案，河關，金城縣。此「河間」之譌。「雀」字當衍。「譊」即「説」之誤。與下一人顔不檢本傳，謬爲譊字作音。索隱謂「漢表以龍頟、案道爲二人，非也」。據此，小司馬所見本亦誤作「譊」。

按道 元封元年五月己卯，愍侯說以横海將軍擊東越侯，十九年，爲衞太子所殺。〔一〕		
延和三年，侯興嗣，四年，坐祝詛上，要斬。〔二〕	後元元年，侯曾以興弟紹封龍頟，三十一年薨。〔四〕	
齊〔三〕	五鳳元年，思侯寶嗣，鴻嘉元年薨，亡後。〔五〕	元封元年，節侯共以寶從父昆弟紹封。〔六〕

〔一〕【補注】錢大昭曰：史表作元鼎六年。蓋此紀受封之時，表載出兵之候，故不同。先謙曰：史表「己卯」作「丁卯」。

〔二〕【補注】沈欽韓曰：說文「征」亦作「𨒅」，故「𨒅和」誤爲「延和」。先謙曰：史表「興嗣」作「長代」。

〔三〕【補注】先謙曰：「按道」見志。

〔四〕【補注】錢大昭曰：「侯」上脱「安」字。本傳有「諡曾」。本紀及韓王信傳作「增」。此誤。

〔五〕【補注】朱一新曰：增以五鳳二年薨，見宣紀、信傳及公卿表，其子無緣以元年嗣侯。「元」乃「三」字之誤。

〔六〕【補注】先謙曰：據增傳，此已入成帝時，元封蓋元延之誤。共，傳作「岑」。

				六世 侯敞弓嗣，王莽敗，絕。〔一〕			
襄城哀侯韓嬰	以匈奴相國降，侯，二千户。韓王信太子之子。〔二〕	六月丙子封，七年薨。		後七年，侯釋之嗣，三十一年，元朔四年，坐詐疾不從，耐爲隸臣。〔三〕			魏〔四〕
故安節侯申屠嘉〔五〕	孝文二年舉淮陽守從高祖功，食邑五百户，用	後三年四月丁巳封，七年薨。		孝景前三年，侯共嗣，二十二年薨。〔六〕	元狩三年，侯臾更封，五年，元鼎		

〔一〕【補注】先謙曰：敞弓，傳作「持弓」。官本脱「弓」字。

〔二〕【補注】先謙曰：史表「千四百三十二户」。

〔三〕【補注】周壽昌曰：史表「不從」下有「不敬」二字，是也。是年，上行幸甘泉，蓋詐病不從往。先謙曰：史表「釋」作「澤」，字通。

〔四〕【補注】先謙曰：韓王傳晉灼注引表同。案，襄城，潁川縣，非魏郡。史表「城」作「成」，通用字。

〔五〕【補注】先謙曰：故安，涿郡縣。亦見易水注。

〔六〕【補注】沈欽韓曰：史表作「共侯蔑」，此譌脱。

丞相侯。〔一〕

元年，坐爲九江太守受故官送，免。〔二〕

右孝文十人。軹、鄳、周陽三人在外戚，管、氏營丘、營平、陽虛、楊丘、朸安、都平昌、武成、白石、阜陵、安陽、陽周、東城十四人在王子，凡二十七人。〔三〕

〔一〕【補注】朱一新曰：據紀、傳，舉高祖功臣爲關内侯，乃孝文元年事，表差一年。史表亦作元年，則此「二」字譌。先謙曰：史表「侯二千七百十二户」。

〔二〕【補注】先謙曰：史表「元狩二年，清安侯臾元年」。此表云「更封」，上格當有「清安」二字，而傳寫脱之也。二、三互異。閩本、官本俱有「清安」二字，封域未詳。

〔三〕師古曰：鄳音一户反，又音於庶反。今書本有鄳字者，誤。【補注】錢大昕曰：王子侯表管，一國。氏丘，一國。營平，一國。此「氏」下多「營」字。先謙曰：官本「又」下無「音」字。

景武昭宣元成功臣表第五

昔書稱「蠻夷帥服」，〔一〕詩云「徐方既倈」，〔二〕春秋列潞子之爵，許其慕諸夏也。〔三〕漢興至于孝文時，乃有弓高、襄城之封，〔四〕雖自外倈，本功臣後。故至孝景始欲侯降者，丞相周亞夫守約而爭。〔五〕帝黜其議，初開封賞之科，〔六〕又有吳楚之事。武興胡越之伐，將帥受爵，應本約矣。〔七〕後有承平，〔八〕頗有勞臣，輯而序之，續元功次云。〔九〕

〔一〕師古曰：舜典之辭也。言王者德澤廣被，則四夷相率而降服也。

〔二〕師古曰：大雅常武之詩曰「王猷允塞，徐方既倈」。言周之王道信能充實，則徐方、淮夷並來朝也。倈，古來字。

〔三〕應劭曰：潞子離狄内附，春秋嘉之，稱其爵，列諸盟會也。師古曰：潞音路。【補注】先謙曰：官本注，「會」下有「間」字。

〔四〕師古曰：弓高侯穨當，襄城侯桀龍，皆從匈奴來降而得封也。【補注】齊召南曰：此襄城侯封於文帝十六年，即韓王信太子之子韓嬰，與韓穨當並時來降，一封弓高，一封襄城者。顔以武帝所封襄城侯桀龍當之，誤。

〔五〕應劭曰：景帝欲封王皇后兄信，亞夫對「高祖之約，非功臣不侯也」。師古曰：景帝欲封匈奴降者徐盧等，而亞夫爭之，以爲不可。今表所稱，蓋謂此耳，不列王信事也。應説失之。

〔六〕師古曰：不從亞夫之言，竟封也。

〔七〕師古曰：應高祖非有功不得侯之約。

〔八〕【補注】錢大昭曰：「有」，南監本、閩本作「世」。先謙曰：官本作「世」，是。

〔九〕師古曰：輯與集同。元功，謂佐興其帝業者也。【補注】何焯曰：以應本約，故亦謂之功臣表，可續元功之次。元功即高、惠、高后、孝文功臣，所謂「以昭元功侯籍」者也。

號謚姓名	功狀户數	始封	子	孫	曾孫	玄孫
俞侯欒布〔一〕	以將軍吴楚反擊齊，侯。〔二〕	六年四月丁卯封，六年薨。〔三〕	中六年，侯賁嗣，二十二年，元狩六年，坐爲太常雍犧牲不如令，免。〔四〕			
建陵哀侯衛綰〔五〕	以將軍擊吴楚，用中尉侯。〔六〕	四年丁卯封，二十一年薨。〔七〕	元光五年，侯信嗣，十八年，元鼎五年，坐酎金免。			

〔一〕師古曰：俞音輸。【補注】先謙曰：俞同鄃，清河縣。先封吕它。

〔二〕【補注】錢大昭曰：史表「户千八百」。

〔三〕【補注】先謙曰：賁以中六年嗣，則布當作七年薨。「六」字誤。

〔四〕師古曰：雍，右扶風縣也，五畤祠在焉。【補注】蘇輿曰：二十二年當元朔六年，史表亦作「元狩」，則當云二十八年，表誤。史表云「中元五年，「元」字衍。布薨」，與此合；而以元朔二年爲賁元年，不當曠久無嗣，史表蓋誤。

〔五〕【補注】先謙曰：建陵，東海縣。後封魯孝王子遂。

〔六〕【補注】錢大昭曰：史表「户千三百一十」。

〔七〕【補注】先謙曰：「四年」當爲「四月」。官本不誤，史表同。

建平敬侯程嘉〔一〕	以將軍擊吳楚，用江都相侯。〔二〕	四月丁卯封，十八年薨。	元光二年，節侯橫嗣，一年薨。	三年，侯回嗣，四年薨，亡後。		
平曲侯公孫渾邪〔三〕	以將軍擊吳楚，用隴西太守侯。〔四〕	四月己巳封，五年，中四年有罪，免。	南奅〔五〕 元朔五年四月丁卯，侯賀以將軍擊匈奴得王侯，十二年，元鼎五年坐酎金免。〔六〕 葛繹〔七〕 太初二年，侯賀以丞相封，三年，延和二年，以子敬聲有辠，下獄死。〔八〕			

〔一〕【補注】先謙曰：史表作「哀侯」。建平，沛郡縣。先封周開方，後封杜延年。

〔二〕【補注】錢大昭曰：户三千百五十。

〔三〕師古曰：渾音胡温反。字或作昆，又作混，其音同。【補注】先謙曰：平曲，東海縣。國除，後封周堅。索隱「漢表在高城」，此下奪「高城」二字。朝錯、李廣傳及史表作「昆邪」。

〔四〕【補注】錢大昭曰：户三千二百二十。

〔五〕師古曰：奅音普孝反。

〔六〕【補注】先謙曰：史表「丁卯」作「丁未」，「將軍」上有「騎」字。

〔七〕【補注】錢大昭曰：東海下邳，葛嶧山在西，見地理志。此取山以名國。

〔八〕師古曰：延亦征字也。【補注】先謙曰：史表「二年」下有「三月丁卯」四字。「獲」當爲「復」，官本不誤。「延」乃「征」之譌。

江陽康侯蘇息〔一〕	以將軍擊吳楚，用趙相侯。	中二年，懿侯盧嗣，八年薨。〔二〕	建元二年，侯朋嗣，十六年薨。〔三〕	元朔六年，侯雕嗣，十一年，元鼎五年，坐酎金免。		
遽侯橫〔四〕	父建德以趙相不聽王遂反，死事，子侯，千百七十户。〔五〕	中二年四月乙巳封，六年，後二年，有罪，棄市。〔六〕				
新市侯王棄之〔七〕	父悍以趙内史，王遂反不聽，死事，子侯。〔八〕	四月乙巳封，八年薨。	煬侯始昌嗣，元光四年爲人所賊殺。〔九〕			

〔一〕【補注】錢大昭曰：索隱云「江陽在東海」。元鳳六年封城陽慧王子仁爲江陽侯，下亦注「東海」，然東海無江陽。犍爲有江陽，武帝建元六年始開，時尚未有也。史記作「江陵」，南郡縣，户二千五百四十七。先謙曰：史表作「蘇嘉」，江水注同。

〔二〕【補注】王念孫曰：此格當有「四月壬申封三年薨」八字，史表「六年四月壬寅，康侯蘇嘉元年」是其證。子、孫、曾俱當遞下一格。先謙曰：徐廣云一作「哀侯」。

〔三〕【補注】先謙曰：史表「二」作「三」，「朋」作「明」。

〔四〕師古曰：史失其姓。它皆類此。【補注】先謙曰：索隱「漢表：鄉名，在常山」。此表無之，且漢表無注鄉名之例，索隱蓋誤。王子侯有遽鄉侯宣，然則，以遽鄉立縣也。

〔五〕【補注】先謙曰：史表「一百」作「九百」。

〔六〕【補注】周壽昌曰：史表但云「國除」。朱一新曰：「四月」，景紀作「九月」，「乙巳」，史表誤「己巳」。

〔七〕【補注】先謙曰：史表「棄之」作「康」。新市，鉅鹿縣。後封廣川繆王子吉。

〔八〕【補注】先謙曰：史表「悍」作「慎」，兩見。户一千十四。

〔九〕【補注】錢大昭曰：史表作後元元年嗣。

商陵侯趙周〔一〕	父夷吾以楚太傅王戊反不聽，死事子侯。〔二〕	四月乙巳封，三十六年，元鼎五年坐爲丞相知列侯酎金輕，下獄自殺。〔三〕				
山陽侯張當居〔四〕	父尚以楚相王戊反不聽，死事，子侯。〔五〕	四月乙巳封，二十四年，元朔五年坐爲太常擇博士弟子故不以實，完爲城旦。〔六〕				
安陵侯于軍〔七〕	以匈奴王降侯，千五百五十户。〔八〕	中三年十一月庚子封，十三年，建元六年薨，亡後。				

〔一〕【補注】先謙曰：索隱「漢表在臨淮」，此脱「臨淮」二字。地志臨淮無商陵。錢大昭云：史記申屠嘉傳作「高陵」，高陵，瑯邪縣。時高陵侯王衍國除，又以封周。

〔二〕【補注】錢大昭曰：史表「户千四十五」。

〔三〕【補注】朱一新曰：紀作「九月」。下張當居同。

〔四〕【補注】先謙曰：山陽，河内縣。

〔五〕【補注】錢大昭曰：史表「户千一百二十四」。

〔六〕【補注】先謙曰：史表「擇」作「程」。

〔七〕【補注】錢大昭曰：潁川隅陵，李奇云六國時曰安陵。汝南邵陵亦有安陵鄉。

〔八〕【補注】先謙曰：史表「五十」作「一十七」。

桓侯賜[一]	以匈奴王降侯。	十二月丁丑封。[二]				
逎侯陸彊[三]	以匈奴王降侯，千五百七十户。[四]	十二月丁丑封。	侯則嗣，孝武後元年坐祝詛上，要斬。[五]			
容城攜侯徐盧[六]	以匈奴王降侯，七百户。	十二月丁丑封，七年薨。	建元二年，康侯纏嗣，十四年薨。[七]	元朔三年，侯光嗣，四十年，後元二年，坐祝詛上，要斬。		

〔一〕【補注】先謙曰：史表作「垣」。索隱「縣，屬河東」。聖水注以爲涿郡之垣縣。

〔二〕【補注】先謙曰：史表「六年賜死，不得嗣」。

〔三〕師古曰：逎即古遒字，音子修反。涿郡之縣。【補注】先謙曰：亦見巨馬水注，「陸」作「隆」。史表「逎」作「遒」，「陸」亦作「隆」，則「陸」爲誤字。

〔四〕【補注】先謙曰：史表「七十」作「六十九」。

〔五〕【補注】先謙曰：史表云「使巫齊少君祠祝詛上」。徐廣云：漢書云「武後二年」。則徐所見本作「二」，不作「元」。

〔六〕【補注】王念孫曰：「攜」當爲「唯」，且當在「侯」字下。唯徐，姓；盧，其名。史表作「侯唯徐盧」。朱本、王本、游本、毛本皆同。或改爲「攜」者，非。易水注同。公卿表「容城侯唯塗光爲太常」。唯塗即唯徐，光乃盧之孫也。周勃傳「匈奴王徐盧等五人降漢」，顔注「功臣表云睢徐盧」，彼正文脱「唯」字，注「睢」即「唯」之誤，則此爲唯徐盧益明。王引之曰：「徐」疑作「涂」，涂與塗同，故公卿表作「唯塗」，徐、涂形近而譌也。先謙曰：容城，涿郡縣。亦見易水注。

〔七〕【補注】周壽昌曰：史表「纏」作「綽」。

翕侯僕䵣[一]	以匈奴王降侯，千一百十户。	十二月丁丑封，六年，後三年薨，亡後。				
范陽靖侯范代[二]	以匈奴王降侯，六千二百户。[三]	十二月丁丑封，十四年薨。	元光二年，懷侯德嗣，四年薨，亡後。			涿郡 元始二年，玄孫政詔賜爵關內侯。[四]
翕侯邯鄲	以匈奴王降漢。[五]	十二月丁丑封，六年，元光四年，坐行來不請長信，免。[六]				內黃[七]

[一] 鄭氏曰：䵣音怛。【補注】錢大昭曰：南監本、閩本並作「易侯」。鄭䵣音怛，則當從黑，旦聲。先謙曰：此下有翕侯邯鄲。一地，不應同時兩封，史表作「易侯」，是。易水注「僕䵣侯國在涿郡易縣」，引見志。酈元亦不言縣有翕城，則所見本亦作「易」無疑。「䵣」史表作「黥」。官本「鄭氏」作「師古」。

[二] 【補注】先謙曰：易水注「代」上無「范」字，疑「范」字緣上「范」字而誤衍。匈奴不得有范姓也。史表作「端侯代」，而亦無「范」字。

[三] 【補注】先謙曰：史表「户千一百九十七」。

[四] 【補注】先謙曰：范陽見志，亦見易水注。

[五] 【補注】先謙曰：「漢」當爲「侯」。官本不誤，史表同。

[六] 如淳曰：長信宮，太后所居也。師古曰：請，謁也。【補注】周壽昌曰：請，朝也。春曰朝，秋曰請。蘇輿曰：「六年」上奪「十」字。

[七] 【補注】先謙曰：索隱引漢表同。內黃，魏郡縣。翕蓋分置。國除後封趙信。

亞谷簡侯盧它之〔一〕	以匈奴東胡王降，侯千户。故燕王綰子〔二〕	中五年四月丁巳封，二年薨。	後元元年，侯種嗣，七年薨〔三〕	建元五年，康侯漏嗣，七年薨〔四〕	元光六年，侯賀嗣，三十九年，延和二年，坐受衛太子節，掠死〔五〕	
塞侯直不疑〔六〕	以御史大夫侯，前有將兵擊吳楚功。	後元年八月封，六年薨。	建元四年，康侯相如嗣，十二年薨。	元朔四年，侯堅嗣，十三年，元鼎五年，坐酎金免〔七〕		

右孝景十八人。平陸、休、沈猷、紅、宛朐、棘樂、乘氏、桓邑八人在王子，魏其、蓋二人在外戚，隆慮一人隨父，凡二十九人〔八〕

〔一〕【補注】錢大昭曰：史表及傳作「惡谷」，亞、惡古通。「它之」，傳作「它人」，史表作「它父」。先謙曰：索隱「漢表在河內」，此脱「河內」二字。沈欽韓云：寰宇記：渾泥城在雄州舊容城縣南四十里。水經注「泥今本作「渥」。同口有渾泥城」。漢景帝改爲亞谷城，封盧它之爲侯國即此地也。一統志在今保定府雄縣東二里。

〔二〕【補注】先謙曰：史表作「千五百户」。

〔三〕【補注】蘇輿曰：「後」下衍「元」字。先謙曰：史表作「安侯」。

〔四〕【補注】先謙曰：史表「五」作「元」，「漏」作「偏」。

〔五〕師古曰：以衛太子擅發兵而賀受其節，擬有反心，故見考掠而死也。【補注】先謙曰：官本「擬」作「疑」。

〔六〕【補注】錢大昭曰：傳：謚信侯。史表「户千四十六」。

〔七〕【補注】先謙曰：傳「堅」作「彭祖」。

〔八〕師古曰：據楚元王傳云休侯富免侯後更封爲紅侯，而王子侯表但云休侯富，雖述重封，又無紅邑，其數止七人。然此表乃以休及紅列爲二數，又稱八人在王子侯，是則此表爲誤也。【補注】錢大昕曰：案外戚恩澤侯表尚有章武侯竇廣國、南皮侯竇彭祖二人。

翕侯趙信	以匈奴相國降，侯，元朔二年擊匈奴功益封千六百八十户。〔一〕	元光四年十月壬午封，六年，元朔六年，爲右將軍擊匈奴，兵敗，降匈奴。〔二〕				内黄
特轅侯樂	以匈奴都尉降，侯，六百五十户。	元朔元年後九月丙寅封，十三年，元鼎元年薨，亡後。〔三〕				南陽〔四〕
親陽侯月氏〔五〕	以匈奴相降，侯，六百八十户。	元朔二年十月癸巳封，五年，坐謀反入匈奴，要斬。〔六〕				舞陽〔七〕

〔一〕【補注】先謙曰：史表無「國」字，是。官本考證云：「三年」譌「二年」，應從宋本改正。先封邯鄲。

〔二〕【補注】蘇輿曰：「六年」當爲「九年」。先謙曰：「十月」，史表作「七月」。「右」當爲「前」，見衛青及本傳，史表不誤。

〔三〕【補注】蘇輿曰：「元朔元年」，史表作「元光六年」。

〔四〕【補注】先謙曰：史表作「持裝」，索隱「漢表『裝』作『轅』，在南陽」。據此，上一字，小司馬所見本無異。今則爲「持」爲「特」，莫能定其是非矣。

〔五〕師古曰：氏音支。

〔六〕【補注】錢大昭曰：閩本無「元朔」二字，是。

〔七〕【補注】先謙曰：親與瀙同。舞陽，潁川縣。王念孫云：「陽」當作「陰」。地志、水經並言瀙水出南陽舞陰。此侯封在瀙水之北，舞水之南，故曰瀙陽，而其地則分自舞陰也。舞陰與瀙水皆在舞水南，舞陽在舞水北，則瀙陽之不屬舞陽審矣。

若陽侯猛	以匈奴相降侯，五百三十户。	十月癸巳封，五年，坐謀反入匈奴要斬。				平氏〔一〕
平陵侯蘇建	以都尉從車騎將軍擊匈奴功侯，元朔五年用游擊將軍從大將軍益封，凡千户。〔二〕	三月丙辰封，六年，坐爲前將軍與翕侯信俱敗，獨身脱來歸，當斬，贖罪免。〔三〕				武當〔四〕
岸頭侯張次公	以都尉從車騎將軍擊匈奴，侯，從大將軍，益封，凡二千户。	五月己巳封，五年，元狩元年，坐與淮南王女陵姦受財物，免。〔五〕				皮氏〔六〕

〔一〕【補注】先謙曰：平氏，南陽縣。

〔二〕【補注】先謙曰：清、建傳作「校尉」，史表作「都尉」。

〔三〕【補注】先謙曰：史表「三月」作「二月」，「前」作「右」。

〔四〕【補注】先謙曰：武當，南陽縣。平陵蓋分置。後封范明友。

〔五〕師古曰：陵，淮南王安女名也。【補注】先謙曰：「五月己巳」，史表作「六月」。

〔六〕【補注】先謙曰：皮氏，河東縣。岸頭蓋分置。

涉安侯於單	以匈奴單于太子降，侯。	三年四月丙子封，五月薨，亡後。〔一〕				
昌武侯趙安稽〔二〕	以匈奴王降，侯，以昌武侯從驃騎將軍擊左王，益封。〔三〕	四年七月庚申封，二十一年薨。	太初元年，侯充國嗣，四年薨，亡後。			舞陽
襄城侯桀龍〔四〕	以匈奴相國降，侯，四百户。	七月庚申封，三十二年，與浞野侯俱戰死事。	太初三年，侯病已嗣，十五年，後二年，坐祝詛上，下獄瘐死。〔五〕			襄垣〔六〕

〔一〕【補注】朱一新曰：「五月」，史表作「五年」，以匈奴傳核之，史誤。

〔二〕【補注】周壽昌曰：「昌武」，各本作「武昌」，史表同，惟毛本作「昌武」。昌武，膠東縣。武昌不見志。先謙曰：官本作「武昌」，從同爲是。分自舞陽，國除省併耳。史表謚堅侯，此奪。

〔三〕【補注】先謙曰：史表作「左賢王」，此省文。下同。

〔四〕師古曰：此龍蓋匈奴名耳，而説者以爲龍桀，非也。【補注】先謙曰：史表作「無龍」，兩見。一云「乘龍」。小司馬亦未言漢表所作乘、桀二字形近易譌。顔注「此」下脱「桀」字。

〔五〕【補注】先謙曰：「後元二年」或亦稱「後二年」，下並同。

〔六〕【補注】先謙曰：索隱「漢表作『襄武侯』」。案，韓嬰亦封襄城侯。地理志襄城在潁川，襄武在隴西，是所據漢書本與顔異。即表注「襄垣」二字，小司馬亦未見也。襄垣，上黨縣。蓋分置襄城而後併省，非潁川縣也。

安樂侯李蔡	以將軍再擊匈奴，得王侯，二千戶。	四月乙巳封，六年，元狩五年，坐以丞相侵賣園陵道壖地，自殺。〔一〕			昌〔二〕
合騎侯公孫敖	以護軍都尉三從大將軍擊匈奴，至右王庭得王，侯，元朔六年，從大將軍益封，九千五百戶。	以五年四月丁未封，至元狩二年坐將兵擊匈奴與票騎將軍期後，畏懦當斬，贖罪。〔三〕			高城〔四〕

〔一〕【補注】先謙曰：史表「乙巳」作「丁未」，「丞相」下作「侵盜孝景園神道壖地」。

〔二〕【補注】先謙曰：史表作「樂安」。索隱「漢表在昌」。地理志昌縣在瑯邪，非蔡所封。「安樂」作「樂安」，是也，濟水注可證。「昌」上有奪文。據濟水注，濟水自高昌逕樂安而至博昌，是高昌、博昌並樂安鄰境，樂安殆分二縣地置。「昌」上字或「高」或「博」，疑莫能定。

〔三〕師古曰：懦音乃喚反，又曰音而掾反。

〔四〕【補注】先謙曰：高城，勃海縣。沈欽韓云：一統志：合騎城在天津府鹽山縣北七十五里，今譌爲郛堤城。

軹侯李朔〔一〕	以校尉三從大將軍擊匈奴，至右王庭得虜閼氏，功侯。〔二〕	四月乙卯封，六年，有罪，當免。〔三〕				西安〔四〕
從平侯公孫戎奴	以校尉三從大將軍擊匈奴，至右王庭爲雁行上石山先登，侯，千一百户。	四月乙卯封，三年，元狩二年，坐爲上黨太守發兵擊匈奴不以聞，免。〔五〕				樂昌〔六〕

〔一〕師古曰：軹音只。

〔二〕【補注】先謙曰：史表「得」下有「王」字，是。「得虜」，文不成義。

〔三〕【補注】蘇輿曰：六年當元狩四年，史表作元狩元年，有罪，國除。先謙曰：史表「乙卯」作「丁未」。「當」字衍，官本無。

〔四〕【補注】先謙曰：史表作「涉軹」。索隱：漢表軹在西安，無「涉」字。地理志西安在齊郡。涉軹猶從票然，皆當時意也，故上文有涉安侯。先謙案，衞青傳作「陟軹」，「陟」又「涉」之誤。此皆當時析置侯國新命之名，國除併省，無可攷實。本表作「軹」，證以傳及史表，奪文無疑。

〔五〕【補注】陳景雲曰：上黨乃内地，非邊郡，不與匈奴接壤，當從史表作「上郡」。

〔六〕【補注】先謙曰：樂昌，東郡縣。從平分置。

隨城侯趙不虞	以校尉三從大將軍擊匈奴，攻辰吾先登石亹，侯七百户。〔一〕	四月乙卯封，三年，元狩二年，坐爲定襄都尉，匈奴敗太守，以聞非實，謾，免。〔二〕				**千乘**〔三〕
博望侯張騫〔四〕	以校尉數從大將軍擊匈奴，知道水，及前使絶國大夏侯。〔五〕	六年三月甲辰封，元狩二年，坐以將軍擊匈奴，畏懦，當斬，贖罪，免。				

〔一〕師古曰：辰吾水之上也，時匈奴軍在焉。山絶水曰亹，音門。【補注】先謙曰：「石亹」史表作「石累」。索隱「累音壘，險阻地名。漢表作『亹』」。沈欽韓云：亹與門同。金城郡浩亹水亦曰閤門河。

〔二〕師古曰：謾，誑也，音漫。

〔三〕【補注】先謙曰：史表作「隨成」，成、城通用。衛青傳亦作「成」。千乘，千乘縣。

〔四〕【補注】先謙曰：據志，本南陽犨之博望鄉，分爲縣。騫免侯後封許舜。

〔五〕【補注】先謙曰：「道水」當作「水道」，史表不誤。

衆利侯郝賢〔一〕	以上谷太守四從大將軍擊匈奴，首虜千級以上，侯，千一百戶。	五月壬辰封，三年，元狩二年，坐爲上容太守入戈守財物計謾，免。〔二〕					姑莫〔三〕
潦悼侯王援訾〔四〕	以匈奴趙王降，侯，五百六十戶。	元狩元年七月壬午封，二年薨，亡後。					舞陽
從票侯趙破奴〔五〕	以司馬再從票騎將軍擊匈奴，得兩王千騎，侯，二千戶。〔六〕	二年五月丙戌封，九年，元鼎五年，坐酎金免。元封三年，以匈奴河將軍擊樓蘭，封浞野侯。五年，太初二年，以浚					

〔一〕師古曰：郝音呼各反，又音式亦反。

〔二〕師古曰：上財物之計簿而欺謾不實。【補注】錢大昭曰：閩本「容」作「谷」。先謙曰：史表「容」作「谷」，「戈守」作「戍卒」，「計」上有「上」字，是。官本「谷」、「卒」二字不誤。

〔三〕【補注】先謙曰：索隱：漢表在陽城姑莫。案霍去病傳作「終利」，衆、終古通用。「陽城」二字衍。國除後封伊即軒。「姑莫」作「姑幕」，瑯邪縣。此衆利縣析姑莫置也。

〔四〕【補注】先謙曰：史表「援」作「煖」。下有瞭侯次公，潦、瞭一地，故並注舞陽。

〔五〕師古曰：票音頻妙反。【補注】先謙曰：史表作「從驃」。因從票騎得功，故以名其侯國。

〔六〕【補注】先謙曰：史表作「得兩王子騎將功侯」，此表「子」誤「千」，又奪「將」字。

		稽將軍擊匈奴，爲虜所獲，軍没。〔一〕					
宜冠侯高不識	以校尉從票騎將軍再擊匈奴，侯千一百户。故匈奴歸義。	五月庚戌封，四年，坐擊匈奴增首不以實，當斬，贖罪，免。〔二〕					昌〔三〕
煇渠忠侯僕朋〔四〕	以校尉從票騎將軍再出擊匈奴得王，侯，從票騎將軍虜五王，益封。故匈奴歸義。	二年二月乙丑封，八年薨。〔五〕	元鼎四年，侯雷電嗣，二十二年，延和三年，以五原屬國都尉與貳師將軍俱擊匈奴，没。〔六〕				魯陽〔七〕

〔一〕【補注】先謙曰：史表「丙戌」作「丁丑」。「匈奴河」無「奴」字，是。武紀、匈奴傳、衛霍傳俱無，此衍。依本書志例，「浞野」二字當另標於上方，此誤。

〔二〕師古曰：增加所獲首級之數也。【補注】先謙曰：「五月庚戌」史表作「正月己亥」。

〔三〕【補注】先謙曰：昌，瑯邪縣。

〔四〕師古曰：煇音許圍反。【補注】先謙曰：史表作「僕多」，與衛青傳同。朋、多形近而譌。

〔五〕【補注】朱一新曰：「二月」似當作「五月」。蘇輿曰：上已出「二年」，此「二年」二字當衍。

〔六〕【補注】周壽昌曰：「雷電」，匈奴傳注作「雷」。「屬國都尉」傳作「決眭都尉」。先謙曰：史表無「雷」字。「延」當爲「征」，下並同。

〔七〕【補注】先謙曰：魯陽，南陽縣。

下摩侯謼毒尼〔一〕	以匈奴王降，封，七百户。〔二〕	六月乙亥封，九年薨。	元鼎五年，煬侯伊即軒嗣。〔三〕	侯冠支嗣，神爵三年，詔居弋居山，坐將家屬闌入惡師居，免。〔四〕		**猗氏**〔五〕
濕陰定侯昆邪〔六〕	以匈奴昆邪王將衆十萬降侯，萬户。	三年七月壬午封，四月薨。〔七〕	元鼎元年，魏侯蘇嗣，十年，元封五年薨，亡後。〔八〕			**平原**〔九〕

〔一〕師古曰：謼字與呼同。【補注】先謙曰：史表「摩」作「麾」，「謼」作「呼」。

〔二〕【補注】蘇輿曰：「封」疑作「侯」。

〔三〕師古曰：軒音居言反。

〔四〕師古曰：惡師，地名，有官所置居室。【補注】陳景雲曰：惡師，烏孫國中地名，見常惠傳。謂違詔而攜家擅居惡師地也。烏孫雖附漢，然未嘗郡縣其地，安得有設宮置室事？顏注未當。

〔五〕【補注】先謙曰：猗氏，河東縣。

〔六〕師古曰：濕音吐合反。昆音胡門反。【補注】先謙曰：史表「昆」作「渾」。

〔七〕【補注】朱一新曰：「四月」當作「四年」。

〔八〕【補注】先謙曰：索隱「謚法，克捷行軍曰魏」。

〔九〕【補注】先謙曰：史表作「漯陰」，平原縣，亦見河水注。「濕」誤，字當作「濕」，去病傳亦作「漯」。

煇渠慎侯應疕〔一〕	以匈奴王降侯。	七月壬午封，五年，元鼎三年薨，亡後。				魯陽〔二〕
河綦康侯烏黎〔三〕	以匈奴右王與渾邪降侯，六百户。	七月壬午封，六年薨。	元鼎三年，侯餘利鞮嗣，四十二年，本始二年薨，亡後。〔四〕			濟南
常樂侯稠雕〔五〕	以匈奴大當户與渾邪降侯，五百七十户。〔六〕	七月壬午封，十八年薨。	太初三年，侯廣漢嗣，六年，太始元年薨，亡後。			濟南

〔一〕師古曰：疕音疋履反。【補注】先謙曰：史表作「悼侯扁訾」，凡兩見。索隱「作『悼侯應庀』，庀讀爲必二反」。先謙案：據此，本表「慎」乃「悼」之譌。庀亦不從疒作疕。去病傳作「雁庇」。

〔二〕【補注】先謙曰：索隱：「韋昭云，僕多所封則作『煇渠』，應庀所封則作『渾渠』。二者皆鄉名，在魯陽。今並作『煇』，誤也。案，漢表及傳亦作『煇』，孔文祥云，同是元狩中封，則邑分封二人也。其義爲得。」先謙案：韋說是，孔說非也。一邑分封二人而又同地名，何以區別？韋在漢末，所見作「渾」之本必非無據，當從之。後見錢大昕說，與予同。

〔三〕【補注】先謙曰：史表作「烏犂」，索隱「漢書作『禽犂』」，與顏注所見本異。

〔四〕師古曰：鞮音丁奚反。

〔五〕【補注】先謙曰：史表「侯」上多「肥」字。索隱「漢書衞青傳作『雕離』」。錢大昭云：去病傳作「調雖」，注云「功臣表作『稠雎』」。又與今本不同。

〔六〕師古曰：當户，匈奴官名也。

邳離侯路博德	以右北平太守從票騎將軍擊左王，得重會期，虜首萬二千七百人，侯，千六百户。〔一〕	四年六月丁卯封，十五年，太初元年，坐見知子犯逆不道罪，免。				朱虛〔二〕
義陽侯衛山	以北地都尉從票騎將軍擊匈奴，得王，侯，千一百户。〔三〕	六月丁卯封，十六年，太始四年，坐教人誣告衆利侯當時棄市罪，獄未斷，病死。〔四〕				平氏〔五〕

〔一〕師古曰：得重，得輜重也。會期，不失期也。【補注】先謙曰：史表「左」作「右」，「得」作「將」。索隱「將字上屬。重者，再也。會期，言再赴期。將，去聲。重，平聲」。與顏注各依文釋之。「虜首」當作「首虜」，史表不誤。

〔二〕【補注】先謙曰：史表作「符離」，與本傳合。索隱但言志屬沛縣，亦未引表注。此「邳離」及注「朱虛」二字，疑皆傳寫之誤也。

〔三〕【補注】先謙曰：史表作「擊左王得王」。

〔四〕【補注】先謙曰：史表，伊即軒子。

〔五〕【補注】先謙曰：食南陽平氏。義陽因鄉爲侯國，亦見淮水注。後封傅介子。魏文帝復置義陽縣，見元和志。

杜侯復陸支〔一〕	以匈奴歸義因孰王從票騎將軍擊左王，以少破多，捕虜三千一百，侯，千三百户。〔二〕	六月丁卯封，五年薨。	元鼎三年，侯偃嗣。	侯屠耆嗣。〔三〕	侯宣平嗣。	**重平** 侯福嗣，河平四年，坐非子免。〔四〕
衆利侯伊即軒〔五〕	以匈奴歸義樓剸王從票騎將軍擊左王，手劍合，侯，千一百户。〔六〕	六月丁卯封，十四年薨。	元封六年，侯當時嗣。	侯輔宗嗣，始元五年薨，亡後，爲諸縣。〔七〕		

〔一〕【補注】錢大昭曰：史表「杜」作「壯」。按宣紀、霍光傳並作「杜侯」，作「壯」誤。

〔二〕【補注】先謙曰：史表「孰」作「淳」，與去病傳合。此誤。「三千」作「二千」。

〔三〕【補注】齊召南曰：宣紀作「屠耆堂」，疑脱「堂」字。先謙曰：齊説非也。彼「堂」字衍，詳紀。

〔四〕【補注】先謙曰：史表「重平」作「東平」，誤也。東平，國名。重平，勃海縣。

〔五〕師古曰：軒音居言反。【補注】先謙曰：史表「侯」上有「賢」字。先封郝賢。

〔六〕師古曰：手用劍而合戰也。剸音專，又音之兖反。【補注】先謙曰：史表「左」作「右」，「手」下有「自」字。索隱「手自劍合，謂手刺其王而合戰」。

〔七〕【補注】先謙曰：上衆利侯郝賢下，班注「姑莫」。諸、姑莫並琅邪縣。此縣析自姑莫，後併入諸縣，非改衆利爲諸也。武帝女諸邑公主見本紀，在始元五年前，足爲諸縣非始元時置之明證。

湘成侯敞屠洛	以匈奴符離王降，侯，千八百户。	六月丙子封，七年，元鼎五年，坐酎金免。〔一〕				**陽成**〔二〕
散侯董舍吾〔三〕	以匈奴都尉降，侯，千一百户。	六年丙子封，十七年薨。〔四〕	太初三年，侯安漢嗣。	侯賢嗣，征和三年，坐祝詛，二下獄病死。〔五〕		**陽成**
臧馬康侯雕延年〔六〕	以匈奴王降，侯，八百七十户。	六年丙子封，五年薨，亡後。〔七〕				**朱虛**〔八〕

〔一〕【補注】先謙曰：史表「丙子」作「丁卯」。

〔二〕【補注】先謙曰：疑與監居翁所封同，而注曰陽成。潁川、汝南二郡俱有陽城，説詳監居翁下。

〔三〕【補注】先謙曰：史表作「董荼吾」。索隱「劉氏荼音大姑反，蓋誤。其人名余吾，余吾，匈奴水名」。先謙案：據此，知所見漢表不作「舍吾」也。

〔四〕【補注】先謙曰：「六年」係「六月」之誤。官本作「六月」，史表作「六月丁卯」，異。

〔五〕【補注】先謙曰：「二」係「上」之誤。

〔六〕【補注】先謙曰：史表作「延年」，兩見，無「雕」字。

〔七〕【補注】先謙曰：史表「六年丙子」作「六月丁卯」，「亡後」作「不得置後」。

〔八〕【補注】先謙曰：朱虛，瑯邪縣。

膫侯次公〔一〕	以匈奴歸義王降侯，七百九十户。	元鼎四年六月丙午封，五年坐酎金免。				舞陽〔二〕
術陽侯建德	以南越王兄越高昌侯侯，三千户。	五年三月壬午封，四年坐使南海逆不道，誅。〔三〕				下邳〔四〕
龍侯摎廣德〔五〕	父樂以校尉擊南越死事子侯，六百七十户。〔六〕	三年壬午封，六年坐酎金免。〔七〕				

〔一〕師古曰：膫音遼。【補注】先謙曰：膫即潦也，先封王援訾。史表「膫」作「瞭」，餘詳後畢取下。

〔二〕【補注】先謙曰：舞陽，潁川縣。

〔三〕【補注】先謙曰：史表作「有罪國除」。

〔四〕【補注】先謙曰：下邳，東海縣。地理志琅邪東莞下云「術水南至下邳入泗」，即沭水也。此縣分自下邳而在術水之陽，故名。

〔五〕師古曰：摎音居虬反。【補注】先謙曰：索隱「晉灼云，左傳『齊侯圍龍』，龍，魯邑。」史表「龍」作「龍亢」。蕭該云「廣德所封止是龍，有『亢』者誤也」。王念孫據史表、史傳謂有「亢」字是。疑莫能定。

〔六〕【補注】先謙曰：史表「樂」作「世樂」。

〔七〕【補注】蘇輿曰：「年」當爲「月」，史表不誤。

成安侯韓延年	父千秋以校尉擊南越死事，子侯千三百八十户。〔一〕	三月壬午封，七年，元封六年，坐爲太常行大行令事留外國書一月，乏興，入穀贖，完爲城旦。〔二〕				郟〔三〕
昆侯渠復絫〔四〕	以屬國大首渠擊匈奴，侯。〔五〕	五月戊戌封。	侯乃始嗣，地節四年薨，亡後。			鉅鹿
騏侯駒幾〔六〕	以屬國騎擊匈奴，捕单于兄，侯，五百二十户。	五月壬子封。	侯督嗣。〔七〕	釐侯崇嗣，陽朔二年薨，亡後。		北屈〔八〕

〔一〕【補注】周壽昌曰：南越傳作「故濟北相千秋」。

〔二〕師古曰：當有所興發，因其遲留故闕乏之。【補注】先謙曰：史表「午」作「子」，非。延年後擊匈奴戰死，見李陵傳。

〔三〕師古曰：音夾。【補注】先謙曰：成安、郟並屬潁川。成安，郟之鄉聚析置，故注曰郟。後昭帝以封郭忠，時爲縣已久，故彼注曰潁川。索隱「志在陳留」，誤。

〔四〕師古曰：絫音力追反。【補注】先謙曰：索隱「樂彥音力委反」。

〔五〕【補注】先謙曰：史表「首」作「且」，是。

〔六〕師古曰：騏音其。【補注】先謙曰：史表一云「騎幾」。

〔七〕【補注】錢大昭曰：公卿表「建始元年，騏侯駒普爲太常，數月薨」。普即督也。表不載薨年，史闕文。

〔八〕【補注】先謙曰：騏、北屈並河東縣。據表，析北屈置也。

				元延元年六月己未，侯詩以崇弟紹封，五百五十户。		
梁期侯任破胡〔一〕	以屬國都尉間出擊匈奴將軍，絫絺縵等侯〔二〕	五年辛巳封。〔三〕	侯當千嗣，太始四年，坐賣馬一匹賈錢十五萬，過平，臧五百以上，免。〔四〕			
瞭侯畢取	以南越將軍降侯，五百一十户。〔五〕	六年三月乙酉封。	侯奉義嗣，後二年，坐祝詛上要斬。			南陽〔六〕

〔一〕【補注】先謙曰：梁期，魏郡縣。

〔二〕師古曰：絫音力追反。縵音莫漢反。【補注】先謙曰：史表「將軍」作「得復」。

〔三〕【補注】先謙曰：史表作「五年七月辛巳」，此不書月，有誤。「五年」當爲「五月」，官本作「五月」。

〔四〕【補注】蘇輿曰：武紀「元狩五年，天下馬少，平牡馬匹二十萬」。如淳云：「貴平其賈，使人競畜。」此賤其直，故以過平罪之，又犯臧五百以上，免官也。

〔五〕【補注】先謙曰：史表無「軍」字。

〔六〕【補注】先謙曰：史表「瞭」作「瞭」。索隱表在下邳。初以封次公，又封畢取。先謙案：以封年核之，固是一地。本表並作「瞭」。史表一作「暸」，一作「瞭」，傳寫有誤也。本表一注舞陽，一注南陽。潁川、南陽壤地近接，當是先析自舞陽，而後屬南陽，故封畢取時爲南陽屬縣。若下邳，則隔越矣。

將梁侯楊僕〔一〕	以樓船將軍擊南越椎鋒卻敵，侯。〔二〕	三月乙酉封，四年，元封四年坐爲將軍擊朝鮮畏懦，入竹二萬箇，贖，完爲城旦。〔三〕				
安道侯揭陽定〔四〕	以南越揭陽令聞漢兵至自定降，侯，六百户。	三月乙酉封。	侯當時嗣，延和四年，坐殺人棄市。〔五〕			南陽
隨桃頃侯趙光	以南越蒼梧王聞漢兵至降，侯，三千户。	四月癸亥封，薨。	侯昌樂嗣，本始元年薨。嗣子有罪，不得代。			元始五年，以光玄孫紹封千户。〔六〕

〔一〕【補注】先謙曰：中山靖王子朝國除，更封。詳彼注下。
〔二〕【補注】先謙曰：史表「椎」作「推」，是。
〔三〕師古曰：箇，枚也。音古賀反。
〔四〕師古曰：揭音竭。【補注】周壽昌曰：史表作「揭陽令定」，南越傳作「史定」，疑史，其姓；或疑令史，官名。今此表明稱「揭陽令」，則非令史矣。
〔五〕【補注】先謙曰：後封中山靖王子恢。
〔六〕【補注】先謙曰：索隱「表在南陽」。此奪「南陽」二字。

湘成侯監居翁〔一〕	以南越桂林監聞漢兵破番禺，諭甌駱民四十餘萬降，侯八百三十户。〔二〕	五月壬申封。	侯益昌嗣，五鳳四年，坐為九真太守盜使人出買犀、奴婢，臧百萬以上，不道，誅。				〔三〕
海常嚴侯蘇弘〔四〕	以伏波司馬得南越王建德，侯。	七月乙酉封，七年，太初元年薨，亡後。					〔五〕
外石侯吳陽	以故東越衍侯佐繇王功，侯，千户。〔六〕	元封元年正月壬午封，九年薨。	太初四年，侯首嗣，十四年，後二年，坐祝詛上，要斬。〔七〕				濟陽〔八〕

〔一〕【補注】先謙曰：南越傳作「湘城」，城、成字同。索隱「監，官也。居，姓。翁，名」。

〔二〕【補注】先謙曰：史表「民」作「兵」，似誤。

〔三〕【補注】先謙曰：索隱「表在堵陽」，此奪「堵陽」二字。閩本、官本有。睢水注食沛郡相縣，疑未可據。錢大昭云：湘成即敞屠洛所封，彼注陽城，此注堵陽，或堵陽舊有陽城之名，故王莽改堵陽曰陽城也。

〔四〕【補注】先謙曰：弘見南越傳。

〔五〕【補注】先謙曰：索隱「漢表在琅邪」，此奪「琅邪」二字。王子侯：海常在琅邪。

〔六〕【補注】先謙曰：史表「佐繇王」下有「斬餘善」三字，是。

〔七〕【補注】蘇輿曰：「後」下當有「元」字。後凡紀武帝年者並同。

〔八〕【補注】錢大昭曰：閩本作「濟南」。先謙曰：兩粵傳「外石」作「卯石」，史表作「北石」。索隱「漢表作『外石』，在濟南」。今表作「濟陽」，誤。

下鄜侯左將黃同〔一〕	以故甌駱左將斬西于王功侯，七百戶。〔二〕	四月丁酉封。	侯奉漢嗣，後二年坐祝詛上要斬。			南陽〔三〕
繚嫈侯劉福〔四〕	以校尉從橫海將軍擊南越侯。〔五〕	正月乙卯封，二年有辠免。〔六〕				
禦兒嚴侯轅終古〔七〕	以軍卒斬東越徇北將軍侯。	閏月癸卯封，六年，太初元年薨，亡後。〔八〕				

〔一〕師古曰：鄜音孚。【補注】先謙曰：史表亦作「左將黃同」。索隱：「西南夷傳『甌駱將左黃同』，則『左』是姓，恐誤。漢表云『將黃同』，則『左將』是官不疑。」先謙案：小司馬說是。惟所見漢表奪「左」字。至傳稱「甌駱將左黃同」，證以此表「甌駱左將」，則傳文「將左」二字誤倒無疑。

〔二〕【補注】先謙曰：官本考證云「西于」譌「西千」，今改正。

〔三〕【補注】先謙曰：「下鄜」史表作「下酈」，南陽之酈縣，亦見湍水注，不當作「鄜」。索隱「漢表作『鄜』」，自唐已誤。

〔四〕師古曰：繚音聊，嫈音於耕反。【補注】先謙曰：索隱「繚音繚繞之『繚』。嫈，字林音乙庚反。西南夷傳音聊嫈」。先謙案：顏讀繚爲聊，即依傳作音。福，見兩越傳，故海常侯。

〔五〕【補注】先謙曰：史表「南」作「東」是，此誤。「將軍」下有「說」字。

〔六〕【補注】先謙曰：史表作「五月」。

〔七〕師古曰：禦音御。【補注】先謙曰：索隱「韋昭云蘌兒在吳越界，今爲鄉」。史表「嚴」作「莊」，兩粵傳「禦」作「語」，「轅」作「榬」。國語：「句踐之地，北至於禦兒。」在今嘉興府石門縣東南一里。

〔八〕【補注】先謙曰：徐廣云閏四月。

開陵侯建成〔一〕	以故東粵建成侯，與繇王斬餘善，侯，二千户。	閏月癸卯封。	侯祿嗣，(延)〔征〕和三年，坐舍衞太子所私幸女子，又祝詛上，要斬。〔二〕				臨淮〔三〕
臨蔡侯孫都〔四〕	以南粵郎，漢軍破番禺，爲伏波得南粵相呂嘉，侯，千户。	閏月癸卯封。	侯襄嗣，太初元年，坐擊番禺奪人掠虜，死。				河内
東城侯居股〔五〕	以故東粵繇王斬東粵王餘善，侯，萬户。	閏月癸卯封，二十年，延和三年，坐衞太子舉兵謀反，要斬。					九江〔六〕

〔一〕【補注】先謙曰：建成，其故侯名。其人名敖，見兩越傳。

〔二〕師古曰：舍謂居止也。

〔三〕【補注】先謙曰：開陵，見志。建成國除，後封成娩。彼雖不得封年，然坐衞太子事得罪者，不得至征和三年也。上格「三」蓋「二」之誤。

〔四〕【補注】先謙曰：史表亦作「孫都」。南粵傳云封稽爲臨蔡侯，無孫都名。未知孰是。

〔五〕【補注】先謙曰：史表作「居服」。

〔六〕【補注】先謙曰：東城見志。先封淮南厲王子良。東越傳作「東成」。

無錫侯多軍	以東粵將軍，漢兵至，棄軍降，侯，千户。	元年封。〔一〕	侯卯嗣，延和四年，坐與歸義趙文王將兵追反虜，到弘農，擅棄兵還，贖罪，免。			會稽〔二〕
涉都侯喜〔三〕	以父棄故南海太守，漢兵至，以越邑降，子侯，二千四十户。	元年封，八年，太初二年薨，亡後。〔四〕				南陽〔五〕
平州侯王唊〔六〕	以朝鮮將，漢兵至，降，侯，千四百八十户。	三年四月丁卯封，四年薨，亡後。				梁父

〔一〕【補注】先謙曰：史表亦闕月日。

〔二〕【補注】先謙曰：無錫見志。

〔三〕【補注】先謙曰：史表「侯」上有「中」字。「(嘉)〔喜〕」作「(喜)〔嘉〕」，兩見。沔水注亦作「嘉」，「喜」字誤。

〔四〕【補注】先謙曰：「二年」，史表作「三年」。

〔五〕【補注】先謙曰：續志南陽筑陽有涉都鄉。此分置縣，後仍併入。

〔六〕如淳曰：唊音頰。【補注】先謙曰：史表無「王」字。唊見朝鮮傳。平州先封昭涉掉尾。

荻直侯韓陶〔一〕	以朝鮮相將，漢兵圍之，降，侯，五百四十户。〔二〕	四月丁卯封，十九年，延和二年薨，封終身，不得嗣。				勃海
澅清侯參〔三〕	以朝鮮尼谿相使人殺其王右渠，降，侯，千户。	六月丙辰封，十一年，天漢二年，坐匿朝鮮亡虜，下獄病死。				齊〔四〕
騠茲侯稽谷姑〔五〕	以小月氏右苴王將衆降，侯，千九百户。〔六〕	四年十一月丁未封，三年，太初元年薨，亡後。〔七〕				琅邪

〔一〕師古曰：荻音狄。苴音七余反。【補注】錢大昭曰：南監本、閩本「直」作「苴」。先謙曰：史表「直」作「苴」，「陶」作「陰」。據顔注，本表元作「苴」，傳寫誤之也。朝鮮傳作「秋苴」，秋又荻形近之譌。

〔二〕師古曰：爲相而將朝鮮兵。

〔三〕師古曰：澅音獲，又音胡卦反。

〔四〕【補注】先謙曰：此縣名澅清而屬齊郡。澅，詳淄水注。

〔五〕師古曰：騠音大奚反。

〔六〕師古曰：苴音子余反。【補注】先謙曰：史表「右」作「若」。

〔七〕【補注】先謙曰：史表「丁未」作「丁卯」。

浩侯王恢	以故中郎將將兵捕得車師王，侯。	正月甲申封，一月，坐使酒泉矯制害，當死，贖罪，免。〔一〕				
瓡讘侯杆者〔二〕	以小月氏王將軍衆千騎降，侯，七百六十户。	正月乙酉封，二年薨。	六月，侯勝嗣，五年，天漢二年薨，制所幸封，不得嗣。〔三〕			河東〔四〕
幾侯張路〔五〕	以朝鮮王子，漢兵圍朝鮮降侯。	三年癸未封，六年使朝鮮，謀反，格死。〔六〕				河東

〔一〕如淳曰：律，矯詔大害，要斬。有矯詔害，矯詔不害。【補注】先謙曰：史表云四年四月國除，封凡三月，是此表「一月」當作「三月」。

〔二〕師古曰：瓡讀與狐同。讘音之涉反。【補注】先謙曰：史表作「扜者」。索隱「扜音烏，亦音汙」，明此表作「杆」爲誤字。

〔三〕【補注】蘇輿曰：據上「二年薨」及此五年爲天漢二年推之，勝嗣當在元封六年，「月」字誤。史表正作「六年」。

〔四〕【補注】先謙曰：地志河東有狐讘縣，説文同。「瓡」，譌字。

〔五〕師古曰：路音格，又音各。【補注】先謙曰：朝鮮傳作「幾侯長」，不名張路。

〔六〕【補注】先謙曰：「三年」當爲「三月」，史表不誤。又無「格」字，疑上「格」字錯入，衍文。

涅陽康侯最	以父朝鮮相路人，漢兵至，首先降，道死，子侯。	三月壬寅封，五年，太初元年薨，亡後。〔一〕				齊〔二〕
海西侯李廣利〔三〕	以貳師將軍擊大宛斬王，侯，八千户。	太初四年四月丁巳封，十一年，延和三年，擊匈奴兵敗，降。				
新時侯趙弟	以貳師將軍騎士斬都成王首，侯。〔四〕	四月丁巳封，七年，太始三年，坐爲太常鞠獄不實，入錢百萬贖死，而完爲城(且)〔旦〕。〔五〕				齊

〔一〕【補注】蘇輿曰：自元封四年至太初元年止三年，「五」字誤。

〔二〕【補注】先謙曰：涅陽，南陽縣，非齊也。先封吕騰。索隱引表注同，其誤已久。

〔三〕【補注】先謙曰：東海有海曲縣，蓋海西之誤。説見志。

〔四〕師古曰：郁成，西域國名也。【補注】先謙曰：「都」是「郁」傳寫之誤。顔注不誤。官本作「都」。

〔五〕如淳曰：鞫者以其辭決罪也。晉灼曰：律説出罪爲故縱，入罪爲故不直。【補注】錢大昭曰：「七」當作「十」，閩本不誤。蘇輿曰：自太初四年至太始三年爲九年，此本「七年」，閩本「十年」並「九」字之誤。説文「鞫，窮理辠人也」，作「鞠」者，假字。本書作鞫作鞠，爲例不一。先謙曰：官本無「而」字，是。

承父侯續相如	以使西域發外王子弟，誅斬扶樂王首，虜二千五百人，侯，千百五十户。	太始三年五月封，五年，延和四年四月癸亥，坐賊殺軍吏，謀入蠻夷，祝詛上，要斬。				東萊〔一〕
開陵侯成娩〔二〕	以故匈奴介和王將兵擊車師，不得封年。〔三〕		侯順嗣。	質侯褒嗣，薨，亡後。		
				元延元年六月乙未，釐侯級以褒弟紹封，千二十户。	侯參嗣，王莽敗，絕。〔四〕	

〔一〕【補注】先謙曰：後作「丞父」，俱注東萊，實一地也。此征和四年四月誅，彼四年三月封，則相如得罪在三月前矣。

〔二〕師古曰：娩音晚，又音免。【補注】先謙曰：開陵，臨淮縣。建成國除，更封。表不得封年，核建成得罪，此封在征和二年。成娩見匈奴、西域傳。

〔三〕【補注】錢大昭曰：「不」下四字當下一格。蘇輿曰：「擊車師」下當有「侯」字。

〔四〕【補注】先謙曰：官本脱此格。

稑侯商丘成〔一〕	以大鴻臚擊衛太子，力戰亡它意，侯，二千一百二十户。〔二〕	延和二年七月癸巳封，四年，後二年，坐爲詹事侍祠孝文廟，醉歌堂下曰「出居，安能鬱鬱」，大不敬，自殺。〔三〕				濟陰〔四〕
重合侯莽通	以侍郎發兵擊反者如侯，侯，四千八百七十户。	七月癸巳封，四年，後二年，坐發兵與衛尉潰等謀反，要斬。〔五〕				勃海〔六〕

〔一〕如淳曰：稑音腐蠹反。【補注】先謙曰：成及通、建並見劉屈氂傳。

〔二〕【補注】先謙曰：屈氂傳：成以獲反將張光，侯。

〔三〕【補注】先謙曰：公卿表：成坐祝詛自殺。與此異。案成以征和二年爲御史大夫，此云爲詹事，誤。

〔四〕【補注】先謙曰：稑見志，後封金日磾。

〔五〕【補注】杜貴墀曰：據武紀通、何羅謀反在後元年，此作「後二年」，表字誤。先謙曰：上商丘成自殺，紀在後元年，下景建同反誅，亦不能遲至後二年。兩「二」字皆當正作「元」。衛尉潰死，故公卿表是年書「守衛尉不害」也。

〔六〕【補注】先謙曰：重合見志。

德侯景建	以長安大夫從莽通共殺如侯，得少傅石德侯，三千七百三十五户。	七月癸巳封，四年，後二年，坐共莽通謀反，要斬。				濟南〔一〕
題侯張富昌〔二〕	以山陽卒與李壽共得衞李侯，八百五十八户。〔三〕	九月封，四年，後二年四月甲戌，爲人所賊殺。				鉅鹿
邘侯李壽〔四〕	以新安令史得衞太子，侯，一百五十户。	九月封，三年，坐爲衞尉居守，擅出長安界，送海西侯至高橋，又使吏謀殺方士，不道，誅之。〔五〕				河内〔六〕

〔一〕【補注】先謙曰：志不載。先封高帝兄子廣。

〔二〕【補注】先謙曰：題，縣名。富昌、壽并見戾太子傳。

〔三〕【補注】先謙曰：官本考證云「監本脱『侯』字，從宋本添」。案「李」乃「太子」二字合，誤一字，官本作「太子」，是。獲反者謂之得，詳戾太子傳。

〔四〕師古曰：邘音于。

〔五〕【補注】先謙曰：李廣利征匈奴而壽送之。

〔六〕【補注】先謙曰：邘地屬河内壄王縣，亦見沁水注。

轑陽侯江喜〔一〕	以圉嗇夫捕反者故城父令公孫勇侯，千一百二十户。〔二〕	二年十一月封。〔三〕	六年，侯仁嗣，永光四年，坐使家丞上書還印符，隨方士免。〔四〕			清河〔五〕
當塗康侯魏不害	以圉守尉捕反者淮陽胡倩侯，侯聖與議定策，益封凡二千二百户。〔六〕	十一月封，薨。〔七〕	愛侯聖嗣。	剌侯楊嗣。	戴侯面嗣。	九江　侯堅居嗣，居攝二年，更爲翼漢侯，王莽篡位，爲翼新侯，莽敗絶。〔八〕

〔一〕師古曰：轑音聊。【補注】先謙曰：喜及不害、昌俱見田廣明傳。史表作「江德」，公卿表、褚少孫補史記、淇水注同。明「喜」字誤。

〔二〕師古曰：圉，淮陽縣也。

〔三〕【補注】錢大昕曰：不書薨，闕文。沈欽韓曰：昭紀：孝文廟火，太常轑陽侯德免爲庶人。曰爲庶人，則不獨免官，並奪爵矣。中間宜有還爵事，而表不載，不然，彼紀衍「爲庶人」三字也。

〔四〕【補注】朱一新曰：方士，張宗也。事見郊祀志。符者，所剖之符也。

〔五〕【補注】先謙曰：史表作「潦陽」。索隱「潦音遼。漢表在清河」。不言此作「轑陽」，是所見本與顔異。

〔六〕【補注】先謙曰：霍光傳作「聖」，宣紀作「當塗侯平」，疑有二名。史表作「捕淮陽反者公孫勇等」，下同。

〔七〕【補注】錢大昭曰：天漢四年爲左馮翊。

〔八〕【補注】先謙曰：當塗見志。

<table>
<tr><td>**蒲侯蘇昌**</td><td>以圉小史捕反者故越王子鄒起，侯，千二十六户。〔一〕</td><td>十一月封。</td><td>侯夷吾嗣，鴻嘉三年，坐婢自贖爲民後略以爲婢，免。</td><td></td><td></td><td></td><td>**琅邪**</td></tr>
<tr><td>**丞父侯孫王**</td><td>以告反者太原白義等侯，千一百五十户。</td><td>四年三月乙酉封，三年，始元元年，坐殺人，會赦，免。</td><td></td><td></td><td></td><td></td><td>**東萊**〔二〕</td></tr>
<tr><td colspan="8">右孝武七十五人。武安、周陽、長平、冠軍、平津、周子南、樂通、牧丘、富民九人在外戚恩澤，南奅、龍頟、宜春、陰安、發干五人隨父，凡八十九人，王子不在其中。</td></tr>
<tr><td>**秺敬侯金日磾**〔三〕</td><td>以駙馬都尉發覺侍中莽何羅反，侯，二千二百一十八户。</td><td>始元二年，侯丙子封，一日薨。〔四〕</td><td>始元二年，侯賞嗣，四十二年薨，亡後。〔五〕</td><td>**孫**</td><td>元始四年，侯常以日磾曾孫紹侯，千户，王莽敗，絕。</td><td></td><td></td></tr>
</table>

〔一〕【補注】周壽昌曰：田廣明傳昌亦以捕公孫勇，侯。史褚表同。

〔二〕【補注】先謙曰：前承父亦注東萊，承、丞一也，續相如國除，更封。

〔三〕【補注】先謙曰：秺，濟陰縣，亦見瓠子河注。史表「漢書音義云，在濟陰成武」。先封商丘成。

〔四〕【補注】朱一新曰：當作「始元元年九月封」，昭紀可據。日磾以元年薨，見昭紀、公卿表，不得至二年。

〔五〕【補注】先謙曰：據傳，謚節侯。史表「賞」作「弘」。

建平敬侯杜延年	以諫大夫告左將軍等反，侯，二千户，以太僕與大將軍先定策，益封三千三百六十户。〔二〕	元鳳元年七月甲子封，二十八年薨。〔一〕	甘露二年，孝侯緩嗣，十九年薨。	竟寧元年，荒侯業嗣，三十四年薨。	元始二年，侯輔嗣。	濟陽侯憲嗣，建武中以先降梁王，薨，不得代。〔三〕
宜城戴侯燕倉	以假稻田使者先發覺左將軍桀等反謀，告大司農敞，侯。侯安削户六百，定七百户。〔四〕	七月甲子封，六年薨。〔五〕	元平元年，剌侯安嗣，四十一年薨。	竟寧元年，釐侯尊嗣，十年薨。	陽朔二年，煬侯武嗣。	濟陰侯級嗣。〔六〕
				六世 侯舊嗣，王莽敗，絶。		

〔一〕【補注】朱一新曰：據傳，「三千」當作「二千」。先謙曰：官本作「二千」。

〔二〕【補注】朱一新曰：昭紀作「十月」。據紀及燕王旦傳，上官桀等誅在九月，則延年等無緣以七月先封。然據紀「八月乙亥晦，日有食之」推十月無甲子，所當闕疑，下同。

〔三〕師古曰：梁王，劉永也。【補注】先謙曰：建平，沛郡縣，非濟陽。

〔四〕【補注】先謙曰：史表作「以故大將軍幕府軍吏侯，邑二千户」。

〔五〕【補注】先謙曰：史表云「爲汝南太守，有能名」。

〔六〕【補注】先謙曰：城、成古通。宜成，濟南縣，非濟陰。先封菑川懿王子偃。

弋陽節侯任宮〔一〕	以故丞相徵事手捕反者左將軍桀，侯，九百一十五户。〔二〕	七月甲子封，三十三年薨。〔三〕	初元二年，剛侯千秋嗣，三十二年薨。〔四〕	河平三年，愿侯惲嗣，二年薨。	陽朔元年，孝侯岑嗣，二十四年薨。	元始元年，侯固嗣，更始元年，爲兵所殺。
商利侯王山壽〔五〕	以丞相少史誘反者車騎將軍安入丞相府，侯，九百一十五户。	七月甲子封，十四年，元康元年，坐爲代郡太守故劾十人罪不直，死。〔六〕				徐〔七〕

〔一〕【補注】先謙曰：弋陽，汝南縣。

〔二〕【補注】先謙曰：史表作「故上林尉捕格謀反者上官桀，殺之便門，封爲侯二千户」。

〔三〕【補注】先謙曰：官本作「二十三年」，是。史表云「後爲太常，及行衞尉事。節儉謹信，以壽終」。

〔四〕【補注】錢大昭曰：字長伯，初元四年爲太常。

〔五〕【補注】先謙曰：史表作「王山」，三見，無「壽」字，齊人。昭紀作「王壽」。

〔六〕【補注】蘇輿曰：自元鳳元年至元康元年爲十六年，「四」當爲「六」。先謙曰：史表作「上書願治民，爲代太守。爲人所上書言，繫獄當死，會赦，出爲庶人」。

〔七〕【補注】先謙曰：徐，臨淮縣。

成安嚴侯郭忠〔一〕	以張掖屬國都尉匈奴入寇與戰，斬黎汗王，侯，七百二十四户。	三年二月癸丑封，七年薨。	本始三年，愛侯遷嗣，四年薨。〔二〕	元康三年，刻侯賞嗣，四十一年薨。	陽朔三年，郾侯長嗣。〔三〕	**潁川**〔四〕 釐侯萌嗣，薨，亡後。
			六世 居攝元年，侯每以忠玄孫之子紹封，王莽敗絶。			
平陵侯范明友	以校尉擊反氐，後以將軍擊烏桓，獲王，虜首六千二百，侯，與大將軍光定策，益封，凡二千九百二十户。	四年七月乙巳封，十一年，地節四年坐謀反誅。				**武當**〔五〕

〔一〕【補注】先謙曰：忠見匈奴傳。

〔二〕【補注】蘇輿曰：自本始三年至元康三年爲八年，「四」字誤。

〔三〕師古曰：郾音臬。

〔四〕【補注】先謙曰：成安見志。

〔五〕【補注】先謙曰：武當，南陽縣，先封蘇建。

義陽侯傅介子	以平樂廄監使誅樓蘭王，斬首，侯七百五十九户。〔一〕	七月乙巳封，十三年，元康元年薨。嗣子有罪，不得代。〔二〕			元始四年，侯長以介子曾孫紹封，更始元年，爲兵所殺。	平氏〔三〕
右孝昭八人。博陸、安陽、宜春、安平、富平、陽平六人在恩澤外戚，桑樂一人隨父，凡十五人。						
長羅壯侯常惠	以校尉光禄大夫持節將烏孫兵擊匈奴，獲名王，首虜三萬九千級，侯，二千八百五十户。	本始四年四月癸巳封，二十四年薨。	初元二年，嚴侯成嗣，十六年薨。	建始三年，愛侯邯嗣，五年薨。	河平四年，侯翕嗣，四十九年，建武四年薨，亡後。〔四〕	陳留〔五〕

〔一〕【補注】朱一新曰：傳云「七百户」。

〔二〕【補注】先謙曰：史表作「子厲代立，爭財相告，有罪，國除」。

〔三〕【補注】先謙曰：先封衞山，後封厲温敦。

〔四〕【補注】錢大昕曰：西漢列侯至光武時尚存者杜延年元孫憲、趙長年孫牧、甘延壽曾孫相、先賢撣孫諷及此五人。莽篡後，宗室侯者皆廢，此數侯得保，故封，未知其審。若平陽、武始、紅陽、高昌皆先絶而後封，不在此數。蘇輿曰：自河平四年至平帝元始五年爲卅一年，自居攝至光武之興爲十八年，合建武四年凡五十三年。此推年數不合，下推永始四年至建武四年爲四十年，不誤。

〔五〕【補注】先謙曰：長羅見志。

爰戚靖侯趙長年〔一〕	以平陵大夫告楚王延壽反，侯，千五百三十户。	地節二年四月癸卯封，十七年薨。	節侯訢嗣。	永始四年，侯牧嗣，四十年，建武四年，以先降梁王免。		
博成侯張章〔二〕	以長安男子先發覺大司馬霍禹等謀反，以告期門董忠，忠以聞，侯，三千九百一十三户。	四年八月乙丑封，九年薨。	五鳳元年，侯建嗣，十二年，建始四年，坐尚陽邑公主與婢姦主旁，數醉罵主，免。			淮陽〔三〕
高昌壯侯董忠	以期門受張章言霍禹謀反，告左曹楊惲，侯，再坐法，削户千一百，定七十九户。	八月乙丑封，十九年薨。	初元二年，煬侯宏嗣，四十一年，建平元年，坐佞邪，免，二年，復封，故國，三年薨。	元壽元年，侯武嗣，二年，坐父宏前爲佞邪，免。	建武二年五月己巳，侯永紹封。	千乘〔四〕

〔一〕【補注】先謙曰：史表作「趙成」。索隱云「漢表作『趙長平』」，是小司馬所見漢書本作「平」不作「年」。爰戚，山陽縣。錢大昭云：閩本「年」作「平」。

〔二〕【補注】先謙曰：此及下董忠、楊惲、金安上並見霍光傳。

〔三〕【補注】先謙曰：索隱「表在臨淮」，與此異。

〔四〕【補注】先謙曰：高昌見志，亦見濟水注。

平通侯楊惲	以左曹中郎受董忠等言霍禹等謀，以告侍中金安上，侯二千五百户。	八月乙丑封，十年，五鳳三年，坐爲光禄勳誹謗政治，免。〔一〕				博陽〔二〕
都成敬侯金安上〔三〕	以侍中中郎將受楊惲言霍禹等反謀，傳言止内霍氏禁闥，侯千七百七十一户。	八月乙丑封，十一年薨。	五鳳三年，夷侯常嗣，一年薨，亡後。	元始元年，侯欽以安上孫紹封，爲王莽誅。〔四〕	元始元年，戴侯楊嗣，王莽敗，絶。	
合陽愛侯梁喜	以平陽大夫告霍徵史、徵史子信、家監迴倫故侍郎鄭尚時謀反，侯千五百户。	元康四年二月壬午封，四十一年薨。〔五〕	建始二年，侯放嗣。	元始五年，侯萌以喜孫紹封，千户，王莽敗，絶。		平原〔六〕

〔一〕【補注】蘇輿曰：十年當五鳳二年，「三」字誤。據宣紀，亦在二年。

〔二〕【補注】先謙曰：博陽，汝南縣。後封東平思王孫旦。

〔三〕【補注】錢坫曰：霍光傳及補史記作「都城」。索隱「志屬潁川」。案：潁川無此縣。地志山陽郡有成都侯國，水經注作「郕都」，云「春秋隱元年郕侵衛。京相璠云『東郡廩丘縣南三十里有郕都故城』」。褚先生曰「漢封金安上爲侯國」。成、城、郕三字同。

〔四〕【補注】蘇輿曰：「誅」上當有「所」字。日磾傳云「欽自殺」。

〔五〕【補注】蘇輿曰：自元康四年至建始元年爲三十一年，「四」字誤。

〔六〕【補注】先謙曰：合陽見志。

安遠繆侯鄭吉	以校尉光禄大夫將兵迎日逐王降，又破車師侯，坐法削户三百，定七百九十户。	神爵三年四月壬戌封，十一年薨。	初元元年，侯光嗣，八年，永光三年薨，亡後。	居攝元年，侯永以吉曾孫紹封，千户，王莽敗，絶。〔一〕		慎〔二〕
歸德靖侯先賢撣〔三〕	以匈奴單于從兄日逐王率衆降侯，二千二百五十户。	四月戊戌封，二十六年薨。	竟寧元年，煬侯富昌嗣，二年薨。	建始二年，侯諷嗣，五十六年薨。	建武二年，侯襄嗣。	汝南 侯霸嗣，永平十四年，有罪免。〔四〕
信成侯王定〔五〕	以匈奴烏桓屠驀單于子左大將軍率衆降侯，千六百户，後坐弟謀反，削百五户。〔六〕	五鳳二年九月癸巳封，十二年薨。	初元五年，侯廣漢嗣，三年，永光三年薨，亡後。	元始五年，侯楊以定孫紹封，千户。〔七〕		細陽〔八〕

〔一〕【補注】錢大昭曰：此當下一格。

〔二〕【補注】先謙曰：慎，汝南縣。

〔三〕師古曰：撣音纏。

〔四〕【補注】先謙曰：歸德見志。

〔五〕【補注】錢大昭曰：匈奴傳「信成」作「新城」，「王定」作「烏厲屈」。

〔六〕師古曰：驀音莫白反。【補注】沈欽韓曰：「屠驀」是「屠耆」之譌，「軍」字衍。屠耆少子降漢别一事，此匈奴傳呼遬累烏厲温敦子左大將也。

〔七〕【補注】先謙曰：官本「楊」作「陽」。

〔八〕【補注】先謙曰：細陽，汝南縣。

義陽侯厲温敦[一]	以匈奴謼連累單于率衆降侯，千五百户。[二]	三年二月甲子封，四年，坐子伊細王謀反，削爵爲關内侯，食邑千户。				
右孝宣十一人。陽都、營平、平丘、昌水、陽城、爰氏、扶陽、高平、陽城、博陽、邛成、將陵、建成、西平、平恩、平昌、樂陵、平臺、樂昌、博望、樂成二十一人在恩澤外戚，樂平、冠陽、酇、周子南君四人隨父，凡三十六人。						
義成侯甘延壽[三]	以使西域騎都尉討郅支單于斬王以下千五百級，侯，四百户，孫遷益封，凡二千户。	竟寧元年四月戊辰封，九年薨。	陽朔元年，煬侯建嗣，十九年薨。	建平元年，節侯遷嗣，居攝二年，更爲誅郅支侯，十四年薨。	建國二年，侯相嗣，建武四年，爲兵所殺。	

[一]【補注】先謙曰：義陽先封傅介子。「厲」上脱「烏」字。

[二]師古曰：謼與呼同。累音力住反。【補注】先謙曰：「連」當爲「遬」。

[三]【補注】先謙曰：義成，沛郡縣。傳謚壯侯。

騶望忠侯冷廣〔一〕	以濕沃公士告男子馬政謀反，侯，千八百户。〔二〕	煬嘉元年正月辛丑封，薨。〔三〕	侯何齊嗣，王莽敗，絶。			琅邪〔四〕
延鄉節侯李譚〔五〕	以尉氏男子捕得反者樊並，侯，千户。〔六〕	永始四年七月己巳封，十三年薨。〔七〕	元始元年，侯成嗣，王莽敗，絶。			
新山侯稱忠〔八〕	以捕得反者樊並，侯，千户。	十一月己酉封。〔九〕				

〔一〕師古曰：冷音零。

〔二〕師古曰：濕音它合反。【補注】先謙曰：濕沃，千乘縣。

〔三〕【補注】先謙曰：「煬」官本作「鴻」，是。

〔四〕【補注】先謙曰：騶望見志。

〔五〕【補注】先謙曰：延鄉，千乘縣。

〔六〕【補注】錢大昭曰：成紀稱尉氏男子樊並，此「尉氏男子」四字疑在「反者」下。

〔七〕【補注】朱一新曰：己巳在己酉後，不當次在前，此「己巳」亦當爲「己酉」。

〔八〕【補注】先謙曰：新山，瑯邪縣。

〔九〕【補注】錢大昕曰：李譚以下四人俱以捕樊並功封。其三在七月而日不同，此十一月，亦不當在七月前。考成紀事在永始三年十一月，疑此「十一」二字誤合爲「七」，而「四年」亦「三年」之譌。

童鄉釐侯鍾祖[一]	以捕得反者樊並侯，千户。	七月己酉封，薨，亡後。	元始五年，侯匡以祖子紹封，王莽敗，絶。			
樓虚侯訾順[二]	以捕得反者樊並侯，千户。	七月己酉封。				

右孝元一人。安平、平恩、扶陽三人隨父，陽平、樂安二人在恩澤外戚，凡六人。孝成五人。安昌、高陽、安陽、城陽、高陵、定陵、殷紹嘉、宜鄉、汜鄉、博山十人在恩澤外戚，武陽、博陽、贊、騏、龍雒、開陵、樂陵、博望、樂成、安平、阿、成都、紅陽、曲陽、高平十五人隨父，凡三十人。[三]

[一]【補注】錢大昭曰：勃海有章鄉侯國，「童」疑「章」之誤。先謙曰：恩澤表有章鄉侯謝殷，元始五年閏月封，祖子匡尚嗣侯，二人不能並封一地，錢説非。

[二]【補注】先謙曰：樓虚，平原縣，亦作「楊虚」，詳志。

[三]師古曰：「雒」字或作「頟」。【補注】蘇輿曰：據下「安平」當作「安成」，即王崇。

外戚恩澤侯表第六

自古受命及中興之君，必興滅繼絶，修廢舉逸，然後天下歸仁，四方之政行焉。〔一〕傳稱武王克殷，追存賢聖，至乎不及下車〔二〕。世代雖殊，其揆一也。高帝撥亂誅暴，庶事草創，日不暇給，然猶修祀六國，求聘四皓，過魏則寵無忌之墓，適趙則封樂毅之後。〔三〕及其行賞而授位也，爵以功爲先後，官用能爲次序。後嗣共己遵業，舊臣繼踵居位。〔四〕至乎孝武，元功宿將畧盡。會上亦興文學，進拔幽隱，公孫弘自海瀕而登宰相，〔五〕於是寵以列侯之爵。又疇咨前代，詢問耆老，初得周後，復加爵邑。自是之後，宰相畢侯矣。元、成之間，晚得殷世，以備賓位。

〔一〕師古曰：論語孔子陳帝王之法云「審法度，修廢官，四方之政行焉；興滅國，繼絶世，舉逸人，天下之人歸心焉。」故此序引之也。【補注】先謙曰：官本「逸人」作「逸民」。

〔二〕師古曰：禮記云「武王克殷，未及下車，而封黄帝之後於薊，封帝堯之後於祝，封帝舜之後於陳。」此其事也。

〔三〕師古曰：高紀十二年詔云：「秦皇帝、楚隱王、魏安釐王、齊愍王、趙悼襄王皆絶無後。其與秦皇帝守冢二十家，楚、魏、齊各十家，趙及魏公子無忌各五家。」張良傳高帝謂四人曰：「吾求公，公避逃我，今公何自從吾兒游乎？」又高紀十年「求樂毅有後乎，得其孫叔，封之樂鄉，號華成君」也。楚、魏、齊、趙皆舊六國，故總云六國。四皓須眉皓白，故謂之四皓。稱號在王貢兩龔鮑傳。

〔四〕師古曰：共讀曰恭。

〔五〕師古曰：海瀕，謂近海之地。瀕音頻，又音賓。

漢興，外戚與定天下，侯者二人。〔一〕故誓曰：「非劉氏不王，若有亡功非上所置而侯者，天下共誅之。」是以高后欲王諸呂，王陵廷爭；孝景將侯王氏，脩侯犯色。〔二〕卒用廢黜。是後薄昭、竇嬰、上官、衞、霍之侯，以功受爵。其餘后父據春秋褒紀之義，〔三〕帝舅緣大雅申伯之意，〔四〕寖廣博矣。〔五〕是以別而敍之。〔六〕

〔一〕服虔曰：呂后兄周呂侯澤、建成侯釋之。師古曰：與讀曰豫，言豫其功也。

〔二〕師古曰：脩音條。

〔三〕應劭曰：春秋：天子將納后於紀，紀本子爵也，故先褒爲侯，言王者不取於小國。【補注】沈欽韓曰：公羊桓二年傳注紀侯「稱侯者，天子將娶于紀，與之奉宗廟，重莫大焉，故封之百里，明當尊而不臣」。

〔四〕應劭曰：申伯，周宣王元舅也，爲邑於謝。後世欲光寵外親者，緣申伯之恩，援此義以爲諭也。

〔五〕師古曰：寖，漸也。【補注】何焯曰：廣博，言其濫。

〔六〕【補注】何焯曰：皆不應功臣本約，不可傳前二表之後，故別敍之。

號謚姓名	侯狀户數	始封	子	孫	曾孫	玄孫
臨泗侯呂公〔一〕	以漢王后父賜號。〔二〕	元年封，四年薨，高后元年追尊曰呂宣王。				
周呂令武侯澤〔三〕	以客從入漢，定三秦，將兵下碭，漢王敗彭城，往從之，佐定天下。〔四〕	六年正月丙戌封，三年薨。	侯台嗣，高祖九年，更封爲鄜侯，四年，高后元年，爲呂王，二年薨，謚曰肅，追尊令武曰悼武王。〔五〕	腄〔六〕 三年，王嘉嗣，坐驕廢。侯通，嘉弟，六年四月丁酉封，八年，爲燕王，九月，反誅。 **東平** 侯庀，通弟，八年五月丙辰封，九月，反誅。〔七〕		

〔一〕【補注】先謙曰：臨泗無攷。北魏志東楚州宿豫郡有臨泗縣，疑因漢舊立名也，在今徐州府境。

〔二〕【補注】齊召南曰：史表所無，然漢世后父封侯權輿於此。班氏據外戚世家以領此表，是也。

〔三〕【補注】先謙曰：索隱「濟陰有呂都縣」。案台嗣侯封呂王，則呂都當即其地。索隱「令武，謚」。

〔四〕【補注】蘇輿曰：據例「佐定天下」下當有「侯」字。下釋之狀「衞太上皇」下同。先謙曰：史表云「呂后兄」。

〔五〕【補注】先謙曰：「鄜」史表作「酈」，南陽縣。鄜，馮翊縣。

〔六〕師古曰：音文瑞反。【補注】先謙曰：腄，東萊縣。史表作「錘」。

〔七〕師古曰：庀音匹履反。【補注】先謙曰：索隱縣屬東平。「庀」史表作「莊」。案東平國有東平陸，無東平，它郡亦無東平縣也。

			汶侯產，台弟，高后元年四月辛卯封，六年，爲呂王，七年，爲梁王，八年，反誅。〔一〕			
建成康侯釋之〔二〕	以客從擊秦。漢王入漢，使釋之歸豐衛太上皇。〔三〕	六月四月丙戌封，九月薨。〔四〕	孝惠二年，侯則嗣，七年，有罪，免。則弟種，高后元年四月乙酉封，奉呂宣王國，七年，更爲不其侯，八年，反誅。〔五〕			

〔一〕師古曰：汶音問。【補注】先謙曰：史表作「郊」，索隱：屬沛郡。此作「汶」。先謙案：沛郡有洨無郊，「郊」是「洨」之譌，「汶」亦「洨」之形近誤字。顔音謬。後封趙敬肅王子周舍。

〔二〕【補注】錢大昭曰：「釋之」留侯世家作「呂澤」，史表云「呂后兄」。先謙曰：建成，沛郡縣，國除後封黃霸。勃海亦有建成縣，非侯國。

〔三〕【補注】先謙曰：官本考證云「擊秦」監本譌「數奉」，從宋本改正。

〔四〕【補注】先謙曰：官本「六月」作「六年」，是。

〔五〕【補注】先謙曰：史表第一行標「沛」字，下云康侯少子種，奉呂宣王寢園，後爲不其侯。是此格上失書「沛」字，「國」當爲「園」之誤。沛，沛郡縣。不其，琅邪縣。

			漢陽侯祿，種弟，高后元年九月丙寅封，八年，爲趙王，追尊康侯曰趙昭王，九月，反誅。〔一〕			
右高祖三人						
扶柳侯呂平〔二〕	以皇太后姊長姁子侯。〔三〕	元年四月丙寅封，八年，反誅。				
襄城侯義〔四〕	以孝惠子侯。〔五〕	四月辛卯封，三年，爲常山王。〔六〕				

〔一〕【補注】錢大昭曰：漢陽屬犍爲，武帝始開也。地理志漢中褒中都尉治漢陽鄉，疑此是。先謙曰：史表作「胡陵」，山陽縣。

〔二〕【補注】先謙曰：扶柳，信都縣。

〔三〕師古曰：平既呂氏所（上）〔生〕，不當姓呂，蓋史家唯記母族也。姁音況于反，又音況羽反。【補注】齊召南曰：史表作「昌平」，昌、呂形近致誤。顏謂史家唯記母姓，恐未然。

〔四〕【補注】先謙曰：襄城，潁川縣，亦見汝水注。

〔五〕【補注】王鳴盛曰：義、朝、武、太四人見高后紀。如淳引表云：皆呂氏子也。與今本異。

〔六〕【補注】朱一新曰：義，初名山，爲王更（封）〔名〕義，爲帝更名弘。「三」當爲「二」。

軹侯朝〔一〕	以孝惠子侯。	四月辛卯封，四年，爲常山王。				
壺關侯武〔二〕	以孝惠子侯。	四月辛卯封，六年，爲淮陽王。				
昌平侯大〔三〕	以孝惠子侯。	二月癸未封，七年，爲呂王。				
贅其侯呂勝〔四〕	以皇太后昆弟子淮陽丞相侯。	四月丙申封，八年，反誅。				
滕侯呂更始	爲舍人郎中十二歲，以都尉屯霸上，用楚丞相侯。	四月丙申封，八年，反誅。				

〔一〕【補注】先謙曰：國除後封薄昭，説詳彼。

〔二〕【補注】先謙曰：壺關，上黨縣。

〔三〕【補注】先謙曰：「大」（爲當）〔當爲〕「太」，史表不誤。昌平，上谷縣。

〔四〕【補注】先謙曰：贅其，臨淮縣。

呂成侯呂忿〔一〕	以皇太后昆弟子侯。	四月丙申封，八年，反誅。				
祝茲侯呂瑩〔二〕	以皇太后昆弟子侯。	八年四月丁酉封，九月，反誅。				
建陵侯張釋寺人〔三〕	以大謁者勸王諸呂，侯。	四月丁酉封，九月免。				
右高后十人。五人隨父，凡十五人。						
軹侯薄昭〔四〕	高祖七年爲郎，從軍十七年，以中大夫迎帝於代，以車騎將軍迎皇太后，侯，萬户〔五〕。	元年正月乙巳封，十年，坐殺使者，自殺。帝臨爲置後。	十一年，易侯戎奴嗣，三十年薨。	建元二年，侯梁嗣。		

〔一〕【補注】先謙曰：成、城通用字。楚國有呂縣，忿所封，亦見淮水注。

〔二〕師古曰：瑩音熒，又音烏瞑反。【補注】先謙曰：索隱：漢表在琅邪。此下奪「瑯邪」二字。

〔三〕【補注】先謙曰：索隱：漢表在東海。此奪「東海」二字。史表作「張澤」。

〔四〕【補注】先謙曰：軹，河内縣，亦見濟水注。朝國除，後更封。

〔五〕【補注】先謙曰：史表「中」上有「太」字。

鄔侯駟鈞[一]	以齊王舅侯。	四月辛未封，六年，坐濟北王興居舉兵反，弗救，免。				
周陽侯趙兼[二]	以淮南王舅侯。	四月辛未封，六年有罪，免。				
右孝文三人。						
章武景侯竇廣國[三]	以皇太后弟侯，萬一千户。[四]	孝文後七年六月乙卯封，七年薨。	孝景七年，共侯定嗣，十八年薨。[五]	元光三年，侯常生嗣，十年，元狩元年，坐謀殺人，未殺，免。[六]		

〔一〕師古曰：鄔音一户反，又音於度反。【補注】先謙曰：鄔，太原縣，本紀作「靖郭」。史表作「清都」，蓋「靖郭」之譌。

〔二〕【補注】先謙曰：兼國除，後封田勝，説詳彼下。

〔三〕【補注】先謙曰：章武，勃海縣，亦見淇水注。

〔四〕【補注】先謙曰：史表「萬一千百六十九户」。

〔五〕【補注】先謙曰：史表「定」作「完」。

〔六〕【補注】先謙曰：史表「生」作「坐」，兩見。

南皮侯竇彭祖〔一〕	以皇太后兄子侯。〔二〕	六月乙卯封，二十一年薨。〔三〕	建元六年，夷侯良嗣，五年薨。	元光五年，侯桑林嗣，十八年，元鼎五年，坐酎金免。		
魏其侯竇嬰〔四〕	以將軍屯滎陽，扞破吳楚七國，侯。皇太后昆弟子。	三年六月乙巳封，二十三年，元光四年，有罪，棄市。〔五〕				
蓋靖侯王信〔六〕	以皇后兄侯。	中五年五月甲戌封，二十五年薨。〔七〕	元光三年，頃侯充嗣。	侯受嗣，元鼎五年坐酎金免。〔八〕		

〔一〕【補注】先謙曰：南皮，勃海縣，亦見淇水注。

〔二〕【補注】先謙曰：史表「六千四百六十户」。

〔三〕【補注】先謙曰：官本「一」作「二」。

〔四〕【補注】先謙曰：魏其，琅邪縣。先封周止，後封膠東康王子昌。

〔五〕【補注】先謙曰：史表「侯，三千三百五十户」。

〔六〕【補注】先謙曰：蓋，泰山縣，説互詳王子侯表。索隱：漢表在勃海。此奪「勃海」二字。

〔七〕【補注】蘇輿曰：自景中五年至元光二年止十三年，表誤。先謙曰：官本「二」作「三」。

〔八〕【補注】先謙曰：史表無頃侯充一代，作「元狩三年，侯偃元年。元鼎五年，國除」。

右孝景四人。

武安侯田蚡〔一〕	以皇太后同母弟侯。〔二〕	孝景後三年三月封，十年薨。	元光四年，侯恬嗣，五年，元朔三年，坐衣襜褕入宮，不敬，免。〔三〕			
周陽懿侯田勝〔四〕	以皇太后同母弟侯。	三月封，十二年薨。	元光六年，侯祖嗣，八年，元狩三年，坐當歸軹侯宅，不與，免。〔五〕			

〔一〕【補注】先謙曰：武安，魏郡縣。本傳食邑在鄃。

〔二〕【補注】錢大昭曰：言同母不同父也。

〔三〕師古曰：衣謂著之也。襜褕，直裾襌衣也。襜音昌占反。褕音踰。【補注】先謙曰：史表「恬」作「梧」，兩見。

〔四〕【補注】先謙曰：索隱「縣名，屬上郡」。案上郡乃陽周縣，小司馬誤也。涑水注「涑水西過周陽邑，景帝封田勝爲侯國，地距聞喜不遠」。引詳河東聞喜下。趙兼國除，更封。

〔五〕【補注】蘇輿曰：潛夫論斷訟篇「孝武仁明，周陽侯田彭祖坐當軹侯宅而不與免國」，即此事。惟「祖」作「彭祖」爲異，「當」下奪「歸」字。先謙曰：史表「祖」作「彭祖」，兩見。「三」作「二」。「軹侯」作「章侯」，疑「章武侯」奪文。時無軹侯，亦無章侯也。

長平烈侯衛青〔一〕	以將軍擊匈奴取朔方侯，後破右賢王，益封，又封三子。皇后弟。〔二〕	元朔二年二月丙辰封，二十三年薨。〔三〕	宜春侯伉，五年四月丁未以青功封，元鼎元年坐撟制不害免。〔四〕太初元年嗣侯，五年，蘭入宮，完爲城旦。〔五〕			
			陰安侯不疑，四月丁未以青功封，十二年，元鼎五年，坐酎金免。〔六〕			

〔一〕【補注】先謙曰：長平，汝南縣。

〔二〕【補注】先謙曰：史表「朔方」下有「河南」二字。

〔三〕【補注】先謙曰：史表「三月」作「二月」。

〔四〕【補注】先謙曰：宜春，汝南縣，伉免侯，復封王昕。

〔五〕【補注】先謙曰：青薨在元封五年，伉嗣應在六年。青傳云伉嗣侯，六年，坐法免。是免侯在天漢元年。此云太初元年嗣，五年免侯，皆誤。又據戾太子傳，皇后弟子長平侯衛伉坐祝詛誅。杜周傳，周以捕逐衛皇后昆弟子刻深，遷御史大夫。其遷在天漢三年，與伉失侯年歲前後隱合。究竟伉以何罪失侯，無從考實也。「蘭」當爲「闌」，誤加「艸」。

〔六〕【補注】先謙曰：陰安，魏郡縣，亦見河水注。

			發干[一]侯登，四月丁未以青功封，坐酎金免。	元康四年，詔賜青孫錢五十萬，復家。	永始元年，青曾孫玄以長安公乘爲侍郎。	元始四年，賜青玄孫賞爵關内侯。
平津獻侯公孫弘	以丞相詔所褒侯，三百七十三户。[二]	元朔三年十一月乙丑封，六年薨。[三]	元狩三年，侯度嗣，十三年，元封四年，坐爲山陽太守詔徵鉅野令史成不遣，完爲城旦。[四]			高城[五]

〔一〕【補注】先謙曰：東郡縣。

〔二〕【補注】先謙曰：傳作「六百五十户」，與此異。

〔三〕【補注】洪頤煊曰：據公卿表弘爲丞相在元朔五年，薨在元狩二年，是「三」當作「五」，「六」當作「四」，此並誤。

〔四〕【補注】先謙曰：史表「度」作「慶」，兩見。

〔五〕【補注】先謙曰：據傳，元始中，賜弘子孫之次見爲（使）〔適〕者，爵關内侯，食邑三百户。此闕。高城，勃海縣，與傳合。

冠軍景桓侯霍去病	以校尉擊匈奴，侯，後以將軍破祁連迎昆邪王，益封皇后姊子。	六年四月壬申封，七年薨。	南陽 元鼎元年，哀侯嬗嗣，七年薨，亡後。〔一〕	樂平〔二〕 侯山，地節二年四月癸巳以從祖祖父大將軍光功封，三千户，四年坐謀反，誅。		東郡〔三〕
				冠陽〔四〕 侯雲，山弟，三年四月戊申以大將軍光功封，千八百户，四年坐謀反，誅。		南陽

〔一〕師古曰：嬗音上戰反。【補注】先謙曰：嬗字子侯，登泰山暴病死，見郊祀志。冠軍，見志。

〔二〕【補注】先謙曰：史表作「樂成」。索隱：漢表在平氏，志屬南陽。今案此作「樂平」，非「樂成」，表亦不言在平氏，是所見本異。

〔三〕【補注】先謙曰：樂平，東郡清縣之聚邑所分置，詳地理志。

〔四〕【補注】先謙曰：史表仍作「冠軍」，三見。志無「冠陽」，疑「陽」字誤。

周子南君姬嘉	以周後詔所褒，侯三千户。	元鼎四年十一月丁卯封，六年薨。	元封四年，君置嗣，二十四年薨。[一]	始元四年，君當嗣，十六年，坐使奴殺家丞棄市。		長社[二]
				元康元年三月丙戌，君延年以當弟紹封，初元五年正月癸巳，更封爲周承休侯，位次諸侯王，二十九年薨，謚曰考。	建昭三年，質侯安嗣，四年薨。[三]	陽朔二年，釐侯世嗣，八年薨。

[一]【補注】先謙曰：史表「置」作「買」。

[二]【補注】先謙曰：長社，潁川縣。蓋析爲周子南君邑，後爲周承休縣，仍屬潁川。

[三]【補注】蘇輿曰：自建昭三年至陽朔元年爲十三年，此云「四年」，誤。

			六世	七世	八世	
			永始二年，侯當嗣，七年，綏和元年進爵爲公，地滿百里，元始四年爲鄭公，王莽簒位爲章牟公〔一〕。	天鳳元年，公常嗣，建武二年五月戊辰，更爲周承休侯〔二〕。	五年，侯武嗣，十三年，更爲衛公。〔三〕	觀〔四〕
欒通侯欒大	以方術詔所褒，侯，三千户。	四年四月乙巳封，五年，坐罔上要斬。				**高平**〔五〕
牧丘恬侯石慶	以丞相及父萬石積行侯。	五年九月丁丑封，十年薨。	太初三年，侯德嗣，二年，天漢元年，坐爲太常失法罔上祠不如令，完爲城旦。			**平原**〔六〕

〔一〕【補注】先謙曰：「鄭」當爲「邟」，詳見平紀。

〔二〕【補注】錢大昭曰：復舊名也。「戊辰」，光武紀作「庚辰」。

〔三〕【補注】錢大昭曰：據表則武乃常之子。光武紀即以更衞公者爲姬常，與表異。

〔四〕【補注】先謙曰：觀，東郡縣，爲衞公國也。

〔五〕【補注】先謙曰：高平，臨淮縣。欒通析高平置，後仍省併，亦見武紀韋注。

〔六〕【補注】先謙曰：平原，平原縣。牧丘蓋分其地置。

富民定侯車千秋	以丞相侯，八百户，以遺詔益封，凡千六百户。	征和四年六月丁巳封，十二年薨。	元鳳四年，侯順嗣，六年，本始三年，坐爲虎牙將軍擊匈奴詐增虜獲，自殺。〔一〕			蘄〔二〕
右孝武九人，三人隨父，凡十二人。						
博陸宣成侯霍光	以奉車都尉捕反者莽何羅侯，二千三百五十户，後以大將軍益封，萬七千二百户。〔三〕	始元二年正月壬寅封，十七年薨。	地節二年四月癸卯，侯禹嗣，四年，謀反要斬。〔四〕		元始二年四月乙酉，侯陽以光從父昆弟之曾孫龍勒士伍紹封，三千户，王莽篡位，絕。	北海河間東郡〔五〕

〔一〕【補注】先謙曰：史表作「擊匈奴不至質誅死」。

〔二〕【補注】先謙曰：蘄，沛郡縣。

〔三〕【補注】先謙曰：史表二千餘户作「三千户」，萬餘户作「二萬户」。

〔四〕【補注】先謙曰：「禺」當爲「禹」。

〔五〕師古曰：光初封食北海、河間，後益封又食東郡。【補注】先謙曰：索隱引文穎云「博，廣；陸，平。取其嘉名，無此縣也。食邑北海、河東」。瓚云「漁陽有博陸城」。先謙案，瓚説是也，侯國必有縣。初封北海，食邑在此，後乃兼食二郡耳。河間、東郡誤省作「河東」。

號謚姓名	侯狀户數	始封	子	孫	曾孫	玄孫
安陽侯上官桀	以騎都尉捕反者莽何羅侯，二千三百户。女孫爲皇后。	正月壬寅封，五年，元鳳元年反，誅。		桑樂侯安 始元五年六月辛丑，以皇后父車騎將軍封，千五百户，二年，反，誅。〔一〕		蕩陰〔二〕 千乘〔三〕
宜春敬侯王訢	以丞相侯，子譚與大將軍光定策，益封，坐法削户五百，定六百八户。	元鳳四年二月乙丑封，二年薨。	元鳳六年，康侯譚嗣，四十五年薨。〔四〕	建始三年，孝侯咸嗣，十八年薨。	元延元年，釐侯章嗣，十八年薨。〔五〕	汝南 建平三年，侯强嗣，二十六年，更始元年爲兵所殺。〔六〕

〔一〕【補注】先謙曰：應上一格，官本不誤。

〔二〕師古曰：桀所食也。【補注】先謙曰：蕩陰，河内縣。河水注蓋誤「桀」譌作「栞」。

〔三〕師古曰：安所食也。

〔四〕【補注】朱一新曰：褚補史云譚爲屬國都尉。

〔五〕【補注】蘇輿曰：「十」字衍。自元延元年至建平二年止八年。

〔六〕【補注】先謙曰：宜春見志。衞伉國除，更封。

安平敬侯陽敞〔一〕	以丞相侯，七百戶，與大司馬大將軍光定策，益封子忠，凡五千五百四十七戶。	六年二月乙丑封，一年薨。	元平元年，頃侯忠嗣，十一年薨。〔二〕	元康三年，侯譚嗣，九年，五鳳四年坐爲典屬國季父惲有罪，譚言誹，免。〔三〕		汝南〔四〕
富平敬侯張安世	以右將軍光祿勳輔政勤勞，侯，以車騎將軍與大將軍光定策，益封凡萬三千六百四十戶。	十一月乙丑封，十三年薨。	陽都〔五〕 元侯四年，愛侯延壽嗣，十一年薨。〔六〕元康三年三月乙未，侯彭祖以世父故掖庭令賀有舊恩封，千	甘露三年，繆侯敞嗣，四年薨。〔七〕	初元二年，共侯臨嗣，十五年薨。	平原〔八〕 思侯放嗣，三十六年薨。〔九〕

〔一〕【補注】先謙曰：官本考證云敞姓楊，非姓陽，各本誤。

〔二〕【補注】朱一新曰：褚補史「忠」作「賁」。

〔三〕【補注】朱一新曰：褚補史「譚」作「翁君」。先謙曰：官本「三」作「二」，「誹」下有「謗」字。

〔四〕【補注】先謙曰：豫章縣，非汝南。先封鄂秋，後封長沙孝王子習。

〔五〕【補注】先謙曰：城陽縣，先封丁復。

〔六〕【補注】先謙曰：官本「元侯」作「元康」，是。

〔七〕師古曰：自敞以下至純皆延壽之嗣也。【補注】先謙曰：「敞」當爲「勃」，說見傳。

〔八〕【補注】先謙曰：富平見志。

〔九〕【補注】先謙曰：放，建始四年嗣，綏和二年薨，止二十六年，「三」字誤。

			六百户，四年，神爵三年，爲小妻所殺。			
			六世 建平元年，侯純嗣，王莽建國四年更爲張鄉侯，建武中爲武始侯。〔一〕			**今見**〔二〕
陽平節侯蔡義〔三〕	以丞相侯，前爲御史大夫與大將軍光定策，益封，凡七百户。	元平元年九月戊戌封，三年，本始四年薨，亡後。				

右孝昭六人。一人桑樂侯隨父，凡七人。

〔一〕【補注】先謙曰：武始，魏郡縣，詳見後書純傳。

〔二〕【補注】齊召南曰：班自言作表時此侯見在也。監本脱去，非是。洪邁言侯表惟平陽、富平書「今見」可證。

〔三〕【補注】先謙曰：陽平，東郡縣，亦見河水注。國除，後封王禁。

營平壯侯趙充國	以後將軍與大將軍光定策功，侯，千二百七十九户。	本始元年八月辛未封，二十二年薨。	甘露三年，質侯弘嗣，二十二年薨。	建始四年，考侯欽嗣，七年薨。	陽朔三年，侯岑嗣，十二年，元延三年，坐父欽詐以長安女子王君俠子爲嗣，免。户二千九百四十四。〔一〕	濟南〔二〕
平丘侯王遷	以光禄大夫與大將軍光定策功，侯，千二百五十三户。〔三〕	八月辛未封，五年，地節二年，坐平尚書聽請受臧六百萬，自殺。〔四〕				肥城〔五〕

〔一〕【補注】先謙曰：元始中，復封充國曾孫伋爲侯，見本傳，表失載。

〔二〕【補注】沈欽韓曰：齊乘：營平城在濟南府東三十里，即隋、唐營城縣。

〔三〕【補注】先謙曰：史表「王遷家在衞。索隱：一作『衙』，馮翊縣。爲尚書郎，習刀筆之文。侍中，事昭帝」。「侯」下作「二千户」。

〔四〕如淳曰：律，諸爲人請求於吏以枉法，而事已行，爲聽行者，皆爲司寇。師古曰：有人私請求，而聽受之。【補注】先謙曰：史表作「坐受諸侯王金錢財，漏泄中事，誅」。

〔五〕【補注】先謙曰：肥城，泰山縣。

昌水侯田廣明	以鴻臚擊武都反氐賜爵關内侯，以左馮翊與大將軍光定策，侯，二千七百户。	八月辛未封，三年，坐爲祁連將軍擊匈奴不至期，自殺。〔一〕				於陵〔二〕
陽城侯田延（平）〔年〕	以大司農與大將軍光定策功，侯，二千四百五十三户。	八月辛未封，二年，坐爲大司農盜都内錢三千萬，自殺。〔三〕				濟陽〔四〕
爰氏肅侯便樂成〔五〕	以少府與大將軍光定策功，侯，二千三百二十七户。	八月辛未封，一年薨。〔六〕	本始二年，康侯輔嗣，三年薨。	地節元年，哀侯臨嗣，二年薨，亡子，絶。	元始五年閏月丁酉，侯鳳以樂成曾孫紹封，千户，王莽敗，絶。	單父〔七〕

〔一〕【補注】先謙曰：期謂所期之地。史表作「不至質，當死」，義同。

〔二〕【補注】先謙曰：於陵，濟南縣。

〔三〕如淳曰：天子錢藏中都内，又曰大内。

〔四〕【補注】王念孫曰：索隱：漢表在濟陰，非也。濟陰有城陽縣，潁川、汝南又各有陽城縣，「城」字從「土」，在「陽」下。據此則今本作「濟陽」乃「濟陰」之誤。此表及宣紀、酷吏傳並作「陽城」，則非濟陰之縣矣。濟陽是陳留屬縣，與陽城、成陽皆不相涉。

〔五〕師古曰：杜周傳作「史樂成」，霍光傳作「使樂成」，今此云姓便，三者不同，疑表誤。

〔六〕【補注】先謙曰：官本「一」作「二」。

〔七〕【補注】先謙曰：單父，山陽縣。

扶陽節侯韋賢	以丞相侯，七百一十一户。	二年六月甲辰封，十年薨。〔一〕	神爵元年，共侯玄成嗣，九年，有罪，削一級，爲關内侯，永光二年二月丁酉復以丞相侯，六年薨。	建昭三年，頃侯寬嗣。	元延元年，釐侯育嗣。	**蕭**侯湛嗣，元始中户千四百二十，王莽敗，絶。〔二〕
平恩戴侯許廣漢〔三〕	以皇太子外祖父昌成君侯，五千六百户。	地節三年四月戊申封，七年薨，亡後。	初元元年，共侯嘉以廣漢弟子中常侍紹侯，二十二年薨。	河平二年，嚴侯況嗣。	鴻嘉二年，質侯旦嗣，二十九年薨。	建國四年，侯敬嗣，王莽敗，絶。
高平憲侯魏相	以丞相侯，八百一十三户。	地節三年六月壬戌封，八年薨。	神爵三年，侯弘嗣，六年，甘露元年坐酎宗廟騎至司馬門不敬，削爵一級，爲關内侯。〔四〕			**柘**〔五〕

〔一〕【補注】朱一新曰：據公卿表「二年」當作「三年」。先謙曰：官本作「三年」。

〔二〕【補注】先謙曰：扶陽、蕭並沛郡縣，據此注分蕭所置。「湛」傳作「沈」，薨謚節侯。

〔三〕【補注】先謙曰：平恩，魏郡縣，亦見濁漳水注。

〔四〕【補注】先謙曰：史表「弘」作「賓」。

〔五〕【補注】先謙曰：高平，臨淮縣。柘，淮陽縣。高平蓋析柘縣置。國除，後以封王逢時。

平昌節侯王無故〔一〕	以帝舅關内侯侯，六百户。	四年二月甲寅封，九年薨。	五鳳元年，考侯接嗣，十六年薨。	永光三年，釐侯臨嗣，二十一年薨。	鴻嘉元年，侯獲嗣，三十八年，建武五年，詔書復獲。〔二〕	
樂昌共侯王武	以帝舅關内侯侯，六千户。	二月甲寅封，十四年薨。	甘露二年，戾侯商嗣，二十七年薨。	河平四年，侯安嗣，二十七年，元始三年，爲王莽所殺。		**汝南**〔三〕
陽城繆侯劉德	以宗正關内侯行謹重爲宗室率，侯，子安民以户五百贖弟更生罪，減一等，定户六百四十户。	四年三月甲辰封，十年薨。〔四〕	五鳳二年，節侯安民嗣，十八年薨。〔五〕	初元元年，釐侯慶忌嗣，二十一年薨。	居攝元年，侯颯嗣，王莽敗，絶。〔六〕	**汝南**〔七〕

〔一〕【補注】先謙曰：平昌，平原縣，亦見河水注。

〔二〕師古曰：以其失爵復之也。復音方目反。

〔三〕【補注】先謙曰：樂昌，東郡縣，非汝南，張敖子受國除更封，亦見河水注。名勝志説同。徐廣云，汝南細陽之池鄉，漢之樂昌，本後書張酺傳又一説。

〔四〕【補注】蘇輿曰：上已出「四年」，此「四年」二字當衍。

〔五〕【補注】王念孫曰：景祐本無「十」字，是也。自五鳳二年至初元元年凡九年，安民前一年薨。

〔六〕師古曰：颯音立。【補注】先謙曰：劉德傳名岑，宋書武帝紀同。疑表有遺誤。

〔七〕【補注】先謙曰：陽城見志。

樂陵安侯史高〔一〕	以悼皇考舅子侍中關内侯與發霍氏姦，侯，二千三百户。〔二〕	八月乙丑封，二十四年薨。	永光二年，嚴侯術嗣，十一年薨。	建始二年，康侯崇嗣，四年薨，亡後。元延二年六月癸巳，侯淑以崇弟紹封，亡後。	元始四年，侯岑以高曾孫紹封，王莽敗，絶。	
		武陽頃侯丹	鴻嘉元年四月庚辰，以帝爲太子時輔導有舊恩侯，千三百户，七年薨。〔三〕	永始四年，煬侯邯嗣，十一年薨。〔四〕	元壽二年，侯獲嗣，更始元年爲兵所殺。	郯〔五〕

〔一〕【補注】先謙曰：樂陵，平原縣，見河水注。案臨淮樂陵志注「侯國」，疑道元誤。

〔二〕師古曰：與讀曰豫。

〔三〕【補注】先謙曰：官本作「十年薨」。

〔四〕【補注】先謙曰：官本作「十二年」。

〔五〕【補注】先謙曰：武陽、郯並東海縣。據丹傳，武陽國，郯之武彊聚，是武陽乃武强聚析置更名也。

邛成共侯王奉先〔一〕	以皇后父關内侯侯，二千七百五十户。	元康二年三月癸未封，十八年薨。	初元二年，侯敞嗣，二十八年薨。	鴻嘉二年，侯勳嗣，十四年，建平二年，坐選舉不以實，罵廷史大不敬，免。	元始元年，侯堅固以奉光曾孫紹封，王莽敗，絶。	濟陰〔二〕
		安平夷侯舜〔三〕	初元元年癸卯以皇太后兄侍中中郎將封，千四百户，十三年薨〔四〕。	建昭四年，剛侯章嗣，十四年薨。	陽朔四年，釐侯淵嗣，二十五年薨。	元始五年，懷侯買嗣，王莽敗，絶。
將陵哀侯史魯〔五〕	以悼皇考舅子侍中中郎將關内侯有舊恩侯，二千二百户。	三月乙未封，五年，神爵四年薨，亡後。				

〔一〕【補注】先謙曰：史表作「奉光」，是。

〔二〕【補注】先謙曰：史表亦作「邛成」。山陽有郜成縣，蓋即邛成之誤，先屬濟陰者，説詳志。

〔三〕【補注】先謙曰：安平當作平安，説詳外戚傳。

〔四〕【補注】朱一新曰：據元紀「癸卯」上當增「三月」二字。

〔五〕【補注】先謙曰：史表「魯」作「曾」，宣紀「史丹」，外戚傳作「曾」，此形近致誤。官本作「曾」。

平臺康侯史玄	以悼皇考舅子侍中中郎將關内侯有舊恩侯，千九百户。	三月乙未封，二十五年薨。	建昭元年，戴侯佷嗣，十九年薨。〔二〕	鴻嘉二年，侯習嗣。		常山〔一〕
博望頃侯許舜〔三〕	以皇太子外祖父同產弟長樂衛尉有舊恩侯，千五百户。	三月乙未封，四年薨。	神爵三年，康侯敞嗣，八年薨。〔四〕	甘露三年，戾侯黨嗣，二十六年薨。	河平四年，釐侯並嗣，薨，亡後。	
					元延二年六月癸巳，侯報子以並弟紹封，千户，王莽敗絶。	

〔一〕師古曰：佷音女林反。
〔二〕【補注】先謙曰：平臺見志。
〔三〕【補注】先謙曰：博望，南陽縣，先封張騫。
〔四〕【補注】先謙曰：史表「敞」作「延年」。

樂成敬侯許延壽	以皇太子外祖父同產弟侍中關內侯有舊恩侯，千五百戶。	三月乙未封，十年薨。〔一〕	甘露元年，恩侯湯嗣，六年薨。	初元二年，哀侯常嗣，九年薨。		平氏〔二〕
				元延二年，節侯恭以常弟紹封，千戶。	建昭元年，康侯去疾嗣，二十一年，鴻嘉三年薨，亡後。侯修嗣，王莽敗，絕。	
博陽定侯丙吉	以御史大夫關內侯有舊恩功德茂侯，千三百三十戶。	元康三年二月乙未封，八年薨。〔三〕	五鳳三年，顯嗣，二年，甘露元年坐酎宗廟騎至司馬門，不敬，奪爵一級，爲關內侯。〔四〕	鴻嘉元年六月己巳，康侯昌以吉孫紹〔封〕。	元始二年，釐侯並嗣。	南頓 侯勝客嗣，王莽敗，絕。〔五〕

〔一〕【補注】蘇輿曰：自元康二年至甘露元年凡十二年，延壽前一年薨，當云「十一年」。先謙曰：官本「十」作「一」。

〔二〕【補注】先謙曰：平氏、樂成並南陽縣，樂成蓋析平氏置。史表作「樂平」。

〔三〕【補注】朱一新曰：據宣紀當作「三月」。

〔四〕【補注】朱一新曰：褚補表云「子翁孟嗣」，當是「顯」字。先謙曰：「顯」上脫「侯」字，官本有。

〔五〕【補注】先謙曰：南頓、博陽並汝南縣，博陽蓋析南頓置。傳作「王莽時絕」，與此異。

建成定侯黃霸	以丞相侯六百户，侯賞以定陶太后不宜立號益封二千二百户。〔一〕	五鳳三年二月壬申封，四年薨。	甘露三年，思侯賞嗣，三十年薨。	陽朔三年，忠侯輔嗣，二十七年薨。〔二〕	居攝二年，侯輔嗣，王莽敗絶。〔三〕	**沛**〔四〕
西平安侯于定國	以丞相侯，六百六十户。	甘露三年五月甲子封，十一年薨。	永光四年，頃侯永嗣，二十四年薨。	鴻嘉元年，侯恬嗣，四十三年，更始元年絶。		**臨淮**〔五〕
右孝宣二十人。一人陽都侯隨父，凡二十一人。						
陽平頃侯王禁〔六〕	以皇后父侯二千六百户，子鳳以大將軍益封五千四百户，凡八千户。	初元元年三月癸卯封，六年薨。	永光二年，敬成侯鳳嗣，二十年薨。〔七〕	陽朔三年，釐侯襄嗣，十九年薨。	建平四年，康侯岑嗣，十三年薨。	**東郡** 建國三年，侯莫嗣，十二年，更始元年，爲兵所殺。〔八〕

〔一〕【補注】陳景雲曰：「賞」當作「輔」。定陶太后立號事在建平元年，乃輔嗣侯後十五年也。

〔二〕【補注】先謙曰：輔以居攝元年薨，當爲二十九年。

〔三〕【補注】先謙曰：「輔」傳作「忠」。其父名輔，子不應復以輔名，傳是也。

〔四〕【補注】先謙曰：建成屬沛，而勃海亦有建成縣。淇水注云「霸封勃海之縣」，疑誤。

〔五〕【補注】先謙曰：西平見志。

〔六〕【補注】先謙曰：史表名傑。

〔七〕【補注】蘇輿曰：自永光二年至陽朔二年止二十年，「四」字衍。

〔八〕【補注】先謙曰：陽平見志，先封蔡義。

		安成共侯崇〔一〕	建始元年二月壬子，以皇太后母弟散騎光禄大夫關内侯侯，萬户，二年薨。〔二〕	建始三年，靖侯奉世嗣，三十九年薨。	建國二年，侯持弓嗣，王莽敗，絶。	汝南〔三〕	
		平阿安侯譚	河平二年六月乙亥，以皇太后弟關内侯侯，二千一百户，十一年薨。	永始元年，刺侯仁嗣，十九年，爲王莽所殺。	元始四年，侯述嗣，建武二年薨，絶。〔四〕	沛〔五〕	
		成都景成侯商	六月乙亥，以皇太后弟關内侯侯，二千户，以大司馬益封二千户，十六年薨。〔六〕	元延四年，侯況嗣，四年，綏和二年，坐山陵未成置酒歌舞，免。		山陽〔七〕	

〔一〕【補注】錢大昕曰：漢侯國有兩安成，汝南、豫章不同。錢大昭曰：兩王崇，一建始封，一元始封。

〔二〕【補注】先謙曰：官本「子」作「午」。

〔三〕【補注】先謙曰：安成見志。

〔四〕【補注】先謙曰：「述」外戚傳作「術」，蓋述、術通用，表又譌「術」爲「述」。

〔五〕【補注】先謙曰：平阿見志。

〔六〕【補注】蘇輿曰：自河平二年至元延三年計十八年，「六」當爲「八」。

〔七〕【補注】先謙曰：志作「城都」，成、城字通。

				建平元年，侯邑以況弟紹封，王莽簒位，爲隆信公，與莽俱死。		
		紅陽荒侯立	六月乙亥封，以皇太后弟關內侯侯，二千一百户，三十年薨。〔一〕	元始四年，侯柱嗣，王莽敗，絶。	曾孫 武桓侯泓，建武元年以父丹爲將軍戰死，往與上有舊，侯。	南陽〔二〕
		曲陽煬侯根	六月乙亥，以皇太后弟關內侯三千七百户，再以大司馬益封七千七百户，哀帝又益二千户，凡萬二千四百户，二十一年薨。〔三〕	建平元年，侯涉嗣，王莽簒位，爲直道公，爲莽所殺。		九江〔四〕

〔一〕【補注】先謙曰：立亦莽所殺也。書「薨」，史駮文。

〔二〕【補注】先謙曰：紅陽見志。

〔三〕【補注】錢大昭曰：「侯」下脱「侯」字。朱一新曰：下「七千」當爲「六千」，方與傳合。

〔四〕【補注】先謙曰：曲陽見志。

		高平戴侯逢時	六月乙亥，以皇太后弟關内侯侯，三千户，十八年薨。	元延四年，侯置嗣，王莽敗絶。〔一〕		臨淮〔二〕
			新都侯莽	永始元年五月乙未，以帝舅曼子侯，千五百户，後篡位，誅。	褒新侯安，元始四年四月甲子以莽功侯，二千户，莽篡位，爲信遷公，病死。〔三〕 賞都侯臨，四月甲子以莽功侯，二千户。莽篡位爲天子，侯爲統義陽王，自殺。〔四〕	南陽〔五〕

〔一〕【補注】先謙曰：「置」外戚傳作「買之」。

〔二〕【補注】先謙曰：高平見志。

〔三〕【補注】錢大昭曰：莽改汝南新蔡曰新遷。信、新通用，然則褒新亦即新蔡。

〔四〕【補注】先謙曰：國在汝南宜禄，莽後更宜禄曰賞都亭也。

〔五〕【補注】先謙曰：莽傳國在新野之都鄉，因爲新都縣，屬南陽。

樂安侯匡衡	以丞相侯，六百四十七户。	建昭三年七月癸亥封，七年，建始四年，坐顓地盜土，免。				僮[一]
右孝元二人。二人安平侯隨父，凡三人。						
安昌節侯張禹	以丞相侯，六百一十七户，益户四百。	河平四年六月丙午封，二十一年薨。	建平二年，侯宏嗣，二十八年，更始元年，爲兵所殺。			汝南[二]
高陽侯薛宣	以丞相侯，千九十户。[三]	鴻嘉元年四月庚辰封，五年，永始二年，坐西州盜賊羣輩免，其年復封，十年，綏和二年，坐不忠孝，父子賊傷近臣，免。				東莞[四]

[一]【補注】先謙曰：僮，臨淮縣。樂安，鄉名，見衡傳，析置縣也。

[二]【補注】先謙曰：安昌見志。

[三]【補注】先謙曰：傳作「千户」，説見傳。

[四]【補注】先謙曰：高陽，琅邪縣，據此析東莞置。

安陽敬侯王音〔一〕	以皇太后從弟大司馬車騎將軍侯，千六百户，子舜益封。	六月己巳封，五年薨。	永始二年，侯舜嗣，王莽篡位爲安新公。	建國三年，公攝嗣，更號和新公，與莽俱死。		
成陽節侯趙臨	以皇后父侯，二千户。	永始元年四月乙亥封，五年薨。	元延二年，侯訢嗣，建平元年，坐弟昭儀絶繼嗣，免，徙遼西。			新息〔二〕
		新成侯欽〔三〕	綏和二年五月壬辰以皇太后弟封，一年，建平元年，坐弟昭儀絶繼嗣，免，徙遼西。			

〔一〕【補注】先謙曰：安陽，汝南縣，先封周左車。

〔二〕【補注】先謙曰：成陽、新息並屬汝南，據此，縣分新息置，先封奚意，後封楚思王子衆。汝水注以爲潁川陽城，非。

〔三〕【補注】錢大昭曰：閩本下注「穰」字。穰，南陽縣，分置新成。沈欽韓曰：一統志「新城故城在南陽府鄧州西北七十里，本穰縣地，趙欽所封」。先謙曰：官本有「穰」字。

高陵共侯翟方進	以丞相侯，千户，哀帝即位，益子宣五百户。	永始二年十一月壬子封，八千户，八年薨。[一]	綏和二年，侯宣嗣，十二年，居攝元年，弟東郡太守義舉兵欲討莽，莽滅其宗。			琅邪[二]
定陵侯淳于長	以侍中衞尉言昌陵不可成，侯千户。皇太后姊子。	元延三年二月丙午封，二年，綏和元年坐大逆下獄死。				汝南[三]
殷紹嘉侯孔何齊	以殷後孔子世吉適子侯，千六百七十户，後六月進爵爲公，(也)〔地〕方百里，建平二年益户九百三十二。[四]	綏和元年二月甲子封，八年，元始二年，更爲宋公。[五]				沛[六]

[一]【補注】先謙曰：官本無「八千户」三字。考證云，監本衍文，從宋本删。「十一月」官本作「十二月」。

[二]【補注】先謙曰：高陵見志。

[三]【補注】先謙曰：汝南、潁川皆有定陵。汝水注以爲長國潁川，疑誤。

[四]師古曰：適讀嫡。孔吉之適子也。【補注】先謙曰：成紀封孔吉，與表異。「六月」紀作「三月」。

[五]【補注】蘇輿曰：據平紀在元始四年，與表異。

[六]【補注】先謙曰：封在新郪縣，屬汝南，非沛也，亦見潁水注。

宜鄉侯馮參	以中山王舅侯，千户。	綏和元年二月甲子封，建平元年，坐姊中山太后祝詛自殺。〔一〕				
氾鄉侯何武〔二〕	以大司空侯，千户，哀帝即位益千户。	四月乙丑封，十年，元始三年，爲莽所殺，賜謚曰刺。〔三〕	元始四年，侯況嗣，建國四年薨。			南陽〔四〕
博山簡烈侯孔光	以丞相侯，千户，元始元年益萬户。	二年三月丙戌封，二年，建平二年，坐衆職廢免，元壽元年五月乙卯復以丞相侯，六年薨。	元始五年，侯放嗣，王莽敗絶。			順陽〔五〕

〔一〕【補注】先謙曰：後封東平思王孫恢。

〔二〕師古曰：氾音凡。

〔三〕【補注】先謙曰：本傳：莽簒位，免況爲庶人。則當云「王莽時絶」。此書「建國四年薨」，是未免之文，疑有誤。

〔四〕【補注】先謙曰：武傳：先食琅邪不其，哀帝改南陽犨之博望鄉爲侯國。

〔五〕【補注】先謙曰：博山，南陽縣，故順陽，見志。後漢仍爲順陽。

右孝成十人。安成、平阿、成都、紅陽、曲陽、高平、新都、武陽侯八人隨父，凡十八人。〔一〕

陽安侯丁明〔二〕	以帝舅侯，五千户。	綏和二年四月壬寅封，七年，元始元年，爲王莽殺。〔三〕				
孔鄉侯傅晏	以皇后父侯，三千户，又益二千户。	四月壬寅封，六年，元壽二年，坐亂妻妾位，免，徙合浦。				夏丘〔四〕
平周侯丁滿	以帝舅子侯，千七百三十九户。	五月己丑封，元始三年，坐非正免。				湖陽〔五〕

〔一〕【補注】先謙曰：官本無「侯」字。

〔二〕【補注】先謙曰：陽安，汝南縣。

〔三〕【補注】先謙曰：「莽」下脱「所」字，官本有。

〔四〕【補注】先謙曰：夏丘，沛郡縣。

〔五〕【補注】先謙曰：湖陽，南陽縣。

高樂節侯師丹	以大司馬關內侯侯，二千三十六户。〔一〕	綏和二年七月庚午封，一年，建平元年坐漏泄免，元始三年二月癸巳更爲義陽侯，二月薨。	侯業嗣，王莽敗，絶。			新野〔二〕 東海〔三〕
高武貞侯傅喜〔四〕	以帝祖母皇太太后從父弟大司馬侯，二千三十户。	建平元年正月丁酉封，十五年薨。	建國二年，侯勁嗣，王莽敗，絶。			杜衍〔五〕
陽鄉侯朱博〔六〕	以丞相侯，二千五十户，上書以故事不過千户，還千五十户。	建元二年四月乙亥封，八年，坐誣罔自殺。〔七〕				湖陵〔八〕

〔一〕【補注】蘇輿曰：丹傳「户二千一百」，舉成數。

〔二〕【補注】先謙曰：南陽縣，高樂所食，析新野置。

〔三〕【補注】先謙曰：本傳義陽食邑在厚丘中鄉，是析中鄉爲義陽國也。厚丘，東海縣。

〔四〕【補注】先謙曰：貞侯本莽賜謚，史沿舊文入表，未去之。

〔五〕【補注】先謙曰：杜衍，南陽縣。

〔六〕【補注】錢大昭曰：傳作「陽鄉」。

〔七〕【補注】錢大昭曰：「元」當作「平」。先謙曰：官本作「平」。

〔八〕【補注】先謙曰：湖陵，盧江縣。

新甫侯王嘉	以丞相侯，千六十八户。〔一〕	三年四月丁酉封，三年，元壽元年，罔上下獄瘐死。〔二〕	元始四年，侯崇紹封，王莽敗，絶。				新野
汝昌侯傅商	以皇太太后從父弟封，千户，後以奉先侯祀益封，凡五千户。	四年二月癸卯封，一年，元壽元年，坐外附諸侯免。	元壽二年五月，侯昌以商兄子紹奉祀封，八月，坐非正免。				陽穀〔三〕
陽新侯鄭業〔四〕	以皇太太后同母弟子侯，千户。〔五〕	八月辛卯封，二年，元壽二年，坐非正免。					新野

〔一〕【補注】朱一新曰：嘉傳「千一百户」，舉成數。

〔二〕【補注】先謙曰：官本上「三」字作「二」。

〔三〕【補注】先謙曰：志無陽穀縣，疑「穀陽」誤倒。穀陽，沛郡縣，析置汝昌也。錢大昭云：續志東平國須昌故屬東郡，有陽穀城。

〔四〕【補注】錢大昭曰：哀紀、杜鄴、外戚傳俱作「陽信」，王嘉傳作「陽新」，信、新通用。先封劉揭。

〔五〕【補注】先謙曰：官本「皇太」作「太皇」。

高安侯董賢	以侍中駙馬都尉告東平王雲祝詛反逆，侯，千户，後益封二千户。	建平四年八月辛卯封，二年，元壽二年，坐爲大司馬不合衆心，免，自殺。				朱扶〔一〕
方陽侯孫寵	以騎都尉與息夫躬告東平王反謀，侯，千户〔二〕。	八月辛卯封，二年，元壽二年，坐前爲姦讒免，徙合浦。				龍亢〔三〕
宜陵侯息夫躬	以博士弟子因董賢告東平王反謀，侯，千户〔四〕。	八月辛卯封，二年，元壽二年，坐祝詛下獄死。				杜衍〔五〕

〔一〕【補注】先謙曰：志無高安縣，朱扶疑有誤文。

〔二〕【補注】錢大昭曰：本紀作「南陽太守」。

〔三〕【補注】先謙曰：龍亢，沛郡縣。

〔四〕【補注】錢大昭曰：本紀作「光禄大夫」。

〔五〕【補注】先謙曰：杜衍，南陽縣。

長平頃侯彭宣	以大司空侯，二千七十四户。	元壽二年五月甲子封，四年薨。	元始四年，節侯聖嗣，十四年薨。	天鳳五年，侯業嗣，王莽敗絶。			濟南〔一〕
右孝哀十三人新成、新都、平陽、營陵、德五人隨父凡十八人。〔二〕							
扶德侯馬宮	以大司徒侯，二千户。	元始元年二月丙辰封，王莽篡位，爲太子師，卒官。					贛榆〔三〕
扶平侯王崇	以大司空侯，二千户。	二月丙辰封，三年，爲傅婢所毒，薨。					臨淮
廣陽侯甄豐	以左將軍光禄勳定策安宗廟，侯，五千三百六十五户。〔四〕	二月癸巳封，王莽篡位，爲廣新公，後爲王莽所殺。					南陽〔五〕

〔一〕【補注】先謙曰：長平，汝南縣，非濟南。

〔二〕【補注】錢大昕曰：新都侯王莽，成帝時封，表於成帝隨父十八人之內，此又見於哀帝下，誤矣。德侯劉勳見王子侯表。營陵侯劉歸生見荆燕吳傳，而表不書，史之脱漏。又成都侯王邑以建平二年紹封，汝昌侯傅昌以元壽二年紹封，亦當在隨父之例，而此失數之。

〔三〕【補注】先謙曰：贛榆，琅邪縣。

〔四〕【補注】先謙曰：「左」當作「右」，見公卿表。

〔五〕【補注】先謙曰：廣陽有廣陽縣，此南陽蓋别置。

承陽侯甄邯〔一〕	以侍中奉車都尉定策安宗廟功，侯，二千四百户。	三月癸卯封，王莽簒位，爲承新公。				汝南〔二〕
褒魯節侯公子寬〔三〕	以周公世魯頃公玄孫之玄孫奉周祀侯，二千户。	六月丙午封，薨。	十一月，侯相如嗣，更姓公孫氏，後更爲姬氏。			南陽平〔四〕
褒成侯孔均	以孔子世褒成烈君霸魯孫奉孔子祀侯，二千户〔五〕。	六月丙午封。				瑕丘〔六〕

〔一〕師古曰：承音烝。

〔二〕【補注】先謙曰：承陽，長沙縣，時封剌王子景，不能更封，此蓋别隸汝南之承陽而後併省者。

〔三〕【補注】先謙曰：平紀封公孫相如，與表異。

〔四〕【補注】先謙曰：地理志「泰山郡桃山，莽曰褒魯」，蓋即封寬時改名，是褒魯即桃山也。「陽平」，「平陽」倒文。泰山郡有東平陽縣，又有南武陽縣，「南平」二字當有一誤。蓋前此桃山係析二縣所分置，後改褒魯，故仍係之舊縣下耳。

〔五〕【補注】先謙曰：「魯」是「曾」之誤。

〔六〕【補注】先謙曰：瑕丘，山陽縣。

防鄉侯平晏	以長安少府與劉歆、孔永、孫遷四人使治明堂辟雍，得萬國驩心，功侯，各千户。[一]	五年閏月丁丑封，王莽篡位，爲就新公。				
紅休侯劉歆[二]	以侍中犧和與平晏同功侯。[三]	閏月丁酉封，王莽篡位，爲國師公，後爲莽所誅。				
寧鄉侯孔永	以侍中五官中郎將與平晏同功，侯。	閏月丁酉封，王莽篡位，爲大司馬。				
定鄉侯孫遷	以常侍謁者與平晏同功侯。	閏月丁酉封。				

[一]【補注】先謙曰：「長安」誤，當作「長樂」。

[二]【補注】先謙曰：紅、休二地，合爲一。詳休侯富下。

[三]【補注】王先慎曰：犧與羲通，易繫辭、書序「包犧氏」釋文並云本作「羲」，是其證。此大司農更名。

號謚姓名	功狀	始封			
常鄉侯王惲〔一〕	以太僕與閻遷、陳崇等八人使行風俗齊同萬國功侯，各千户。	閏月丁酉封。			
望鄉侯閻遷	以鴻臚與王惲同功侯。	閏月丁酉封。			
南鄉侯陳崇〔二〕	以大司徒司直與王惲同功侯。	閏月丁酉封。			
邑鄉侯李翕	以水衡都尉與王惲同功侯。	閏月丁酉封。			
亭鄉侯郝黨	以中郎將與王惲同功侯。	閏月丁酉封。			
章鄉侯謝殷〔三〕	以中郎將與王惲同功侯。	閏月丁酉封。			

〔一〕師古曰：惲音於粉反。

〔二〕【補注】錢大昭曰：續志南陽有南鄉縣。

〔三〕【補注】先謙曰：章鄉，勃海縣。

蒙鄉侯逯普[一]	以騎都尉與王惲同功侯。	閏月丁酉封，王莽篡位，爲大司馬。				
盧鄉侯陳鳳[二]	以中郎將與王惲同功侯。	閏月丁酉封。				
成武侯孫建[三]	以强弩將軍有折衝之威。[四]	閏月丁酉封，王莽篡位，爲成新公。				
明統侯侯輔	以騎都尉明爲人後一統之義侯。	閏月丁酉封。				
破胡侯陳馮	以父湯前爲副校尉討郅支單于，侯千四百户。	七月丙申封。				

[一]師古曰：逯音録，字或作逮。二姓皆有之。

[二]【補注】先謙曰：盧鄉，東萊縣。

[三]【補注】先謙曰：成武，山陽縣。

[四]【補注】錢大昭曰：下脱「侯」字，閩本有。先謙曰：官本有。

討狄侯杜勳	以前爲軍假丞手斬郅支單于首，侯，千户。〔一〕	七月丙申封。				

右孝平二十二人，邛成、博陸、宣平、紅、舞陽、秺、樂陵、都成、新甫、爰氏、合陽、義陽、章鄉、信成、隨桃、褒新、賞都十七人隨父繼世，凡三十九人。〔二〕

〔一〕【補注】錢大昭曰：陳陽傳「假」作「候」。

〔二〕師古曰：據功臣表及王子侯表，平帝時無紅侯，唯周勃玄孫恭以元始二年紹封絳侯。疑紅字當爲絳，轉寫者誤耳。又功臣表作童鄉侯，今此作章鄉，二表不同，亦當有誤也。【補注】劉攽曰：予謂今有虹縣，音降，然則紅亦有降音也。先謙曰：地理制名不能隨音變字，劉説何其不達。

百官公卿表第七上〔一〕

〔一〕師古曰：漢制，三公號稱萬石，其俸月各三百五十斛穀。其稱中二千石者月各百八十斛，二千石者百二十斛，比二千石者百斛，千石者九十斛，比千石者八十斛，六百石者七十斛，比六百石者六十斛，四百石者五十斛，比四百石者四十五斛，三百石者四十斛，比三百石者三十七斛，二百石者三十斛，比二百石者二十七斛，一百石者十六斛。【補注】俞樾曰：初學記引漢官云「秦漢秩有中二千石、真二千石、二千石、比二千石，凡四等。比二千石月得粟百石，二千石月得粟百二十石，真二千石月得粟百五十石，中二千石月得粟百八十石」。表但有中二千石、二千石、比二千石，而無真二千石。後漢百官志亦然。案，汲黯傳「令以諸侯相秩，居淮陽」，如淳云：「諸侯王相在郡守上，秩真二千石。」朱博傳「前丞相方進奏罷刺史，更置州牧，秩真二千石」。外戚傳「娙娥視中二千石，傛華視真二千石，美人視二千石」。則漢制自有真二千石。初學記所引可補史闕。周壽昌曰：顏引漢制，百官奉自萬石至百石凡十五等，而無八百石、比八百石、五百石、比五百石四等。續志及續志注引荀綽晉百官表注亦然。而本表諫大夫比八百石，貢禹傳作八百石。黄霸傳「宣帝以霸爲潁川太守，秩八百石」。京房傳「元帝以房爲魏郡太守，秩八百石」。外戚傳序「七子視八百石，比右庶長。良人視八百石，比左庶長」。又表「縣滅萬户爲長，秩五百石」，是不能謂無此四等秩也。孝成紀「陽朔二年夏五月，除吏八百石、五百石秩」，李奇注「除八百就六百，除五百就四百」，自是漢制遂除去此四秩。後漢及晉猶承之。又八百石僅諫大夫一官，左、右庶長爵不常置；五百石僅縣長一官，皆易於省并。

何煌以顔注爲脱漏，非也。先謙曰：千石、比千石二者，後志止作千石奉月八十斛，而無比〔二〕千石。又比六百石、四百石、比四百石三者，後志作比六百石奉月五十斛，四百石奉月四十五斛，比四百石奉月四十斛，而三百石奉與比四百石同，似皆未協事理。蓋顔注所引爲是。後志又云「凡諸受奉皆半錢半穀」。官本考證云：「監本直刊顔注於表前非也。蓋標題之下有此注耳。今從宋本。」

易敘宓羲、神農、皇帝作教化民，〔一〕而傳述其官，〔二〕以爲宓羲龍師名官，〔三〕神農火師火名，〔四〕黄帝雲師雲名，〔五〕少昊鳥師鳥名，〔六〕自顓頊以來，爲民師而命以民事，〔七〕有重黎、句芒、祝融、后土、蓐收、玄冥之官，然已上矣。〔八〕書載唐虞之際，命羲和四子〔九〕順天文，授民時；咨四岳，以舉賢材，揚側陋；〔一〇〕十有二牧，柔遠能邇；〔一一〕禹作司空，平水土；〔一二〕棄作后稷，播百穀；〔一三〕禼作司徒，敷五教；〔一四〕咎繇作士，正五刑；〔一五〕垂作共工，利器用；〔一六〕𦳝作朕虞，育草木鳥獸；〔一七〕伯夷作秩宗，典三禮；〔一八〕夔典樂，和神人；〔一九〕龍作納言，出入帝命。〔二〇〕夏、殷亡聞焉，〔二一〕周官則備矣。〔二二〕天官冢宰，地官司徒，春官宗伯，夏官司馬，秋官司寇，冬官司空，是爲六卿，〔二三〕各有徒屬職分，用於百事。〔二四〕太師、太傅、太保，是爲三公。〔二五〕蓋參天子，坐而議政，無不總統，故不以一職爲官名。又立三少爲之副，少師、少傅、少保，是爲孤卿，與六卿爲九焉。〔二六〕記曰三公無官，言有其人然後充之，〔二七〕舜之於堯，伊尹於湯，周公、召公於周，是也。〔二八〕或説司馬主天，司徒主人，司空主土，是爲三公。〔二九〕四岳謂四方諸侯。〔三〇〕自周衰，官失而百職亂，戰國並爭，各變異。秦兼天下，建皇帝之號，〔三一〕立百官之職。漢因循而不革，〔三二〕明簡易，隨時宜也。其後頗有所改。王莽篡位，慕從古官，而吏民弗安，亦多虐政，遂以亂亡。故略表舉大分，〔三三〕以通古今，備溫故知新之義云。〔三四〕

〔一〕應劭曰：宓羲氏始作八卦，神農氏爲耒耜，黃帝氏作衣裳，神而化之，使民宜之。師古曰：見易下繫。宓音伏，字本作虙，轉寫訛謬耳。【補注】先謙曰：官本「皇」作「黃」，是。

〔二〕師古曰：春秋左氏傳載郯子所説也。

〔三〕應劭曰：師者長也，以龍紀其官長，故爲龍師。春官爲青龍，夏官爲赤龍，秋官爲白龍，冬官爲黑龍，中官爲黃龍。張晏曰：庖羲將興，神龍負圖而至，因以名師與官也。

〔四〕應劭曰：火德也，故爲炎帝。春官爲大火，夏官爲鶉火，秋官爲西火，冬官爲北火，中官爲中火。張晏曰：神農有火星之瑞，因以名師與官也。

〔五〕應劭曰：黃帝受命有雲瑞，故以雲紀事也。由是而言，故春官爲青雲，夏官爲縉雲，秋官爲白雲，冬官爲黑雲，中官爲黃雲。張晏曰：黃帝有景雲之應，因以名師與官也。

〔六〕應劭曰：金天氏，黃帝子青陽也。張晏曰：少昊之立，鳳鳥適至，因以名官。鳳鳥氏爲歷正，玄鳥司分，伯趙司至，青鳥司開，丹鳥司閉。師古曰：玄鳥，燕也。伯趙，伯勞也。青鳥，鶬鴳也。丹鳥，鷩雉也。

〔七〕應劭曰：顓頊氏，代少昊者也，不能紀遠，始以職事命官也。春官爲木正，夏官爲火正，秋官爲金正，冬官爲水正，中官爲土正。師古曰：自此以上皆郯子之辭也。

〔八〕應劭曰：少昊有四叔，重爲句芒，胲爲蓐收，修及熙爲玄冥。顓頊氏有子曰黎，爲祝融。共工氏有子曰句龍，爲后土。故有五行之官，皆封爲上公，祀爲貴神。師古曰：上謂其事久遠也。胲音該。

〔九〕應劭曰：堯命四子分掌四時之教化也。張晏曰：四子謂羲仲、羲叔、和仲、和叔也。師古曰：事見虞書堯典。

〔一〇〕師古曰：四嶽，分主四方諸侯者。【補注】先謙曰：此班氏依經爲説，明不以爲羲和四子，與鄭説異。白虎通不著四岳之義，以非後王通制也。

〔一一〕應劭曰：牧，州牧也。師古曰：柔，安也。能，善也。邇，近也。【補注】先謙曰：白虎通封公侯篇「州有伯，唐虞謂之牧者何？尚質。使大夫往來，牧視諸侯，故謂之牧。旁方同。立三人，凡十二人」。

〔一二〕師古曰：空，穴也。古人穴居，主穿土爲穴以居人也。【補注】先謙曰：白虎通「司空主土，不言土言空者，空尚主之，何況於實，以微見著」。與顔解異。

〔一三〕應劭曰：棄，臣名也。后，主也，爲此稷官之主也。師古曰：播謂布種也。

〔一四〕應劭曰：五教，父義，母慈，兄友，弟恭，子孝也。師古曰：卨音(光)〔先〕列反。【補注】先謙曰：白虎通「司徒主人，不言人言徒者，徒，衆也，重民衆」。

〔一五〕應劭曰：士，獄官之長。張晏曰：五刑謂墨、劓、剕、宫、大辟也。師古曰：咎音皋。繇音弋昭反。墨，鑿其額而涅以墨也。劓，割鼻也。剕，斷足也。剕，去髕骨也。宫，陰刑也。大辟，殺之也。

〔一六〕應劭曰：垂，臣名也。爲共工，理百工之事也。師古曰：共讀曰龔。

〔一七〕應劭曰：柎，伯益也。虞，掌山澤禽獸官名也。師古曰：柎，古益字也。虞，度也，主商度山川之事。【補注】先謙曰：史記「於是以益爲朕虞」，漢紀「垂爲共工，益作朕虞」，後漢劉陶傳「益典朕虞」，文選注引應劭云「垂，共工；益，朕虞」，本書地理志「爲舜朕虞」及此文皆以朕虞爲官名，乃今文説。王莽傳「更名水衡都尉曰予虞」，亦用今文義也。

〔一八〕應劭曰：伯夷，臣名也。典天神、地祇、人鬼之禮也。師古曰：秩，次也；宗，尊也：主尊神之禮，可以次序也。

〔一九〕應劭曰：夔，臣名也。師古曰：夔音鉅龜反。

〔二〇〕應劭曰：龍，臣名也。納言，如今尚書，管王之喉舌也。師古曰：自此以上皆堯典之文。【補注】錢大昭曰：「納」當爲「内」。書「出入」亦作「出内」，古「内」字作「入」。禹貢「九江内錫大龜」，史記「内」作「入」。左襄九年傳「以出内火」，漢書引「内」作「入」。先謙曰：史記舜紀、揚雄尚書箴皆作「出入」。

〔二一〕師古曰：言夏、殷置官事不見於書傳也。禮記明堂位曰「夏后氏官百，殷二百」，蓋言其大數而無職號統屬也。

〔二二〕師古曰：事見周書周官篇及周禮也。

〔二三〕師古曰：冢宰掌邦治，司徒掌邦教，宗伯掌邦禮，司馬掌邦政，司寇掌邦禁，司空掌邦土也。

〔二四〕師古曰：言百者，舉大數也。分音扶問反。

〔二五〕應劭曰：師，訓也。傅，覆也。保，養也。師古曰：傅，相也。

〔二六〕【補注】先謙曰：北堂書鈔引許慎五經異義云「古周禮説天子立三公，曰太師、太傅、太保，無官屬。與王同職，故曰坐而論道，謂之王公。又立三少以爲之副，少師、少傅、少保，是爲王孤。冢宰、司徒、宗伯、司馬、司寇、司空，是謂六卿。六卿之屬，大夫、士、庶人在官者凡萬二千」。許慎謹案，周公爲傅，召公爲保，太公爲師，無爲司徒、司空文，知師、保、傅，三公官名也」。

〔二七〕師古曰：不必備員，有德者乃處之。

〔二八〕【補注】先謙曰：舜、伊尹事，經文至㬎。周禮疏引鄭答趙商云「周公左，召公右，兼師保，初時然矣」。詩大明云「惟師尚父」，是太公爲太師也。太公罷，周公以太傅遷太師，故書序云「周公爲師」，是也。顧命云「乃同召太保奭」，是召公爲太保也。則周有三公明矣。而周禮無其職者，禮文王世子曰「設四輔及三公，不必備，惟其人」。然則三公得其人則置，失其人則闕，不必常設，是三公無官之證也。

〔二九〕【補注】先謙曰：韓詩外傳八云「三公者何，曰司空、司馬、司徒也。司馬主天，司空主土，司徒主人」，白虎通云「王者受命爲天、地、人之職，故分職以置三公，各主其一，以效其功」，此與上云不以一職爲官名者不同。論衡引書大傳有天公、地公、人公之稱，此以分主爲義也。三公之外，别有九卿、二十七大夫、八十一元士，凡百二十人，而列臣備。漢世今文家説，若五經異義引今尚書夏侯、歐陽説，及春秋繁露官制象天篇並如此。異義又云「五帝、三王不同物者，周之制也」，則許以今文説爲前代制，古文説爲周制。月令疏引書傳鄭注以三公領九卿爲夏制。考工記鄭注云「三公以下百二十人似夏時」，與許意同。説苑君道篇稱「湯問伊尹曰：三公、九卿、二十七大夫、八十一元士，知之有道乎？」是三公領九卿爲夏制不疑也。

〔三〇〕【補注】先謙曰：書大傳「四嶽八伯」，鄭云「八伯者，據畿外八州，畿内不置伯」。又周禮疏序引鄭注云「四岳，四時之官，主四岳之事，始羲和之時。堯既分陰陽爲四時，命羲仲等爲之官，又主方岳之事，是主四岳謂之四伯。至其死，分四岳爲八伯，皆王官。其八伯，惟驩兜、共工、放齊、鯀四人而已，其餘四人無文可知」。此鄭本大傳爲言，今文説也。入爲天子之卿，出即爲諸侯之長。國語韋注「四岳，官名，主四岳之祭，爲諸侯伯」。與鄭意同。

〔三一〕張晏曰：五帝自以德不及三皇，故自去其皇號。三王又以德不及五帝，自損稱王。秦自以德褒二行，故兼稱之。【補注】先謙曰：「包」誤「褒」。

〔三二〕師古曰：革，改也。【補注】先謙曰：官本無注。

〔三三〕師古曰：分音扶問反。

〔三四〕師古曰：論語稱孔子曰「温故而知新，可以爲師矣」。温猶厚也，言厚蓄故事，多識於新，則可爲師。

相國、丞相，〔一〕皆秦官，〔二〕金印紫綬，掌丞天子助理萬機。秦有左右，〔三〕高帝即位，置一丞相，十一年更名相國，緑綬。孝惠、高后置左右丞相，〔四〕文帝二年復置一丞相。〔五〕有兩長史，秩千石。〔六〕哀帝元壽二年更名大司徒。〔七〕武帝元狩五年初置司直，〔八〕秩比二千石，〔九〕掌佐丞相舉不法。〔一〇〕

〔一〕應劭曰：丞者，承也。相者，助也。

〔二〕【補注】先謙曰：周紀「赧王令其相國之秦」，又云「蘇代見韓相國」，趙世家：烈侯相國公仲連。秦尚在後。表云秦官者，以漢繼秦統言之，餘可例推。

〔三〕荀悦曰：秦本次國，命卿二人，是以置左右丞相，無三公官。【補注】齊召南曰：荀説非也。秦置左右丞相始於悼武王二年，時秦已稱王數世，豈猶守周制次國二卿故事耶？且左相、右相，商湯已然。左傳「仲虺居薛，爲湯左相」是其明證。但丞相之名，始於秦耳。

〔四〕【補注】先謙曰：伊尹先仲虺，崔杼先慶封，皆右相，故漢以右爲尊。

〔五〕【補注】錢大昭曰：劉屈氂傳武帝征和二年分丞相長史爲兩府，以劉屈氂爲左丞相，懸右丞相以待賢人。此不載其事。

〔六〕【補注】先謙曰：李斯爲郎，説秦王，拜爲長史，是長史秦官。漢丞相長史見五行志、張湯、田叔、文三王、鄭當時、灌夫、景十三王、夏侯勝、黄霸、王嘉、外戚傳。續志後漢大司徒長史一人。

〔七〕【補注】錢大昭曰：漢官儀「王莽時，議以漢無司徒官，故定三公之號，曰大司馬、大司徒、大司空」。周壽昌曰：史記將相表「孝景元年置司徒官」，是漢初故有司徒，至哀帝始加「大」字。先謙曰：續志：「世祖即位，爲大司徒，尋去『大』。」

〔八〕【補注】沈欽韓曰：淮南主術訓，湯有司直之人，其義本此。錢大昭曰：後漢馬嚴傳云「故事，州郡所舉上奏，司直察能否以懲虚實」。漢官儀「武帝置丞相司直。元壽二年改丞相爲大司徒，司直如故」。先謙曰：丞相司直見田叔、平當、馬宮、龔勝、鮑宣、孫寶、蕭望之、翟方進、何武、師丹傳。大司徒司直見金日磾傳。「王莽仍爲大司徒司直」，見莽傳。

〔九〕【補注】周壽昌曰：漢舊儀作「二千石」。

〔一〇〕【補注】先謙曰：續志：「世祖即位，以武帝故事，置司直，居丞相府，助督録諸州，尋省。」

太尉，秦官，〔一〕金印紫綬，掌武事。〔二〕武帝建元二年省。元狩四年初置大司馬，〔三〕以冠將軍之號。〔四〕宣帝地節三年置大司馬，不冠將軍，亦無印綬官屬。成帝綏和元年初賜大司馬金印紫綬，置官屬，禄比丞相，去將軍。哀帝建平二年復去大司馬印綬、官屬，冠將軍如故。元壽二年復賜大司馬印綬，置官屬，去將軍，位在司徒上。〔五〕有長史，〔六〕秩千石。

〔一〕應劭曰：自上安下曰尉，武官悉以爲稱。【補注】何焯曰：宋時以太尉爲武官相呼通稱，本應説。先謙曰：禮月令「孟夏之月，命太尉贊桀俊」，鄭注「三王之官，有司馬，無太尉」。案，尚書中候云「舜爲太尉」，束皙據以難鄭，劉昭譏其非實。始皇紀十年以尉繚爲秦國尉，正義「若漢太尉之比」。然則太尉，秦稱國尉與？白起傳起爲國尉。

〔二〕【補注】先謙曰：續志：掌四方兵事功課，歲盡即奏其殿最而行賞罰。

〔三〕應劭曰：司馬，主武也，諸武官亦以爲號。

〔四〕師古曰：冠者，加於其上共爲一官也。

〔五〕【補注】王鳴盛曰：司馬本次司徒下，哀帝以大司馬位在司徒上，欲極董賢之位，命爲此官。帝崩而王莽代賢。先謙曰：續志「世祖即位，爲大司馬，後改太尉」。

〔六〕【補注】先謙曰：續志後漢一人，署諸曹事。

御史大夫，秦官，〔一〕位上卿，銀印青綬，掌副丞相。〔二〕有兩丞，〔三〕秩千石。一曰中丞，〔四〕在殿中蘭臺，掌圖籍秘書，〔五〕外督部刺史，内領侍御史員十五人，〔六〕受公卿奏事，舉劾按章。〔七〕成帝綏和元年更名大司空，金印紫綬，禄比丞相，置長史如中丞，官職如故。〔八〕哀帝建平二年復爲御史大夫，元壽二年復爲大司空，〔九〕御史中丞更名御史長史。侍御史有繡衣直指，〔一〇〕出討姦猾，治大獄，武帝所制，不常置。〔一一〕

〔一〕應劭曰：侍御史之率，故稱大夫云。臣瓚曰：茂陵書御史大夫秩中二千石。【補注】先謙曰：始皇紀二十六年有御史大夫劫。二世元年有御史大夫臣德。秦權、琅邪臺碑、嶧山、泰山等碑，皆有御史大夫臣德名，結銜在左右丞相下，秩甚尊。漢列御史大夫於三公，即承秦制。

〔二〕【補注】錢大昭曰：御史大夫亦稱宰相。孔光傳云「上欲致霸相位，自御史大夫貢禹卒，及薛廣德免，輒欲拜霸」，又公孫賀等傳贊云「若夫丞相、御史兩府之士，不能正議以輔宰相」，朱雲傳云「御史之官，宰相之副，九卿之右」，後漢建武中，李通爲大司空，其傳云「自爲宰相，謝病不視事」是也。蕭望之傳云「故事，朝奏事會庭中，御史大夫差居丞相後」。

〔三〕【補注】先謙曰：御史丞見爰盎、廣川王去傳。

〔四〕【補注】先謙曰：續志：「舊别監御史在殿中，密舉非法。御史大夫轉司空，因别留中，爲御史臺率。」御史中丞見食貨志、張湯、蕭望之、陳咸、朱雲、于定國、龔勝、鮑宣、李尋、薛宣、朱博、翟方進、酷吏、佞幸、外戚傳。

〔五〕【補注】先謙曰：王莽傳云「甘忠可、夏賀良讖書臧蘭臺」，亦蘭臺臧秘書之證。

〔六〕【補注】齊召南曰：周禮春官之屬御史中士八人，則御史始於周；上云秦官者，謂御史大夫官始於秦也。唐六典：周官有御史，以其在殿柱之間，亦謂之柱下史。秦改爲侍御史。史記：張蒼自秦時爲御史，主柱下方書，即其任也。先謙曰：侍御史見霍光、于定國、鮑宣、諸葛豐、劉輔、毋將隆、杜鄴、王嘉、息夫躬、杜業、嚴延年、儒林、匈奴、王莽傳也。

〔七〕【補注】先謙曰：續志後漢中丞一人。

〔八〕【補注】先謙曰：續志：「大司空長史一人，千石。」

〔九〕【補注】先謙曰：續志：「世祖即位，爲大司空，尋去『大』。」

〔一〇〕服虔曰：指事而行，無阿私也。師古曰：衣以繡者，尊寵之也。

〔一一〕【補注】錢大昭曰：武紀：天漢二年「遣直指使者暴勝之等衣繡衣杖斧，分部逐捕」。

太傅，古官，〔一〕高后元年初置，〔二〕金印紫綬。後省，八年復置。〔三〕後省，哀帝元壽二年復置。〔四〕位在三公上。〔五〕

〔一〕【補注】先謙曰：大戴記「傅者，傅之德義也」。應劭漢官儀引賈生云，古者周公職之。續志「掌以善導，無常職」。

〔二〕【補注】錢大昭曰：王陵。

〔三〕【補注】錢大昭曰：審食其。

〔四〕【補注】錢大昭曰：孔光、王莽。

〔五〕【補注】錢大昭曰：三公丞相、太尉、御史大夫。周壽昌曰：表不言置官屬。孔光傳「光爲帝太傅，歸老于第，官屬案職如故」，此置官屬之證。先謙曰：續志後漢太傅一人，每帝即位置之，薨，輒省。

太師、太保，皆古官，〔一〕平帝元始元年皆初置，金印紫綬。太師位在太傅上，〔二〕太保次太傅。〔三〕

〔一〕【補注】沈欽韓曰：晉文公時，賈佗爲太師。楚穆王命潘崇爲太師。吕覽直諫篇「葆申」，高誘注「葆，太葆官也」。

〔二〕【補注】先謙曰：太師孔光見光傳。太傅王舜見平紀。光由太傅遷太師，是位在上也。

〔三〕【補注】先謙曰：續志後漢無。

前後左右將軍，皆周末官，秦因之，〔一〕位上卿，金印紫綬。漢不常置，或有前後，或有左右，皆掌兵及四夷。〔二〕有長史，秩千石。〔三〕

〔一〕【補注】齊召南曰：沈約宋志「周制，王立六軍。晉獻公作二軍，公將上軍。將軍之名起此」。左昭二十八年傳「豈將軍食之，而有不足」，孔疏「晉使卿爲軍將，謂之將中軍、將上軍。此以魏子將中軍，故謂之將軍。及六國以來，遂以將軍爲官名，蓋其原始於此」。案，此說甚當。史記封禪書：周宣王時有右將軍杜伯，然不可爲典要也。先謙曰：孟子「魯欲以慎子爲將軍」，史記趙世家「以李牧爲將軍」，皆周末時。始皇遂以王翦爲將軍伐楚。

〔二〕【補注】先謙曰：續志「比公者四，第一大將軍，次驃騎將軍，次車騎將軍，次衞將軍，又有前、後、左、右將軍」。後漢前、後、左、右將軍皆主征伐，事訖皆罷。

〔三〕【補注】先謙曰：長史見衞青、楊敞、丙吉、趙充國、田延年、陳咸、谷永、匈奴、西域傳。續志後漢長史一人。

奉常，秦官，掌宗廟禮儀，〔一〕有丞。〔二〕景帝中六年更名太常。〔三〕屬官有太樂、太祝、太宰、太史、太卜、太醫六令丞，〔四〕又均官、都水兩長丞，〔五〕又諸廟寢園食官令長丞，〔六〕有廱太宰、太祝令丞，〔七〕五畤各一尉。〔八〕又博士及諸陵縣皆屬焉。〔九〕景帝中六年更名太祝爲祠祀，武帝太初元年更曰廟祀，〔一〇〕初置太卜。

〔一〕【補注】齊召南曰：唐六典「漢高名曰太常，惠帝復曰奉常，景帝又曰太常」，與此表異。據史記叔孫通傳，高帝拜通爲太常。漢官典職亦云「惠帝改太常爲奉常」。則六典所云自確。班表蓋祇標其大畧耳。先謙曰：續志：「後漢一人，掌禮儀祭祀。每祭祀，先奏其禮儀；及行事，常贊天子。」

〔二〕【補注】先謙曰：太常丞見終軍、韋玄成、谷永傳。續志後漢「丞一人，比千石。掌凡行禮及祭祀小事，總署曹事」。

〔三〕應劭曰：常，典也，掌典三禮也。師古曰：太常，王者旌旗也，畫日月焉，王有大事則建以行，禮官主奉持之，故曰奉常也。後改曰太常，尊大之儀也。【補注】劉攽曰：顏説太常都非。晉語作執秩之官，亦是主禮者，秩亦猶常也。然則古通謂常耳。王建太常，自是周禮，秦何庸知之。且禮官主於一旗，亦非義矣。周壽昌曰：漢無極山碑云「大尚承書從事」，大尚即太常也。先謙曰：官本注「儀」作「義」，是。

〔四〕【補注】先謙曰：太樂見律曆、禮樂志。太樂令見表下。元鼎五年。又見功臣表陽平侯杜相下。續志後漢「大予樂令一人，即太樂令。明帝紀：永平三年改爲大予。掌伎樂。凡國祭祀，掌請奏樂，及大饗用樂。掌其陳序。丞一人」。太祝見霍光傳。續志「太祝令一人，六百石。凡國祭祀，掌讀祝，及迎送神。丞一人，掌祝小神事」。沈欽韓云：御覽二百二十九引東觀漢記曰「陰猛好學温良，以賢良遷爲太祝令」，則兩京無雜流，官並以孝秀選可知。太宰令，續志：「一人，六百石。掌宰工鼎俎饌具之物，凡國祭祀，掌陳饌具。丞一人。」太史令見律曆、藝文志、外戚、王莽傳。太史丞見律曆志。續志：「太史令一人，六百石。掌天時，星曆。凡歲將終，奏新年曆。凡國祭祀、喪、娶之事，掌奏良日及時節禁忌。國有瑞應、災異，掌記之。丞一人。」太卜見外戚傳。太卜令見龜策傳。續志有太卜令，六百石。後省并。太史本秦官。見李斯傳。太醫令，秦官。見扁鵲傳。續志在少府，亦見禮儀志。餘詳下。

〔五〕服虔曰：均官，主山陵上稾輸入之官也。如淳曰：律，都水治渠隄水門。三輔黄圖云「三輔皆有都水也」。【補注】何焯曰：都水屬太常，治都以内之水，故其官曰長。山陵所在，尤以流水爲急，故太常有專責也。先謙曰：都，總也。謂總治水之工，故曰都水，非都以内之水也。

〔六〕【補注】先謙曰：寢令見平紀、韋賢傳。園令見司馬相如傳。長丞見外戚傳。食官令見馮參傳。廟長丞見王莽傳。園長丞見戾太子傳。續志後漢「高廟令一人，六百石。守廟，掌案行埽除。無丞」。案：中興後，惟高廟置官，西京則諸廟皆有。又云「先帝陵，每陵園令各一人，六百石，掌守陵園，案行埽除。丞及校長各一人。校長，主兵戎盜賊事」。又，「每陵食官令各一人，六百石，掌望晦時節祭祀」。

〔七〕文穎曰：廱，主熟食官。如淳曰：五時在廱，故特置太宰以下諸官。師古曰：如說是也。雍，右扶風之縣也。太宰即是具食之官，不當復置饔人也。【補注】劉攽曰：多「有」字，不然則是「又」字。先謙曰：官本「有」作「又」。陳浩云：案各本俱作「又」。據攽此條，則宋以前本作「有」字也。先謙案：高帝召故秦祀官，復置太祝、太宰如其故。儀禮見郊祀志。

〔八〕【補注】先謙曰：續志「中興以來，省前凡十官」，不著其名。蓋承太卜令言之。五時五尉合雍太宰、雍太祝、令、丞爲九，加太卜令爲十也。

〔九〕【補注】先謙曰：續志「太常」下云「每選試博士，奏其能否。大射、養老、大喪，皆奏其禮儀。每月前晦，察行陵廟」。

〔一〇〕【補注】先謙曰：續志本注「有祠祀令一人，後轉屬少府」。又「少府」下云「祠祀令一人，六百石，典中諸小祠祀。丞一人」。案：後漢太常屬官明有太祝、令、丞，此東、西京官名偶同，且武帝已改廟祀矣。本注誤也。

博士，秦官，〔一〕掌通古今，〔二〕秩比六百石，員多至數十人。武帝建元五年初置五經博士，〔三〕宣帝黃龍元年稍增員十二人。〔四〕元帝永光元年分諸陵邑屬三輔。王莽改太常曰秩宗。

〔一〕【補注】齊召南曰：沈約宋志案「六國時往往有博士」。案：宋志此文所以糾正班表之失也。據史記循吏傳「公儀休，魯博士也，以高第爲魯相」，則魯有博士官矣。先謙曰：官本連上不提行。博士屬太常，不提行是。博士始見戰國，不能稱古官。漢又承秦，故云秦官，未爲失也。史記：秦博士七十人，備員弗用，伏生亦爲秦博士。

〔二〕【補注】錢大昭曰：朝錯、匡衡皆爲太常掌故，疑即博士之類。應劭云，掌故，六百石吏，主故事。孔光傳「是時博士，選三科高第爲尚書，次爲刺史，其不通政事以久，次補諸侯太傅」。先謙曰：續志：「掌教弟子，國有疑事，掌承問對。」

〔三〕【補注】周壽昌曰：趙岐孟子題辭云「孝文皇帝欲廣游學之路，論語、孝經、孟子、爾雅皆置博士。後罷傳記博士，獨立五經」。漢舊儀「文帝時，博士七十餘人，朝服玄端、章甫冠，爲待詔博士」。本書儒林傳贊云「武帝立五經博士。書歐陽，禮后蒼，易楊何，春秋公羊而已」。詩在文景時已立博士。楚元王傳「文帝時，聞申公爲詩精，以爲博士」。儒林傳：韓嬰，文帝時爲博士。轅固，景帝時爲博士。翟酺謂文帝始置一經博士即此。今本後漢書作「始置五經博士」，玉海引此作「一經」，是宋時後漢書本。武帝復立四經，故稱五經博士也。

〔四〕【補注】先謙曰：續志「本四百石，宣帝增秩」。後漢十四人。

郎中令，秦官，〔一〕掌宮殿掖門户，〔二〕有丞。〔三〕武帝太初元年更名光禄勳。〔四〕屬官有大夫、郎、謁者，皆秦官。〔五〕又期門、羽林皆屬焉。〔六〕

〔一〕臣瓚曰：主郎内諸官，故曰郎中令。【補注】先謙曰：始皇紀：二世元年，趙高爲郎中令。後又一郎中令，徐廣云趙成。錢大昭云：括蒼鮑氏云，郎與廊同。戰國策「梧下先生見魏王，趨出，至郎門而反」，所謂郎門即郎之門也。又「段産謂秦新城君曰，今臣處郎中，無能議君於王，而不能使人無議臣於君」，然則秦昭王時已有郎中之名，其職已親近矣。方回續古今攷引。案鮑説是也。周禮大司馬注引司馬法曰「鼓聲不過閶，鼙聲不過闒，鐸聲不過琅」，琅即郎也，段借字。董仲舒傳「游於巖郎之上」，晉灼曰「堂邊廡，巖郎謂巖峻之郎也」。説文「廊」在新附中，古皆用「郎」。

〔二〕【補注】先謙曰：續志云「掌宿衛宮殿門户，典謁署郎更直執戟，宿衛門户，考其德行而進退之。郊祀之事，掌三獻」。後漢一人。

〔三〕【補注】先謙曰：續志後漢丞一人，比千石。

〔四〕應劭曰：光者，明也。禄者，爵也。勳，功也。如淳曰：胡公曰勳之言閽也。閽者，古主門官也。光禄主宮門。師古曰：應説是也。【補注】何焯曰：當從如説，勳讀閽。今閽越間猶有此音。下更中大夫爲光禄大夫，亦以在宮門内耳。周壽昌曰：玉海引如注「郎中令府在宮中」。先謙曰：胡公，胡廣。王莽傳「改光禄勳曰司中」。

〔五〕【補注】先謙曰：大夫見秦紀。郎、謁者並見始皇紀。謁者亦見范雎傳。

〔六〕服虔曰：與期門下以微行，後遂以名官。師古曰：羽林，亦宿衛之官，言其如羽之疾，如林之多也。一説羽所以爲王者羽翼也。

大夫掌論議，〔一〕有太中大夫、〔二〕中大夫、諫大夫，皆無員，多至數十人。〔三〕武帝元狩五年初置諫大夫，秩比八百石，〔四〕太初元年更名中大夫爲光禄大夫，秩比二千石，〔五〕太中大夫秩比千石〔六〕如故。〔七〕郎掌守門户，出充車騎，〔八〕有議郎、中郎、侍郎、郎中，皆無員，多至千人。議郎、中郎秩比六百石，侍郎比四百石，郎中比三百石。〔九〕中郎有五官、左、右三將，秩皆比二千石。〔一〇〕郎中有車、户、騎三將，〔一一〕秩皆比千石。謁者掌賓讚受事，員七十人，秩比六百石，有僕射，〔一二〕秩比千石。期門掌執兵送從，武帝建元三年初置，比郎，無員，多至千人，〔一三〕有僕射，秩比千石。〔一四〕平帝元始元年更名虎賁郎，〔一五〕置中郎將，秩比二千石。〔一六〕羽林掌送從，次期門，武帝太初元年初置，〔一七〕名曰建章營騎，〔一八〕後更名羽林騎。〔一九〕又取從軍死事之子孫養羽林，官教以五兵，號曰羽林孤兒。〔二〇〕羽林有令丞。〔二一〕宣帝令中郎將、騎都尉監羽林，秩比二千石。〔二二〕

〔一〕【補注】先謙曰：官本不提行。此郎中令屬官，不提行是。續志「凡大夫、議郎皆掌顧問應對，無常事，惟詔命所使」。

〔二〕【補注】先謙曰：太中大夫見郊祀、律曆志，賈誼、疏廣、李廣、衞青、張湯、東方朔、霍光、平當、龔勝、劉輔、劉德、劉向、劉歆、夏侯勝、孔光、王商、谷永、王嘉、石奮、周仁、張敞、蓋寬饒、文三王、宣元六王、翟方進、申屠嘉、陸賈、儒林、佞幸、西南夷兩粵、外戚傳。

〔三〕【補注】先謙曰：呂覽知度篇「趙襄子以膽胥已爲中大夫」，魏有中大夫須賈，是六國時官。漢中大夫見郊祀、溝洫志，張耳、曹參、朱建、灌嬰、直不疑、鼂錯、張釋之、汲黯、田蚡、董仲舒、兒寬、嚴助、朱買臣、吾丘壽王、主父偃、酷吏、游俠、佞幸、匈奴、兩粵、王莽、敘傳。

〔四〕【補注】錢大昭曰：漢紀秩比六百石。先謙曰：諫大夫見藝文、溝洫志，劉向、薛廣德、王褒、王吉、貢禹、楊敞、龔勝、鮑宣、韋玄成、張安世、杜延年、魏相、夏侯勝、彭宣、翼奉、韓延壽、王尊、王章、蓋寬饒、劉輔、孫寶、毋將隆、終軍、蕭望之、馮參、宣元六王、孔光、朱博、何武、王嘉、云敞、甘延壽、儒林、循吏、游俠、佞幸、南越、外戚、元后、王莽、敘傳。續志後漢有諫議大夫，六百石，無員。齊職儀謂光武增「議」字，則諫議大夫即諫大夫也。

〔五〕【補注】先謙曰：光禄大夫見溝洫、藝文志，韓王信、武五子、于定國、薛廣德、平當、楚元王、常惠、傅介子、夏侯勝、李廣利、息夫躬、張騫、張安世、霍光、金日磾、韋賢、蔡義、貢禹、趙充國、京房、魏相、丙吉、張敞、王尊、諸葛豐、孫寶、蕭望之、蕭育、馮奉世、段會宗、辛慶忌、彭宣、龔勝、翼奉、鄭崇、匡衡、張禹、王商、史丹、傅喜、孔光、朱博、陳咸、翟方進、王嘉、谷永、師丹、儒林、酷吏、佞幸、匈奴、西域、外戚、元后、王莽、敘傳。續志「凡諸國嗣之喪，則光禄大夫掌弔」。後漢無員。

〔六〕【補注】錢大昭曰：漢紀「太中大夫秩比二千石」。先謙曰：此荀紀誤也。

〔七〕【補注】劉攽曰：此言「太中大夫秩比千石如故」，則中大夫舊小於太中，秩無二千石，故言「更名中大夫爲光禄大夫，秩比二千石，太中大夫秩比千石」也。先謙曰：續志後漢太中大夫，千石，無員。又有中散大夫，六百石，無員。

考蕭由爲中散大夫，見蕭望之傳。是前漢已有而不見於表。

〔八〕【補注】錢大昕曰：班史紀傳稱郎者，皆指宿衛之郎，非尚書郎也。以其分隸五官、左、右中郎將，故又稱三署郎。三署者，五官中郎一署，左中郎一署，右中郎一署，而統屬於光禄勳焉。尚書令、丞本少府屬官，武帝以後遂爲樞機要地。成帝始置尚書員四人，而不聞有尚書郎。後漢初，尚書郎以令史久缺補之。光武以孝廉丁邯爲郎。邯恥與令、史伍，稱疾不就職。後諸曹郎員益多，而職任益重矣。

〔九〕【補注】先謙曰：議郎見藝文、郊祀志，金日磾、陳湯、夏侯勝、王嘉、衞青、眭孟、孔光、翟方進、鮑宣、孫寶、儒林、匈奴、外戚、敘傳。中郎見惠紀，卜式、趙廣漢、趙充國、傅介子、常惠、劉向、汲黯、息夫躬、京房、蕭望之、主父偃、翟方進、吾丘壽王、東方朔、翼奉、儒林、酷吏、游俠、西域、王莽傳。侍郎見律曆、藝文志，劉屈氂、傅介子、龔勝、韋玄成、孔光、鄭吉、辛慶忌、東方朔、儒林、西域傳。郎中見惠紀，藝文志，樊噲、主父偃、楊惲、甘延壽、匡衡、田叔、盧綰、劉澤、劉德、劉向、劉敬、袁盎、叔孫通、匈奴傳。續志「凡郎官皆主更直執戟，宿衛諸殿門，出充車騎。惟議郎不在直中」。後漢「議郎六百石，中郎比六百石，侍郎比四百石，郎中比二百石，皆無員」。

〔一〇〕【補注】沈欽韓曰：齊策「靖國君謂齊王曰：五官之計不可不日聽也」，五官屢見管子書，即五官命名所自昉。先謙曰：五官中郎將見儒林、王莽傳。五官掾見王尊傳。續志後漢「五官中郎將一人，主五官郎。左中郎將，主左署郎。右中郎將，主右署郎。五官中郎比六百石，五官侍郎比四百石，五官郎中比三百石，無員」。左、右署中郎、侍郎、郎中見上。此表專屬中郎，是東、西京制稍異。

〔一一〕如淳曰：主車曰車郎，主户衛曰户郎。漢儀注郎中令主郎中，左右車將主左右車郎，左右户將主左右户郎也。【補注】先謙曰：車郎見藝文志。亦曰輦郎，見劉向傳。户郎見王嘉傳。騎郎見張釋之、衞青、公孫敖傳。亦曰郎中騎，見功臣表。户將見楊惲傳。郎中户將見蓋寬饒、儒林傳。郎中騎將見樊噲傳。亦曰騎郎將，見功臣表，蓋寬饒、李廣傳。郎中車騎將見辛慶忌傳。續志後漢省車、户、騎三將。

〔一二〕應劭曰：謁，請也，白也。僕，主也。【補注】錢大昭曰：闞駰十三州志云「謁者，秦官。皆選孝廉年未五十，曉解賓贊者。歲盡拜縣令、長史及都官府長史」。先謙曰：謁者見武紀，食貨、禮樂、藝文志，英布、灌嬰、汲黯、終軍、王商、王嘉、蕭何、周勃、蕭育、辛慶忌、主父偃、楊惲、蕭望之、蕭由、匡衡、馮野王、江充、汲黯、循吏、佞幸、西域、外戚、王莽傳。謁者僕射見毋將隆、張釋之、鼂錯、龔勝傳。續志後漢「常侍謁者五人，比六百石，主殿上時節威儀。謁者三十人。其給事謁者，四百石。其灌謁者郎中，比三百石，掌賓贊受事，及上章報問。將、大夫以下之喪，掌使弔。本員七十人，中興但三十人。初爲灌謁者，滿歲爲給事謁者」。又「謁者僕射一人，爲謁者臺率，主謁者，天子出，奉引」。

〔一三〕【補注】先謙曰：期諸殿門，故有期門之號，見東方朔傳，亦見霍光、李廣利、趙充國、傅介子、甘延壽、西域、外戚、王莽傳。

〔一四〕【補注】先謙曰：期門僕射後爲虎賁僕射。續志後漢「虎賁左右僕射各一人，比六百石，主虎賁郎習射」。

〔一五〕師古曰：賁讀與奔同，言如猛獸之奔。【補注】先謙曰：虎賁見王莽傳。

〔一六〕【補注】先謙曰：續志後漢「虎賁中郎將，主虎賁宿衞」。所屬有虎賁中郎、侍郎、郎中、節從之名。

〔一七〕【補注】周壽昌曰：文帝時，鄧通爲羽林黄頭郎。武帝前已有之。先謙曰：續志「羽林郎，比三百石，無員。掌宿衞侍從。常選漢陽、隴西、安定、北地、上郡、西河凡六郡良家補。本武帝以便馬從獵，還宿殿陛巖下室中，故號巖郎」。

〔一八〕【補注】沈欽韓曰：蓋武帝起建章宫，置此爲宫衞。

〔一九〕【補注】先謙曰：羽林見霍光、趙充國、甘延壽、外戚、王莽傳。

〔二〇〕師古曰：五兵謂弓矢、殳、矛、戈、戟也。【補注】先謙曰：羽林孤兒見宣紀，趙充國、孔光傳。

〔二一〕【補注】先謙曰：續志後漢有羽林左、右丞各一人，省令。

〔三〕【補注】先謙曰：中郎將羽林監見霍光傳。續志「後漢羽林中郎將，比二千石，主羽林郎」。又有羽林左、右監各一人，比六百石，主羽林左、右騎。又有「騎都尉，比二千石，無員。本監羽林騎」。

僕射，〔一〕秦官，〔二〕自侍中、尚書、博士、郎皆有。〔三〕古者重武官，有主射以督課之，〔四〕軍屯吏、騶、宰、永巷宮人皆有，取其領事之號。〔五〕

〔一〕【補注】先謙曰：官本連上不提行，是。

〔二〕【補注】先謙曰：始皇紀有博士僕射周青臣，又有衞令僕射，可證。

〔三〕【補注】先謙曰：侍中僕射見武紀、霍光傳。續志「侍中」下云「本有僕射一人，中興轉爲祭酒，或置或否」。此侍中有僕射也。又「尚書僕射一人，六百石，署尚書事，令不在則奏下衆事」。案：元帝時石顯爲尚書僕射，哀帝時鄭崇爲尚書僕射。孫寶傳：尚書僕射唐林。又孔光傳兩見，王嘉傳一見。又佞幸傳有中書僕射牢梁。此尚書有僕射也。續志又云「博士祭酒一人，六百石，本僕射，中興轉爲祭酒」。此博士有僕射也。「虎賁僕射，主虎賁郎習射」。見上。又郎僕射見霍光傳，此郎有僕射也。

〔四〕【補注】何焯曰：僕射之義如此則已矣。秦官不徵諸漢書，乃反附會周制耶？以射爲讀如夜音者，尤謬。

〔五〕孟康曰：皆有僕射，隨所領之事以爲號也。若軍屯吏則曰軍屯僕射，永巷則曰永巷僕射。【補注】沈欽韓曰：曹操孫子注「陳車之法，五車爲隊，僕射一人。十車爲率，官長一人」。通典「五火爲隊，五十人有頭」。則僕射即隊頭也，亦號隊率。申屠嘉以材官蹶張遷爲隊率，是也。其百人爲官長，亦號屯長。秦發閭左戍九百人，陳勝、吳廣皆爲屯長，是也。先謙曰：騶僕射見續志「祠祀令」注引漢官。「宰」疑「卒」之譌字。衞卒僕射見褚補史記王先生傳。永巷僕射見廣川王去傳。

衛尉，秦官，〔一〕掌宮門衛屯兵，〔二〕有丞。〔三〕景帝初更名中大夫令，〔四〕後元年復爲衛尉。〔五〕屬官有公車司馬、衛士、旅賁三令丞。〔六〕衛士三丞。〔七〕又諸屯衛候、司馬二十二官皆屬焉。〔八〕長樂、建章、甘泉衛尉皆掌其宮，〔九〕職畧同，〔一〇〕不常置。

〔一〕【補注】先謙曰：始皇紀有衛尉竭。

〔二〕師古曰：漢舊儀云衛尉寺在宮内。胡廣云主宮闕之門内衛士，於周垣下爲區廬。區廬者，若今之仗宿屋矣。【補注】錢大昕曰：宮門者，未央宮門也。武帝時李廣爲未央衛尉，程不識爲長樂衛尉。表有廣，無不識。宣帝時霍光長女壻鄧廣漢爲長樂衛尉，范明友爲未央衛尉。表有明友，無廣漢，知表所載惟未央衛尉也。未央、長樂二尉分主東、西宮。孟康云李廣爲東宮，程不識爲西宮。予謂長樂宮太后所居，太后朝稱東朝，似長樂在未央之東矣。未央衛尉諸傳皆單稱衛尉，獨李廣、范明友稱未央者，以別於長樂也。韋玄成傳亦稱未央衛尉，則以其時始置建章衛尉，故亦稱未央以別之。先謙曰：官本「仗」作「伏」。續志云「掌宮門衛士，宮中徼循事」。後漢一人。

〔三〕【補注】先謙曰：續志後漢有丞一人，比千石。

〔四〕【補注】先謙曰：中大夫令見直不疑傳，此亦依秦官名。始皇紀有中大夫令齊，又有衛尉竭，然則秦時中大夫令、衛尉本二官也。

〔五〕【補注】先謙曰：王莽傳改衛尉曰太衛。

〔六〕師古曰：漢官儀云公車司馬掌殿司馬門，夜徼宮中，天下上事及闕下凡所徵召皆總領之，令秩六百石。旅，衆也。賁與奔同，言爲奔走之任也。【補注】先謙曰：官本注「闕下」上有「四方貢獻」四字。公車司馬見王莽傳。公車令見張釋之、外戚傳。公車司馬令見東方朔傳。公車丞見儒林、外戚傳。衛士令見藝文志，亦秦官，省文稱之曰衛令。李斯傳「趙高將弒二世，詐詔衛士」，而始皇紀云「遣閻樂至殿門縛衛令」，可參證也。續志後漢有「公車司馬令一人，六百石。掌宮南闕門，凡吏民上章，四方貢獻，及徵詣公車者。丞一人，選曉諱，掌知非法。衛士令一人，六百石，掌南、北宮衛士。丞各一人。省旅賁令、衛士一丞。

〔七〕【補注】先謙曰：公車司馬、旅賁止一丞，不與衛士同，別言之。後漢省一存二，故上引續志云云也。

〔八〕【補注】先謙曰：屯司馬若後漢南宮南屯司馬之比。屯衛司馬一官亦見下文。省文則稱屯司馬或衛司馬。屯而爲衛，上文衛尉云「掌宮門衛屯兵」即其證也。衛司馬見元紀，陳湯、段會宗、谷永、鄭吉、傅介子、蓋寬饒、西域傳。衛候見馮奉世、西域傳。候及司馬共二十二官也。續志：左右都候各一人，丞一人。周禮司寤有夜士，干寶注「今都候之屬」，蓋稍變制。

〔九〕師古曰：各隨所掌之宮以名官。【補注】錢大昕曰：長樂宮，高帝所築，惠帝時呂后居之。自後遂爲太后所居之宮。武帝時始見長樂衛尉竇甫、程不識，此官始置於武帝初也。其後官長樂衛尉者，昭帝時有劉辟彊，昌邑王賀時有安樂，宣帝時有許舜、董忠，成帝時有史丹、王弘、王安、韋安世，哀帝時有王惲，蓋昭、宣以後長樂宮常置衛尉矣。建章衛尉置於宣帝元康元年，罷於元帝初元三年。見紀。居其職者有丙顯、金安上，皆宣帝朝臣也。甘泉衛尉亦罷於初元三年，元紀。而史無置衛尉之文。此宮刱於武帝，未審何年始立宮衛，史亦未見除甘泉衛尉者。

〔一〇〕【補注】先謙曰：長樂司馬見律曆志。長樂屯衛司馬見馮野王傳。此職同長樂户將，見儒林傳。建章監見李陵、衛青傳，此職不同。

太僕，秦官，〔一〕掌輿馬，〔二〕有兩丞。〔三〕屬官有大廄、未央、家馬三令，各五丞一尉。〔四〕又車府、路軨、騎馬、駿馬四令丞；〔五〕又龍馬、閑駒、橐泉、騊駼、承華五監長丞；〔六〕又邊郡六牧師菀令，各三丞；〔七〕又牧橐、昆蹏令丞〔八〕皆屬焉。〔九〕中太僕〔一〇〕掌皇太后輿馬，不常置也。〔一一〕武帝太初元年更名家馬爲挏馬，〔一二〕初置路軨。

〔一〕應劭曰：周穆王所置也，蓋大御衆僕之長，中大夫也。【補注】齊召南曰：周禮夏官有太僕下大夫二人，不得云始於秦也。周穆王命伯冏爲太僕耳，亦不得云穆王始置此官也。表及注並誤。

〔二〕【補注】先謙曰：續志：「天子每出，奏駕上鹵簿用，大駕則執馭。」

〔三〕【補注】先謙曰：太僕丞見張敞傳。續志後漢丞一人，比千石。

〔四〕師古曰：家馬者，主供天子私用，非大祀戎事軍國所須，故謂之家馬也。【補注】沈欽韓曰：家馬字見管子問篇。武帝以車騎馬乏，令封君以下至三百石吏，差出牝馬，天下亭有畜字馬歲課息，家馬之名蓋始於此。先謙曰：大廄丞見咸宣傳。未央廄令見霍光、外戚傳。家馬官見地理志。續志後漢「未央廄令一人，主乘輿及廄中諸馬。舊有六廄，皆六百石令，中興省約，但置一廄」。案：大廄、未央、家馬，及下路軨、騎馬、駿馬共爲六廄也。

〔五〕伏儼曰：主乘輿路車，又主凡小車。軨，今之小馬車曲輿也。師古曰：軨音零。【補注】先謙曰：車府令，秦官，見始皇紀，又見藝文志。路軨廄在未央宮。騎馬廄在長安城外，見黄圖。騎馬令見嚴安傳。駿馬監見傅介子傳。續志後漢「車府令一人，六百石，主乘輿諸車。丞一人」。

〔六〕如淳曰：橐泉廄在橐泉宮下。駒駼，野馬也。師古曰：閑，闌，養馬之所也，故曰閑駒。駒駼出北海中，其狀如馬，非野馬也。騊音徒高反。駼音塗。【補注】沈欽韓曰：金日磾傳：武帝拜爲馬監，蓋失其名。黄圖「大宛廄在長安城外」，疑此之龍馬監也。又云「騊駼廄在長安城外」。漢官儀：承華廄、騊駼廄，馬皆萬匹，令秩六百石。先謙曰：傅介子傳平樂廄監，蘇武傳栘中監，不入此表，未知何故。續志無。劉注引古今注云，漢安元年置承華廄令，秩六百石，尚存承華之名耳。

〔七〕師古曰：漢官儀云「牧師諸苑，三十六所，分置北邊、西邊，分養馬三十萬頭」。【補注】先謙曰：續志「牧師苑，皆令官，主養馬，分在河西六郡界中，中興皆省」。苑、苑通用字。

〔八〕應劭曰：橐，橐佗。昆蹏，好馬名也。蹏音啼。如淳曰：爾雅曰「昆蹏研，善升甗」者也，因以爲廄名。師古曰：牧橐，言牧養橐佗也。昆，獸名也。蹏研者，謂其蹏下平也。善升甗者，謂山形如甑，而能升之也。蹏即古蹄字耳。研音五見反。甗音言，又音牛偃反。【補注】沈欽韓曰：釋(獸)〔畜〕郭注「昆蹄，蹄如趼，而健上山。秦時有騉蹄苑」。釋文引舍人云「騉蹄者，溷蹄也」。邵晉涵云，顏説非，應説是。

〔九〕【補注】先謙曰：王莽傳：改太僕曰太御。

〔一〇〕【補注】先謙曰：官本考證云：「監本於太僕後提行寫，非是。凡九卿屬官如奉常下博士，光禄勳下大夫、郎、謁者、期門、羽林，僕射，宋本俱不提行，今從之。」中太僕見王尊、毋將隆、石顯、外戚傳。

〔一一〕【補注】先謙曰：續志後漢「中宫僕一人」，省「太」。

〔一二〕應劭曰：主乳馬，取其汁挏治之，味酢可飲，因以名官也。如淳曰：主乳馬，以韋革爲夾兜，受數斗，盛馬乳，挏取其上把，因名曰挏馬。禮樂志：丞相孔光奏省樂官七十二人，給大官挏馬酒。今梁州亦名馬酪爲馬酒。晉灼曰：挏音挺挏之挏。師古曰：晉音是也。挏音徒孔反。【補注】錢大昭曰：説文「挏，攤引也。漢有挏馬官作馬酒」。先謙曰：官本「把」作「肥」，是。

廷尉，秦官，〔一〕掌刑辟，〔二〕有正、左右監，秩皆千石。〔三〕景帝中六年更名大理，武帝建元四年復爲廷尉。宣帝地節三年初置左右平，秩皆六百石。〔四〕哀帝元壽二年復爲大理。〔五〕王莽改曰作士。

〔一〕應劭曰：聽訟必質諸朝廷，與衆共之，兵獄同制，故稱廷尉。師古曰：廷，平也。治獄貴平，故以爲號。【補注】先謙曰：始皇紀有廷尉斯。周壽昌云「韓詩外傳晉文公使李離爲理，吕氏春秋齊宏章爲大理，説苑楚廷理，新序石奢爲大理，是各國皆名理，或名大理，獨秦稱廷尉也」。

〔二〕【補注】先謙曰：續志：「掌平獄，奏當所應。凡郡國讞疑罪，皆處當以報。」

〔三〕【補注】先謙曰：廷尉正見廣川王、張湯、黄霸及後書何敞傳。大理正見何武傳。廷尉監見宣紀，淮南王安、息夫躬、丙吉傳。又並見食貨志、朱博傳。續志後漢「正、左監各一人」，省右。

〔四〕【補注】錢大昭曰：不言員數。宣紀及刑法志云四人。先謙曰：廷尉平見刑法志、馬宮傳。續志後漢「左平一人，掌平決詔獄」，省右。

〔五〕【補注】先謙曰：大理見何武傳。

典客，秦官，掌諸歸義蠻夷，有丞。〔一〕景帝中六年更名大行令，〔二〕武帝太初元年更名大鴻臚。〔三〕屬官有行人、譯官、別火三令丞〔四〕及郡邸長丞。〔五〕武帝太初元年更名行人爲大行令，〔六〕初置別火。〔七〕王莽改大鴻臚曰典樂。初，置郡國邸屬少府，中屬中尉，後屬大鴻臚。

〔一〕【補注】先謙曰：大鴻臚丞見劉德、文三王、武五子、外戚傳。續志後漢丞一人。

〔二〕【補注】周壽昌曰：史記景帝紀無「令」字。沈欽韓曰：管子小匡篇「請立隰朋爲大行」，其官尚矣。

〔三〕應劭曰：郊廟行禮讚九賓，鴻聲臚傳之也。【補注】先謙曰：韋昭辨釋名云「鴻，大也。臚，陳序也。言大禮陳序於賓客也」。

〔四〕如淳曰：漢儀注：別火，獄令官，主治改火之事。【補注】沈欽韓曰：論語集解引馬融曰周書月令有更火令。按月令解無其事。淮南時則訓「春服八風水，爨萁燧火。夏服八風水，爨柘燧火。秋同夏。冬，爨松燧火」。疑漢改火之制也。先謙曰：行人後改大行令。大行丞見張敞傳。大行治禮丞見蕭望之傳。譯官令見儒林傳。續志後漢省譯官、別火二令、丞。

〔五〕師古曰：主諸郡之邸在京師者也。【補注】錢大昭曰：郡國朝宿之舍在京師者名邸。文紀「至邸而議之」。先謙曰：續志後漢省郡邸長、丞，但令郎治郡邸。

〔六〕【補注】先謙曰：史記景帝紀「中六年更命大行爲行人」，此再更名也。大行見律曆志、韋玄成傳。續志後漢「大行令一人，六百石，主諸郎」。又有「丞一人，治禮郎四十七人」。

〔七〕【補注】先謙曰：言譯官令丞亦舊有也。

宗正，秦官，〔一〕掌親屬，〔二〕有丞。〔三〕平帝元始四年更名宗伯。〔四〕屬官有都司空令丞，〔五〕内官長丞。〔六〕又諸公主家令、門尉皆屬焉。〔七〕王莽并其官於秩宗。初，内官屬少府，中屬主爵，後屬宗正。

〔一〕應劭曰：周成王之時彤伯入爲宗正也。師古曰：彤伯爲宗伯，不謂之宗正。【補注】何焯曰：案宗正亦謂之宗伯，王莽緣此以改官名，應説非無本。但，是後儒曲説，與周官不合，故班氏斷爲秦官。

〔二〕【補注】先謙曰：續志：「掌序録王國嫡庶之次，及諸宗室親屬遠近，郡國歲因計上宗室名籍。(君)〔若〕有犯法當髡以上，先上諸宗正，宗正以聞，乃報決。」

〔三〕【補注】先謙曰：宗正丞見劉德傳。續志後漢丞一人，比千石。

〔四〕【補注】周壽昌曰：見平紀。五年，置宗師，得郵書宗伯言事，殆宗伯之副而非屬也。

〔五〕如淳曰：律，司空主水及罪人。賈誼曰：輸之司空，編之徒官。【補注】先謙曰：都司空見伍被、灌夫傳。都司空令見儒林傳。續志後漢省都司空令、丞。

〔六〕師古曰：律曆志主分寸尺丈也。【補注】先謙曰：内官見律曆志、東方朔傳。内官長見眭弘傳。

〔七〕【補注】先謙曰：續志後漢「每主家令一人，六百石，其餘屬吏增減無常」。

治粟内史，秦官，〔一〕掌穀貨，〔二〕有兩丞。〔三〕景帝後元年更名大農令，武帝太初元年更名大司農。屬官有太倉、均輸、平準、都内、籍田五令丞，〔四〕斡官、鐵市兩長丞。〔五〕又郡國諸倉農監、都水六十五官長丞皆屬焉。〔六〕騪粟都尉，〔七〕武帝軍官，不常置。〔八〕王莽改大司農曰羲和，後更爲納言。初，斡官屬少府，中屬主爵，後屬大司農。

〔一〕【補注】先謙曰：治粟内史見陳平傳，又韓信傳漢王以信爲治粟都尉。蓋内史屬官猶沿秦制，故以治粟爲稱。治粟都尉亦見食貨志。

〔二〕【補注】先謙曰：續志：「掌諸錢穀金帛諸貨幣。郡國四時上月旦見錢穀簿，其逋未畢，各具別之。邊郡諸官請調度者，皆爲報給，損多益寡，取相給足。」

〔三〕【補注】先謙曰：丞見宣、成紀，律曆、食貨志，陳湯、蕭望之、循吏、酷吏傳。續志後漢「丞一人，比千石。部丞一人，六百石，主帑藏」。

〔四〕孟康曰：均輸，謂諸當所有輸於官者，皆令輸其地土所饒，平其所在時賈，官更於佗處賣之，輸者既便，而官有利也。【補注】先謙曰：太倉見律曆志。太倉令見刑法志。續志「主受郡國傳漕穀」，後漢一人，六百石。丞一人。均輸見食貨志。千乘均輸官見地理志。河東均輸長見黄霸傳。蓋均輸事總於司農，外郡復有官以董之。平準見食貨志、王莽傳。平準令見趙廣漢傳。續志「平準令掌知物賈，主練染，作采色」。後漢一人，六百石。丞一人。案續志所言已非前漢平準設官之義。都内見王莽傳。都内主臧官見張延壽傳。都内令見尹翁歸傳。桓譚新論云：「漢之百姓賦斂，一歲爲四十餘萬萬。吏奉用其半，餘二十萬萬藏於都内，爲禁財。少府所領園地作務之八十三萬萬，以供常賜。」藉田見文紀、食貨志。

〔五〕如淳曰：斡音筦，或作幹。斡，主也，主均輸之事，所謂斡鹽鐵而榷酒酤也。晉灼曰：此竹箭幹之官長也。均輸自有令。師古曰：如說近是也。縱作幹讀，當以幹持財貨之事耳，非謂箭幹也。【補注】先謙曰：續志後漢有太倉、平準令、丞，餘均輸等皆省。此蓋悉在所省之內。

〔六〕【補注】先謙曰：齊太倉長見倉公傳，甘泉倉長見張敞傳，農官倉長見食貨志。續志「郡有都水官者令、長及丞，秩次皆如縣、道」。又云「凡郡縣有水池及魚利多者置水官，主平水收漁稅」。此設之外郡，前漢遥屬於司農，而東京改隸郡國者也。又少府下云「都水屬郡國」，此自少府改屬者也。本書都水並有長、丞無令，續志亦無。

〔七〕服虔曰：颼音搜狩之搜，搜，索也。【補注】先謙曰：三「搜」字官本並作「蒐」，是。

〔八〕【補注】先謙曰：颼粟都尉見食貨志，蘇武、燕剌王、李廣利、霍光、西域傳。

少府，秦官，〔一〕掌山海池澤之稅，以給共養，〔二〕有六丞。〔三〕屬官有尚書、符節、太醫、太官、湯官、導官、樂府、若盧、考工室、左弋、居室、甘泉居室、左右司空、東織、西織、東園匠十二官令丞，〔四〕又胞人、都水、均官三長丞，〔五〕又上林中十池監，〔六〕又中書謁者、黃門、鉤盾、尚方、御府、永巷、內者、宦者七官令丞。〔七〕諸僕射、署長、中黃門皆屬焉。〔八〕武帝太初元年更名考工室爲考工，左弋爲佽飛，居室爲保宮，甘泉居室爲昆臺，永巷爲掖廷。佽飛掌弋射，有九丞兩尉，〔九〕太官七丞，昆臺五丞，樂府三丞，掖庭八丞，〔一〇〕宦者七丞，鉤盾五丞兩尉。〔一一〕成帝建始四年更名中書謁者令爲中謁者令，〔一二〕初置尚書，員五人，〔一三〕有四丞。〔一四〕河平元年省東織，更名西織爲織室。〔一五〕綏和二年，哀帝省樂府。〔一六〕王莽改少府曰共工。〔一七〕

〔一〕【補注】先謙曰：始皇紀有少府章邯，淮南氾論：秦之時，頭會箕斂輸于少府。

〔二〕應劭曰：名曰禁錢，以給私養，自別爲藏。少者，小也，故稱少府。師古曰：大司農供軍國之用，少府以養天子也。供音居用反。養音弋亮反。【補注】先謙曰：官本注「供」作「共」，是。續志：「凡山澤陂池之稅名曰禁錢，屬少府，世祖改屬司農。少府掌中服御諸物，衣服、寶貨、珍膳之屬。」

〔三〕【補注】先謙曰：續志後漢丞一人，比千石。省五。

〔四〕服虔曰：若盧，詔獄也。鄧展曰：舊洛陽兩獄，一名若盧，主受親戚婦女。如淳曰：若盧，官名也，藏兵器。品令曰「若盧郎中二十人，主弩射」。漢儀注有若盧獄令，主治庫兵將相大臣。臣瓚曰：冬官爲考工，主作器械也。師古曰：太官主膳食，湯官主餅餌，導官主擇米。若盧，如説是也。左弋，地名。東園匠，主作陵内器物者也。【補注】錢大昭曰：「十二」疑是「十六」，以左右司空分兩官，亦是十七。沈欽韓曰：太醫令丞，太常已有之。此官先屬太常，後屬少府。班失刊正。先謙曰：尚書令見藝文志，張安世、賈捐之、諸葛豐、鄭崇、翟方進、傅喜、孔光、何並、孫寶、京房、霍光、金日磾、平當、黄霸、王嘉、師丹、循吏、外戚、王莽傳。尚書丞見三王世家。符節令見眭弘、儒林傳。續志云「爲符節臺率，主符節事。凡遣使掌授節」。後漢一人，六百石。無丞。「有尚符璽郎中四人」。注云舊二人在中，主璽及虎符、竹符之半」。有「符節令史，二百石。掌書」。案符節令即秦之符璽令，李斯傳趙高兼行符璽令事，是也。太醫監見外戚傳。太醫令，續志云「掌諸醫」，後漢一人，六百石。藥丞、方丞各一人。太官令，續志云「掌御飲食」，後漢一人，六百石。有左丞、主飲食。甘丞、主膳具。湯官丞、主酒。本注又云省湯官令，置丞。果丞主果。各一人。太官見霍光、召信臣、谷永傳。太官丞見東方朔傳。太官獻丞見張延年傳。陳湯傳作「獻食丞」。導官見張湯、谷永傳。導官令，續志云「主舂御米及作乾精。導，擇也」。後漢一人，六百石。丞一人。屬大司農。説文「䆃，禾也」。玉篇「䆃，一莖六穗，瑞禾也」。史記司馬相如傳「䆃，一莖六穗於庖」。此作「導」，以擇米爲義，亦通用字耳。樂府見霍光、佞幸傳。樂府令見禮樂志。若盧獄見王商傳。若盧丞見王吉傳。吉補右丞，蓋有左、右二丞。考工見田蚡傳。考工令，續志云「主作兵器，弓弩、刀鎧之屬，成則傳執金吾入武庫，及主織綬諸雜工」。後漢一人，六百石。左右丞各一人。轉屬太僕。左弋即佐弋。始皇紀有佐弋竭。左、佐字同，謂佐助弋射之事，因以名官。居室見灌夫傳。甘泉居室見衛青傳。青所見鉗徒，蓋於甘泉罰作者。左右司空見伍被傳。東西織室見貢禹傳。東織令史見宣紀。東園見孔光、霍光、佞幸傳。續志後漢又省織室令，置丞。餘不載。官本注「十二」作「十六」，是。

〔五〕師古曰：胞人，主掌宰割者也。胞與庖同。【補注】錢大昕曰：庖通作胞。禮記祭統「胞者也，肉吏之賤者也」。莊子庚桑楚篇「湯以胞人籠伊尹」。釋文「胞」本又作「庖」也。先謙曰：庖人長丞，續志後漢省。都水蓋池籞，別屬少府。孫寶傳「民假少府陂澤」，故亦有都水官。續志以都水屬郡國。均官見谷永傳。沈欽韓云，王莽於長安及五都立五均官，五穀、布帛、絲綿之物，均官用本價取之。此少府均官蓋本主市賈者。均官長丞，續志不載。

〔六〕師古曰：三輔黄圖云上林中池上籞五所，而此云十池監，未詳其數。【補注】先謙曰：霍光傳「女醫淳于衍夫賞求永安池監」，此池監蓋十池監之一。續志後漢省上林十池監。

〔七〕師古曰：鉤盾主近苑囿，尚方主作禁器物，御府主天子衣服也。【補注】先謙曰：中書謁者令見楊惲、王尊傳。謁者令見外戚傳。中書令見霍光、朱雲、陳湯、京房、匡衡、游俠、佞幸傳。續志「尚書令一人，千石，承秦所置。武帝用宦者，更爲中書謁者令。掌凡選署及奏下尚書文書衆事」。成紀瓚注「漢初中人有中謁者令。孝武加中謁者令爲中書謁者令」。先謙案：昭帝時有尚書，明與中書兩官。續志言更尚書爲中書，誤也。中書兼尚書之任亦謂之中尚書，見蓋寬饒傳。唐六典「自武帝游宴後庭，故用宦者。司馬遷被刑爲中書令即其任也。不言謁者省文」。洪邁云「中書、尚書令在西漢爲少府屬官，在東漢亦屬少府，雖典機要而去公卿甚遠。魏晉以來，浸以華重，唐遂爲三省官長，居真宰相之任」。黄門令見藝文志、孔光傳。續志「黄門令，宦者。主省中諸宦者」。鉤盾見昭紀，五行志，陳咸、王莽傳。鉤盾令見京房傳。續志「鉤盾令，宦者。典諸近池苑囿游觀之處」。尚方見周亞夫、朱雲、谷永傳。續志「尚方令掌上手工作御刀劍諸好器物」。御府見谷永、王莽傳。御府令見霍光傳。續志「御府令，宦者。典官婢作中衣服及補浣之屬」。永巷見吕后傳，後改掖庭。掖庭令見宣紀，霍光、張安世、丙吉、外戚傳。掖庭丞見外戚傳。掖庭官吏見陳咸傳。續志「永巷令，宦者。典宫婢侍使」。内者令見劉屈氂、孝宣許皇后、王莽傳。内謁者令見宣帝紀、丙吉傳。續志「内者令掌〔宫〕中布張諸(衣)〔褻〕物」。宦者署見東方朔、劉歆、蘇武、翼奉傳。宦者令見東平王宇傳。宦者丞見外戚傳。自黄門下，後漢令各一人，六百石。丞各一人。唯内者左右丞各一人。宦者令丞見下。「七」，官本作「八」，是。

〔八〕師古曰：中黄門，奄人居禁中在黄門之内給事者也。【補注】先謙曰：續志虎賁中郎將有左右僕射，主虎賁郎習射；又謁者僕射一人，爲謁者臺率，主謁者；又中黄門(九)〔冗〕從僕射一人，宦者，主中黄門(九)〔冗〕從。此諸僕射。袁盎傳有郎署長，馮唐傳爲郎中署長，儒林傳孟喜爲曲臺署長，續志有黄門署長、畫室署長、玉堂署長、丙署長。此諸署長也。又云「中黄門掌給事禁中」。後漢比百石。宦者，無員。後增比三百石。中黄門見霍光、江充、毋將隆、谷永、佞幸、外戚、王莽傳。

〔九〕【補注】先謙曰：佽飛見宣紀，瓚注「在上林中結矰繳弋鳧雁，歲萬頭，以供宗廟」。又見趙充國傳。保宮見蘇武、儒林傳。掖廷亦作掖庭，見劉輔、韓嫣、匈奴傳。

〔一〇〕【補注】先謙曰：續志「掖庭，宦者。掌後宮貴人采女事」。後漢令一人，前漢即永巷令也。後漢分爲二令。六百石。左右丞各一人。

〔一一〕【補注】先謙曰：續志「省宦者、昆臺、佽飛三令二十一丞」。謂三署各一令，又宦者七丞、昆臺五丞、佽飛九丞，合之得二十一也。

〔一二〕【補注】先謙曰：成紀所謂罷中書宦官，續志所謂成帝用士人復故也。中謁者見賈捐之傳。中謁者令見毋將隆、外戚傳。

〔一三〕【補注】先謙曰：成紀注「漢舊儀云尚書四人爲四曹：常侍曹尚書主丞相御史事，二千石曹尚書主刺史二千石事，户曹尚書主庶人上書事，主客曹尚書主外國事。成帝置五人，有三公曹，主斷獄事」。案尚書僕射别見前「僕射」下。

〔一四〕【補注】先謙曰：中謁者丞見成紀。續志「掌録文書期會」。後漢左右丞各一人，四百石。

〔一五〕【補注】先謙曰：貢禹傳稱東、西織室，是織室爲總名；省東織，故止稱織室耳。織室見谷永傳。續志後漢省織室令，置丞。

〔一六〕【補注】先謙曰：事見哀紀。

〔一七〕【補注】先謙曰：共工見劉輔傳。又宋弘爲共工，見後書弘傳。

中尉，秦官，〔一〕掌徼循京師，〔二〕有兩丞、候、司馬、千人。〔三〕武帝太初元年更名執金吾。〔四〕屬官有中壘、寺互、武庫、都船四令丞。〔五〕都船、武庫有三丞，中壘兩尉。〔六〕又式道左右中候、候丞及左右京輔都尉、尉丞兵卒皆屬焉。〔七〕初，寺互屬少府，中屬主爵，後屬中尉。

〔一〕【補注】先謙曰：華陽國志有秦中尉田真黄。又趙烈侯官荀欣爲中尉，則是官不獨秦有也。

〔二〕如淳曰：所謂遊徼，徼循禁備盜賊也。師古曰：徼謂遮繞也。徼音工釣反。【補注】先謙曰：續志：「掌宮外戒司非常水火之事，月三繞行宮外，及主兵器。」

〔三〕師古曰：候及司馬及千人皆官名也。屬國都尉云有丞、候、千人。西域都護云司馬、候、千人各二人。凡此千人，皆官名也。【補注】先謙曰：中尉丞見表下。執金吾候見平紀。中司馬見季布傳。續志後漢一丞。

〔四〕應劭曰：吾者，禦也，掌執金革以禦非常。師古曰：金吾，鳥名也，主辟不祥。天子出行，職主先導，以禦非常，故執此鳥之象，因以名官。【補注】俞樾曰：崔豹古今注「金吾，棒也，以銅爲之，黄金塗兩末。御史大夫、司隸校尉亦得執焉。御史、校尉、郡守、都尉、縣長之類，皆以木爲吾」。據此，漢制有金吾，有木吾，豈得以金吾爲鳥名乎。吾，實大棒之名，以大棒可禦非常，故以吾名之。執金吾者，執此棒也。應説參以崔注，其義方盡。周壽昌曰：功臣表「曲成〔圉〕侯蟲達從起碭，至霸上，爲執金吾」。是漢初本有此官，武帝時復故。先謙曰：王莽傳改名奮武。續志後漢因。

〔五〕如淳曰：漢儀注有寺互。都船獄令，治水官也。【補注】沈欽韓曰：通典引司馬穰苴「五人爲伍，十伍爲隊，一軍凡二百五十隊。餘奇爲握奇，故一軍以三千七百五十人爲奇兵。隊七十有二以爲中壘，守地六千尺」。積尺得四十里，以中壘四面乘之，一面得地三百步，此中壘所本。先謙曰：武庫見毋將隆、董賢傳。又雒陽亦有武庫令，見魏相傳，都船見薛宣、王嘉傳。續志「武庫令主兵器」。後漢有武庫令、丞各一人，省中壘、寺互、都船令丞。

〔六〕【補注】先謙曰：續志後漢中壘尉亦省。

〔七〕應劭曰：式道凡三候，車駕出還，式道候持麾至宮門，門乃開。師古曰：式，表也。【補注】先謙曰：式道候見東方朔傳。續志「本有式道左右中候三人，六百石。車駕出，掌在前清道，還持麾至宮門，門乃開。中興但一人，又不常置，每出，以郎兼式道候，事已罷，不復屬執金吾。又省京輔左右都尉」。

自太常至執金吾，秩皆中二千石，丞皆千石。

太子太傅、〔一〕少傅，〔二〕古官。〔三〕屬官有太子門大夫，〔四〕庶子、〔五〕先馬、〔六〕舍人。〔七〕

〔一〕【補注】錢大昭曰：漢舊儀云「皇太子，黃金印，龜紐，印文曰章。下至二百石皆爲通官印。太傅一人，真二千石，禮如師。亡新更爲太子師」。先謙曰：太子太傅見食貨志，卜式、疏廣、韋玄成、魏相、丙吉、蕭望之、張禹、周亞夫、叔孫通、衛綰、夏侯勝、師丹、石奮、儒林、循吏、外戚傳。後漢因。續志「職掌輔導太子，禮如師，不領官屬」。杜佑云「漢魏故事，太子於二傅執弟子禮，皆爲書，不曰令。少傅稱臣而太傅不稱臣」。

〔二〕【補注】先謙曰：太子少傅見夏侯勝、匡衡、朱雲、疏廣、馮野王、儒林、外戚傳。後漢因。續志「亦以輔導爲職，悉主太子官屬」。

〔三〕【補注】周壽昌曰：禮文王世子「太傅在前，少傅在後」。後書楊終傳「禮制，人君之子，年八歲爲置少傅，教之書計，以開其明。十五置太傅，教之經典，以道其志」。胡三省云「古世子有三師、三少。至漢惟太傅、少傅耳」。

〔四〕應劭曰：員五人，秩六百石。【補注】先謙曰：門大夫見鼂錯、金日磾、儒林、王莽傳。後漢因。續志「職比郎將」。劉注引漢官云「門大夫二人，選四府掾屬」，與此注微異。

〔五〕應劭曰：員五人，秩六百石。【補注】錢大昭曰：馮野王傳云「爲太子中庶子」，王商傳同。又攷漢舊儀云「中庶子五人，職如侍中，秩六百石。庶子秩比四百石，如中郎，無員。亡新改爲中翼子」。據此則中庶子與庶子有别矣。應所注乃中庶子也。表於「庶子」上脱「中」字，「庶子」下脱「庶子」二字。先謙曰：史丹、儒林、王莽傳亦有中庶子。錢説是也。太子庶子見蓋寬饒、蕭育、傅喜傳。續志後漢有庶子、中庶子二官。

〔六〕張晏曰：先馬，員十六人，秩比謁者。如淳曰：前驅也。國語曰「句踐親爲夫差先馬」，「先」或作「洗」也。【補注】先謙曰：官本考證云「注『驅』訛『軀』，今改正」。汲黯傳作「洗馬」。後漢因。續志「比六百石」。注引漢官云「選郎中補也」。

〔七〕【補注】先謙曰：舍人，秦官。見始皇紀，亦見鼂錯、鄭當時、公孫賀、戾太子、雋不疑、周仁、佞幸、外戚傳。後漢因。續志「二百石。無員。更置舍衛如三署郎中」。此外屬官有率更令一，家令一，倉令一，食官令一，僕一，廄長一，中盾一，衛率一。又云「舊有左右户將，别主左右户直郎」，後漢省。

將作少府，秦官，掌治宮室，〔一〕有兩丞、左右中候。〔二〕景帝中六年更名將作大匠。〔三〕屬官有石庫、東園主章、左右前後中校七令丞，〔四〕又主章長丞。〔五〕武帝太初元年更名東園主章爲木工。成帝陽朔三年省中候及左右前後中校五丞。〔六〕

〔一〕【補注】先謙曰：案即周禮匠人之職。功臣表「梧齊侯陽城延以軍匠從起，後爲少府」，此將作少府即沿秦官。

〔二〕【補注】先謙曰：中候見張蒼傳。續志後漢止丞一人，六百石。

〔三〕【補注】先謙曰：將作大匠見溝洫志，翟義、陳湯、佞幸傳。

〔四〕如淳曰：章謂大材也。舊將作大匠主材吏名章曹掾。師古曰：今所謂木鍾者，蓋章聲之轉耳。東園主章掌大材，以供東園大匠也。【補注】先謙曰：右校丞見辛慶忌傳。續志後漢有左校令、右校令各一人，掌左右工徒，六百石。丞各一人。

〔五〕師古曰：掌凡大木也。

〔六〕【補注】先謙曰：王莽傳有都匠仇延。顔注「都匠，大匠也」。蓋莽改大匠爲都匠。

詹事，秦官，〔一〕掌皇后、太子家，有丞。〔二〕屬官有太子率更、家令丞，僕、中盾、衛率、廚廄長丞，〔三〕又中長秋、私府、永巷、倉、廄、祠祀、食官令長丞。〔四〕諸宦官皆屬焉。〔五〕成帝鴻嘉三年省詹事官，并屬大長秋。〔六〕長信詹事〔七〕掌皇太后宮，景帝中六年更名長信少府，〔八〕平帝元始四年更名長樂少府。〔九〕

〔一〕應劭曰：詹，省也，給也。臣瓚曰：茂陵書詹事秩真二千石。【補注】先謙曰：詹事見鄭當時、竇嬰、韓安國、霍去病、孔光、馬宮、外戚傳。

〔二〕師古曰：皇后、太子各置詹事，隨其所在以名官。

〔三〕張晏曰：太子稱家，故曰家令。臣瓚曰：茂陵中書太子家令秩八百石。應劭曰：中盾主周衛徼道，秩四百石。如淳曰：漢儀注衛率主門衛，秩千石。師古曰：掌知漏刻，故曰率更。自此以上，太子之官也。更音工衡反。【補注】錢大昭曰：漢舊儀「率更令秩千石，主庶子舍人更直。亡新更爲中更。丞一人，秩四百石。家令千石，主倉獄。僕秩千石，主馬。中盾秩四百石，主周衛徼循。衛率秩比千石，丞一人，主門衛」。先謙曰：家令見鼂錯、疏廣傳。率更令、家令丞、廚廄長丞見王莽傳。中盾見敘傳。應注「徼道」乃「徼循」之誤也。循、道篆文形近。官本無注末五字。

〔四〕【補注】錢大昭曰：漢舊儀「食官令秩六百石。丞一人」。先謙曰：續志後漢有中宮私府、永巷令丞各一人。

〔五〕師古曰：自此以上皆皇后之官。

〔六〕師古曰：省皇后詹事，總屬長秋也。

〔七〕【補注】先謙曰：官本提行，非。

〔八〕張晏曰：以太后所居宮爲名也。居長信宮則曰長信少府。居長樂宮則曰長樂少府也。【補注】先謙曰：長信少府見薛廣德、平當、貢禹、韋賢、夏侯勝、蓋寬饒傳。

〔九〕【補注】周壽昌曰：哀紀：恭皇太后、恭太后各置左右詹事。外戚傳：傅太后、丁后、成帝母太皇太后、成帝趙后并四太后各置少府太僕，秩皆中二千石。先謙曰：長樂少府見夏侯勝、外戚、王莽傳。哀帝時，傅太后居永信宮，有永信少府，見王嘉傳。

將行，秦官，〔一〕景帝中六年更名大長秋，〔二〕或用中人，或用士人。〔三〕

〔一〕應劭曰：皇后卿也。【補注】先謙曰：續志「承秦將行，宦者」。

〔二〕師古曰：秋者收成之時，長者恒久之義，故以爲皇后官名。【補注】先謙曰：大長秋見外戚傳。

〔三〕師古曰：中人，奄人也。【補注】先謙曰：續志後漢因，常用宦者，「職掌奉宣中宮命。凡給賜宗親，及宗親當謁見者關通之，中宮出則從」。有丞。

典屬國，秦官，掌蠻夷降者。〔一〕武帝元狩三年昆邪王降，〔二〕復增屬國，置都尉、丞、候、千人。〔三〕屬官，九譯令。〔四〕成帝河平元年省并大鴻臚。

〔一〕【補注】先謙曰：典屬國見李廣、蘇武、馮奉世傳。

〔二〕師古曰：昆音下門反。

〔三〕【補注】周壽昌曰：武紀「元狩二年秋，匈奴昆邪王來降，置五屬國處之」。此作「三年」，誤。五屬國者，安定、天水、上郡、西河、五原也。宣紀「神爵二年置金城屬國，以處降羌。五鳳三年置西河北地屬國，以處匈奴降者」。凡屬國皆都尉治之。先謙曰：屬國都尉見劉歆、匈奴、西域、敘傳。

〔四〕【補注】先謙曰：尚書大傳「周成王時，越裳氏重九譯而獻白雉」，故以名官。

水衡都尉，〔一〕武帝元鼎二年初置，掌上林苑，〔二〕有五丞。〔三〕屬官有上林、均輸、御羞、禁圃、輯濯、鍾官、技巧、六廄、辯銅九官令丞。〔四〕又衡官、水司空、都水、農倉，又甘泉上林、都水七官長丞皆屬焉。〔五〕上林有八丞十二尉，〔六〕均輸四丞，御羞兩丞，都水三丞，禁圃兩尉，甘泉上林四丞。〔七〕成帝建始二年省技巧、六廄官。〔八〕王莽改水衡都尉曰予虞。初，御羞、上林、衡官及鑄錢皆屬少府。〔九〕

〔一〕應劭曰：古山林之官曰衡。掌諸池苑故稱水衡。張晏曰：主都水及上林苑故曰水衡。主諸官故曰都。有卒徒武事故曰尉。師古曰：衡，平也，主平其稅入。

〔二〕【補注】先謙曰：食貨志「初，大農斡鹽鐵官布多，置水衡，欲以主鹽鐵；及楊可告緡，上林貯物衆，乃令水衡主上林」。續志「武帝置水衡都尉，秩比二千石，別主上林苑有離宮燕休之處」。

〔三〕【補注】先謙曰：水衡丞見龔遂傳。

〔四〕如淳曰：御羞地名也，在藍田，其土肥沃，多出御物可進者，揚雄傳謂之御宿。三輔黃圖御羞、宜春皆苑名也。輯濯，船官也。鍾官，主鑄錢官也。辯銅，主分別銅之種類也。師古曰：御宿，則今長安城南御宿川也，不在藍田。

羞、宿聲相近，故或云御羞，或云御宿耳。羞者，珍羞所出；宿者，止宿之義。輯讀與楫同，音集；濯音直孝反：皆所以行船也。漢舊儀云「天子六廄，未央、承華、騊駼、騎馬、輅軨、大廄也，馬皆萬匹」。據此表，太僕屬官以有大廄、未央、輅軨、騎馬、騊駼、承華，而水衡又云六廄技巧官，是則技巧之徒供六廄者，其官別屬水衡也。【補注】劉攽曰：表敍水衡九屬官，技巧、六廄各一物也，後省技巧、六廄，顔遂謂此都是一官，非矣。蓋上林自有六廄一令丞主之。後六廄等各別有官，非此六廄也。何焯曰：御羞與禁圃連類而言，則是出珍羞之地名，如説在藍田者爲近，不得如師古指御宿川以當之也。周壽昌曰：黄圖：御宿苑在長安城南御宿川中。漢武帝爲離宮別館，禁禦人不得入，往來游觀，止宿其中，故曰御宿。三秦記云御宿園。顔以羞，宿音近當之，非。先謙曰：上林令見張釋之傳。續志：上林苑令丞各一人。輯濯士見劉屈氂傳。鍾官見食貨志。「禁圃」，元紀作「禁囿」。

〔五〕【補注】劉攽曰：都水官，處處有之。案表少府、三輔皆有焉。水衡屬官，先敍九官令丞矣，後列長丞又云上林，計令、長不當並置。然則甘泉上林長是一官，甘泉都水是一官，自衡官以下凡六官，言「七」者，誤也。沈欽韓曰：漢李翕碑「郡有衡官、掾，衡官有秩」。先謙曰：甘泉倉長見張敞傳。

〔六〕【補注】先謙曰：上林尉見張釋之傳。

〔七〕【補注】先謙曰：續志後漢「又省(屬)水衡屬官令、長、丞、尉二十餘人」。蓋謂此也。

〔八〕【補注】先謙曰：見成紀。

〔九〕【補注】先謙曰：續志後漢省水衡都尉，「并其職於少府。每立秋貙劉之日，輒暫置水衡都尉，事訖乃罷之」。

内史，周官，秦因之，掌治京師。景帝二年分置左内史。〔一〕右内史武帝太初元年更名京兆尹，〔二〕屬官有長安市、廚兩令丞，〔三〕又都水、鐵官兩長丞。〔四〕左内史更名左馮翊，〔五〕屬官有廩犧令丞尉。〔六〕又(有)〔左〕都水、鐵官、雲壘、長安四市四長丞皆屬焉。〔七〕

〔一〕師古曰：地理志云武帝建元六年置左右內史，而此表云景帝二年分置，表、志不同。又據史記，知志誤矣。【補注】錢大昭曰：案公卿表，景帝元年中大夫朝錯爲左內史，二年左內史朝錯爲御史大夫，則分置左右又在景帝之前。地理志以爲武帝建元六年分置者固非，而此表以爲景二年分置者亦未的也。王念孫曰：案此本作「分置左右內史」，今本脱「右」字。下文之右內史、左內史皆承此句言之。據注云「地理志武帝置左右內史，而此表云景帝分置，誤矣」，則此文本作「景帝分置左右內史」甚明。史記正義論例及北堂書鈔設官部二十八、白帖七十六、御覽職官部五十引此正作「左右內史」，漢紀孝惠紀、通典職官十五竝同。

〔二〕張晏曰：地絶高曰京。左傳曰「莫之與京」。十億曰兆。尹，正也。師古曰：京，大也。兆者，衆數。言大衆所在，故云京兆也。

〔三〕【補注】先謙曰：長安東西市令見食貨志。東市令見貨殖傳。長安廚見霍光傳、郊祀志。

〔四〕【補注】先謙曰：鐵官鄭縣，見地理志。

〔五〕張晏曰：馮，輔也。翊，佐也。

〔六〕師古曰：廩主藏穀，犧主養牲，皆所以供祭祀也。【補注】先謙曰：廩犧見韓延壽、谷永傳。續志：廩犧令，六百石。掌祭祀犧牲雁鶩之屬。漢官曰，丞一人，三百石。中興皆屬河南尹。

〔七〕【補注】先謙曰：市長見司馬遷傳。左馮翊都水見馮參傳。鐵官在夏陽，見志。

主爵中尉，秦官，掌列侯。景帝中六年更名都尉，〔一〕武帝太初元年更名右扶風，〔二〕治內史右地。屬官有掌畜令丞。〔三〕又有都水、鐵官、廄、廱廚四長丞皆屬焉。〔四〕與左馮翊、京兆尹是爲三輔，〔五〕皆有兩丞。〔六〕列侯更屬大鴻臚。元鼎四年更置二輔都尉、〔七〕都尉丞各一人。

自太子太傅至右扶風，皆秩二千石，丞六百石。〔八〕

〔一〕【補注】錢大昭曰：案公卿表，景帝中五年尚有主爵中尉不疑。

〔二〕張晏曰：扶，助也。風，化也。

〔三〕如淳曰：尹翁歸傳曰「豪彊有論罪，輸掌畜官，使斫莝」。東方朔曰「益爲右扶風」，畜牧之所在也。【補注】先謙曰：掌畜又見谷永傳。

〔四〕如淳曰：五時在廱，故有廚。【補注】劉攽曰：「有」當作「右」。上云左都水，此爲右都水。先謙曰：領護三輔都水見劉向、息夫躬傳。鐵官在雍漆二縣，見地理志。

〔五〕服虔曰：皆治在長安城中。師古曰：三輔黄圖云京兆在尚冠前街東入，故中尉府，馮翊在太上皇廟西入，右扶風在夕陰街北入，故主爵府。長安以東爲京兆，長陵以北爲左馮翊，渭城以西爲右扶風也。

〔六〕【補注】先謙曰：内史丞見藝文志。右扶風丞見路温舒傳。

〔七〕【補注】錢大昭曰：「二」當作「三」。地理志「左馮翊高陵，左輔都尉治；右扶風郿，右輔都尉治」，不言京輔都尉治，缺文也。田叔傳：少子仁拜爲京輔都尉。先謙曰：官本「二」作「三」。京輔都尉亦見霍光、蕭由、田叔、王尊、趙廣漢傳。案京輔都尉見上「中尉」下，非缺文。錢説誤。左右輔見食貨志。左輔都尉見蕭由傳。右輔都尉見王訢、翟義、酷吏傳。

〔八〕【補注】先謙曰：續志：太子太傅中二千石。

護軍都尉，秦官，武帝元狩四年屬大司馬，〔一〕成帝綏和元年居大司馬府比司直，哀帝元壽元年更名司寇，平帝元始元年更名護軍。

〔一〕【補注】先謙曰：護軍都尉見賈捐之、馮奉世、衞青、陳湯、蕭咸、匈奴、西南夷傳。

司隸校尉，周官，〔一〕武帝征和四年初置。〔二〕持節，從中都官徒千二百人，〔三〕捕巫蠱，督大姦猾。〔四〕後罷其兵，察三輔、三河、弘農。〔五〕元帝初元四年去節。〔六〕成帝元延四年省。綏和二年，哀帝復置，但爲司隸，〔七〕冠進賢冠，〔八〕屬大司空，比司直。〔九〕

〔一〕師古曰：以掌徒隸而巡察，故云司隸。【補注】齊召南曰：案劉昭注後志云：「豈即司寇乎？」案周司寇不名司隸，且秦漢以廷尉更司寇名矣，此説非也。蓋周禮秋官之屬有司隸中士二人，鄭注「隸，給勞辱之役者。漢始置司隸，亦使將徒治道溝渠之事，後稍尊之，使主官府及近郡」。此表所謂周官也。錢大昭曰：翟方進傳「故事，司隸校尉位在司直下，初除，謁兩府，其有所會，居中二千石前，與司直並迎丞相、御史」。

〔二〕【補注】先謙曰：司隸校尉見丙吉、王尊、王章、蓋寬饒、蕭育、匡衡、翟方進、何武、儒林、元后傳。

〔三〕師古曰：中都官，京師諸官府也。

〔四〕師古曰：督謂察視也。

〔五〕【補注】先謙曰：續志：「掌察舉百官以下及京師近郡犯法者。」

〔六〕【補注】先謙曰：事見諸葛豐傳。

〔七〕【補注】先謙曰：不云校尉，亦見鮑宣、孫寶傳。

〔八〕【補注】沈欽韓曰：四字不合表例，疑注家語攙入。續志「中二千石以下皆冠進賢冠」。

〔九〕【補注】先謙曰：續志後漢司隸校尉一人。

城門校尉〔一〕掌京師城門屯兵，〔二〕有司馬、〔三〕十二城門候。〔四〕中壘校尉掌北軍壘門内外，掌西域。〔五〕屯騎校尉掌騎士。步兵校尉掌上林苑門屯兵。越騎校尉掌越騎。〔六〕長水校尉掌長水宣曲胡騎。〔七〕又有胡騎校尉，掌池陽胡騎，不常置。〔八〕射聲校尉掌待詔射聲士。〔九〕虎賁校尉掌輕車。〔一〇〕凡八校尉，皆武帝初置，有丞、司馬。〔一一〕自司隸至虎賁校尉，秩皆二千石。〔一二〕西域都護加官，宣帝地節二年初置，〔一三〕以騎都尉、諫大夫使護西域三十六國，〔一四〕有副校尉，秩比二千石，〔一五〕丞一人，司馬、候、千人各二人。〔一六〕戊己校尉，元帝初元元年置，〔一七〕有丞、司馬各一人，候五人，秩比六百石。〔一八〕

〔一〕【補注】先謙曰：城門校尉見劉向、陳湯、翟義、丙吉、諸葛豐、王莽傳。

〔二〕【補注】先謙曰：周禮司門職也。續志後漢同。

〔三〕師古曰：八屯各有司馬也。【補注】先謙曰：後漢因。續志「一人，千石」。本注：「主兵」。自中壘而下八屯各有司馬，與城門無涉。顏説誤。

〔四〕師古曰：門各有候，蕭望之署小苑東門候，亦其比也。【補注】錢大昭曰：蔡義傳「遷覆盎城門候」是其一也。先謙曰：後漢同。續志「每門候一人，六百石」。

〔五〕師古曰：掌北軍壘門之內，而又外掌西域。【補注】王念孫曰：顏説非也。此條自城門校尉以下所掌皆京師及畿輔之事，不當兼掌西域。下條西域都護，護西域三十六國，有副校尉。此自別爲一官，與中壘校尉無涉。續志「舊有中壘校尉，領北軍營壘之事。武帝置，中興省中壘，但置中候，以監五營」。亦不言兼掌西域也。「西域」當爲「四城」，謂掌北軍壘門內外及四城之事也。漢紀孝惠紀「中壘校尉掌北軍壘門內外及掌四城」是其證。四、西，城、域字相似，又涉下文西域而誤耳。據漢紀則「外」字當屬上讀。舊本北堂書鈔設官部十三引此云「掌北軍壘門內外」，陳禹謨本於此下加「掌西域」三字。又引師古注爲證。亦以「外」字上屬。御覽職官部三十八、四十竝同。顏以「外」字屬下讀，亦非。先謙曰：中壘校尉見郊祀志、劉向、劉歆、李尋、韋玄成、丙吉傳。

〔六〕如淳曰：越人内附，以爲騎也。晉灼曰：取其材力超越也。師古曰：宣紀言佽飛射士、胡越騎，又此有胡騎校尉。如説是。【補注】何焯曰：騎非越人所長，似晉説是。不當如師古以下文胡騎比例也。先謙曰：屯騎校尉見佞幸傳。步兵校尉見藝文志、王尊傳。越騎校尉見金日磾、蕭咸、匡衡、敘傳。三校尉後漢同。

〔七〕師古曰：長水，胡名也。宣曲，觀名。胡騎之屯於宣曲者。【補注】王鳴盛曰：顧氏云，長水非胡名也。郊祀志「灞、滻、灃、澇、涇、渭、長水，以近咸陽故盡得比山川祠」。史記索隱：百官志有長水校尉。沈約宋書云「營近長水，故名」。水經云「長水出白鹿原，今之荆溪水是也」。先謙曰：長水校尉見溝洫志，趙充國、陳湯、于定國、蕭育、王莽傳。後漢同。長水、宣曲皆胡騎，屯長水者，謂之長水胡騎，屯宣曲者謂之宣曲胡騎，各爲營校。劉屈氂傳「如侯持節發長水及宣曲胡騎」可證。

〔八〕師古曰：胡騎之屯池陽者也。【補注】先謙曰：胡騎校尉見王莽傳。續志後漢胡騎并長水。

〔九〕服虔曰：工射者也。冥冥中聞聲則中之，因以名也。應劭曰：須詔所命而射，故曰待詔射也。【補注】先謙曰：射聲校尉見陳湯、師丹、王莽傳。

〔一〇〕【補注】先謙曰：王莽傳云「輕車校尉即虎賁校尉也」。續志後漢虎賁并射聲。

〔一一〕師古曰：自中壘以下凡八校尉。城門不在此數中。【補注】錢大昭曰：胡騎不常置，故亦稱七校。刑罰志所謂「武帝内增七校」是也。先謙曰：軍政丞見胡建傳，當是此所謂丞也。校司馬見兩粵傳。續志後漢無校尉，有司馬一人，千石。無丞。

〔一二〕【補注】先謙曰：續志後漢自司隸校尉至各校尉皆比二千石。

〔一三〕【補注】先謙曰：據宣紀、西域傳，都護加官始於鄭吉，當是神爵二年，非地節也。吉傳亦云神爵中。而贊又誤爲地節。

〔一四〕【補注】先謙曰：護西域騎都尉見鄭吉傳「諫大夫使西域都護」。騎都尉見甘延壽傳「惟段會宗以騎都尉光禄大夫都護西域」。

〔一五〕【補注】先謙曰：副校尉見陳湯傳。

〔一六〕【補注】先謙曰：都護司馬見西域傳。

〔一七〕師古曰：甲乙、丙丁、庚辛、壬癸皆有正位，唯戊己寄治耳。今所置校尉亦無常居，故取戊己爲名也。有戊校尉，有己校尉。一説戊己居中，鎮覆四方，今所置校尉亦處西域之中撫諸國也。【補注】先謙曰：戊己校尉見段會宗、匈奴、西域、王莽傳。

〔一八〕【補注】先謙曰：戊己校尉丞、司馬、候見匈奴傳。又有護羌校尉，見趙充國、辛慶忌、王莽傳，護金城屬國降羌。

奉車都尉掌御乘輿車，〔一〕駙馬都尉掌駙馬，〔二〕皆武帝初置，秩比二千石。〔三〕侍中、左右曹、諸吏、散騎、中常侍，皆加官。〔四〕所加或列侯、將軍、卿大夫、將、都尉、尚書、太醫、太官令至郎中，亡員，〔五〕多至數十人。侍中、中常侍得入禁中，〔六〕諸曹受尚書事，〔七〕諸吏得舉法，〔八〕散騎騎並乘輿車。〔九〕給事中亦加官，〔一〇〕所加或大夫、博士、議郎，〔一一〕掌顧問應對，位次中常侍。中黄門有給事黄門，〔一二〕位從將大夫，〔一三〕皆秦制。

〔一〕【補注】先謙曰：奉車都尉見武紀，藝文志，蘇建、翼奉、霍去病、孫寶、霍光、儒林、佞幸、外戚、王莽、敘傳。釋名「奉車都尉，奉天子乘輿」，韋昭辨云「主乘輿，車尊不敢言主，故言奉」。

〔二〕師古曰：駙，副馬也。非正駕車，皆爲副馬。一曰駙，近也，疾也。【補注】先謙曰：駙馬都尉見武紀，賈捐之、金日磾、孔光、杜鄴、王嘉、王商、史丹、佞幸、外戚傳。

〔三〕【補注】先謙曰：續志後漢有，皆無員，屬光禄勳。

〔四〕應劭曰：入侍天子，故曰侍中。晉灼曰：漢儀注諸吏、給事中日上朝謁，平尚書奏事，分爲左右曹。魏文帝合散騎、中常侍爲散騎常侍也。【補注】錢大昕曰：自侍中而下，漢書所稱中朝官也，亦謂之内朝臣。攷高帝時盧綰爲將軍，常侍中。孝惠時郎、侍中皆冠駿鸃，貝帶，傅脂粉。是漢初已有侍中。武帝初，嚴助、朱買臣皆侍中，貴幸用事，始與聞朝政。厥後衛青、霍去病、霍光、金日磾皆由侍中進，而權勢出宰相右矣。武帝時，霍光、韓增皆爲郎，遷諸曹侍中。宣帝時，蘇武、杜延年、劉安民爲右曹，張延壽爲左曹，此左右曹之始。宣帝時，楊惲爲諸吏光禄勳，此諸吏之始。宣帝時，張霸爲散騎中郎將，張勃、劉更生爲散騎諫大夫，此散騎之始。司馬相如以訾爲郎，事景帝爲武騎常侍，則景帝時已有常侍。武帝常與侍中、常侍、武騎及待詔隴西北地良家子能騎射者微行，而東方朔亦爲常侍郎。然其時未見中常侍之名。至元、成以後，始有之。元帝時有中常侍許嘉。成帝時有中常侍鼂閎。成帝欲以劉歆爲中常侍，大將軍王鳳以爲不可，乃止。敘傳班伯爲中常侍。哀帝時有中常侍王閎、宋弘等，皆士人也。後漢中常侍竝以宦者爲之，非西京舊制矣。

〔五〕如淳曰：將謂郎將以下也。自列侯下至郎中，皆得有散騎及中常侍加官。是時散騎及常侍各自一官，亡員也。【補注】先謙曰：此言所加侍中等官皆亡員，「多至數十人」耳，非謂散騎、常侍各一官，亡員也。如説誤。

〔六〕【補注】齊召南曰：案表不言置官本末，蓋漢官也。沈約宋志甚詳。若晉志謂黄帝時風后爲侍中，則杜佑所云出兵家讖書，不足信者。先謙曰：中常侍見王嘉、息夫躬、外戚、王莽、敘傳。

〔七〕【補注】沈欽韓曰：漢官儀「左右曹日上朝謁」，案武帝後始見，亦如尚書五曹而總於領尚書事者，杜延年、辛慶忌、段會宗、王章、趙卬、劉歆皆是也。劉安民、楊惲、陳咸並以郎中爲左右曹。又如金涉爲左曹，蘇武弟子爲右曹，王莽兄永爲諸曹，皆不著其官，或世家門子便得爲之。

〔八〕【補注】沈欽韓曰：御覽二百二十九引漢官解詁曰「士之權貴不過尚書，其次諸吏」。賈山至言「選方正之士，賢者使爲常侍諸吏」。此諸吏之始也。加諸吏得舉劾殿省吏不法。

〔九〕師古曰：並音步浪反。騎而散從，無常職也。【補注】沈欽韓曰：此亦不限本品。辛慶忌、于永、劉向、張勃、張霸、趙平、蕭伋等皆是，後世散騎常侍本此。御覽二百二十四引漢官儀曰「秦及前漢置散騎及中常侍各一人。散騎，騎馬並乘輿車，獻可替否」。

〔一〇〕師古曰：漢官解詁云掌侍從左右，無員，常侍中。

〔一一〕【補注】錢大昕曰：武帝時，終軍以謁者給事中。宣帝時，田延年以大司農給事中，杜延年以太僕給事中，魏相以御史大夫給事中。元帝時，蕭望之以關內侯給事中，劉更生以宗正給事中。成帝時，辛慶忌以右將軍給事中。哀帝時，董賢爲大司馬給事中。是三公、列將軍、九卿皆得加之，不止大夫、博士、議郎也。

〔一二〕【補注】先謙曰：給事黃門見劉向、孔光傳。給事黃門侍郎見藝文志。又黃門侍郎見李尋、揚雄傳。以志文例之，皆以侍郎而給事黃門，故蒙此稱也。吾丘壽王願養馬黃門，蓋亦給事之義矣。

〔一三〕【補注】王念孫曰：案「將」下有「軍」字，而今本脫之。上文云「所加或列侯、將軍、卿大夫」是其例也。藝文類聚職官部四引此正作「將軍、大夫」，漢紀同。先謙曰：「將大夫」猶上文「大夫將」也。金日磾傳「湯融皆侍中諸曹將大夫」，顏注「將謂中郎將也」，是「將」下不應有「軍」字。王説誤。「從」當爲「次」之譌字，以上例之可見。

爵：〔一〕一級曰公士，〔二〕二上造，〔三〕三簪褭，〔四〕四不更，〔五〕五大夫，〔六〕六官大夫，〔七〕七公大夫，〔八〕八公乘，〔九〕九五大夫，〔一〇〕十左庶長，十一右庶長，〔一一〕十二左更，十三中更，十四右更，〔一二〕十五少上造，十六大上造，〔一三〕十七駟車庶長，〔一四〕十八大庶長，〔一五〕十九關內侯，〔一六〕二十徹侯。〔一七〕皆秦制，以賞功勞。徹侯金印紫綬，避武帝諱，曰通侯，或曰列侯，改所食國令長名相，〔一八〕又有家丞、門大夫、庶子。〔一九〕

〔一〕【補注】錢大昭曰：自公士至公乘，民之爵也，生以爲禄位，死以爲號謚。凡言賜民爵者即此。自五大夫至徹侯，則官之爵也。成紀永始二年詔曰「吏民以義收食貧民，其百萬以上，加賜爵右更，欲爲吏補三百石」。是爵至十四級與三百石吏相埒矣。準是以推，九級之五大夫，等比百石；十級之左庶長，等百石；十一級之右庶長，等比二百石；十二級之左更，等二百石；十三級之中更，等比三百石矣。故謂之官爵。武帝時又有武功爵，見食貨志。

〔二〕師古曰：言有爵命，異於士卒，故稱公士也。【補注】先謙曰：公士，功臣表凡三十一見。

〔三〕師古曰：造，成也，言有成命於上也。【補注】先謙曰：鼂錯請令，民入粟邊六百石，爵上造。見食貨志。又功臣表凡十二見。

〔四〕師古曰：以組帶馬曰褭。簪褭者，言飾此馬也。褭音乃了反。【補注】先謙曰：官本注無(未)〔末〕五字。簪褭，功臣表凡十二見。

〔五〕師古曰：言不豫更卒之事也。更音工衡反。【補注】沈欽韓曰：爵，五大夫以上方不豫更徭。顔説非。先謙曰：不更見左成十三年傳。又功臣表凡八見。

〔六〕師古曰：列位從大夫。【補注】先謙曰：大夫，功臣表凡二十見。

〔七〕【補注】先謙曰：官大夫，功臣表凡兩見。

〔八〕師古曰：加官、公者，示稍尊也。【補注】沈欽韓曰：秦爵，公大夫以上，令丞與亢禮。以其爵第七品，亦曰七大夫。見曹參、夏侯嬰、灌嬰傳。先謙曰：公大夫，功臣表凡三見。

〔九〕師古曰：言其得乘公家之車也。【補注】沈欽韓曰：公乘見墨子號令篇。先謙曰：公乘，功臣表凡二十七見。

〔一〇〕師古曰：大夫之尊也。【補注】沈欽韓曰：商子境内篇「爵五大夫，皆有賜邑三百家」，亦見曹參、夏侯嬰、樊噲、傅寬傳。爵至五大夫，則復家民爵不得及此者。案復者，多也。蘇輿曰：秦爵，莧譩爲五大夫，見吕覽長見篇。先謙曰：食貨志「入粟邊四千石爲五大夫」。功臣表凡二見，亦見司馬遷傳。

〔一一〕師古曰：庶長，言爲衆列之長也。【補注】先謙曰：左庶長見秦紀。卜式、桑弘羊、徐自爲皆賜焉。景帝後元年，賜中二千石、諸〔侯〕相爵右庶長。武帝元狩元年立皇太子，賜中二千石爵右庶長。

〔一二〕師古曰：更言主領更卒，部其役使也。更音工衡反。【補注】沈欽韓曰：左更、中更、右更並見秦紀。宣帝即位賜二千石左更爵。成帝時，吏民以義收食貧民，其百萬以上，加賜爵右更。

〔一三〕師古曰：言皆主上造之士也。【補注】沈欽韓曰：大上造即史記之大良造。先謙曰：大上造，功臣表一見。

〔一四〕師古曰：言乘駟馬之車而爲衆長也。【補注】沈欽韓曰：秦紀惠王十二年「庶長疾攻趙」，六國表爲樗里疾。參攷紀傳：七年，疾爲庶長，上左右庶長也；八年，爲右更；後，則此駟車庶長矣。

〔一五〕師古曰：又更尊也。【補注】沈欽韓曰：大庶長見秦紀。漢文帝令民入粟於邊，萬二千石，爲大庶長。

〔一六〕師古曰：言有侯號而居京畿，無國邑。【補注】沈欽韓曰：關内侯見魏、楚策，管、墨已有之，秦世所竄入也。

〔一七〕師古曰：言其爵位上通於天子。【補注】沈欽韓曰：秦昭王封公子市宛、公子悝鄧，魏冉陶爲諸侯，皆在關外，即其比也。呂不韋爲文信侯，食河内洛陽十萬户。

〔一八〕【補注】先謙曰：王莽爲新都侯，孔休守新都相，見莽傳。後志「每國置相一人，其秩各如本縣。本注：主治民，如令、長，不臣也。但納租於侯，以户數爲限」。

〔一九〕【補注】先謙曰：此侯之家丞。家丞見丙吉、韋賢傳。留侯張不疑與門大夫殺楚内史，見功臣表。袁盎事呂禄，爲舍人，見盎傳。衞將軍舍人百餘人，惟田仁、任安可用，見史記仁傳。甘羅年十二爲文信侯少庶子，見史記甘茂傳。據後志注，家丞、庶子各一人，主侍侯，使理家事。舊有行人、洗馬、門大夫共五官，此表失載行人、洗馬。後漢食邑千户已上置家丞、庶子，不滿千户不置家丞。又省行人、洗馬、門大夫。

諸侯王，高帝初置，〔一〕金璽盭綬，〔二〕掌治其國。有太傅輔王，〔三〕内史治國民，中尉掌武職，丞相統衆官，羣卿大夫都官如漢朝。〔四〕景帝中五年令諸侯王不得復治國，天子爲置吏，改丞相曰相，省御史大夫、廷尉、少府、宗正、博士官，〔五〕大夫、謁者、郎諸官長丞皆損其員。武帝改漢内史爲京兆尹，中尉爲執金吾，郎中令爲光禄勳，故王國如故。〔六〕損其郎中令，秩千石；改太僕曰僕，秩亦千石。成帝綏和元年省内史，更令相治民，如郡太守，〔七〕中尉如郡都尉。〔八〕

〔一〕師古曰：蔡邕云漢制皇子封爲王，其實諸侯也。周末諸侯或稱王，漢天子自以皇帝爲稱，故以王號加之，總名諸侯王也。

〔二〕如淳曰：盭音戾。盭，緑也，以緑爲質。晉灼曰：盭，草名也，出琅邪平昌縣，似艾，可染緑，因以爲綬名也。師古曰：晉説是也。璽之言信也。古者印璽通名，今則尊卑有別。漢舊儀云諸侯王黄金璽，橐佗鈕，文曰璽，謂刻云某王之璽。【補注】俞樾曰：據此知賜匈奴單于印稱璽，比之於諸侯王也。後漢徐璆傳注引衞宏曰「秦以前以金、玉、銀爲方寸璽。秦以來天子獨稱璽，又以玉，羣下莫敢用」。其説非也。

〔三〕【補注】先謙曰：後志：成帝時改太傅但曰傅。

〔四〕【補注】先謙曰：漢初立諸王，因項羽所立諸王之制。其官職，傅爲太傅，相爲丞相，又有御史大夫及諸卿，皆秩二千石。百官皆如朝廷。國家唯爲置丞相，其御史大夫以下皆自置之。

〔五〕【補注】錢大昭曰：景紀在中三年。

〔六〕【補注】先謙曰：後志：員職皆朝廷爲署，不得自置。

〔七〕【補注】錢大昭曰：孔光傳云「孔霸，宣帝時遷高密相」，是時諸侯王相在郡守上。

〔八〕【補注】周壽昌曰：此從翟方進、何武之奏，見武傳。

監御史，秦官，掌監郡。〔一〕漢省，丞相遣史分刺州，不常置。〔二〕武帝元封五年初置〔三〕部刺史，掌奉詔條察州，〔四〕秩六百石，員十三人。成帝綏和元年更名牧，秩二千石。哀帝建平二年復爲刺史，元壽二年復爲牧。〔五〕

〔一〕【補注】王鳴盛曰：魏志夏侯玄傳：玄議時事云「秦不師聖道，私以御職，姦以待下。懼宰臣之不修，立監牧以董之；畏督監之容曲，設司察以糾之。宰牧相累，監察相司，人懷異心，上下殊務。漢承其緒，莫能匡改」。案宰官即縣令，監牧即郡守，司察即監郡御史也。監在守上，似漢之部刺史；但每郡皆有，又非部刺史比。蓋秦變封建爲郡縣，恐其權重，故每郡但置一監、一守、一尉，此上別無統治之者。先謙曰：紀有秦泗水監平。曹參傳「攻秦監公軍」，嚴助傳「秦擊越，使監禄鑿渠通道」，皆監御史也。南粵傳有桂林監居翁，亦郡監。沿秦制爲之亦稱郡長，見灌嬰傳。

〔二〕【補注】先謙曰：後志：但遣丞相史分刺諸州，無常官。

〔三〕【補注】王鳴盛曰：刺史所統轄者，一州中郡國甚多，守相二千石皆其屬官，得舉劾，秩僅六百石。治狀卓異，始擢守相。如：魏相傳「相爲揚州刺史，考案郡國守相，多所貶退」。何武傳「武爲刺史，所舉奏二千石長吏必先露章，服罪者虧除免之；不服，極法奏之，抵罪或至死」。王嘉傳云「司隸、部刺史察過悉劾，二千石益輕。或持其微過，言於刺史、司隸，衆庶知其易危，小失意則離畔。以守相威權素奪也」。京房傳「房奏考功課吏法。時部刺史奏事京師，以爲不可行。房上弟子曉考功課吏事者：中郎任良、姚平，『願以爲刺史』。元帝以房爲魏郡太守，得以考功法治郡。房自請，願無屬刺史」。可見守相畏刺史如此。朱博傳「爲冀州刺史行部，吏民數百人遮道自言。博使從事敕告吏民：『欲言縣丞尉者，刺史不察黄綬，各自詣郡。欲言二千石墨綬長吏者，使者行部還，詣治所。』」所彈劾如是。王褒傳：王襄爲益州刺史，「使褒作中和、樂職、宣布詩。奏褒有軼才」。王莽傳：莽風公卿奏言「州部所舉茂才異等吏，率多不稱」。此雖莽欲攬威柄故云爾，要刺史有舉揚人才之任，亦可見其權重矣。其遷擢也，黄霸、陳咸、張敞、王尊、馮宫皆由刺史爲太守。馮奉世傳：子參由渭陵寢中郎超遷代郡太守。中郎出爲太守云超遷，而刺史則多有以卑秩得之者，故京房請以中郎補是職也。孔光傳云「博士選高第爲尚書，次乃爲刺史」，而滿宣由謁者出爲冀州刺史，見貫捐之傳。張敞由太僕丞出爲豫州刺史，見本傳。皆以朝臣卑者充之。其歲盡輒奏事京師，見翟方進傳注。九歲稱職方得爲守相。見朱博傳。其内遷則如翟方進、何武僅得爲丞相司直，特丞相之門下屬官。各見本傳。王尊爲郿令遷益州刺史。見本傳。令可以徑遷刺史，亦由秩卑故也。

〔四〕師古曰：漢官典職儀云刺史班宣，周行郡國，省察治狀，黜陟能否，斷治冤獄，以六條問事，非條所問，即不省。一條，强宗豪右田宅踰制，以强淩弱，以衆暴寡。二條，二千石不奉詔書遵承典制，倍公向私，旁詔守利，侵漁百姓，聚斂爲姦。三條，二千石不卹疑獄，風厲殺人，怒則任刑，喜則淫賞，煩擾刻暴，剝截黎元，爲百姓所疾，山崩石裂，祅祥訛言。四條，二千石選署不平，苟阿所愛，蔽賢寵頑。五條，二千石子弟恃怙榮勢，請託所監。六條，二千〔石〕違公下比，阿附豪强，通行貨賂，割損正令也。【補注】王鳴盛曰：師古引漢官儀惟一條察强宗豪右，其五條皆察二千石。而歷考諸傳中，凡居此官者率以督察藩國爲事。如：高五王傳，青州刺史奏淄川王終古罪。文三王傳，冀州刺史林奏代王年罪。武五子傳，青州刺史雋不疑知齊孝王孫劉澤等反謀，收捕澤以聞。亦見不疑傳。又昌邑王賀封海昏侯，揚州刺史柯奏其罪。張敞傳，拜冀州刺史，既到部，而廣川王國羣輩不道，賊發，不得。敞圍王宫，搜得之，捕格斷頭，縣王宫門外。因劾奏廣川王，削其户。蓋自賈誼在文帝時已慮諸國難制，吴楚反後，防禁益嚴。部刺史總率一州，故以此爲要務。後書郅惲傳「惲子壽爲冀州刺史。時冀部屬郡多封諸王，賓客放縱，壽案察之無所容貸。乃使部從事專住王國，又徙督郵舍王宫外，動静失得，即時騎驛言上奏王罪及劾傅相」。袁宏後漢紀「永甯元年，樂城王萇驕淫失度，冀州刺史舉奏萇罪至不道」。然則刺史以察藩國爲事，東京猶然。俞樾曰：漢分天下爲十三部，故有部刺史之名。所謂部者，若唐之言道，宋之言路，元之言行省也。先謙曰：後志劉注引六條，「守利」

作「守吏」,「刻暴」作「苛暴」,「剝截」作「剝戮」,「正令」作「政令」,「二千」下有「石」字,皆是。官本「二千」下有「石」字。

〔五〕【補注】周壽昌曰:陳萬年傳「子咸爲御史中丞,總領州郡奏事,課第諸刺史」。薛宣傳「成帝初爲中丞,執法殿中,外總部刺史」。是其時雖省監御史,而察州之制仍歸御史中丞。韓延壽傳:蕭望之遣御史案東郡,亦監御史之類。朱博傳「博奏云:『前丞相方進奏罷刺史,更置州牧,秩真二千石,位次九卿。九卿缺,以高第補。其中材則苟自守而已,恐功效陵夷,姦軌不禁。臣請罷州牧,置刺史如故。』奏可」。此成、哀兩朝牧刺史遞改之由。元壽二年復爲牧,或即哀紀是年正三公官分職,正司直等職事未定,帝崩時耶,後志不載元壽事。先謙曰:續志:「建武十八年復爲刺史,十二人,各主一州,其一州屬司隸校尉。諸州常以八月巡行所部郡國,録囚徒,考殿最。初,歲盡詣京師奏事,中興但因計吏,皆有從事史、假佐。」

郡守,秦官,〔一〕掌治其郡,〔二〕秩二千石。〔三〕有丞,〔四〕邊郡又有長史,〔五〕掌兵馬,〔六〕秩皆六百石。景帝中二年更名太守。〔七〕

〔一〕【補注】先謙曰:若任鄙爲漢中守,王稽爲河東守是也。

〔二〕【補注】王鳴盛曰:鼂錯傳稱郡守爲主郡吏。嚴助傳:爲會稽太守,帝賜書謂之郡吏。

〔三〕【補注】錢大昭曰:黄霸傳:霸爲潁川太守,秩比二千石。及守京兆尹,秩二千石。然則此「秩」下當有「比守」。先謙曰:後志亦作「二千石」。

〔四〕【補注】先謙曰:太守丞見朱博、嚴延年、黄霸傳。

〔五〕【補注】錢大昭曰:辛慶忌爲金城長史。先謙曰:後志:「丞一人。郡爲邊戍者,丞爲長史。」

〔六〕【補注】王鳴盛曰:酷吏傳:嚴延年爲涿郡太守,趙繡稱爲「新將」。注:「新爲郡將也,謂守爲將,以其兼領武事也。」尹翁歸、孫寶傳皆有此稱。

〔七〕【補注】周壽昌曰：漢京兆尹雖與外郡太守同職，而尹職中二千石，太守二千石。其太守加秩，則晉中二千石。其尹外遷太守者，爲貶。如京兆尹王昌貶爲雁門太守，甄遵貶爲河内太守是也。左馮翊、右扶風與京兆尹同三輔屬官，與外郡署同。先謙曰：王莽傳：改郡太守曰大尹。

郡尉，秦官，〔一〕掌佐守典武職甲卒，〔二〕秩比二千石。〔三〕有丞，秩皆六百石。〔四〕景帝中二年更名都尉。〔五〕

〔一〕【補注】先謙曰：若任囂爲南海尉，高紀東郡尉是也。郡亦有時但置都尉，不置太守。吾丘壽王爲東郡都尉，不復置太守，故璽書云「連十餘城之守，任四千石之重」。

〔二〕【補注】先謙曰：續志：「掌治民，進賢勸功，決訟檢姦。常以春行所主縣，勸民農桑，振救乏絶。秋冬遣無害吏案訊諸囚，平其罪法，論課殿最。歲盡遣吏上計。並舉孝廉，郡口二十萬舉一人。典兵禁，備盜賊。」

〔三〕【補注】周壽昌曰：元紀建昭三年夏令三輔都尉、大郡都尉秩皆二千石。則不得以比二千石概之也。

〔四〕【補注】先謙曰：「皆」字衍。都尉與太守多別治，故置丞如太守。漢中都尉丞見藝文志，樂浪都尉丞見薛宣傳。

〔五〕【補注】先謙曰：王莽傳改都尉曰太尉。續志「武帝又置三輔都尉各一人，譏出入」。後漢「建武六年省諸郡都尉，并職太守，無都試之役」。

關都尉，秦官。〔一〕農都尉、〔二〕屬國都尉，皆武帝初置。〔三〕

〔一〕【補注】先謙曰：此函谷關都尉也，見武紀，金日磾、杜欽、魏相、張敞、翟方進、何竝、辛慶忌、循吏、酷吏、西域傳。又地理志敦煌、龍勒有陽關、玉門關，皆都尉治，亦關都尉也。續志：建武中省。

〔一〕【補注】錢大昭曰：馮參傳：爲上河農都尉。敘傳：班況亦爲之。又地理志張掖、番和有農都尉。先謙曰：續志：「邊郡置農都尉，主屯田殖穀。」

〔三〕【補注】周壽昌曰：武紀元狩二年置五屬國，以其地爲武威、酒泉郡。自此邊塞皆設都尉。如隴西屬之南部都尉，酒泉屬之北部都尉、東部都尉、西部都尉，敦煌屬之中部都尉、宜禾都尉及田廣明傳之受降都尉皆屬國都尉也。先謙曰：續志：「惟邊郡往往置都尉及屬國都尉，稍有分縣，治民比郡。」

縣令、長，皆秦官，掌治其縣。萬户以上爲令，秩千石至六百石。減萬户爲長，秩五百石至三百石。〔一〕皆有丞尉，〔二〕秩四百石至二百石，是爲長吏。〔三〕百石以下有斗食、佐史之秩，〔四〕是爲少吏。〔五〕大率十里一亭，亭有長。〔六〕十亭一鄉，鄉有三老、〔七〕有秩、〔八〕嗇夫、游徼。〔九〕三老掌教化。〔一〇〕嗇夫職聽訟，收賦税。〔一一〕游徼徼循禁賊盜。縣大率方百里，其民稠則減，稀則曠，鄉、亭亦如之，皆秦制也。列侯所食縣曰國，皇太后、皇后、公主所食曰邑，〔一二〕有蠻夷曰道。凡縣、道、國、邑千五百八十七，〔一三〕鄉六千六百二十二，亭二萬九千六百三十五。凡吏〔一四〕秩比二千石以上，皆銀印青綬，〔一五〕光禄大夫無。〔一六〕秩比六百石以上，皆銅印黑綬，大夫、博士、御史、謁者、郎無〔一七〕。其僕射、御史治書尚符璽者，有印綬。比二百石以上，皆銅印黄綬。〔一八〕成帝陽朔二年除八百石、五百石秩。綏和元年，長、相皆黑綬。哀帝建平二年復黄綬。吏員自佐史至丞相，十二萬二百八十五人。〔一九〕

〔一〕【補注】錢大昭曰：漢舊儀云「縣，户口滿萬置六百石令，多者千石；户不滿萬置四百石、三百石長。縣令、長，黄綬，皆大冠。亡新令、長爲宰，皆小冠」。先謙曰：續志「每縣、邑、道，大者置令一人，千石；其次置長，四百石；小者置長，三百石」。較此稍有不同。應劭漢官〔儀〕云「三邊，始孝武皇帝所開。縣户數百而或爲令。荆、揚、江南七郡，惟有臨湘、南昌、吴三令爾。南陽壤中，土沃民稠，四五萬户而爲長」。後志又云「縣萬户以上爲令，不滿爲長」。皆秦制也。然則漢世遵用，畧有改易。先謙曰：王莽傳：改縣令、長曰宰。

〔二〕【補注】錢大昭曰：隸釋引應劭説「大縣有丞、左右尉，所謂命卿三人。小縣一丞、一尉者，命卿二人」。漢刻，武開明終吴郡府丞，而武榮碑稱爲吴郡府卿。綿竹江堰碑稱縣丞犍爲王卿。隸續平鄉道碑云丞汁邡王卿，尉緜竹楊卿。丞、尉皆稱卿，與應説合。今漢石刻有祝其卿墳壇、上谷府卿墳壇，皆縣府丞也。先謙曰：丞見蕭何、朱雲傳。尉見張湯、梅福、尹翁歸、王嘉傳。後志：「丞各一人。尉，大縣二人，小縣一人。丞署文書，典知倉獄。尉主盜賊。」

〔三〕師古曰：吏，理也，主理其縣内也。

〔四〕師古曰：漢官名秩簿云斗食月奉十一斛，佐史月奉八斛也。一説，斗食者，歲奉不滿百石，計日而食一斗二升，故云斗食也。【補注】先謙曰：斗食見始皇紀、范雎傳。王尊、朱博、薛宣、外戚傳之書佐，翟方進傳之小史皆佐史也。佐史見咸宣傳。官本「奉」竝作「俸」，字同。續志「奉」同。前説劉注引漢書音義云「斗食，禄日以斗爲計」。

〔五〕【補注】周壽昌曰：案韓延壽傳「重使賢長吏、嗇夫、三老、孝弟受其恥」，即謂令以下所屬。文紀十二年「其遣謁者勞賜三老、孝者帛人五匹，悌者、力田二匹」，析孝者、悌者爲兩流。如馮唐以孝選爲郎，亦其一也。食貨志「二千石遣令、長、三老、力田」，是孝弟、力田各令所屬，皆宜有，而表中無之，或因人而置，無則省也。

〔六〕【補注】先謙曰：續志：「亭有亭長，以禁盜賊。本注：亭長主求捕盜賊，承望都尉。」劉注引漢官儀云「民年二十三爲正。一歲以爲衛士，一歲爲材官騎士。年五十六，老衰，乃得免爲民，就田。應合選爲亭長」。風俗通云「亭吏舊名負弩，改爲長，或謂亭父」。案高祖爲亭長，未至老衰，此則漢制然也。先謙案：亭長又見食貨志，項羽、韓信、朱博、酷吏、王莽傳。又趙廣漢傳有都亭長。

〔七〕【補注】錢大昭曰：高紀漢二年「舉民年五十以上，有修行，能率衆爲善，置爲三老，鄉一人。擇鄉三老一人爲縣三老，與縣令丞尉以事相教，復勿繇戍」。先謙曰：三老見高、文紀，戾太子、龔勝、京房、韓延壽、王尊、外戚傳。

〔八〕【補注】錢大昭曰：方回續古今攷云「周顯王十二年，秦初置有秩史。商鞅既廢井田，比閭鄰里之制亦壞，故置有秩史以董之」。先謙曰：有秩見張敞、外戚傳。續志「有秩百石，掌一鄉人」。劉注引漢官云「鄉户五(十)〔千〕，則置有秩」。見倉頡廟、穀坑君神祠諸碑。

〔九〕【補注】先謙曰：嗇夫見鮑宣、韓延壽、何武、朱邑、酷吏、王莽傳。游徼見趙廣漢、朱博、黄霸、胡建傳。續志「其鄉小者，縣置嗇夫一人」。

〔一〇〕【補注】錢大昭曰：方回云：「假如縣方百里，則爲方十里者十。十亭一鄉，當有十鄉。鄉三老十人，各掌一鄉之教化。縣三老當掌縣城中之教化，且兼十鄉之事與。」先謙曰：續志：「凡有孝子順孫，貞女義婦，讓財救患，及學士爲民法式者，皆爲表其門，以興善行。」

〔一一〕【補注】錢大昭曰：鄉户不滿五千者，不置有秩，但以嗇夫一人總理之。表不言有秩所掌，與嗇夫同。先謙曰：續志：「皆主知民善惡，爲役先後，知民貧富，爲賦多少，平其差品。」

〔一二〕【補注】王念孫曰：「皇太后」三字，後人以意加之也。不言皇太后者，言后與公主則太后可知。漢紀及通典職官十五並作「皇后公主所食曰邑」。今本並作「皇太后」，太字乃後人依誤本漢書加之。史記呂后紀集解、本書高紀注並引如淳曰「百官表，皇后、公主所食曰邑」，無「皇太后」三字。張晏注高紀亦同。周壽昌曰：地理志趙至長沙凡二十國，邑有其名，而莫悉其孰爲后、公主所食縣。除鄂邑蓋長公主、昭帝姊。諸邑公主、武帝女，與陽石公主皆以巫蠱事下獄死。見武紀及五行志。潁邑公主元帝女。稱邑外，如魯元公主、高帝女。館陶長公主、文帝女。平陽、南宮、隆慮、景帝三女。夷安、衞長公主、陽石、皆武帝女。館陶、敬武、宣帝二女。平都、平陽，皆元帝女。凡見紀傳可考者，並無邑稱。鄂邑、諸邑、潁邑在志中，諸一字名，無「邑」字，或奪邑後省。

〔一三〕【補注】錢大昕曰：地理志縣邑千三百一十四，道三十二，侯國二百四十一，合之恰符千五百八十七之數。然以每郡國所領縣計之，止千有五百七十八。蓋史文有脱漏也。俞樾曰：漢道以轄蠻夷之地。紀傳中屢稱縣道，道卑於縣也。自唐分天下爲十五道，而道之名始尊。

〔一四〕【補注】先謙曰：官本凡吏提行。

〔一五〕師古曰：漢舊儀云銀印背龜鈕，其文曰章，謂刻曰某官之章也。【補注】錢大昭曰：漢制，天子、諸侯王皆爲璽，三公、列侯以下俱爲印。天子玉璽，諸侯王金璽，惟太師、太傅、太保、丞相、太尉、列將軍、列侯皆用金印。而御史大夫不與焉。成帝更名大司空，始用金印。其它或銀或銅。王鳴盛曰：二千石文曰章，故朱買臣傳云「視其印，會稽太守章也」。比六百石以上皆銅印，則但曰印。今有僞爲銅印，作蟲獸形，其文或稱章者，皆非真漢印。

〔一六〕師古曰：無印綬。

〔一七〕師古曰：大夫以下亦無印綬。

〔一八〕師古曰：漢舊儀云六百石、四百石至二百石以上皆銅印鼻鈕，文曰印。謂鈕但作鼻，不爲蟲獸之形，而刻文云某官之印。【補注】沈欽韓曰：漢官儀「皇太子黄金印，龜鈕，印文曰章。下至二百石皆爲通官印」。案自此以上，印皆取方，曰通官印。其百石以下，則爲半，印曰半通。仲長統傳注引十三州志曰「有秩、嗇夫得假半章印」，法言孝至篇「不由其德，五兩之綸，半通之銅，亦泰矣」，仲長統亦云「身無半通青綸之命」，則百石雖假印綬，不得爲通官印也。今圜印、邑印皆半方，即此是。光武時鮑昱對曰「故事，通官文書不著姓」，謂但稱臣名某及某官某名也。此通印所用，皆單稱名。

〔一九〕【補注】俞樾曰：周官所載官數但曰人而已。如太宰卿一人，小宰中大夫二人是也。然庾人職曰「正校人員選」，則員之名亦古。漢志始有吏員之名。功臣表「東茅侯吉坐事國人過員，免」，此民以員稱。禮樂志「琴工員五人」

云云，此工以員稱。翼奉傳「諸侯王國與其後宫，宜爲設員」，此後宫以員稱。蓋有定數皆曰員。故博士弟子亦稱員。王鳴盛曰：漢官員多，郡國官甚簡。而亭長、鄉三老、嗇夫、游徼其非長吏而代長吏治民者，又未嘗概從簡省。蓋其時風氣猶樸，故能成治。若後世之吏員，其中固無人才，而所謂里長、保正、總甲、牌頭者，又烏可多設乎？先謙曰：官本「十二萬」作「十三萬」。

百官公卿表第七下〔一〕

漢書十九下

〔一〕師古曰：此表中記公卿姓名不具及但舉其官而無名，或言若干年，不載遷免死者，皆史之闕文，不可得知。【補注】先謙曰：官本注末有「也」字。

	高帝元年
相國　丞相　大司徒　太師　太傅　太保	沛相蕭何爲丞相。
太尉　大司馬	
御史大夫　大司空	內史周苛爲御史大夫，守滎陽，三年死。[一]
列將軍	
奉常　太常	
郎中令　光祿勳	
衞尉　中大夫令	
太僕	滕令夏侯嬰爲太僕。[二]
廷尉　大理	
典客　大行令　大鴻臚	
宗正　治粟內史　大司農	執盾襄爲治粟內史。[三]
中尉　執金吾　少府	職志周昌爲中尉，三年遷。[四]
水衡都尉　主爵都尉　右扶風	
左內史　左馮翊　右內史　京兆尹	內史周苛遷。

[一]【補注】錢大昭曰：秦內史於漢爲三輔。元年地屬塞、雍國。二年更名渭南、河上、中地三郡。九年復爲內史，此時無內史官。周昌傳「苛以卒史從」，疑此及下內史皆誤。先謙曰：此內史官存其名耳。據下內史杜恬，則非誤也。

[二]【補注】先謙曰：據傳，嬰起兵從即爲太僕。此斷自元年始。

[三]【補注】先謙曰：此功臣表之棘丘侯。

[四]師古曰：志音式異反。【補注】先謙曰：志幟同。「三」當爲「二」，見下。

年														
二		〔一〕	〔二〕									〔三〕		
三														
四			中尉周昌爲御史大夫，六年徙爲趙丞相。											
五		太尉盧綰，後九月爲燕王。〔四〕		〔五〕		郎中令王恬啟。〔六〕			廷尉義渠。	廣平侯薛歐爲典客。〔七〕		軍正陽咸延爲少府，二十一年卒。〔八〕中尉內猜。〔九〕		殷內史杜恬。〔一〇〕

〔一〕【補注】先謙曰：史表盧綰爲太尉，與綰傳「東擊項羽，以太尉常從」合。表列於五年誤。

〔二〕【補注】先謙曰：灌嬰傳「二年爲御史大夫」，案周苛死在三年，此疑假丞相之比。

〔三〕【補注】先謙曰：據曹參傳是年爲中尉。

〔四〕【補注】朱一新曰：史表「罷太尉官」。

〔五〕【補注】先謙曰：據灌嬰傳，是年爲車騎將軍。

〔六〕【補注】周壽昌曰：功臣表「五年爲郎中柱下令」，蓋沿秦制稱之。

〔七〕師古曰：歐音一后反。【補注】錢大昭曰：歐封侯，表在六年，此從後追稱之。

〔八〕【補注】先謙曰：據功臣表當爲軍匠陽成延。此字誤。成、城通作。

〔九〕【補注】先謙曰：高宛侯也。

〔一〇〕【補注】先謙曰：據功臣表長修侯杜恬以內史擊諸侯，以廷尉侯。「殷」字衍，或以爲殷王卬之內史，謬。

六	七	八	九
			丞相何遷爲相國。〔三〕
	博士叔孫通爲奉常，三年徙爲太子太傅。		
將軍酈商爲衛尉。〔一〕			
汲侯公上不害爲太僕。〔二〕			

〔一〕【補注】先謙曰：此商傳所云以將軍將太上皇衛也。

〔二〕【補注】先謙曰：此與功臣表侯狀合。夏侯嬰自高帝至孝文常爲太僕，此或偶一代任。

〔三〕【補注】先謙曰：何爲相國當從紀、傳及表上在十一年。此誤移前二格。

十			符璽御史趙堯爲御史大夫，十年免。						中地守宣義爲廷尉。〔一〕					
十一		絳侯周勃爲太尉，後官省。〔二〕		〔三〕			衞尉王氏。〔四〕					中尉戚鰓。〔五〕		
十二					太子太傅叔孫通復爲奉常。	〔六〕			廷尉育。					

〔一〕【補注】沈欽韓曰：地理志：高帝九年罷中地郡。此當云故中地守。先謙曰：功臣表亦云六年爲中地守也。

〔二〕【補注】先謙曰：此勃傳所云遷爲太尉也。後以相國擊盧綰，蓋官省。

〔三〕【補注】先謙曰：據靳歙傳，是年爲車騎將軍。

〔四〕【補注】先謙曰：見蕭何傳。

〔五〕師古曰：鰓音先才反。【補注】先謙曰：臨轅侯也。

〔六〕【補注】齊召南曰：據陳平傳，是年爲郎中令。

孝惠元年	二	三	四	五
	七月辛未，相國何薨。七月癸巳，齊相曹參爲相國。〔一〕			八月己丑，相國參薨。
營陵侯劉澤爲衛尉。				
		長修侯杜恬爲廷尉。〔二〕		

〔一〕【補注】錢大昭曰：傳作「齊丞相」，「丞」字當有。先謙曰：次「七月」，「七」當爲「八」。

〔二〕【補注】先謙曰：功臣表「恬以廷尉死事，侯」。「死事」二字衍，説見彼表。高帝十一年正月封，是侯時已爲廷尉。又云四年薨。孝惠三年，子中嗣。是恬薨在惠帝二年，亦不應三年爲廷尉也。此八字當在高帝十一年下，誤移於此。

年														
六	十月己丑，安國侯王陵爲右丞相，曲逆侯陳平爲左丞相。	絳侯周勃復爲太尉，遷。〔一〕							土軍侯宣義爲廷尉。〔二〕					
七					奉常免。〔三〕					辟陽侯審食其爲典客，一年遷。				
高后元年	十一月甲子，右丞相陵爲太傅，左丞相平爲右		上黨守任敖爲御史大夫，三年免。〔四〕											

〔一〕【補注】先謙曰：官本「遷」上有「十年」二字，是。

〔二〕【補注】先謙曰：功臣表義以廷尉擊陳豨侯，高帝十一年二月封，與上義爲廷尉相距一年。又云就國後爲燕相，不言再爲廷尉。又云七年薨。孝惠六年，子莫如嗣。是惠帝五年義已歿矣。此八字誤衍。

〔三〕師古曰：名免也。【補注】先謙曰：文紀有中大夫令免，蓋即其人。

〔四〕【補注】朱一新曰：史表趙堯抵罪，敖爲御史大夫，在孝惠六年。據功臣表堯以高后元年免，則此表是。

	二	三	四	五	六
丞相，典客審食其爲左丞相。					
			平陽侯曹窟爲御史大夫，五年免。〔一〕		
	上邳侯劉郢客爲宗正，七年爲楚王。				

〔一〕【補注】先謙曰：「窋」譌「窟」，官本從宋本改。當下一格。

七	七月辛巳，左丞相食其爲太傅。				奉常根。				廷尉圍。〔一〕	典客劉揭。					
八	九月丙戌，復爲丞相，後九月免。〔二〕			淮南丞相張蒼爲御史大夫，四年遷。〔三〕		〔四〕									
孝文元年	十月辛亥，右丞相平爲左丞相，太尉周	十月辛亥，將軍灌嬰爲太尉，二年遷官		太中大夫薄昭爲車騎將軍。代中尉宋		郎中令張武。			河南守吳公爲廷尉。〔五〕						

〔一〕【補注】先謙曰：後爲御史大夫。

〔二〕【補注】先謙曰：通鑑考異云：史記將相表「八年七月辛巳，食其爲太傅，九月丙戌，復爲丞相，後九月免」。此表乃云云。以長曆推之，八年(十)〔七〕月無辛巳，九月無丙戌。閏月，迎代邸羣臣，無食其名。表皆誤。周壽昌云：高后紀：八年秋七月辛巳，皇太后崩。史記：七月中，高后病甚，辛巳崩。是七月有辛巳。辛巳至丙戌六十六日，正在九月，是九月有丙戌。此長曆誤推耳。食其免相，據陳平傳在誅諸呂後，自不預迎代邸。各本以七月辛巳列在七年，九月丙戌列在八年，皆傳刊之誤，宜改正。

〔三〕【補注】先謙曰：蒼補官在此年，受任在明年。說詳紀。此當上一格。又據灌嬰傳，是年爲大將軍。

〔四〕【補注】先謙曰：是年有郎中令賈壽，見呂后紀。

〔五〕【補注】先謙曰：見賈誼傳。

	勃爲右丞相，八月辛未免。	省。		昌爲衛將軍。										
二	十月，丞相平薨。十一月乙亥，絳侯勃復爲丞相。				奉常饒。		衛尉足。[一]							
三	十二月，丞相勃免。乙亥，太尉灌嬰爲丞相。[二]			[三]					中郎將張釋之爲廷尉。[四]	典客馮敬，四年遷。				

[一]【補注】錢大昭曰：文紀元年有衛尉足。表在二年，非。

[二]【補注】錢大昭曰：文紀作「十一月」，史記作「十一月壬子」。

[三]【補注】先謙曰：據文紀是年棘蒲侯柴武爲大將軍。

[四]【補注】先謙曰：釋之傳：爲騎郎，不調。中郎將爰盎請補謁者。歷官謁者、僕射、公車令、中大夫、中郎將，至廷尉。考盎傳，淮南王遷蜀，盎時爲中郎將。淮南王之遷，在文帝六年。約計釋之六年前後方補謁者，不應三年即爲廷尉。又案本傳，釋之爲廷尉時，中尉條侯見其持議平，乃結爲親友。亞夫以細柳軍罷，始拜中尉，見本傳，在文帝後六年。則釋之爲廷尉必在其時。表誤移於三年也。

四	五	六	七	八	九
十二月乙巳，丞相嬰薨。正月甲午，御史大夫張蒼爲丞相。					
御史大夫圍。			典客馮敬爲御史大夫。		
				太僕嬰薨。	
			典客靚。〔一〕		

〔一〕師古曰：靚與靜同。

十									廷尉昌。廷尉嘉。					
十一														
十二					奉常昌閭。									
十三														
十四				〔一〕								中尉周舍。		内史董赤。〔二〕
十五									廷尉宜昌。〔三〕					
十六			淮陽守申屠嘉爲御史大夫，二年遷。											

〔一〕【補注】先謙曰：據文紀，是年中尉周舍爲衛將軍，郎中令張武爲車騎將軍，東陽侯張相如爲大將軍。

〔二〕【補注】先謙曰：文紀作「董赫」。

〔三〕【補注】先謙曰：見鼂錯傳。

後元年	二	三	四	五	六	七
	八月戊戌，丞相倉免。庚午，御史大夫申屠嘉爲丞相。〔二〕					
	八月庚午，開封侯陶青爲御史大夫，七年遷。					
					〔三〕	
						奉常信。
廷尉信。〔一〕						
					〔四〕	

〔一〕【補注】先謙曰：景紀元年有廷尉信，蓋代廷尉歐之任，疑不當在此。

〔二〕【補注】王念孫曰：「戊戌」當爲「戊辰」，後二日爲庚午也。漢紀孝文紀正作「戊辰」。先謙曰：官本「倉」作「蒼」，是。

〔三〕【補注】先謙曰：據文紀，中大夫令免爲車騎將軍。

〔四〕【補注】先謙曰：據周亞夫傳，是歲爲中尉。

孝景元年	二
	六月，丞相嘉薨。八月丁未，御史大夫陶青爲丞相。
	八月丁巳，左內史朝錯爲御史大夫。
〔一〕	
	奉常游。
太中大夫周仁爲郎中令，十三年老病免，食二千石祿。	
廷尉歐。〔二〕	
平陸侯劉禮爲宗正，二年爲楚王。〔三〕	
中尉嘉。〔四〕	
中大夫鼂錯爲左內史，一年遷。	

〔一〕【補注】先謙曰：據周亞夫傳，是歲爲車騎將軍。

〔二〕師古曰：歐讀與驅同。【補注】先謙曰：案張釋之傳，釋之爲廷尉，事景帝歲餘，爲淮南相。此歐代釋之任也。

〔三〕【補注】先謙曰：周勃傳：文帝後六年以宗正劉禮爲將軍。文紀同。是禮爲宗正不自景帝元年始。蓋傳寫誤移。

〔四〕【補注】先謙曰：周亞夫傳孝景三年以中尉爲太尉，與太尉表合。不得更有中尉嘉。鼂錯傳斬錯時，有中尉嘉劾奏錯。是嘉以景帝三年爲中尉，疑亞夫遷太尉後，嘉代之，不久免官，而衛綰又代之。亦傳寫誤移。

三		中尉周亞夫爲太尉，五年遷，官省。	正月壬子，錯有罪，要斬。	故詹事竇嬰爲大將軍。	故吳相爰盎爲奉常，殷。〔一〕				廷尉勝。			德侯劉通爲宗正，三年薨。	河間太傅衞綰爲中尉，四年賜告，後爲太子太傅。〔二〕		
四			御史大夫介。		南皮侯竇彭祖爲奉常。										
五					安丘侯張歐爲奉常。〔三〕			姚丘侯劉舍爲太僕。〔四〕							
六															

〔一〕【補注】先謙曰：官本「奉常」下更有「奉常」二字。是蓋盎免而殷代也。

〔二〕【補注】先謙曰：事詳綰傳。

〔三〕【補注】先謙曰：史、漢表無安丘侯張歐。惟張歐傳云安丘侯張説少子，景帝時爲九卿，後爲御史大夫。此奉常正與景帝時九卿合。後官並在武帝時。是歐即「歐」也。因係説子，誤冠以安丘侯耳。

〔四〕師古曰：侯表及諸傳皆云「桃侯」，獨此爲「姚丘」，疑誤也。【補注】沈欽韓曰：史表亦作「桃侯」，明此「姚丘」誤。

年														
七	六月乙巳，丞相青免。太尉周亞夫爲丞相。		太僕劉舍爲御史大夫，三年遷。		鄺侯蕭勝爲奉常。〔一〕					〔二〕		濟南太守郅都爲中尉，三年免。		
中元年									廷尉福。					
二												中尉。〔三〕		
三	九月戊戌，丞相亞夫免。御史大夫劉舍爲丞相。		太子太傅衞綰爲御史大夫，四年遷。		煮棗侯乘昌爲奉常。〔四〕									

〔一〕【補注】先謙曰：功臣表鄺侯何下，中二年，侯勝嗣，坐不齋，耐爲隸臣。顏注謂當侍祠而不齋也。勝以景七年爲奉常，中二年嗣武陽侯。此云鄺侯勝爲奉常，從其後官書之而又誤也。爲奉常而不齋，官爵俱削耳。

〔二〕【補注】先謙曰：是年以立皇后案誅大行，見外戚傳。大行不知何人也。

〔三〕【補注】先謙曰：中尉都，三年方免。此處不應有「中尉」二字。史文譌闕，誤移於此。

〔四〕【補注】錢大昕曰：功臣表：煮棗侯革朱孫昌以孝景中二年嗣侯。此一人而姓異。廣韻乘姓引煮棗侯乘昌，革姓引煮棗侯革朱。

年														
四														
五					軑侯吳利爲奉常。〔一〕							少府神。	主爵都尉不疑。〔二〕	
六					奉常利更爲太常。		中大夫令直不疑更爲衞尉。		廷尉瑕更爲大理。〔三〕			濟南都尉甯成爲中尉，四年遷。		
後元年	七月丙午，丞相舍死。八月壬辰，御史大夫衞綰爲丞相。〔四〕		八月壬辰，衞尉直不疑爲御史大夫，三年死。〔五〕			郎中令賀。								

〔一〕師古曰：軑音大，又音第。【補注】錢大昕曰：功臣表軑侯黎朱蒼至曾孫扶失侯。史表作「利蒼」，別無軑侯吳利。

〔二〕【補注】齊召南曰：直不疑傳但云景帝後元年拜御史大夫。此表由主爵都尉、衞尉至御史大夫，可補傳所不及。

〔三〕【補注】先謙曰：典客更爲大行令。此失書。

〔四〕【補注】先謙曰：功臣表孝文十年，舍嗣桃侯，三十年薨。其子由以建元元年嗣。是舍應薨在後三年。竇嬰傳亦云桃侯免相，可證。「死」爲「免」字之譌，官本正作「免」。

〔五〕【補注】先謙曰：功臣表不疑封侯在八月，六年薨。本傳云：武帝即位，以過免。是不疑免官又三年乃卒，非卒於官。此「三年死」，「死」是「免」之誤。

二	三	孝武建元元年
		六月，丞相綰免。後丙寅，魏其侯竇嬰爲丞相。〔二〕
		武安侯田蚡爲太尉。
		齊相牛抵爲御史大夫。〔三〕
	柏至侯許昌爲太常，二年遷。	
		郎中令王臧，一年有罪自殺。〔四〕
		淮南太守灌夫爲太僕，二年爲燕相。〔五〕
		大行令光。
大農令惠。		
中尉廣意。〔一〕		中尉張歐，九年遷。〔六〕
主爵都尉奴。		
		中尉甯成爲內史，下獄論。內史印。〔七〕

〔一〕【補注】先謙曰：後又有執金吾郭廣意。執金吾即中尉更名，疑即此一人而兩任。

〔二〕【補注】先謙曰：「後」字蓋衍。

〔三〕師古曰：抵音丁禮反。

〔四〕【補注】先謙曰：事見田蚡傳。

〔五〕【補注】先謙曰：「南」當作「陽」，見本傳。

〔六〕【補注】先謙曰：即上張歐。

〔七〕【補注】先謙曰：官本「印」作「卬」，當是。

年														
二	十月，丞相嬰免。三月乙未，太常許昌爲丞相。	太尉蚡免，官省。	御史大夫趙綰，有罪自殺。〔一〕		南陵侯趙周爲太常，四年免。〔二〕	郎中令石建，六年卒。〔三〕			大理信。	大行令過期。				內史石慶。
三											北地都尉韓安國爲大農令，三年遷。			內史石偏。〔四〕
四			武强侯嚴青翟						廷尉遷。〔五〕廷尉					江都相鄭當時

〔一〕【補注】先謙曰：見田蚡傳。

〔二〕【補注】先謙曰：南陵，京兆屬縣，不能封國。功臣表、張蒼傳作「高陵」。

〔三〕【補注】齊召南曰：「六年卒」當作「十六年卒」。萬石君以元朔五年没，歲餘建亦死，而李廣代建爲郎中令。兩傳可證。且田、竇廷辨時，郎中令石建分別言兩人事。若僅閱六年，安得彼時尚在乎。

〔四〕【補注】錢大昕曰：「偏」當作「慶」，先謙曰：慶已見上，錢説非。

〔五〕【補注】周壽昌曰：復大理爲廷尉。

	五	六
		六月癸巳，丞相昌免。武安侯田蚡爲丞相。
爲御史大夫，二年，坐竇太后喪不辦免。〔一〕		大農令韓安國爲御史大夫，四年病免。
		太常定。
		太僕賀，三十三年。〔四〕
建。	廷尉武。	廷尉殷。
	大行令王恢。〔三〕	
		大農令殷。
		東海太守汲黯爲主爵都尉，十一年徙。
爲右内史，五年貶爲詹事。〔二〕		

〔一〕【補注】錢大昭曰：趙綰以二年死，青翟任當即在是年。表書於四年，疑非。

〔二〕【補注】錢大昭曰：灌夫傳元光四年有内史鄭當時。又當時傳：爲右内史，以田、竇事貶詹事。當云六年貶，「五」字誤也。

〔三〕【補注】先謙曰：見韓安國傳。

〔四〕【補注】先謙曰：公孫賀也。見本傳。「年」下脱「遷」字，官本亦脱。

年															
元光元年					太常王臧。		隴西太守李廣爲衞尉。〔一〕					〔二〕			
二															內史充。
三										〔三〕					
四	三月乙卯，丞相蚡薨。五月丁巳，平棘侯薛澤爲丞相。		九月，中尉張歐爲御史大夫，五年老病免，食上大夫祿。〔四〕		宣平侯張歐爲太常。〔五〕										

〔一〕【補注】錢大昭曰：廣傳由雲中太守遷。

〔二〕【補注】先謙曰：據武紀，是年有中尉程不識。

〔三〕【補注】先謙曰：是年王恢下獄死，代爲大行令者，史闕。

〔四〕【補注】先謙曰：詳本傳。

〔五〕師古曰：歐音一后反。【補注】齊召南曰：宣平侯張歐，敖之孫。景帝中二年卒，不得至元光時。錢大昭曰：此別一人，說見功臣表。

五	六	元朔元年
	太常司馬當時。	
	中尉韓安國爲都尉，二年爲將軍。[三]	
廷尉翟公。[一]		
	大行令丘。	
詹事鄭當時爲大農令，十一年免。		
故御史大夫韓安國爲中尉，一年遷。	中大夫趙禹爲中尉。	
右内史番係。[二]博士公孫弘爲左内史，四年遷。		

[一]【補注】先謙曰：見鄭當時傳，翟公再爲廷尉。表止一見。

[二]師古曰：番音普安反。【補注】先謙曰：係後爲河東太守。元朔五年遷御史大夫。

[三]【補注】先謙曰：「都」當爲「衛」，見本傳。官本不誤。

二	三	四
	左內史公孫弘爲御史大夫，二年遷。	
蓼侯孔臧爲太常，三年，坐南陵橋壞衣冠道絶免。〔一〕		
	衛尉蘇建。	
	中大夫張湯爲廷尉，五年遷。	
		宗正劉棄。〔三〕
	少府孟賁。中尉李息。	少府產。
	左內史李沮，四年爲將軍。〔二〕	右內史賁。〔四〕

〔一〕【補注】先謙曰：臧爲太常見儒林傳。

〔二〕師古曰：沮音爼。

〔三〕【補注】錢大昭曰：汲黯傳作「劉棄疾」。

〔四〕師古曰：音奔。

五	六
十一月乙丑，丞相澤免。御史大夫公孫弘爲丞相。	
四月丁未，河東太守九江番係爲御史大夫。	
〔一〕	
山陽侯張當居爲太常，坐選子弟不以實免。〔二〕	繩侯周平爲太常，四年坐不繕園陵免。〔五〕
	右北平太守李廣爲郎中令，五年免。
中尉趙禹爲少府。中尉殷客。〔三〕	
主爵都尉李蔡。	〔六〕
主爵都尉汲黯爲内史，五年免。〔四〕	

〔一〕【補注】先謙曰：據武紀，是歲衛青爲大將軍。

〔二〕【補注】沈欽韓曰：太常職選博士弟子，此子弟誤倒。

〔三〕【補注】王念孫曰：「客」當爲「宏」，草書之誤也。史記淮南衡山傳：元朔五年，遣中尉宏即訊驗王。漢書同。索隱云，案百官表姓殷，則此文之作「殷宏」甚明。

〔四〕【補注】先謙曰：黯爲右内史，見本傳。此脱「右」字。

〔五〕【補注】先謙曰：苛玄孫。

〔六〕【補注】先謙曰：據趙食其傳，武帝立，十八年以主爵都尉從大將軍。是元朔六年食其已爲主爵都尉，代李蔡。故明年書樂安侯李蔡爲御史大夫，不書主爵都尉李蔡也。此格當有「主爵都尉趙食其」七字。下朱買臣爲主爵都尉，至三年復書主爵都尉趙食其，是食其免後復爲此官。

元狩元年	二
	三月戊寅，丞相弘薨。壬辰，御史大夫李蔡爲丞相。
樂安侯李蔡爲御史大夫，一年遷。	
大行令李息。	
宗正劉受。〔一〕	
中尉司馬安。〔二〕	
會稽太守朱買臣爲主爵都尉。	
左内史敞。	

〔一〕【補注】錢大昭曰：下劉受當别一人，故此不書侯。

〔二〕【補注】先謙曰：見汲黯、鄭當時傳。

三	四
	大將軍衛青爲大司馬大將軍。票騎將軍霍去病爲大司馬票騎將軍。
三月壬辰，廷尉張湯爲御史大夫，六年有辠自殺。〔一〕	
冠軍侯霍去病爲票騎將軍。〔二〕	
	戚侯李信成爲太常，二年坐縱丞相李蔡侵道免。〔六〕
衛尉張騫。〔三〕	
廷尉李友。廷尉安。〔四〕廷尉禹。〔五〕	
	沈猷侯劉受爲宗正，二年坐聽請不具宗室論。大農令顏異，二年坐腹非誅。〔七〕
中尉霸。	河內太守王溫舒爲中尉，五年遷。
主爵都尉趙食其，二年爲將軍。	中尉丞陽僕爲主爵都尉。〔八〕
	定襄太守義縱爲右內史，二年下獄棄市。

〔一〕【補注】王念孫曰：此十九字當在二年下方合六年之數。代李蔡任不得遲至三年也。史表、漢紀俱在二年。

〔二〕【補注】先謙曰：據武紀，在二年。此與上下文皆傳寫者誤移下一年。

〔三〕【補注】先謙曰：武紀在二年。又騫傳元朔六年封騫博望侯。後二歲爲衛尉，正當元狩二年。且騫二年擊匈奴得罪，不應三年尚爲官也。

〔四〕【補注】錢大昕曰：汲黯傳：安四至九卿。表前後併此爲三。先謙曰：一年未必三易廷尉，亦是誤移下一年。

〔五〕【補注】沈欽韓曰：趙禹也。傳云嘗中廢，已爲廷尉。

〔六〕【補注】宋祁曰：據功臣表，合在五年。

〔七〕【補注】先謙曰：異事見食貨志。

〔八〕【補注】先謙曰：「陽」當爲「楊」。元鼎五年，爲樓船將軍。官本作「揚」。

五	六
三月甲午，丞相蔡有罪自殺。四月乙卯，太子少傅嚴青翟爲丞相。〔一〕	
	九月，大司馬去病薨。〔二〕
	俞侯欒賁爲太常，坐犧牲不如令免。〔四〕
郎中令李敢。〔三〕	郎中令徐自爲，十三年爲光禄勳。〔五〕
衛尉充國，三年坐齋不謹棄市。	
廷尉司馬安。	
	大農令正夫。
	右内史王鼂。〔六〕

〔一〕【補注】錢大昭曰：漢紀「乙卯」作「乙丑」，「少傅」作「太傅」。

〔二〕【補注】先謙曰：廣子。見廣及霍去病傳。

〔三〕【補注】周壽昌曰：紀書「大司馬驃騎將軍霍去病薨」。案：元狩四年初置大司馬，以冠將軍之號。宣帝四年大司馬始不冠將軍。此宜從紀書。

〔四〕【補注】錢大昭曰：賁，欒布子。史記三王世家，是年有太常充。王先恭曰：此王充也，元光三年嗣蓋侯。參證世家，下格信當爲充，宜移入此格。

〔五〕【補注】先謙曰：太初元年表有郎中令自爲更爲光禄勳，此「十三年爲光禄勳」七字，衍文。

〔六〕【補注】先謙曰：見張湯傳，作「王朝」。

元鼎元年	二
	二月壬辰，丞相青翟有辠自殺。二月辛亥，太子太傅趙周爲丞相。〔二〕
	三月辛亥，太子太傅石慶爲御史大夫，三年遷。〔三〕
蓋侯王信爲太常。	廣安侯任越人爲太常，坐廟酒酸論。〔四〕
廷尉霸。〔一〕	
	中郎將張騫爲大行令，三年卒。〔五〕
	大農令孔僅。〔六〕
	少府當，四年下獄死。
	水衡都尉張罷。
右内史蘇縱。	

〔一〕【補注】先謙曰：疑即中尉霸遷。

〔二〕【補注】朱一新曰：武紀青翟自殺在十二月。案下有「二月」，疑表二月上脱「十」字。

〔三〕【補注】周壽昌曰：考長曆是年三月丙申朔，不得有辛亥，當是與趙周二月同日拜也。宋王益之云：同時不應有兩太子太傅，疑此是少傅。案：丙吉傳太子太傅夏侯勝決吉不死，時元康三年，疏廣尚爲太子太傅。是兩太子太傅，漢固有之。

〔四〕師古曰：任敖傳及侯表皆云廣阿侯。今此爲廣安，此表誤。【補注】先謙曰：論免國除。

〔五〕【補注】先謙曰：騫傳作「歲餘卒」。

〔六〕【補注】先謙曰：見食貨志。

三	四
鄲侯周仲居爲太常，坐不收赤側錢收行錢論。〔一〕	睢陵侯張廣國爲太常。〔三〕
中尉王溫舒爲廷尉，一年復徙中尉。	故少府趙禹爲廷尉，四年以老貶爲燕相。
	宗正劉安國。爲大農令客。〔四〕
關都尉尹齊爲中尉，一年抵辠。〔二〕	廷尉王溫舒爲中尉，二年免。
	水衡都尉豹。
	右內史李信成。中大夫兒寬爲左內史，三年遷。

〔一〕師古曰：赤側當廢而不收，乃收見行之錢也。鄲音多。【補注】先謙曰：仲居，緤孫。赤側錢見食貨志。

〔二〕【補注】先謙曰：見酷吏傳。

〔三〕【補注】先謙曰：廣國，張敖曾孫，元光三年封睢陵侯，十八年薨。子昌，元鼎二年嗣。傳表未載廣國爲太常，且薨在元鼎元年，此時別無睢陵侯張廣國其人。九字當衍。

〔四〕【補注】先謙曰：「爲」字衍，官本無。

五	六
九月辛巳，丞相周下獄死。丙申，御史大夫石慶爲丞相。	
	齊相卜式爲御史大夫，一年貶爲太子太傅。
平曲侯周建德爲太常。陽平侯杜相爲太常，五年坐擅繇大樂令論。〔一〕	
衛尉路博德。	
	大農令張成。〔二〕
	少府豹爲中尉。

〔一〕師古曰：擅役使人也。【補注】先謙曰：建德，勃孫。「相」，功臣表作「相夫」。

〔二〕【補注】先謙曰：成坐東粵反不敢擊，畏懦，誅。見兩粵傳。

元封元年	二	三	四
左內史兒寬爲御史大夫，八年卒。			
			鄭侯蕭壽成爲太常，坐犧牲不如令論。
	御史中丞杜周爲廷尉，十一年免。		
	故中尉王溫舒爲少府，三年徙。〔三〕		
水衡都尉閻奉。〔一〕			水衡都尉德遷。
御史中丞咸宣爲左內史，六年免。〔二〕			少府王溫舒爲右內史，二年免。

〔一〕【補注】先謙曰：見酷吏傳。

〔二〕師古曰：咸音減省之減。

〔三〕【補注】先謙曰：「三」當爲「二」。

五	六
大將軍青薨。	
成安侯韓延年爲太常，二年坐留外國使人入粟贖論。〔一〕	
	少府德有罪自殺。右輔都尉王溫舒行中尉事，二年獄族。

〔一〕【補注】宋祁曰：以景武功臣考之，行大行令事留外國書六月，乏興。錢大昭曰：南監本、閩本「使人」下有「自」字。先謙曰：官本「使人」下有「八月」二字，「八」蓋「六」之誤。監、閩本「自」字又「月」之誤，上脫「六」字也。此合功臣表觀之乃明。太常不主外國事。

太初元年	二
	正月戊寅，丞相慶薨。閏月丁丑，太僕公孫賀爲丞相。〔四〕
睢陵侯張昌爲太常，二年坐乏祠論。	
郎中令自爲更爲光祿勳。	
	侍中公孫敬聲爲太僕，十二年下獄死。
大鴻臚壺充國。〔二〕	大鴻臚商丘成，十二年遷。
中尉。〔一〕	少府王偉中尉。〔五〕
故左內史咸宣爲右扶風，三年下獄自殺。	
京兆尹無忌。左馮翊殷周。〔三〕	

〔一〕【補注】周壽昌曰：宜加「大行令更名」五字於前。先謙曰：充國見李廣利傳。

〔二〕【補注】周壽昌曰：疑脱「更爲執金吾」五字。

〔三〕【補注】朱一新曰：無忌、殷周並見史酷吏傳論。

〔四〕【補注】錢大昭曰：武紀「寅」作「申」。

〔五〕【補注】先謙曰：「中尉」，衍文。

三	四	天漢元年
正月，膠東太守延廣為御史大夫。〔一〕		濟南太守琅邪王卿為御史大夫，二年有罪自殺。〔三〕
牧丘侯石德為太常，三年坐廟牲瘦入穀贖論。		
		大司農桑弘羊，四年貶為搜粟都尉。
搜粟都尉上官桀為少府，年老免。〔二〕		

〔一〕【補注】沈欽韓曰：荀紀作「膠東相王延廣」，是。

〔二〕師古曰：疑此非上官桀，表誤也。【補注】先謙曰：此又一上官桀，從李廣利征大宛，以敢深入為少府，見廣利傳。非左將軍上官桀。廣利封侯在四年，此亦當在四年。傳寫者誤移前一格。

〔三〕【補注】錢大昭曰：荀紀作「王延年」。

二	三	四
	二月，執金吾杜周爲御史大夫，四年卒。	
新時侯趙牟爲太常，五年坐鞫獄不實論。〔一〕		
	廷尉吴尊。	
故廷尉杜周爲執金吾，一年遷。		弘農太守沛范方渠中翁爲執金吾。〔二〕
		左馮翊韓不害。

〔一〕【補注】先謙曰：功臣表、李廣利傳作「趙弟」，「牟」字誤。官本作「第」，亦「弟」之誤。

〔二〕師古曰：沛人，姓范，名方渠，字中翁也。中讀曰仲。

太始元年	二	三	四
		三月，光祿大夫河東暴勝之公子爲御史大夫，三年下獄自殺。〔二〕	
		容（成）〔城〕侯唯塗光爲太常，徙爲安定都尉。	江都侯靳石爲太常，四年坐爲謁問囚故太僕敬聲亂尊卑免。〔三〕
廷尉郭居。			
大司農。〔一〕			
	少府充國。		
	水衡都尉守。	直指使者江充爲水衡都尉，五年爲太子所斬。	

〔一〕【補注】先謙曰：闕文。

〔二〕師古曰：公子，亦勝之字也。後皆類此。【補注】錢大昭曰：武紀勝之死在征和二年。此「三年」當爲「四年」。

〔三〕【補注】沈欽韓曰：靳石以列侯修謁問囚爲亂尊卑。先謙曰：官本「靳」作「蘄」。

征和元年	二
	四月壬申，丞相賀下獄死。五月丁巳，涿郡太守劉屈氂爲左丞相。[一]
	九月，大鴻臚商丘成爲御史大夫，四年坐祝詛自殺。[二]
	光祿勳韓說少卿爲太子所殺。
廷尉常。	廷尉信。
	[三]
光祿大夫公孫遺守少府。	[四]
	京兆尹于已衍坐大逆誅。

[一]【補注】李慈銘曰：賀下獄，紀作「正月」，表作「四月」。據屈氂傳，征和二年春，制詔御史故丞相賀，明表誤。朱一新曰：侯表屈氂以三月丁巳封。此「五月」亦當作「三月」。史表正作「三月丁巳」。先謙曰：虛右丞相以待選，見屈氂傳。

[二]【補注】先謙曰：功臣表：成侍祠、孝文廟，醉歌堂下曰「出居安能鬱鬱」，大不敬，自殺。與此異。

[三]【補注】先謙曰：據外戚傳，是年有宗正劉長樂。

[四]【補注】先謙曰：據外戚傳，是年有執金吾劉敢。

三	四
六月壬寅，丞相屈氂下獄要斬。	六月丁巳，大鴻臚田千秋爲丞相。
	繆侯酈終根爲太常，十一年坐祝詛誅。〔一〕
	光禄勳有禄。〔二〕
邗侯李壽爲衛尉，坐居守擅出長安界，使吏殺人，下獄死。	
廷尉意。	
高廟郎中田千秋爲大鴻臚，一年遷。	大鴻臚戴仁坐祝詛誅。淮陽太守田廣明爲鴻臚，五年遷。
	右輔都尉王訢爲右扶風，九年遷。〔三〕

〔一〕【補注】先謙曰：功臣表終根元鼎二年嗣侯，後二年，祝詛上，要斬。與下表魏不害代任太常之時相符。「十一年」當爲「三年」之誤。

〔二〕【補注】先謙曰：官本考證云監本脱「禄」字，從宋本補。

〔三〕【補注】先謙曰：訢傳：訢爲右輔都尉，守右扶風。武帝拜爲真十餘年。至昭帝時爲御史大夫。訢自真除至御史大夫，止九年。傳云十餘年，自守官時計之也。表失載守官年歲。

後元元年	二
	二月丁卯，侍中奉車都尉霍光爲大司馬大將軍。
	二月乙卯，搜粟都尉桑弘羊爲御史大夫，七年坐謀反誅。〔一〕
	侍中駙馬都尉金日磾爲車騎將軍，一年薨。太僕上官桀爲左將軍，七年反，誅。
	當塗侯魏不害爲太常，六年坐孝文廟風發瓦免。
守衛尉不害。	守衛尉遺。
	太僕并左將軍。〔二〕
	執金吾郭廣意免。〔三〕
京兆尹建坐祝詛要斬。	

〔一〕【補注】周壽昌曰：車千秋傳作「八年」，以王訢爲御史大夫之年計之正八年也。作「七」誤。

〔二〕【補注】先謙曰：上官桀也。據外戚傳元年前當書「太僕上官桀」，而表脫之。

〔三〕【補注】先謙曰：燕王旦傳作「廣義」，又作「廣意」，「義」字誤也。其免當以對燕王使者數語。

孝昭始元元年	二
尚書令張安世爲光祿勳，六年遷。	
衛尉天水王莽稚叔，三年遷。	
司隸校尉雒陽李仲季主爲廷尉，四年坐誣罔下獄棄市。〔一〕	
	光祿大夫劉辟彊爲宗正，數月卒。
執金吾河東馬適建子孟任職，六年坐殺人下獄自殺。〔二〕	
水衡都尉呂辟胡，五年爲雲中太守。〔三〕	
青州刺史雋不疑爲京兆尹，五年病免。	

〔一〕【補注】先謙曰：昭紀「仲」作「種」，坐故縱死罪也。霍光傳亦作「種」。

〔二〕【補注】先謙曰：「任職」二字當衍，它處所無。

〔三〕【補注】先謙曰：昭紀「辟」作「破」，西南夷傳與此同。

三	四
	衛尉王莽爲右將軍衛尉，三年卒。騎都尉上官安爲車騎將軍，三年反，誅。〔二〕
	大鴻臚田廣明爲衛尉，五年遷。〔三〕
膠西太守齊徐仁中孫爲少府，六年坐縱反者自殺。〔一〕	

〔一〕師古曰：中讀曰仲。【補注】先謙曰：與王平同罪，詳杜延年、霍光傳。

〔二〕【補注】齊召南曰：昭紀、霍光傳並作「驃騎將軍」。先謙曰：莽若兼衛尉，依例當於第八格書衛尉并右將軍。今既遷官，則「將軍」下「衛尉」二字衍也。

〔三〕【補注】先謙曰：昭紀元鳳元年書大鴻臚廣明，據此知紀誤。

五	六
	轑陽侯江德爲太常，四年坐廟夜郎飲失火免。〔二〕
軍正齊王平子心爲廷尉，四年坐縱道匿謀反者下獄棄市。〔一〕	
	大將軍司馬楊敞爲大司農，四年遷。
	守京兆尹樊福。〔三〕

〔一〕【補注】先謙曰：謀反者侯史吴也。詳杜延年、霍光傳。爲軍正見昭紀。「道」是「首」之誤字。

〔二〕【補注】錢大昭曰：夜，古掖字。先謙曰：官本「郎」在「夜」上，是也。錢説非。

〔三〕【補注】周壽昌曰：福爲丁外人射殺，見胡建傳。據鹽鐵論賢良文學之議，福死即在是年。

元鳳元年	二	三
九月庚午，右扶風王訢爲御史大夫，三年遷。		
光祿勳張安世爲右將軍光祿勳，六年遷。		中郎將范明友爲度遼將軍衛尉，十二年遷。
光祿勳并右將軍。		
		衞尉并將軍。
諫大夫杜延年爲太僕，十五年免。		
		廷尉夏國。
太中大夫劉德爲宗正，數月免。〔一〕		青州刺史劉德爲宗正，二十二年薨。
執金吾壺信。		光祿大夫蔡義爲少府，三年遷。
中郎將趙充國爲水衡都尉，六年遷。		
左馮翊賈勝胡，二年坐縱謀反者棄市。〔二〕		衞尉田廣明爲左馮翊，四年遷。

〔一〕【補注】先謙曰：爲侍御史劾免。後霍光白遷之復爲宗正，並見傳。

〔二〕【補注】先謙曰：見霍光傳。

四	五
正月甲戌，丞相千秋薨。二月乙丑，御史大夫王訢爲相。〔一〕	十二月庚戌，丞相訢薨。〔三〕
二月乙丑，大司農楊敞爲御史大夫，二年遷。	
蒲侯蘇昌爲太常，十一年坐籍霍山書泄祕書免。〔二〕	
	鉅鹿太守淮陽朱壽少欒爲廷尉，坐侍中加元下獄，風吏殺元，棄市。〔四〕
	詹事韋賢爲大鴻臚，四年爲長信少府。
河內太守平原趙彭祖爲大司農，三年卒。	
	沛國太守李壽爲執金吾。
京兆尹彭祖。	

〔一〕【補注】先謙曰：官本考證云「相」上脫「丞」字。

〔二〕師古曰：以祕書借霍山。【補注】顧炎武曰：顔說非也。蓋籍没霍山之書中有祕記，當密奏之，而輒以示人，故以宣泄罪之。山傳言山坐寫祕書，顯爲贖罪。若山之祕書從昌借之，昌之罪不止免官而已。且如顔說，云坐借霍山祕書免足矣，何用辭複。

〔三〕【補注】先謙曰：官本考證云監本脫「十二月」九字，從宋本補。

〔四〕【補注】錢大昭曰：閩本「加」作「邪」。先謙曰：官本作「邢」。

六	元平元年
十一月己丑，御史大夫楊敞爲丞相。〔一〕	八月己巳，丞相敞薨。九月戊戌，御史大夫蔡義
十一月，少府蔡義爲御史大夫，一年遷。	九月戊戌，左馮翊田廣明爲御史大夫，三年爲祈連將軍。〔五〕
	右將軍安世爲車騎將軍光祿勳，七年遷。水衡都尉趙充國爲
廷尉李光，四年免。〔二〕	
河東太守田延年爲大司農，三〔三〕年有辠自殺。	
便樂成爲少府，四年卒。	執金吾延壽。〔六〕
右扶風周德。〔四〕	〔七〕
	左馮翊武。〔八〕

〔一〕【補注】朱一新曰：侯表敞以元鳳六年二月乙丑封。此云十一月己丑爲丞相。敞以丞相侯，不應爲相在封侯後。此當作「二月乙丑」也。史表亦誤作「十二月乙丑」。

〔二〕【補注】先謙曰：見路溫舒、霍光傳。

〔三〕【補注】先謙曰：見杜延年、霍光、昌邑王賀傳，功臣表。

〔四〕【補注】先謙曰：見霍光傳。

〔五〕【補注】沈欽韓曰：下脱「自殺」二字。先謙曰：官本「祈」作「祁」，是。

〔六〕【補注】先謙曰：見霍光傳。

〔七〕【補注】錢大昭曰：當補「水衡都尉并將軍」七字。

〔八〕【補注】先謙曰：據趙廣漢傳，是年守京兆尹。

	孝宣本始元年	二
爲丞相。		
後將軍。水衡都尉光祿大夫韓增爲前將軍，十三年遷。		
		詹事東海宋疇翁壹爲大鴻臚，二年遷。〔二〕
		河南太守魏相爲大司農，一年遷。
		博士后倉爲少府，二年。執金吾辟兵，三年。〔三〕
	守京兆田廣陵相成。〔一〕	〔四〕

〔一〕【補注】先謙曰：「田」是「尹」之誤。

〔二〕【補注】先謙曰：宣紀、霍光、黃霸、蕭望之傳並作「宋畸」，此作「疇」，誤。

〔三〕【補注】先謙曰：官本「二年」作「一年遷」，「三年」下有「遷」字。齊召南云：「一年」監本譌「三年」，又脱兩「遷」字，從宋本補。但后倉、辟兵後文並無遷陟，則兩「遷」字或古本衍文。

〔四〕【補注】先謙曰：據趙廣漢傳是年守京兆尹。

三	四
六月己丑，丞相義薨。甲辰，長信少府韋賢爲丞相。	
六月甲辰，大司農魏相爲御史大夫，四年遷。	
廷尉李義。	
	山陽太守梁爲大鴻臚。
大司農淳于賜。	
少府惡。〔一〕	左馮翊宋疇爲少府，六年坐議鳳皇下彭城未至京師，不足美，貶爲泗水太傅。
光禄大夫于定國爲水衡都尉，二年遷。	六安相朱山拊爲右扶風，一年下獄死。〔二〕
潁川太守趙廣漢爲京兆尹，六年下獄要斬。	大鴻臚宋疇爲左馮翊，一年遷。左馮翊延，三年免。

〔一〕【補注】先謙曰：趙充國傳：充國擊匈奴還，爲後將軍少府。據宣紀軍還應在本始三年。此不載充國爲少府而書少府惡，不可曉。豈充國爲長信少府，非此少府邪？

〔二〕【補注】先謙曰：山拊，買臣子。見本傳。

地節元年	二	三
		五月甲申，丞相
	三月庚午，大司農光薨。〔二〕	四月戊申，車騎將軍
		六月辛丑，太子太傅
	侍中中郎將霍禹爲右將軍，一年遷。	
		度遼將軍衛尉范明
水衡都尉光祿大夫于定國爲廷尉，十七年遷。〔一〕		
		大司農輔。
	執金吾郅元。	執金吾延年。〔四〕
水衡都尉朱輔。爲右扶風博。〔三〕	潁川太守廣爲右扶風，三年。	
		左馮翊官。

〔一〕【補注】錢大昭曰：傳作「十八年」，是。

〔二〕【補注】沈欽韓曰：二官并列一格，「爲」字衍。

〔三〕【補注】錢大昭曰：「農」當爲「馬」，霍光也。先謙曰：官本作「馬」。

〔四〕【補注】先謙曰：此嚴延年也，字長孫。見昌邑王賀傳。

四

賢賜金免。六月壬辰，御史大夫魏相爲丞相。

光祿勳張安世爲大司馬車騎將軍。七月戊戌更爲大司馬衞將軍。右將軍霍禹爲大司馬。七月壬辰，大司馬禹下獄要斬。〔一〕

丙吉爲御史大夫，八年遷。

弋陽侯任宮爲太常，四年坐人盜茂陵園中物免。〔二〕

友爲光祿勳，一年坐謀反誅。

北海太守朱邑爲大司農，四年卒。〔三〕

勃海太守龔遂爲水衡都尉。〔四〕

潁川太守讓爲左馮翊。

〔一〕【補注】王念孫曰：「七月壬辰」十四字當在四年下。七月與上複，其爲四年七月可知。宣紀、外戚傳表、五行志及漢紀、通鑑載誅禹並在四年。

〔二〕【補注】先謙曰：見馮奉世傳。免官未免侯。

〔三〕【補注】先謙曰：據邑傳，神爵元年卒。當云五年卒，「四」字誤。

〔四〕【補注】先謙曰：據尹翁歸傳是年守右扶風。

年														
元康元								北海太守張延壽爲太僕，四年病免。〔一〕				平原太守蕭望之爲少府，一年徙。〔二〕	東海太守尹翁歸爲右扶風，四年卒。	守京兆尹彭城太守遺。〔三〕
二												執金吾廣意。		少府蕭望之爲左馮翊，三年遷。
三														守京兆尹潁川太守黄霸，數月還故官。〔四〕

〔一〕【補注】先謙曰：「海」當爲「地」，見安世傳。杜延年代爲北地太守，見延年傳。

〔二〕【補注】先謙曰：望之由平原太守徵入，先守少府。見傳。

〔三〕【補注】先謙曰：據張敞傳，趙廣漢後，比更守尹如霸等數人，皆不稱職。則遺亦在不稱職之列矣。

〔四〕【補注】先謙曰：據張敞傳，是年代守京兆尹。

四	神爵元年	二
八月丙寅，大司馬安世薨。	前將軍韓增爲大司馬車騎將軍。	
		後將軍充國。〔四〕
蒲侯蘇昌復爲太常，六年病免。		
	中郎將楊惲爲諸吏光祿勳，五年免。	
		衛尉忠。
	太僕戴長樂，五年免。〔二〕	
	左馮翊蕭望之爲大鴻臚，二年遷。	
	大司農王禹，四年遷。	
太中大夫李彊中君守少府，三年遷。〔一〕		南陽太守賢爲執金吾。
光祿大夫馮奉世爲水衡都尉，十四年遷。	廣陵太守陳萬年爲右扶風，五年遷。〔三〕	
	膠東相張敞爲京兆尹，八年免。左馮翊彊，三年免。	〔五〕

〔一〕師古曰：中讀曰仲。

〔二〕【補注】先謙曰：見楊惲傳。

〔三〕【補注】先謙曰：時廣陵尚爲國，不得有太守。本傳亦誤。

〔四〕【補注】先謙曰：據充國傳，師還復爲後將軍衛尉。據宣紀，在是年，故復書後將軍。其兼官衛尉不書於表，蓋是他宮衛尉，非未央衛，下書衛尉忠，尤明證也。

〔五〕【補注】先謙曰：據韓延壽傳，是年守左馮翊。

三	四	五鳳元年
三月丙午，丞相相薨。四月戊戌，御史大夫丙吉爲丞相。		
七月甲子，大鴻臚蕭望之爲御史大夫，三年貶爲太子太傅。		
	河内太守韋玄成爲衛尉，二年遷。〔一〕	
少府李彊爲大鴻臚。		大司農王禹爲大鴻臚。〔二〕
		大司農延。
光禄大夫梁丘賀爲少府。		
東郡太守韓延壽爲左馮翊，二年下獄棄市。		守左馮翊渤海太守信。

〔一〕【補注】先謙曰：「河内」，玄成傳作「河南」。

〔二〕【補注】先謙曰：見趙王彭祖傳。

二	三
	正月癸卯，丞相吉薨。二月壬申，御史大夫黃霸爲丞相。
四月己丑，大司馬增薨。五月，强弩將軍許延壽爲大司馬車騎將軍。	
〔一〕	六月辛酉，西河太守杜延年爲御史大夫，三年以病賜安車駟馬免。
衛尉韋玄成爲太常，二年免。〔二〕	
衛尉弘。	
右扶風陳萬年爲太僕，五年遷。	
宗正劉丁。	
	執金吾田聽天，三年遷。
守左馮翊五原太守延壽。	

〔一〕【補注】錢大昭曰：閩本有「八月壬午太子太傅黃霸爲御史大夫一年遷」十八字，此脱。先謙曰：官本有。

〔二〕【補注】先謙曰：此條及衛尉、太僕二條應遞下一格，官本不誤。

四	甘露元年	二	三
			二月己丑，丞相霸薨。五月甲午，御史大夫于定國爲丞相。〔一〕
	三月丁巳，大司馬延壽薨。		
		五月己丑，廷尉于定國爲御史大夫，一年遷。	五月甲午，太僕陳萬年爲御史大夫，七年卒。
	蒲侯蘇昌復爲太常，二年病免。		鴈門太守建平侯杜緩爲太常，七年坐盜賊多免。
			博陽侯丙顯爲太僕，一年爲建章衛尉。〔二〕
		執金吾田聽天爲廷尉，三年遷。	
		守左馮翊廣川相充郎。	

〔一〕【補注】先謙曰：官本「二」作「三」。據宣紀作「三」是。

〔二〕【補注】先謙曰：吉子。時已奪爵，「博」上當有「故」字。

四	黃龍元年
	十二月癸酉，侍中樂陵侯史高爲大司馬車騎將軍。
典屬國常惠爲右將軍，四年薨。	太子太傅蕭望之爲前將軍，一年爲光祿勳，二年免。〔二〕
衛尉順。	
秺侯金賞爲侍中太僕，七年遷。〔一〕	
中山相加守廷尉。	廷尉解延年。
執金吾平。	
右扶風武。	
京兆尹成。	〔三〕

〔一〕【補注】先謙曰：金日磾傳：宣帝即位，賞爲太僕，霍氏有事萌芽，上書去妻。是賞爲太僕在霍氏未反前也。與此異。

〔二〕【補注】先謙曰：據望之傳，「二年爲」三字當衍。

〔三〕【補注】錢大昭曰：閩本有「左馮翊常」四字。先謙曰：官本有。

孝元初元元年	二
光禄勳并將軍。〔一〕	光禄勳賞。〔五〕
平昌侯王接爲衛尉，五年遷。	
	京兆尹陳遂爲廷尉，二年卒。
大鴻臚顯，十一年。〔二〕	
散騎諫大夫劉更生爲宗正，二年免。大司農宏。	大司農充郎。〔六〕
淮陽中尉韋玄成爲少府，二年爲太子太傅。水衡都尉馮奉世爲執金吾，二年遷。	
水衡都尉。〔三〕	
太原太守陳遂爲京兆尹，一年遷。〔四〕	京兆尹代郡范。守左馮翊延免。

〔一〕【補注】先謙曰：六字當移前一格。

〔二〕【補注】先謙曰：下闕文。

〔三〕【補注】先謙曰：官本有「馮奉世」三字。攷證云監本脱，從宋本補。

〔四〕【補注】先謙曰：游俠陳遵祖父。

〔五〕【補注】先謙曰：此非金賞。金賞由太僕爲光禄勳在永元元年，表、傳可證。此別一人。

〔六〕【補注】先謙曰：充郎前爲左馮翊。

三	四
執金吾馮奉世爲右將軍，三年爲諸吏典屬國，二年爲光祿勳〔一〕。侍中衛尉許嘉爲右將軍，五年遷。〔二〕	
	弋陽侯任千秋長伯爲太常，四年以將軍將兵。〔四〕
光祿大夫周堪爲光祿勳，三年貶爲河東太守。	
	廷尉魏郡尹忠子賓，十四年爲諸吏光祿大夫。〔五〕
丞相司直南郡李延壽子惠爲執金吾，九年遷。〔三〕	少府延，二年免。
淮陽相鄭弘爲右扶風，四年遷。	
	京兆尹成。

〔一〕【補注】先謙曰：光祿勳蓋兼職未并，故周堪貶，金賞復爲光祿勳。

〔二〕【補注】先謙曰：奉世未遷，不得復有一右將軍。奉世傳作「左將軍許嘉」，永光三年表同。「右」字誤。

〔三〕【補注】先謙曰：見蕭望之傳。

〔四〕【補注】先謙曰：擊羌也。見奉世傳。

〔五〕【補注】先謙曰：見韋玄成傳。

五	永光元年
	十一月戊寅，丞相定國
	七月癸未，大司馬高賜金安
六月辛酉，長信少府貢禹爲御史大夫，十二月丁未卒。丁巳，長信少府薛廣德爲御史大夫，一年以病賜安車駟馬免。〔一〕	七月辛亥，太子太傅韋玄成爲
	太僕金賞爲光祿勳，一年卒。
	衛尉雲。
	故建章衛尉內顯爲太僕，十
	大司農堯。〔三〕
	侍中中大夫歐陽餘爲少府，
河南太守劉彭祖爲左馮翊，二年遷太子太傅。〔二〕	

〔一〕【補注】先謙曰：據廣德傳凡十月。

〔二〕【補注】先謙曰：嚴彭祖也，見儒林傳，歷官與此表脗合。「劉」字誤。

〔三〕【補注】先謙曰：夏侯勝傳：孫堯爲司農。表不載夏侯堯，疑此是也。

	二
賜金，安車駟馬免。	二月丁酉，御史大夫韋玄成爲丞相。
車駟馬免。九月戊子，侍中衞尉王接爲大司馬車騎將軍。[一]	
御史大夫，一年遷。	二月丁酉，右扶風鄭弘爲御史大夫，五年有辠自殺。[四]
[二]	
年免。	
	光祿大夫非調爲大司農。[五]
五年卒。[三]	
	右扶風強，五年。
	隴西太守馮野王爲左馮翊，五年遷。

[一]【補注】先謙曰：見馮奉世傳。

[二]【補注】先謙曰：此下三格，因隔葉俱誤上一格，今改正。

[三]【補注】先謙曰：韋玄成傳作「歐陽地餘」，儒林傳同。此脫「地」字。

[四]【補注】錢大昕曰：本傳、京房傳皆云免爲庶人，不言自殺。大臣有罪自殺例書於紀。今紀不書，蓋表誤也。

[五]【補注】朱一新曰：調見溝洫志。

三	四
四月癸未，大司馬接薨。七月壬戌，左將軍衛尉許嘉爲大司馬車騎將軍。	
右將軍奉世爲左將軍光祿勳，二年卒。侍中中郎將王商爲右將軍，十一年遷。〔一〕	
	宗正劉臨。〔二〕
	水衡都尉福。
	光祿大夫琅邪張譚仲叔爲京兆尹，四年不勝任免。

〔一〕【補注】先謙曰：商，武子。

〔二〕【補注】先謙曰：四字當下一格。

五	建昭元年	二
		八月癸亥，諸吏散騎光祿匡衡爲御史大夫，一年遷。〔一〕
	太子少傅匡衡爲光祿勳，一年遷。	左曹西平侯于永爲光祿勳，十六年遷。
		執金吾李延壽爲衞尉，一年遷。
		左馮翊馮野王爲大鴻臚，五年爲上郡太守。〔三〕
	尚書令五鹿充宗爲少府，五年貶爲玄菟太守。	
	右扶風。〔二〕	
		左馮翊郭延。

〔一〕【補注】先謙曰：闕文。

〔二〕【補注】錢大昭曰：「光祿」下脱「勳」字。

〔三〕【補注】先謙曰：以王舅不宜備九卿出。

三	四	五
六月甲辰，丞相玄成薨。七月癸亥，御史大夫匡衡爲丞相。		
七月戊辰，衛尉李延壽爲御史大夫，三年卒。一姓繁。〔一〕		
陽平侯王鳳爲侍中衛尉，三年遷。		
	中郎將丙禹謂水衡都尉，五年。〔二〕	
		京兆尹王昌稺賓，二年轉爲鴈門太守。〔三〕

〔一〕師古曰：繁音蒲元反。【補注】先謙曰：官本「繁」作「繁」，是也。陳湯、谷永傳作「繁」，馮野王傳作「李」。

〔二〕【補注】先謙曰：禹，吉中子。謂、爲同字。官本作「爲」。

〔三〕【補注】先謙曰：見王尊傳，以逐捕盜賊不能禽制貶。

竟寧元年	孝成建始元年
六月己未，侍中衛尉王鳳爲大司馬大將軍。	
七月丙寅，太子少傅張譚爲御史大夫，三年坐選舉不實免。〔一〕	
	騏侯駒普爲太常，數月薨。〔四〕
太僕譚。	衛尉王罷軍。
陽城侯劉慶忌寧君爲宗正，三年遷。〔二〕	
河南太守召信臣爲少府，二年徙。中少府安平侯王章子然爲執金吾，三年遷。〔三〕	
	常山太守溫順子教爲右扶風，一年遷。
	弘農太守宋平次君爲京兆尹。河南太守畢衆爲左馮翊。

〔一〕【補注】沈欽韓曰：史表、漢紀作「三月丙寅」。按馮野王傳，元帝自選第中二千石，以譚爲御史大夫。帝崩於五月。則「七月」是傳寫之誤。朱一新曰：張譚、匡衡傳作「甄譚」。

〔二〕【補注】沈欽韓曰：慶忌，德孫。

〔三〕【補注】先謙曰：儒林傳：梁丘臨代五鹿充宗爲少府。此不載，而書召信臣爲少府，疑五鹿之後信臣之前，臨嘗任職，不久即免，而史失之。又信臣傳，信臣爲少府，以官卒。不云再徙官。「徙」蓋「卒」字之誤。章，（卬）〔邛〕成太后兄舜之子。

〔四〕【補注】沈欽韓曰：功臣表：駒幾孫耋侯（岑）〔崇〕。互異。未知孰誤。

二	三
	十二月丁丑，丞
	八月癸丑，大司
	十月乙卯，諸吏
	右將軍王商爲
宗正劉慶忌爲太常，五年病免。	
執金吾王章爲太僕，五年病免。〔一〕	
蜀郡太守何壽爲廷尉，四年徙。	
大鴻臚浩賞，二年徙。〔二〕	
	宗正劉通。〔四〕
右扶風温順爲少府，二年坐買公田與近臣下獄論。弋陽侯任千秋長伯爲執金吾，一年遷。	〔五〕
水衡都尉爵。太原太守讓爲右扶風。	南陽太守王昌
河東太守杜陵甄少公爲京兆尹，二年貶爲河南太守。〔三〕	

〔一〕【補注】先謙曰：河平三年書太僕王章爲右將軍。疑「病免」字誤，當作「遷」。

〔二〕【補注】先謙曰：賞見王尊傳。

〔三〕【補注】先謙曰：王尊傳作「甄遵河内太守」，與此異。

〔四〕【補注】先謙曰：此又一劉通，非前爲宗正者。

〔五〕【補注】先謙曰：任千秋遷後，執金吾闕書。據辛慶忌傳，成帝初徵爲光禄大夫，遷左曹中郎將，至執金吾。表不載。以時攷之，確在是年。後坐子殺趙氏，左遷酒泉太守。

	四
相衡免。	三月甲申，右將軍王商爲丞相。
馬嘉賜金免。	
左曹光祿大夫尹忠爲御史大夫，一年坐河決自殺。	十一月壬戌，少府張忠爲御史大夫，六年卒。〔一〕
左將軍，一年遷。執金吾千秋爲右將軍，一年遷。	右將軍千秋爲左將軍，三年薨。長樂衛尉史丹爲右將軍，三年遷。
	河南太守漢爲大鴻臚，一年免。
	東平相鉅鹿張忠子贛爲少府，十一月遷。〔二〕
爲右扶風，三年免。	
	守京輔都尉王遵爲京兆尹，二年免。大鴻臚浩賞爲左馮翊，九月減死罪一等論。〔三〕

〔一〕【補注】先謙曰：見王尊、孫寶傳。

〔二〕【補注】先謙曰：忠爲少府，劾免丞相衡。見衡傳。案衡以三年十二月免，是忠爲少府在三年十二月前，而表書四年下，駁文也。

〔三〕【補注】先謙曰：「遵」當爲「尊」。本傳先守京輔都尉行京兆尹事，旬月守京兆尹，後爲真。則不當更書守京輔都尉王尊也。此史駁文。

河平元年	二
衛尉王玄中都。〔一〕	
	北海太守安成范延壽子路爲廷尉，八年卒。〔三〕
千乘太守東萊劉順爲宗正，四年坐使合陽侯舉子免。〔二〕	廷尉何壽爲大司農。〔四〕
司隸校尉王駿爲少府，七年徙。執金吾輔。	
水衡都尉王勳。	漢中太守平原王賞少公爲右扶風，三年免。
杜陵韓勳長賓爲左馮翊，三年爲少府。	楚相齊宋登爲京兆尹，三年貶爲東萊都尉，未發，坐漏泄省中語下獄，自殺。〔五〕

〔一〕師古曰：中讀曰仲。

〔二〕【補注】周壽昌曰：王子表「合陽侯平子安上嗣，建始元年薨，亡後」。建始爲孝成初元，距此五年，安能尚有合陽侯。年與事必有一誤。

〔三〕【補注】先謙曰：見翟方進傳。

〔四〕【補注】先謙曰：壽見何武傳。

〔五〕【補注】先謙曰：貶坐不稱職。見王章傳。

三	四
	四月壬寅，丞相商免。六月丙午，諸吏散騎光祿
右將軍丹爲左將軍，十三年薨。太僕王章爲右將軍。	
宜春侯王咸長伯爲太常，一年病免。平昌侯王臨爲太常，六年薨。	
侍中中郎將王音爲太僕，三年遷。	
	大夫韋安世爲大鴻臚，二年爲長樂衛尉。〔二〕
右曹光祿大夫辛慶忌爲執金吾，四年貶雲中太守。〔一〕	
	侍中奉車都尉金敞爲水衡都尉，一年遷。〔三〕
光祿大夫武爲左馮翊。	司隸校尉王章爲京兆尹，一年下獄死。〔四〕

〔一〕【補注】先謙曰：據傳坐小法貶。官本「貶」下多「爲」字。

〔二〕【補注】先謙曰：賢孫。

〔三〕【補注】先謙曰：安上子。

〔四〕【補注】先謙曰：據薛宣傳是歲守左馮翊。

（續前）	陽朔元年	二
大夫張禹為丞相。		
		四月癸卯，侍中太僕王音為御史大夫，一年遷。
	侍中水衡都尉金敞為衛尉，四年卒。	
		史柱國衛公為太僕。〔二〕
		大鴻臚勳。
	常山太守劉武成為宗正，四年卒。	
	水衡都尉順。河內太守甄尊為右扶風，三年遷。	
	弘農太守平陵逢信少子為京兆尹，三年遷。陳留太守薛宣為左馮翊，二年遷。〔一〕	

〔一〕【補注】先謙曰：信見翟方進傳。

〔二〕師古曰：姓史，名柱國，字衛公也。

三	四
八月丁巳，大司馬鳳薨。九月甲子，御史大夫王音為大司馬車騎將軍。	
十一月丁卯，諸吏散騎光祿勳于永為御史大夫，二年卒。	
右將軍王章為光祿勳，數月薨。	雲中太守辛慶忌為光祿勳，四年遷。[一]
右扶風甄尊為太僕。	京兆尹逢信為太僕，六年遷。
護西(城)〔域〕騎都尉韓立子淵為執金吾，五年坐選舉不實免。	左馮翊薛宣為少府，二月遷。
左曹水衡都尉河內苟參威神。[二]	水衡都尉禹。太原太守淳于信中君為右扶風。[三]
	少府王駿為京兆尹，一年遷。

[一]【補注】先謙曰：見陳湯、元后傳。

[二]【補注】先謙曰：「四」當為「一」。

[三] 師古曰：中讀曰仲。

鴻嘉元年	二
三月庚戌，丞相禹賜金、安車駟馬免。四月庚辰，御史大夫薛宣爲丞相。	
正月癸巳，少府薛宣爲御史大夫。四月庚辰，京兆尹王駿爲御史大夫，五年卒。	
光禄勳辛慶忌爲右將軍。	
平臺侯史中爲太常，六月病免。建平侯杜業君都爲太常，七年免。〔一〕	
陽平侯王襄爲衛尉，五年徙。〔二〕	
	左馮翊趙增壽爲廷尉，
大鴻臚慎。	
千乘令劉慶忌爲宗正，六月坐平都公主殺子貶爲遼東太守。〔三〕	
東都太守琅邪王賞中子爲少府，四年免。〔四〕	
太原太守河内鄧義子華爲京兆尹，一年爲鉅鹿太守。廬江太守趙增壽稺公爲左馮翊，一年遷。	隴西太守劉威子然爲

〔一〕【補注】先謙曰：緩子。見杜欽傳。

〔二〕【補注】先謙曰：襄，鳳子。

〔三〕【補注】先謙曰：此又一劉慶忌，非前由宗正遷太常者。劉德傳未嘗云慶忌復爲宗正也。

〔四〕師古曰：中讀曰仲。【補注】先謙曰：「東都」當爲「東郡」。

	三
	右將軍慶忌爲光祿勳，四年遷光祿勳并將軍。〔二〕
五年貶爲常山都尉。〔一〕	
	張掖太守牛商子夏爲右扶風，四年免。
京兆尹，一年卒。泗水相茂陵滿黔子橋爲左馮翊，四年貶爲漢中都尉。	丞相司直翟方進爲京兆尹，三年遷。〔三〕

〔一〕【補注】先謙曰：見陳湯傳。

〔二〕【補注】先謙曰：至此方兼官。

〔三〕【補注】先謙曰：官本「丞相」上衍「都尉」二字。

四	永始元年	二
		十月己丑，丞相宣免。十一月壬
		正月乙巳，大司馬音薨。二月丁
		三月丁酉，京兆尹翟方進爲御
		諸吏散騎光禄大夫孔光爲光
		太僕逢信爲衛尉，二年免。〔三〕
		衛尉王襄爲太僕，三年病免。〔四〕
		長信少府平當爲大鴻臚，三年
中少府韓勳爲執金吾，四年遷。〔一〕	南陽太守陳咸爲少府，二年免。	御史大夫翟方進爲執金吾，一
	水衡都尉淳于長，三年免。〔二〕	
		信都太守長安宗正子泄爲京

〔一〕師古曰：中少府，皇后官。【補注】先謙曰：勳永始二年遷光禄勳，任執金吾止二年。「四」字誤。

〔二〕【補注】先謙曰：傳不云長免官。後遷衛尉仍稱侍中水衡都尉，知「免」當爲「遷」。

〔三〕【補注】先謙曰：翟方進劾免。

〔四〕【補注】先謙曰：外戚傳襄嗣侯爲衛尉，不言爲太僕，蓋脱漏。

	三
子，執金吾翟方進爲丞相。	
酉，特進成都侯王商爲大司馬衛將軍。〔一〕	
史大夫，八月貶爲執金吾〔二〕。十一月壬子，諸吏散騎光祿勳孔光爲御史大夫，七年貶爲廷尉。	
	右將軍辛慶忌爲左將軍，三年卒。光祿勳韓勳
祿勳，九月遷。執金吾韓勳爲光祿勳，六月遷。	少府師丹爲光祿勳，二年遷侍中光祿大夫。
	琅邪太守陳慶君卿爲廷尉，一年爲長信少府。
遷。	
	朔方太守劉它人爲宗正。左馮翊朱博爲大司
月遷。	光祿大夫師丹爲少府，五月遷。詹事許商爲少府，二年爲侍中
	東平太傅彭宣爲右扶風，一年遷。
兆尹，二年貶爲河南太守。琅邪太守朱博爲左馮翊，一年遷。〔三〕	河南太守杜陵寵真稺孫爲左馮翊，三年遷〔四〕。

〔一〕【補注】王先慎曰：「乙巳」成紀作「己丑」，「二月」當爲「三月」之誤。紀載二月乙酉晦，則二月不當有丁酉明矣。下格正作三月丁酉，尤其明證。

〔二〕【補注】凌稚隆曰：三月任，十一月貶，居官八月耳。荀紀因之，遂爲秋八月貶，非。

〔三〕【補注】先謙曰：博守滿歲爲真。

〔四〕【補注】錢大昭曰：南監本、閩本「寵」作「龐」。先謙曰：官本作「龐」，是。

	四
	十一月庚申，大司馬商賜金，安車駟馬免。〔二〕
爲右將軍，一年卒。	執金吾廉褒爲右將軍，五年免。〔三〕
	酇侯蕭尊爲太常，六年薨。
	侍中水衡都尉淳于長爲衞尉，三年免。〔四〕
	右扶風彭宣爲廷尉，三年以王國人爲太原太守。
農，一年爲犍爲太守。	會稽太守沛劉交游君爲宗正，十年。汝南太守嚴訢子慶爲大司農，三年卒。〔五〕
光祿大夫。金城太守廉褒子上爲執金吾，一年遷。〔一〕	護羌校尉尹岑子河爲執金吾，一年遷。〔六〕
	光祿大夫潁川師臨子威爲水衡都尉，八年遷。水衡都尉臨爲右扶風，
	司隸校尉何武爲京兆尹，一年貶爲楚內史。

〔一〕【補注】先謙曰：商見儒林傳。

〔二〕【補注】先謙曰：以病賜告。見元后傳。

〔三〕【補注】先謙曰：見劉輔、孔光傳。

〔四〕【補注】錢大昭曰：永始二年詔書已稱侍中衞尉長，則非四年遷。

〔五〕【補注】先謙曰：「十年」下闕文「訢遷」，見成紀。永始三年乃終言之。

〔六〕【補注】先謙曰：岑，翁歸子。

	元延元年
	正月壬戌，成都侯商復爲大司馬衛將軍，十二月乙未遷爲大司馬大將軍，辛亥薨。庚申，光禄
	執金吾尹岑爲右將軍，二年薨。〔二〕
	大鴻臚平當爲光禄勳，七月坐前議昌陵貶爲鉅鹿太守。曲陽侯王根爲光勳勳，一月遷。〔三〕
	護軍都尉甄舜子節爲太僕。東萊太守平陵范隆偉公爲太僕，二年免。
	左馮翊龐真爲少府，四年遷。廣漢太守趙護子夏爲執金吾〔四〕。
三年爲沛郡都尉。〔一〕	侍中光禄大夫趙彪大伯爲侍中水衡都尉，三年卒〔五〕。
	廣陵太守王建爲京兆尹。河南太守徐讓子張爲左馮翊，四年免。

〔一〕【補注】先謙曰：「八年」官本作「八月」，是。

〔二〕【補注】先謙曰：據尹翁歸傳，岑爲後將軍，不云右也。廉褒爲右將軍，安得復有右將軍。岑爲後將軍，薨。後朱博代之。明「右」爲「後」字之誤。

〔三〕【補注】先謙曰：上「勳」當爲「禄」。

〔四〕【補注】先謙曰：護以斬反者鄭躬遷。成紀書於鴻嘉四年，亦終言之。

〔五〕【補注】先謙曰：敘傳上「於是引師丹、許商入爲光禄大夫，班伯遷水衡都尉」。案丹、商爲光禄大夫在是年，而水衡爲趙彪無伯名，疑表脱漏。

	二	三
動王根爲大司馬票騎將軍。		
		廷尉朱博爲後將軍，二年免。
	樂昌侯王安惠公爲光禄勳，數月病免。〔一〕	尚書僕射趙亡少平爲光禄勳，二年爲太子太傅。〔三〕
		護軍都尉任宏偉公爲太僕，二年徙。
	光禄大夫朱博爲廷尉，一年遷。	沛郡太守何武爲廷尉，二年遷。
	太山太守蕭育爲大鴻臚，數月徙。	九江太守王嘉爲大鴻臚，三年遷。
		大司農堯。〔四〕
		水衡都尉南陽王超驕軍，三年坐淳于長自殺。
	廣陵太守孫寶爲京兆尹，一年免。〔二〕	

〔一〕【補注】先謙曰：商子。

〔二〕【補注】先謙曰：官本「陵」作「漢」，本傳同。此誤也。又傳云寶爲京兆尹三歲，京師稱之。淳于長敗，寶坐免。此作「一年免」，亦誤。

〔三〕【補注】錢大昭曰：南監本、閩本「亡」作「玄」。先謙曰：官本作「玄」。

〔四〕【補注】先謙曰：再任。

	四	綏和元年
		四月丁丑，大司馬票騎將軍根更爲大司馬，七月甲
		三月戊午，廷尉何武爲御史大夫，四月
		廷尉孔光爲左將軍，一年遷。執金吾王咸爲右將軍，
		侍中光禄大夫師丹爲諸吏散騎光禄
		成湯侯趙訢君偉爲衛尉，六月。侍中光禄大夫
		駙馬都尉王舜爲太僕，二年病免。〔一〕
		御史大夫孔光爲廷尉，九月遷。少府龐
	北地太守谷永爲大司農，一年免。	侍中光禄大夫許商爲大司農，數月遷。
		詹事中陵賈延初卿爲少府，三年。太僕宏爲執金
守鴻臚太山太守蕭育爲右扶風，三年免。		京兆都尉甄豐長伯爲水衡都尉，二年
		長信少府薛宣爲京兆尹，一年貶爲淮

〔一〕【補注】先謙曰：音子。

寅，賜金安車駟馬免。十一月丙寅，侍中騎都尉光祿大夫王莽爲大司馬。〔一〕

乙卯爲大司空，一年免。

一年遷。〔二〕

勳，十一月爲太子太傅。大司農許商爲光祿勳，四月遷。

司農趙玄爲衛尉，二月爲中少府。〔三〕

真爲廷尉，二年爲長信少府。

太原太守彭宣爲大司農，一年遷。

吾，十一月貶爲代郡太守。光祿大夫王臧幼公爲執金吾，三月遷，南陽謝堯長平一年遷。〔四〕

爲泗州相。〔五〕

陽相。丞相司直琅邪遂義子贛爲左馮翊，坐選舉免。〔六〕

〔一〕【補注】王念孫曰：「七月」當爲「十月」。漢紀、通鑑皆作「十月」。先謙曰：是歲大司馬始置官屬。

〔二〕【補注】先謙曰：光居右將軍職，咸居後將軍職。見光傳。

〔三〕【補注】先謙曰：玄爲司農，表中不載，或疑即司農中丞也。玄入儒林傳。「湯」，官本作「陽」，是。

〔四〕【補注】錢大昕曰：「宏」上當脱「任」字。「長平」下當有「爲執金吾」四字。先謙曰：「臧」當作「咸」。宏、咸共任十四月，堯任大鴻臚稍後，必不足一年。表云一年遷，未爲得實。「中陵」，官本作「平陵」，是。

〔五〕【補注】先謙曰：「州」是「水」之誤。

〔六〕【補注】錢大昕曰：據宣傳，任京兆者非宣，乃宣弟修。不言長信，脱文耳。鮑宣傳：哀帝時郭欽奏免京兆尹薛修等。攷哀帝以綏和二年四月即位，修在京兆在元年。閲一年貶，正當哀帝時。

二
二月壬子，丞相方進薨。三月丙戌，左將軍孔光爲丞相。
十一月丁卯，大司馬莽賜金安車駟馬免。庚午，左將軍師丹爲大司馬，四月徙。〔一〕
十月癸酉，大司馬丹爲大司空，一年免。
右將軍王咸爲左將軍，十月免。衛尉傅喜爲右將軍，十一月賜金、罷。太子太傅師丹爲左將軍，五月遷。光祿勳彭宣爲右將軍，二年遷。〔二〕
安丘侯劉常爲太常，四年病，賜金百斤，安車駟馬免就國。
大司農彭宣爲光祿勳，六月遷。衛尉王能爲侍中光祿勳，二年貶爲弘農，坐呂寬自殺。〔三〕
太子中庶子傅喜稺游爲衛尉，二月遷。侍中光祿大夫王龔子即爲衛尉，二月遷。城門校尉丁望爲衛尉，三年遷。〔四〕
執金吾謝堯爲大鴻臚，三年徙。
大司農河東梁相子夏，一年遷。
光祿大夫鉅鹿閻宗君闌爲執金吾，六年卒。執金吾河內孫雲子叔，三年遷。〔五〕
故太僕范隆爲右扶風，八月爲冀州牧。太山馬嘉次君爲右扶風，一年免。
光祿大夫朱博爲京兆尹，數月遷。光祿大夫邴漢游君爲京兆尹，數月病，爲中大夫。大鴻臚王嘉爲京兆尹，二年遷。〔六〕

〔一〕【補注】王念孫曰：「十一月丁卯」，漢紀作「十月丁巳」，通鑑作「七月丁卯」。考異云「師丹若以十一月爲司馬，四月徙，不得以十月爲司空也」。七月丁卯朔，無丁巳。年表月誤。荀紀日誤。先謙曰：傳云「月餘徙」，此作四月，未知孰是。

〔二〕【補注】沈欽韓曰：是年左將軍再易，王咸不得任十月。「十」字誤也。丹傳「哀帝即位，爲左將軍」。哀帝四月即位，丹任必在四、五月。荀紀在五月，至十月遷，正得五月。則王咸無十月可知。

〔三〕【補注】錢大昕曰：「弘農」下脱「太守」三字。呂寬事見王莽傳。先謙曰：「能」當爲「龔」。龔爲衛尉，二月遷。此官既與表合，又儒林傳有光祿勳王龔在哀帝時，而表不載。故知此「能」爲「龔」之訛也。傳言因請立左氏，責讓太常博士，貶弘農太守，與此亦合。

〔四〕【補注】先謙曰：「三」當爲「二」。望，丁太后叔父。

〔五〕【補注】沈欽韓曰：是年執金吾亦三易，「六年」當爲「六月」。先謙曰：「宗」當爲「崇」，見兩龔貢禹、傅昭儀傳。

〔六〕【補注】先謙曰：漢，琅邪人。見龔勝傳。

孝哀建平元年		四月丁酉，侍中光祿大夫傅喜爲大司馬。	十月壬午，京兆尹朱博爲大司空。	右將軍彭宣爲左將軍，一年坐與淮陽王婚免。〔一〕					大司農梁相爲廷尉，二年貶爲東海都尉。〔二〕		大司農左咸，一年徙。〔三〕			司隸校尉東海方賞君賓爲左馮翊，二年遷。
二	四月乙未，丞相光免。御史大夫朱博爲丞相，八月甲戌有辠自殺。十二月甲寅，御史	二月丁丑，大司馬喜免。陽安侯丁明爲大司馬衛將軍。	四月戊午，大司空博爲御史大夫，乙亥遷。中尉趙玄爲御史大夫，五月下獄論。〔四〕	光祿勳丁望爲左將軍，卒。執金吾公孫祿爲右將軍，		衛尉望爲光祿勳，一月遷。光祿大夫平當爲光祿	少府賈延爲衛尉，十一月還故官。執金吾孫雲爲	城門校尉丁憲爲太僕，四年遷。〔五〕		大鴻臚雲陽畢申世叔，五年徙。〔六〕		衛尉賈延爲少府，一年遷。五官中郎將潁川公孫祿中	侍中水衡都尉讓。大鴻臚謝堯爲扶風，一年遷。	

〔一〕【補注】先謙曰：上欲令丁、傅處爪牙官，故以事免之。見本傳。

〔二〕【補注】先謙曰：見龔勝傳。王嘉傳云「免爲庶人」，與此異。

〔三〕【補注】先謙曰：咸，琅邪人。見儒林傳。

〔四〕【補注】周壽昌曰：哀紀「罷大司空，復御史大夫」。先謙曰：前表趙玄乃中少府，此云中尉趙玄，疑有誤。時中尉已更名執金吾，不得復有中尉。作「中少府」是。

〔五〕【補注】先謙曰：憲，丁太后叔父。「遷」當爲「卒」。四年後不書憲遷官。丁姬傳亦云憲爲太僕也。

〔六〕【補注】先謙曰：「申」當作「由」。文三王傳亦作「大鴻臚由」，與後徙官之名相符。

	三
大夫平當爲丞相。[一]	三月己酉，丞相當薨。四月丁酉，御史大夫王嘉
九月乙酉，諸吏散騎光祿勳平當爲御史大夫，二月遷。十月丙寅，京兆尹王嘉爲御史大夫，一年遷。	四月丁酉，河南太守王崇爲御史大夫，九月貶。[三]
一年遷。	右將軍公孫祿爲左將軍，二年免。執金吾嶠望爲右將軍，一年
勳，四月遷。	少府賈延爲光祿勳，三年遷。
衛尉，四年遷。	
	左馮翊方賞爲廷尉，四年徙。
	御史大夫王崇爲大司農，二年遷。[四]
子爲執金吾。[二]	尚書令潁郡趙昌君仲爲少府，一年爲河內太守。將作大匠
	光祿大夫東海魏章子讓爲右扶風，一年免。
	潁川太守毋將隆爲京兆尹，一年遷。大司農左咸爲左馮翊，三

[一]【補注】先謙曰：官本作「王當」。考證云「案文應作『平當』，各本俱誤」。

[二]師古曰：中讀曰仲。

[三]【補注】先謙曰：崇，駿子。

[四]【補注】先謙曰：崇，元壽三年遷衛尉，乃四年遷也。「二」字誤。

	四
爲丞相。	
	三月丁卯，諸吏散騎光祿勳賈延爲御史大夫，一年遷。〔四〕
遷。〔一〕	諸吏散騎光祿大夫王安爲右將軍，一年遷。
	建平侯杜業爲太常，三年貶爲上黨都尉。〔五〕
	陳留太守渤海劉不惡子麗爲宗正，更名容。
東海嶠望王君爲執金吾，三月遷。光祿大夫蕭育爲執金吾，一年免。〔二〕	光祿大夫董恭君孟爲少府，一年遷。京兆尹毋將隆爲執金吾，一年貶爲沛郡都尉。〔六〕
	光祿大夫龔勝爲右扶風，一年歸故官。〔七〕
年爲復土將軍。〔三〕	光祿大夫茂陵申屠博次孫爲京兆尹，一年遷。

〔一〕【補注】錢大昕曰：據何武傳，武、祿免在元壽二年，距此四歲。表云二年免，誤。先謙曰：朱博傳「嶠」作「蟜」。

〔二〕【補注】先謙曰：育傳作「以壽終於官」。

〔三〕【補注】先謙曰：此復土將軍治傅太后陵，事訖即罷。然三輔治民，不能兼任也。「威」當作「咸」。官本亦作「威」。

〔四〕【補注】先謙曰：孔光傳「御史大夫賈延免」，不云遷也。下又無延遷何官之文。「遷」確爲「免」之誤。

〔五〕【補注】先謙曰：業傳「歲餘左遷上黨都尉」，此云三年，與丙昌代任之年合。蓋傳誤。

〔六〕【補注】先謙曰：恭，賢父。隆，以言事貶。

〔七〕【補注】先謙曰：勝傳止云守右扶風，而表云爲右扶風，疑表誤。歸故官事詳勝傳。

元壽元年
三月丙午，丞相嘉下獄死。七月丙午，御史大夫孔光爲丞相。
正月辛丑，大司馬衛將軍明更爲大司馬票騎大將軍。特進孔鄉侯傅晏爲大司馬衛將軍，辛亥，賜金，安車駟馬免。〔一〕
五月乙卯，諸吏光祿大夫孔光爲御史大夫，二月遷。七月丙午，汜鄉侯何武爲御史大夫，二月免。〔二〕
御史大夫何武爲前將軍，二年免。
詹事馬宮爲光祿勳，二年遷。
少府董恭爲衛尉，二月爲光祿大夫。右扶風弘譚爲衛尉，一年遷。〔三〕
衛尉孫雲爲少府，一月。陳留太守茂陵耿豐爲少府，二年爲復土將軍。京兆尹中屠博爲執金吾，一年免。〔四〕
光祿大夫沛弘譚爲右扶風，冬遷。
京兆尹南陽翟萌幼中。〔五〕

〔一〕【補注】周壽昌曰：「票騎」下衍「大」字，哀紀可證。

〔二〕【補注】先謙曰：武徙前將軍，非免也。「免」當爲「徙」。

〔三〕【補注】先謙曰：譚自衛尉爲大司農乃貶官，非遷也。史誤云遷。

〔四〕【補注】先謙曰：「一月」下脫文。

〔五〕師古曰：中讀曰仲。

二〔一〕	三〔三〕
	五月甲子，丞相光爲大
九月己卯，大司馬明免。十一月壬午，諸吏光祿大夫韋賞爲大司馬車騎將軍，己丑卒。十二月庚子，侍中駙馬都尉董賢爲大司馬衞將軍。〔二〕	五月甲子，大司馬衞將軍賢更
八月辛卯，光祿大夫彭宣爲御史大夫。	五月甲子，御史大夫宣
	安陽侯王舜爲車騎將
	博陽侯丙昌長矯爲太常，
	左曹中郎將甄豐爲光
	大司農王崇爲衞尉，二月遷。建
	長樂衞尉王惲子敬爲
	故廷尉梁相復爲大理，
	復土將軍左咸爲大鴻
	衞尉弘譚爲大司農。
	光祿大夫韓容子伯爲
光祿大夫南夏常仲齊爲右扶風。	大鴻臚畢由爲右扶風，
	京兆尹清河孫意子承。

〔一〕【補注】先謙曰：官本無「二」字。

〔二〕【補注】先謙曰：賞，賢孫。

〔三〕【補注】周壽昌曰：孝哀崩於元壽二年，無三年。各書參核皆同。下書董賢、彭宣皆二年事。檢影景祐本、乾道本、汪本俱是二年，無三年。此傳刊之誤。近見康熙己卯何焯對校宋本，乙去橫格上「二」字，以其事繫之元年，改此「三」字爲「二」，皆可據證。先謙曰：官本「三」作「二」。

司徒，九月辛酉爲太傅。右將軍馬宮爲大司徒。

爲大司馬，六月乙未，免。庚申，新都侯王莽爲大司馬。〔一〕

爲大司空。三月病免。八月戊午，右將軍王崇爲大司空。

軍，八月遷。衛尉王崇爲右將軍，二月。光祿勳馬宮爲右將軍，三月遷。光祿勳甄豐爲右將軍，六月遷。執金吾孫建爲右將軍，二年遷。

二年貶爲東都太守。〔二〕

祿勳，一年遷。

成侯黃輔子元爲衛尉。〔三〕

太僕，五年遷。

二年坐除吏不次免。

臚。

執金吾，一月免。護軍都尉孫建子夏爲執金吾，三月遷。

六月貶爲定襄太守。

廷尉方賞爲左馮翊，一年遷。

〔一〕【補注】周壽昌曰：哀紀：六月戊午帝崩。董賢傳：帝崩後即被收自殺。是「乙未」乃「己未」之誤。

〔二〕【補注】先謙曰：官本「都」作「郡」，是。

〔三〕【補注】先謙曰：輔，霸孫。

孝平元始元年	二
二月丙辰，太傅孔光爲太師，大司馬王莽爲太傅，大司馬車騎將軍王舜爲太保車騎將軍。〔一〕	
二月丙辰，大司馬莽遷。	
	二月癸酉，大司空王崇爲病免。
	右將軍孫建爲左將軍
	安昌侯張宏于夏爲太常，
侍中奉車都尉甄邯子心爲光禄勳，三年遷。	
	大鴻臚橋仁。〔六〕
中郎將蕭咸爲大司農，一年卒。〔二〕	光禄大夫孫寶爲大司
少府宗伯鳳君房。中郎將任岑爲執金吾，一年卒。〔三〕	左輔都尉尹賞爲執金吾，一年
右輔都尉趙恢君向爲右扶風，一年免。〔四〕	中郎將幸成子淵爲水衡都
大司徒司直金欽爲京兆尹，一月爲侍中。光禄大夫左馮翊張嘉。〔五〕	

〔一〕【補注】先謙曰：官本「二月」作「三月」，下格同。

〔二〕【補注】先謙曰：咸，望之子。

〔三〕【補注】先謙曰：鳳見金安上、王嘉、外戚傳。

〔四〕【補注】先謙曰：官本「向」作「回」。翟義傳有車騎將軍趙恢，未知即此趙恢否。

〔五〕【補注】先謙曰：官本「一月」作「六月」。

〔六〕【補注】先謙曰：仁見儒林傳。

	三
四月丁酉，少府左將軍甄豐爲大司空。〔一〕	
光祿勳。甄邯爲右將軍光祿勳。	
二年貶爲越騎校尉。〔二〕	城門校尉劉岑子張爲太常，二年徙爲宗伯。〔五〕
	尚書令潁川鍾元寧君爲大理。〔六〕
農，數月免。	〔七〕
卒。〔三〕	執金吾長安王駿君公，三年遷。〔八〕
尉。大司馬司直沛武襄君孟爲右扶風，三年爲冀州牧。〔四〕	
	左馮翊匡咸子期。

〔一〕【補注】先謙曰：「病免」上「爲」字衍。「府」當作「傅」。

〔二〕【補注】先謙曰：宏，禹子。

〔三〕【補注】先謙曰：酷吏傳賞數年卒官。誤。此是。説詳傳。

〔四〕【補注】先謙曰：辛慶忌傳「少子茂爲水衡都尉」，表不載。史無幸姓。「幸成」即「辛茂」之訛。

〔五〕【補注】沈欽韓曰：陽城侯慶忌子。

〔六〕【補注】先謙曰：見何並傳。

〔七〕【補注】先謙曰：是年有宗正劉宏，見外戚平帝王皇后傳。疑誤，説見傳。

〔八〕【補注】錢大昭曰：此別一人，非成帝時王駿。

四	五
	四月乙未，太師光薨。大司徒宮為大司馬，八月壬午免。十二月丙午，長樂少府平晏為大司徒。〔二〕
	執金吾王駿為步兵將軍。〔三〕
	太僕惲為光祿勳。
〔一〕	大鴻臚左咸。
宗正容更為宗伯，一年免。	太常劉岑為宗伯。大司農尹咸。〔四〕
將作大匠謝堯為右扶風，年七十病免，賜爵關內侯。	尚書令南陽鄧馮君侯為右扶風。
京兆尹鍾義。左馮翊沛孫信子儒。	宰衡護軍武襄為京兆尹，數月遷。中郎將南陽郝黨子嚴為左馮翊。

〔一〕【補注】先謙曰：蕭育傳元始四年徵入為大鴻臚，病未到官，故表不載。

〔二〕【補注】沈欽韓曰：宮傳「代孔光為太師兼司徒官」，荀紀同。大司馬乃王莽。表誤。

〔三〕【補注】先謙曰：駿見翟義傳。

〔四〕【補注】先謙曰：咸，更始子。

古今人表第八〔一〕

〔一〕師古曰：但次古人而不表今人者，其書未畢故也。【補注】何焯曰：今人則褒貶具於書中，雖云總備古今之略要，實欲人因古以知今也。顔説非。錢大昕曰：今人不可表，表古人以爲今人之鑒，俾知貴賤止乎一時，賢否著乎萬世。失德者雖貴必黜，修善者雖賤猶榮。後有作者繼此而表之，雖百世可知也。班序但云究極經傳，不云褒貶當代，則知此表首尾完具，顔蓋未喻班旨。梁玉繩曰：若表今人，則高祖諸帝悉在優劣之中，非班所敢出也。

自書契之作，先民可得而聞者，經傳所稱，唐虞以上，帝王有號謚，輔佐不可得而稱矣，〔二〕而諸子頗言之，雖不考虖孔氏，然猶著在篇籍，歸乎顯善昭惡，勸戒後人，故博采焉。〔三〕孔子曰：「若聖與仁，則吾豈敢？」〔三〕又曰：「何事於仁，必也聖乎！」〔四〕「未知，焉得仁？」〔五〕「生而知之者，上也；學而知之者，次也；困而學之，又其次也；困而不學，民斯爲下矣。」〔六〕又曰：「中人以上，可以語上也。」〔七〕「唯上智與下愚不移。」〔八〕傳曰：譬如堯、舜，禹、稷、卨與之爲善則行，〔九〕鮌、讙兜欲與爲惡則誅。〔一〇〕可與爲善，不可與爲惡，是謂上智。桀、紂，龍逢、比干欲與之爲善則誅，〔一一〕于莘、崇侯與之爲惡則行。〔一二〕可與爲惡，不可與爲善，是謂下愚。〔一三〕齊桓公，管仲相之則霸，豎貂輔之則亂。〔一四〕可與爲善，可與爲惡，是謂中人。因茲以列九等之序，究極經傳，繼世相次，總備古今之畧要云。〔一五〕

〔一〕文穎曰：言遠，經傳不復稱序也。師古曰：契謂刻木以記事。自唐虞以上帝王有號見於經典，其臣佐不可得而稱記也。【補注】梁玉繩曰：謚非謚法，解若「謚爲洞簫」之謚。

〔二〕【補注】何焯曰：此班以史遷但考信六藝，猶有疏畧，故復著此表，存其大都，雖百家所言，不遺其人也。

〔三〕師古曰：此孔子自謙，不敢當聖與仁也。

〔四〕師古曰：言能博施於人而濟衆者，非止稱仁，乃爲聖人也。

〔五〕師古曰：言智者雖能利物，猶不及仁者所濟遠也。【補注】錢大昭曰：陸德明論語音義云「未知，鄭音智，讀與班同」。梁玉繩曰：王充論衡問孔篇、徐幹中論智行篇作「智」字解，皇疏引晉李充亦作「智」。周壽昌曰：班引此蓋云，尚未能爲智，焉得即爲仁也！合上所引，以證聖、仁、智三等之序，重取智者非抑詞。顏注既失本文語氣，亦非班引書之旨。

〔六〕師古曰：困謂有所不通也。

〔七〕師古曰：言中庸之人漸於訓誨，可以知上智之所知也。【補注】周壽昌曰：顏注中庸訓中人，猶言中等尋常之人。唐以前中庸二字非佳語，本書屢見。

〔八〕師古曰：言上智不染於惡，下愚雖教無成。自此已上皆見論語。凡引此者，蓋班氏自述所表先聖後仁及智愚之次，皆依於孔子者也。

〔九〕師古曰：傳謂解説經義者也。【補注】梁玉繩曰：出賈誼新書連語。

〔一〇〕師古曰：鮌，擣抏也。讙兜，渾敦也。【補注】梁玉繩曰：堯放四罪，舜流四工，時異人殊，顏誤仍漢、晉諸儒之說，併爲一科。王先慎曰：「與」下當有「之」字，而傳寫奪之。下龍逢、比干欲與之爲善則誅，于莘、崇侯與之爲惡則行，文法正同。此不當少「之」字。

〔一一〕師古曰：關龍逢，桀之臣也；王子比干，紂之臣也：皆直諫而死也。

〔一二〕師古曰：于莘，桀之勇人也。崇侯，紂之佞臣也。【補注】梁玉繩曰：「于」當爲「干」，各本俱譌。高誘注呂覽當染篇云「干莘，桀之邪臣」。注愼大篇云「桀之諛臣」。此言勇人，未知所出。表無崇侯，傳寫失之。見墨子所染、韓子說疑及當染諸篇。

〔一三〕【補注】錢大昕曰：依此文，桀、紂當並列九等。今表紂與妲己、飛廉、惡來列九等，桀與末喜、干莘在八等，轉寫之譌。

〔一四〕師古曰：豎貂，即寺人貂也。

〔一五〕張晏曰：老子玄默，仲尼所師，雖不在聖，要爲大賢。文伯之母達於禮典，動爲聖人所歎，言爲後世所則，而在第四。田單以即墨孤城復强齊之大，魯連之博通，忽於榮利，藺子申威秦王，退讓廉頗，乃在第五。大姬巫怪，好祭鬼神，陳人化之，國多淫祀，寺人孟子違於大雅，以保其身，既被宮刑，怨刺而作，乃在第三。嫪毐上烝，昏亂禮度，惡不忍聞，乃在第七。其餘差違紛錯不少，畧舉揚較，以起失謬。獨馳騖於數千歲之中，旁觀諸子，事業未究，而尋遇竇氏之難，使之然乎？師古曰：六家之論，輕重不同；百行所存，趣捨難壹。張氏輒申所見，掎摭班史，然其所論，又自差錯。且年代久遠，墳典隤亡，學者舛駮，師論分異，是以表載古人名氏，或與諸書不同。今則特有發明，用暢厥旨。自女媧以下，帝鴻以前，諸子傳記，互有舛駮，敘說不同，無所取正，大要知其古帝之號而已。諸人士見於史傳，彰灼可知者，無待解釋，其間幽昧者，時復及焉。【補注】齊召南曰：人表差違，誠如張說。但寺人孟子云云，不諒其忠直遭讒，而責以保身；不諒其正性疾惡，而責其譏刺。此則顏所云「又自差錯」者也。梁玉繩曰：列老子於中上，抑異端也，即史公老、韓同傳之意。如張所規，必依唐、宋昇入上聖而後可乎？廣弘明集載晉釋道安二教論「問：老子乃無爲之大聖，漢書品爲中上，詮度險巇。答曰：孔子號素王，未聞載籍稱老爲聖。言不關典，君子所慙」。案，此表屢經傳寫，紊脱尤多。原序有崇侯。張云有嫪毒。宋重修廣韻「公」字注，有齊大夫公幹。「士」字注，有士思癸。通志氏族畧四有司褐拘。而今俱無之，斯疏脱之驗也。學林引表「桀在九等」，張謂田單、魯仲連、藺相如五等，寺人孟子三等，史通謂「陽處父四等，士會、高漸離五等，鄧三甥、荆軻六等，鄧祁侯、秦舞陽七等」，俱與今異，斯紊次之驗也。他若標著譌複，時代乖違，均由於此。豈盡班氏之咎乎？

上上聖人	上中仁人	上下智人	中上	中中	中下	下上	下中	下下愚人
太昊帝宓羲氏〔一〕	女媧氏〔二〕 共工氏〔三〕 容成氏 大廷氏〔四〕 柏皇氏〔五〕 中央氏〔六〕 栗陸氏							

〔一〕張晏曰：太昊，有天下號也。作罔罟田漁以備犧牲，故曰宓羲氏。師古曰：宓音伏，字本作虙，其音同。【補注】先謙曰：此表首伏羲，與律曆志、世經同，亦易、春秋之例也。白虎通號篇「三皇兼數燧人」。禮記疏引六藝論、路史注引世紀諸書並云，燧人在伏羲前。班表斷自伏羲以來，故不數燧人。

〔二〕師古曰：媧音古蛙反，又音瓜。【補注】錢大昭曰：閩本上上次於太昊，說文「媧，古之神聖女，化萬物者也」。先謙曰：風俗通引運斗樞云「伏羲、女媧、神農，是三皇也」。列子、淮南諸書並引女媧事。故班兼采之。

〔三〕師古曰：共讀曰龔，下皆類此。【補注】先謙曰：世經引祭典曰「共工氏伯九域，言雖有水德，在火木之閒，非其序也」。又言「郯子據少昊受黃帝，黃帝受炎帝，炎帝受共工，共工受太昊」。故班序共工於太昊後。

〔四〕師古曰：廷讀曰庭。

〔五〕【補注】先謙曰：「柏」亦作「伯」。

〔六〕【補注】錢大昭曰：閩本無。

驪連氏〔一〕
赫胥氏
尊盧氏〔二〕
沌渾氏〔三〕
昊英氏〔四〕
有巢氏〔五〕
朱襄氏
葛天氏
陰康氏〔六〕
亡懷氏〔七〕
東扈氏〔八〕
帝鴻氏〔九〕

〔一〕【補注】梁玉繩曰：莊子作「驪畜」。
〔二〕【補注】先謙曰：容成以下八氏，見莊子胠篋篇。
〔三〕師古曰：沌音大本反。渾音胡本反。【補注】梁玉繩曰：渾沌氏見莊子天地篇。諸書無作「沌渾」者，惟此一見。
〔四〕【補注】梁玉繩曰：見商子畫策篇及通鑑外紀引六韜。
〔五〕【補注】梁玉繩曰：見外紀引六韜。
〔六〕【補注】先謙曰：朱襄、葛天、陰康並見呂覽古樂篇。今本「陰康」誤作「陶唐」，後漢馬融傳李注引作「陰康」。
〔七〕師古曰：亡讀曰無，下皆類此。【補注】梁玉繩曰：見管子封禪篇、史記封禪書。
〔八〕【補注】錢大昭曰：困學紀聞引子思子云「東户季子之時，道上雁行而不拾遺，餘糧宿諸畝首」，即此東扈氏。梁玉繩曰：亦見呂覽有度篇。
〔九〕【補注】梁玉繩曰：見左文傳。杜注云「黄帝」，路史後紀帝鴻氏繼黄帝」者也。文選干寶革命論云「鴻、黄世及」。班置炎帝前，失之。案表次於神農前，傳寫譌耳。

炎帝神農氏〔一〕 黃帝軒轅氏〔六〕	悉諸 炎帝師。〔二〕 少典 炎帝妃，生黃帝。〔三〕 列山氏〔四〕 歸臧氏〔五〕 方雷氏 黃帝妃，生玄囂，是爲青陽。〔七〕	倉頡 黃帝史。〔九〕						蚩尤〔八〕

〔一〕張晏曰：以火德王，故號曰炎帝。作耒耜，故曰神農。【補注】先謙曰：世經引易曰「庖犧氏没，神農氏作，以火承木，故爲炎帝」。

〔二〕【補注】梁玉繩曰：見呂覽尊師篇。新序五作「悉老」。

〔三〕【補注】梁玉繩曰：晉語「少典取於有蟜氏，生黃帝、炎帝」。韋注「言生者，謂二帝本所生出也」。此當云「生炎帝、黃帝」。衍「妃」字。

〔四〕【補注】錢大昕曰：禮祭法作「厲山氏」。梁玉繩曰：魯語、左昭傳並以爲炎帝別號。與此異。

〔五〕【補注】梁玉繩曰：周禮太卜注、易正義論並以爲黃帝別號。與此異。

〔六〕張晏曰：以土德王，故號曰黃帝。作軒冕之服，故謂之軒轅。【補注】先謙曰：有本紀。案，古有三皇、五帝之説。白虎通號篇伏羲、神農之後，或參燧人，或參祝融爲三皇，以黃帝爲五帝之首。諸書無異，皆今文説也。班作人表，用左傳古文説，增入少昊，然未以黃帝爲三皇。自僞書傳序以黃帝合羲、農爲三皇，少昊以下爲五帝，帝王世紀因之，唐、宋遵用，併爲一談。要皆襲班而誤，全乖古義。

〔七〕【補注】先謙曰：晉語「黃帝子二十二人，唯青陽、夷鼓皆己姓。青陽，方雷氏之甥。夷鼓，彤魚氏之甥」。班用其説。又云「玄囂，是爲青陽」，則兼用五帝紀文。

〔八〕【補注】先謙曰：據大戴禮用兵篇、黃帝紀，蚩尤庶人之貪者，爲暴莫能伐，帝禽殺之。其爲黃帝臣之蚩尤，別一人，見高紀。

〔九〕【補注】梁玉繩曰：見呂覽君守、淮南本經、論衡骨相篇。

絫祖　黃帝妃，生昌意。〔一〕

彤魚氏　黃帝妃，生夷鼓。〔二〕

悔母　黃帝妃，生倉林。〔三〕

封鉅　黃帝師。〔四〕

大填　黃帝師。〔五〕

〔一〕師古曰：絫音力追反。【補注】先謙曰：五帝紀「嫘祖爲黃帝正妃，生二子，其後皆有天下。其一曰玄囂，是爲青陽，降居江水。二曰昌意，降居若水」。據此，嫘、絫一也。

〔二〕【補注】先謙曰：說見上。官本「彤」作「肜」，是。

〔三〕師古曰：悔音暮，字從巾，即姆母也。【補注】先謙曰：官本「姆」作「嫫」，是。嫫母見呂覽遇合篇。晉語四「母之子唯青陽與蒼林氏同於黃帝」。表云「悔母生蒼林」，當別有據。律曆志又以昌意、蒼林爲一人。世代遼遠，衆說分歧，若此之類，不能盡合也。

〔四〕【補注】梁玉繩曰：見史補今上紀、封禪書。

〔五〕【補注】梁玉繩曰：荀子大略篇楊注引新序云「黃帝學於大填」。

少昊帝金天氏〔八〕

大山稽黄帝師。〔一〕

力牧〔二〕

風后〔三〕

鬼臾區〔四〕

封胡

孔甲〔五〕

岐伯〔六〕

泠淪氏〔七〕

五鳥

五鳩〔九〕

〔一〕【補注】梁玉繩曰：見淮南覽冥、列子黄帝篇。案此與封鉅爲帝師，未詳所出。

〔二〕【補注】先謙曰：見五帝紀。集解引班固曰「黄帝相也」。疑此脱「黄帝相」三字。

〔三〕【補注】先謙曰：見五帝紀。

〔四〕師古曰：即鬼容區也。臾、容聲相近。【補注】先謙曰：見五帝紀、封禪書，號大鴻。

〔五〕【補注】梁玉繩曰：二人惟見藝文志，蓋本七畧。

〔六〕【補注】梁玉繩曰：見内經素問、靈樞，封禪書。

〔七〕服虔曰：淪音鯀，始造十二律者。師古曰：音零綸。【補注】梁玉繩曰：見吕覽古樂、説苑修文篇。

〔八〕張晏曰：以金德王，故號曰金天。【補注】先謙曰：五帝紀不載，見左傳。

〔九〕【補注】先謙曰：並見左傳。疑脱五雉、九扈。

顓頊帝高陽氏〔一〕

昌僕 昌意妃，生顓頊。〔二〕

女祿 顓頊妃，生老童。〔三〕

嬌極 老童妃，生重黎。〔五〕

吳回〔六〕

后土〔七〕

蓐收〔八〕

〔四〕

〔一〕【補注】先謙曰：見大戴禮帝繫篇、五帝紀。

〔二〕【補注】先謙曰：有本紀。

〔三〕【補注】先謙曰：見帝繫篇。

〔四〕【補注】先謙曰：官本有九黎，在顓頊下。汲古本脱二字。案少昊時黎氏九人，見楚語。

〔五〕【補注】錢大昭曰：帝繫篇「老童取高緺，産重黎」。蓋嬌極即高緺。

〔六〕【補注】先謙曰：見帝繫篇、楚世家。此重黎弟，帝嚳命復居火正爲祝融者。當在下文祝融後。

〔七〕【補注】梁玉繩曰：禮祭法、左傳、魯語並云「共工氏之子句龍爲后土」。

〔八〕【補注】梁耆曰：左傳「少皞氏之叔該爲蓐收」。

玄冥〔一〕
熙〔二〕
柱〔三〕
帥昧〔四〕
允格
臺駘〔五〕
窮蟬
顓頊子，生敬康。〔六〕
大款
顓頊師。〔七〕
柏夷亮父
顓頊師。〔八〕

〔一〕【補注】梁玉繩曰：左傳「少昊氏之叔修及熙爲玄冥」。

〔二〕【補注】梁玉繩曰：熙當爲重。左傳「少昊四叔：重、該、修、熙」。重爲木正。句芒不應獨缺，反複列熙名也。至或稱官或稱名，古人不拘。

〔三〕【補注】梁玉繩曰：見魯語。左傳「烈山氏之子，爲稷」。

〔四〕【補注】錢大昕曰：左昭傳「金天氏有裔子曰昧，爲玄冥師，生允格、臺駘」。此「帥昧」係「師昧」，字形相近而譌。

〔五〕師古曰：駘音胎。【補注】梁玉繩曰：並見左傳。

〔六〕【補注】先謙曰：見帝繫篇、五帝紀。

〔七〕【補注】梁玉繩曰：未詳。通志氏族略四引風俗通云「大庭氏後」。翟云升云：亦見路史後紀。

〔八〕師古曰：父讀曰甫，下皆同。【補注】王引之曰：呂覽尊師篇、海内經並作「伯夷父」。亮即夷字之誤。隸書「夷」字或作「夷」，形與亮相似。今作伯夷亮父者，一本作「夷」，一本作「亮」，而後人誤合之耳。路史分伯夷父、伯亮父爲二人，非也。先謙曰：伯、柏通作字，下並同。

緑圖　顓頊師〔一〕。

僑極　玄囂子，生帝嚳〔二〕。

帝嚳高辛氏〔三〕

姜原　帝嚳妃，生棄〔四〕。

簡逷　帝嚳妃，生卨〔五〕。

陳豐　帝嚳妃，生堯〔六〕。

〔一〕【補注】梁玉繩曰：見韓詩外傳五、新序五、白虎通辟雍章。

〔二〕【補注】梁玉繩曰：見大戴禮五帝德、帝繫篇，五帝紀。

〔三〕張晏曰：少昊以前，天下之號象其德。顓頊以來天下之號因其名。高陽、高辛皆所興地名也。顓頊與嚳皆以字爲號，上古質故也。【補注】先謙曰：有本紀。

〔四〕【補注】先謙曰：見帝繫篇、周本紀。

〔五〕師古曰：逷音吐歷反，即簡狄也。【補注】先謙曰：見帝繫篇、殷本紀。

〔六〕師古曰：即陳鋒是也。

娵訾 帝嚳妃，生摯。〔一〕								
祝融〔二〕								
陸終 祝融子。〔三〕								
女潰 陸終妃，生六子：一曰昆吾，二曰參胡，三曰彭祖，四曰會乙，五曰曹姓，六曰季連。〔四〕								
廖叔安〔五〕								

〔一〕【補注】先謙曰：並見帝繫篇、五帝紀。

〔二〕【補注】先謙曰：見鄭語、左傳、楚世家，所謂重黎爲高辛火正，甚有功，能光融天下，命曰祝融者。

〔三〕【補注】先謙曰：見帝繫篇、楚世家。此祝融謂吳回。

〔四〕【補注】先謙曰：並見楚世家，「潰」作「隤」，「乙」作「人」。

〔五〕師古曰：左氏傳作「戮」，同音力周反，又力授反。【補注】先謙曰：見左傳。「廖」作「飂」。齊召南云：地理志注同此作「戮」，刊本之誤。

陶唐氏〔六〕	冄人〔一〕					朱 堯子。〔八〕	共工	
	赤松子 帝嚳師。〔二〕					閼伯	讙兜	
	柏招 帝嚳師。〔三〕							
	句望							
	敬康子，生蟜牛。〔四〕							
	帝摯〔五〕							
	女皇 堯妃，散宜氏女。〔七〕							
	羲仲							
	羲叔							

〔一〕【補注】錢大昕曰：見鄭語，國名。彭祖之別。

〔二〕【補注】梁玉繩曰：見韓詩外傳五、新序五、白虎通辟雍章。

〔三〕【補注】梁玉繩曰：見呂覽尊師篇。

〔四〕師古曰：句音鉤。蟜音矯。

〔五〕【補注】先謙曰：並見帝繫篇、五帝紀。

〔六〕張晏曰：翼善傳聖曰堯。【補注】先謙曰：有本紀。錢大昭云：以前後證之，疑脫「帝堯」二字。先謙案，官本有「帝堯」二字。據張注，知此奪文。

〔七〕【補注】先謙曰：見帝繫篇。

〔八〕【補注】先謙曰：見書堯典。

和仲　實沈〔一〕　三苗

和叔〔二〕

倉舒　鮌〔三〕

隤敳〔四〕　女志　鮌妃，有嫛氏女，生禹。〔五〕

檮戭〔六〕

大臨

尨降〔七〕

咎繇

仲容

叔達〔八〕

柏奮

仲堪

〔一〕【補注】先謙曰：竝見左傳。

〔二〕【補注】先謙曰：並見書堯典。

〔三〕【補注】先謙曰：共工下見書堯典。

〔四〕師古曰：隤音頹。敳音五來反。

〔五〕師古曰：嫛音所巾反。【補注】先謙曰：見帝繫篇。

〔六〕師古曰：音疇演。

〔七〕師古曰：降音下江反。

〔八〕【補注】先謙曰：高陽氏才子八愷。

叔獻
季仲
柏虎
仲熊
叔豹
季熊〔一〕
尹壽
堯師。〔二〕
被衣〔三〕
方回〔四〕
王兒〔五〕
齧缺〔六〕
許繇〔七〕

〔一〕師古曰：即左氏傳所謂季貍者也。【補注】先謙曰：高辛氏才子八元。倉舒下見左傳。

〔二〕【補注】梁玉繩曰：見新序五。荀子大畧篇作「尹疇」。韓詩外傳、白虎通謂舜師之。

〔三〕師古曰：被音披。【補注】梁玉繩曰：見莊子天地、知北遊篇。淮南高注「堯時隱士」。

〔四〕【補注】梁玉繩曰：見淮南俶真篇，堯時隱人。案舜七友之一，與雒陶等並列。疑表不當在此。

〔五〕師古曰：兒音五奚反。【補注】梁玉繩曰：見莊子齊物論、應帝王、天地篇，作「倪」字。同高士傳。堯時賢人。

〔六〕【補注】梁玉繩曰：見莊子齊物論、應帝王、天地、知北遊、徐無鬼篇。許由之師。

〔七〕師古曰：即許由也。【補注】先謙曰：見伯夷傳、淮南氾論注。錢大昕云：下子州支父、石户之農，皆見莊子讓王篇。表以子州支父與許由、巢父列二等，石户之農、北人無擇列三等，似爲乖互。案卞隨、務光亦在三等，則巢、許、支父必三等也。

第一等	
第二等	帝舜有虞氏〔四〕
第三等	巢父〔一〕 子州支父〔二〕 娥皇 舜妃。〔五〕 女罃 舜妃。〔七〕 姞人 弃妃。〔一〇〕
第四等	敤手 舜妹。〔六〕 董父 石户之農〔八〕 北人亡擇〔一一〕
第五等	
第六等	
第七等	
第八等	
第九等	鼓叟 (嬌)〔蟜〕牛子，生舜。〔三〕 象 舜弟。 商均 舜子。〔九〕

〔一〕【補注】梁玉繩曰：見法言問明篇。高士傳「以樹爲巢而寢其上，故號巢父。許由之友」。文選注引古史考「諸書謂許由夏常居巢，一號巢父」，非也。

〔二〕【補注】先謙曰：見莊子讓王，吕覽貴生、尊師篇，五帝紀。

〔三〕【補注】先謙曰：見帝繫篇、五帝紀。

〔四〕張晏曰：仁聖盛明曰舜，舜之言充也。【補注】先謙曰：有本紀。

〔五〕【補注】梁玉繩曰：御覽百三十五引尸子「堯妻舜以娥皇，媵之以女英」。

〔六〕師古曰：敤音口果反。流俗書本作擊字者誤。【補注】梁玉繩曰：見列子楊朱篇。説文作「敤首」，字通。

〔七〕師古曰：即女英也。罃音於耕反。【補注】梁玉繩曰：五帝紀索隱、世本作「女瑩」，帝繫篇作「女匽」。又馬驌釋史本此。下列弃，各本無。

〔八〕【補注】先謙曰：董父見左傳，舜賜姓。石字誤連董父下。官本四字爲一行。

〔九〕【補注】先謙曰：並見五帝紀。官本三人在九等。考證云監本列第八，今從宋本移列。

〔一〇〕師古曰：姞音其乙反。【補注】先謙曰：見左傳。梁玉繩云，案傳以姞〔人〕有吉義，故曰吉人。此直作姞人，又異。

〔一一〕【補注】先謙曰：並見莊子讓王、吕覽離俗篇。

卨
垂
朱斨〔二〕
柏譽〔三〕
柏益〔四〕
龍
夔〔五〕

雒陶
續身
柏陽
東不訾
秦不虛〔一〕

〔一〕師古曰：雒陶已下皆舜之友也。「身」或作「耳」，「虛」或作「字」，並見尸子。【補注】梁玉繩曰：陶潛四八目云「國策顔歜曰，舜有七友」。尸子載雄陶等六人，不載靈甫，此表並本尸子，故無靈甫，方回見前。先謙曰：據四八目、國策注、廣韻，「雒」當作「雄」。「身」，吕覽本味篇作「耳」，韓子説疑篇作「牙」。「支」，「友」之誤。「字」，「宇」之誤。

〔二〕【補注】先謙曰：路史云「殳」一作「朱」，即指此。

〔三〕師古曰：譽音弋於反。【補注】先謙曰：禮射義注，「譽」或作「與」，古通用字。

〔四〕【補注】先謙曰：有本紀。即大費也。

〔五〕【補注】先謙曰：卨下見書。

帝禹夏后氏〔一〕

女趫 禹妃，塗山氏女，生啟。〔三〕

啟 禹子。〔五〕

昭明 卨子。〔二〕

奚仲〔四〕

相土 昭明子。〔六〕

六卿〔八〕

不窋 弃子。〔一〇〕

昌若 相土子。〔九〕

根圉 昌若子。〔一二〕

太康 啟子。昆弟五人，號五觀。〔一一〕

有扈氏〔七〕

〔一〕【補注】先謙曰：見殷紀。

〔二〕【補注】先謙曰：有本紀。

〔三〕師古曰：趫音丘遥反。【補注】先謙曰：見帝繫篇。

〔四〕【補注】先謙曰：夏車正。見左傳。

〔五〕【補注】先謙曰：見夏紀。

〔六〕【補注】先謙曰：見殷紀。

〔七〕師古曰：即與啟戰于甘者也。【補注】先謙曰：見書、夏紀。

〔八〕【補注】先謙曰：見書甘誓。

〔九〕【補注】先謙曰：見殷紀。

〔一〇〕師古曰：窋音竹出反。【補注】先謙曰：見周紀。

〔一一〕【補注】先謙曰：見夏紀。梁玉繩云：韓子説疑之五觀，即竹書「啟季子武觀」，非太康兄弟五人也。潛夫五德志、楚語韋注，水經巨洋水注，同班説。

〔一二〕【補注】先謙曰：殷紀「根」作「曹」。

					中康 太康弟。[一]		羲和[二]	
			胤[三]			后夔玄妻[四]		
				有扔君[五]	相 中康子。[六]			羿[七]
				武羅			逢門子[八]	韓浞[九]
				柏因	后緡 相妃，生少康。[一〇]			
				熊髠				
				庬圉[一一]				

[一]師古曰：中讀曰中，下皆類此。【補注】先謙曰：注次「中」字當作「仲」。

[二]師古曰：即廢時亂日，胤往征之者也。【補注】先謙曰：見夏紀。

[三]【補注】先謙曰：見夏紀。

[四]【補注】先謙曰：見左傳。齊召南云：此文四字連讀。

[五]師古曰：扔音仍。

[六]【補注】先謙曰：並見夏紀。

[七]師古曰：有窮君也。

[八]【補注】先謙曰：孟子作「逢蒙」。本書王褒傳作「逢門子」。蒙、門聲近。

[九]師古曰：羿之相也。浞音七角反。【補注】先謙曰：官本「七」作「士」。

[一〇]【補注】先謙曰：見左傳。

[一一]師古曰：武羅以下四人，皆羿之賢臣也。庬音龙。

		少康 相子。〔二〕 二姚 少康妃。〔六〕	靡 女艾〔四〕 冥 根圉子。〔七〕 垓 冥子。〔一〇〕	虞后氏〔八〕 杼 少康子。〔一一〕 槐〔一二〕		斟灌氏 斟尋氏〔五〕	殪〔三〕 柏封叔〔九〕	奡〔一〕

〔一〕師古曰：音五到反。楚辭所謂澆者也。【補注】先謙曰：羿下見左傳。

〔二〕【補注】先謙曰：見左傳、夏紀。

〔三〕師古曰：殪音許冀反。

〔四〕【補注】先謙曰：並見左傳。

〔五〕師古曰：二國，夏同姓諸侯，爲奡所滅。【補注】先謙曰：並見左傳。

〔六〕【補注】先謙曰：見左傳。

〔七〕【補注】先謙曰：見殷紀。

〔八〕【補注】先謙曰：即虞思。有扔下見左傳。

〔九〕【補注】先謙曰：逢門下見左傳。「叔」字衍。

〔一〇〕師古曰：音該。【補注】先謙曰：殷紀作振。索隱云「世本作核」。「垓」、「核」形近。

〔一一〕師古曰：杼音大呂反。【補注】先謙曰：見夏紀。

〔一二〕【補注】錢大昭曰：南監本、閩本有「杼子」二字。先謙曰：官本有。見夏紀。

公劉 鞠子。[一〇]

芬[一]
芒 槐子。
泄[三]
不降[五]
劉絫[八]

微 垓子。[二]
鞠 不窋子。[四]
扃 不降弟。[六]
廑[一二]

報丁
報乙[七] 微子。
報丙[九]
主壬[一三]

孔甲 不降子。
皐[一一]

[一] 師古曰：音紛。【補注】梁玉繩曰：據索隱引世本，左昭注疏引世紀，「芬」即「槐」也。槐見下，此重出。路史後紀已糾之。

[二]【補注】先謙曰：見殷紀。

[三]【補注】先謙曰：當有「芒子」二字。

[四]【補注】先謙曰：見周紀。

[五]【補注】先謙曰：當有「泄子」二字。芒下見夏紀。

[六] 師古曰：扃音工熒反。

[七]【補注】先謙曰：當有「報丁子」三字。

[八] 師古曰：古「累」字。【補注】先謙曰：見左傳、夏紀。

[九]【補注】先謙曰：當有「報乙子」三字。

[一〇]【補注】先謙曰：見周紀。

[一一] 師古曰：墓在殽者也。【補注】先謙曰：當有「孔甲子」三字。

[一二] 師古曰：音勤，又音覲。【補注】先謙曰：當有「扃子」二字，並見夏紀。

[一三]【補注】先謙曰：當有「報丙子」三字。

關龍逄〔三〕

主癸〔二〕

發〔一〕

韋〔四〕

癸 發子，是爲桀。〔五〕

鼓〔六〕

末嬉 桀妃。〔七〕

于辛〔八〕

昆吾〔九〕

推侈〔一〇〕

葛伯〔一一〕

〔一〕【補注】先謙曰：當有「主壬子」三字。報丁下見殷紀。

〔二〕【補注】先謙曰：當有「皋子」二字。孔甲下見夏紀。

〔三〕【補注】梁玉繩曰：見莊子人閒世，荀子解蔽、宥坐，吕覽必己篇。周壽昌曰：班序龍、比並列，必不自爲異同，而一第二，一第三，此傳寫譌也。

〔四〕師古曰：豕韋國彭姓。【補注】齊召南曰：此與鼓、昆吾並是夏末强國，助桀爲虐，成湯所伐者。

〔五〕【補注】梁玉繩曰：夏紀作履癸，竹書與此同。學林三言：桀，表在九等，今列第八，轉寫之譌。下三人並同。

〔六〕師古曰：即顧國，已姓。【補注】先謙曰：鼓、顧古通。

〔七〕【補注】先謙曰：見晉語、吕覽慎大篇。

〔八〕【補注】先謙曰：說見前。官本作「干辛」，是。

〔九〕師古曰：姒姓國也。三者皆湯所誅也。【補注】梁玉繩曰：姒姓無昆吾，必已之譌。先謙曰：韋下見商頌長發，此當與桀同等，亦傳寫誤移。

〔一〇〕【補注】先謙曰：官本作「雅侈」，與困學紀聞引表同。案晏子、新書作「推侈」，墨子作「推哆」，淮南又作「推移」。皆形近字變。

〔一一〕師古曰：湯所征。【補注】先謙曰：見孟子、殷紀。

帝湯殷商氏〔一〕				
有㜪氏	湯中妃，生大丁。〔三〕	大丁〔一一〕	伊尹〔一三〕	
仲虺〔四〕	老彭〔八〕	義伯	中伯〔一〇〕	卞隨
虞公遂〔五〕	逢公柏陵〔七〕	費昌〔九〕	終古夏太史令。〔一二〕	
慶節公劉子。〔六〕				
皇僕慶節子。				
尹諧〔二〕				

〔一〕師古曰：禹、湯皆字。二王去唐虞之文，從高古之質，故夏、殷之王，皆以名爲號也。【補注】先謙曰：有本紀。

〔二〕師古曰：湯所誅。見孔子家語。【補注】先謙曰：見荀子宥坐篇。

〔三〕【補注】錢大昭曰：南監本、閩本有「師古曰㜪與莘同」七字，今脱。先謙曰：官本有「見列女傳」。

〔四〕師古曰：湯左相也。【補注】先謙曰：見左傳。殷紀作「中𤳹」，孟子稱「萊朱」。

〔五〕【補注】先謙曰：殷興而封之。見左傳。

〔六〕【補注】先謙曰：見周紀。

〔七〕【補注】先謙曰：見左傳杜注。殷諸侯。

〔八〕【補注】先謙曰：見大戴虞戴德篇。包咸論語注「殷賢大夫」。

〔九〕師古曰：費音扶味反。【補注】先謙曰：湯御。見秦紀。

〔一〇〕師古曰：義、仲，湯之二臣。【補注】先謙曰：並見書序、殷紀。

〔一一〕【補注】先謙曰：見孟子、殷紀。

〔一二〕【補注】先謙曰：見呂覽先識篇。

〔一三〕【補注】先謙曰：見書、殷紀。

上上	上中	上下	中上	中中	中下	下上	下中	下下
	咎單〔一〕	務光〔二〕	外丙大丁弟。		差弗皇僕子。〔四〕			
	太甲太丁子。	伊陟〔六〕	中壬外丙弟。〔三〕		毀隃差弗子。〔八〕			
	大戊雍己弟。		沃丁太甲子。					
			大庚沃丁弟。					
			小甲大庚子。					
			雍己小甲弟。〔五〕					
			孟獻益後。〔七〕					

〔一〕師古曰：湯臣，主土地之官也。單音善。下皆類此。【補注】先謙曰：見書序、殷紀。
〔二〕【補注】先謙曰：並見秦策、莊子讓王篇。
〔三〕【補注】先謙曰：並見孟子、殷紀。
〔四〕師古曰：差音楚宜反。
〔五〕【補注】先謙曰：沃丁下見殷紀。
〔六〕師古曰：伊尹子也。【補注】先謙曰：大戊臣，見殷紀。
〔七〕【補注】錢大昕曰：秦紀作「孟戲」，戲、獻聲近。
〔八〕師古曰：隃音踰。

巫咸〔一〕

臣扈〔二〕

中衍〔三〕

中丁 大戊弟。〔四〕

外壬 中丁弟。

河亶甲 外壬弟。

公非 毀隃子。〔五〕

祖乙 河亶甲弟。〔六〕

巫賢〔七〕

祖辛 祖乙子。

辟方 公非子。〔八〕

沃甲 祖辛弟。

〔一〕師古曰：大戊之臣也。

〔二〕【補注】先謙曰：秦大費子大廉，大廉玄孫中衍。

〔三〕師古曰：亦湯臣。【補注】錢大昕曰：伊陟、臣扈當同巫咸列上中，轉寫誤也。梁玉繩曰：商書序「湯勝夏時有臣扈」。故顔云然。孔疏謂湯初臣扈，不得至後仍在。案書君奭列之太戊時，非商初臣扈可知。唐書世系表、路史後紀謂臣扈乃仲虺之裔，是有二臣扈也。

〔四〕【補注】先謙曰：殷紀以爲大戊子。

〔五〕【補注】先謙曰：皇僕下見周紀。

〔六〕【補注】先謙曰：殷紀以爲河亶甲子。

〔七〕【補注】先謙曰：外壬下見殷紀。

〔八〕師古曰：辟音壁。【補注】先謙曰：周紀無。索隱引世本作「公非辟方」。皇甫謐云「公非字辟方」，與此異。

盤庚 陽甲弟。				
大彭	豕韋〔四〕	陽甲 祖丁子。	小辛 盤庚子。〔七〕	小乙 小辛弟。
祖丁 祖辛子。	南庚 沃甲子。〔二〕			
高圉 辟方子。〔一〕	夷竢 高圉子。〔三〕	亞圉 高圉子。〔五〕	雲都 亞圉弟。〔六〕	公祖 亞圉子。〔八〕

〔一〕【補注】先謙曰：周紀以爲公非子。

〔二〕【補注】先謙曰：祖辛下見殷紀。

〔三〕師古曰：竢與俟同。【補注】先謙曰：周紀無。索隱引世本作「高圉侯侔」。表似以爲二人，而「夷竢」與「侯侔」又異，蓋別有據。

〔四〕【補注】先謙曰：並見鄭語。齊召南云：二人商伯國，猶周之齊桓、晉文，與下上之韋有別。楊慎妄糾。

〔五〕【補注】先謙曰：見周紀。

〔六〕【補注】先謙曰：周紀無。集解引世本作「亞圉雲都」。皇甫謐云：亞圉字雲都。與此異。

〔七〕【補注】先謙曰：殷紀以爲盤庚弟。

〔八〕【補注】先謙曰：周紀稱「公叔祖類」，世表作「公祖類」，世本作「太公組紺諸盩」，實一人。

	武丁 小乙子。 傅說〔二〕 甘盤〔四〕 大王亶父 公祖子。〔六〕 姜女 大王妃。〔九〕 太伯	祖己〔三〕 孝己〔五〕 祖伊〔七〕	劉姓豕韋〔一〕 祖庚 武丁子。〔八〕		甲 祖庚弟。〔一〇〕 馮辛 甲子。〔一一〕			

〔一〕【補注】錢大昕曰：彭姓豕韋爲商滅。劉累之後世，復承其國爲豕韋氏。左傳范宣子云「匄之祖，在商爲豕韋氏者也」。故言劉姓以別之。

〔二〕師古曰：說讀曰（說）〔悅〕，武丁相也。【補注】先謙曰：太甲下見殷紀。

〔三〕【補注】先謙曰：陽甲下見殷紀。

〔四〕師古曰：武丁師也。【補注】先謙曰：見書君奭。

〔五〕【補注】先謙曰：高宗太子，有孝行。高宗惑後妻之言，放之。見燕、秦策，莊子外物、荀子性惡篇及文選長笛賦注引世紀。

〔六〕【補注】先謙曰：見周紀。

〔七〕【補注】先謙曰：見殷紀。

〔八〕【補注】先謙曰：見殷紀。

〔九〕【補注】先謙曰：見詩、列女傳。

〔一〇〕【補注】先謙曰：見殷紀。

〔一一〕【補注】先謙曰：殷紀作廩辛。

中雍〔二〕　王季〔三〕　大任 王季妃，生文王。〔四〕　微子 紂兄。〔六〕　箕子　比干〔八〕
庚丁 馮辛弟。〔一〕
武乙 庚丁子。　大丁 武乙子。　乙 大丁子。〔五〕
辛 乙子，是爲紂。　妲己 紂妃。〔七〕

〔一〕【補注】先謙曰：見殷紀。

〔二〕【補注】先謙曰：並有世家。

〔三〕【補注】先謙曰：見周紀。

〔四〕【補注】先謙曰：見詩、周紀。

〔五〕【補注】先謙曰：武乙下見殷紀。

〔六〕【補注】先謙曰：有世家。

〔七〕師古曰：妲音丁葛反。【補注】先謙曰：並見書、殷紀。

〔八〕【補注】先謙曰：並見殷紀、宋世家。

伯夷
叔齊[一]

太師摯
亞飯干[五]
三飯繚[一〇]
四飯缺

膠鬲[三]
微中[六]
商容[八]
師涓[一一]
梅伯[一二]
邢侯

費中[二]
飛廉[四]
惡來[七]
左强[九]

[一] 師古曰：費音扶味反。【補注】先謙曰：見殷紀、墨子明鬼篇。

[二] 【補注】先謙曰：有列傳。

[三] 【補注】先謙曰：見孟子、晉語。

[四] 【補注】先謙曰：秦紀「中衍玄孫中潏生飛廉」。

[五] 師古曰：飯音扶晚反。

[六] 【補注】先謙曰：見孟子。呂覽當務篇云「微子同母弟」者，與後微中異。

[七] 【補注】先謙曰：見秦紀，當有「飛廉子」三字。

[八] 【補注】先謙曰：見禮樂記、殷、周紀。説苑敬慎篇作「常樅」。商、常，容、樅，音近字變。

[九] 【補注】梁玉繩曰：見淮南覽冥訓、龜筴傳。翟云升曰：崇侯虎，據序補此下。

[一〇] 師古曰：繚音來雕反。

[一一] 師古曰：涓音工玄反。【補注】先謙曰：爲紂作淫聲靡樂，見殷紀。表列四等，轉寫之譌。

[一二] 【補注】梁玉繩曰：紂諸侯，以數諫被醢。見楚詞天問、惜誓。

		鼓方叔	鬼侯〔一〕	
		播鞀武〔二〕		
		少師陽		
		擊磬襄〔三〕	伯達	
			伯适〔四〕	
			中突	伯邑考 文王子。〔五〕
文王周氏〔六〕			中曶〔七〕	楚熊麗
	大姒 文王妃。〔八〕	虢中		
		虢叔〔九〕		鬻子〔一〇〕

〔一〕【補注】王念孫曰：魯仲連傳作「鄂侯九侯」。徐廣云：「九」一作「鬼」。「鄂」一作「邢」。殷紀徐注「鄂」一作「邘」。紀年作「九侯邘侯」。邢、邘皆鄂之譌也。趙策「紂醢鬼侯，鄂侯爭之急，辨之疾，故脯鄂侯」。即世紀云「鄂侯以忠諫死」者也。文王、鄂侯、九侯，紂三公。羅泌謂「別有邢侯」，則四公矣。九、鬼聲相近，故不同。

〔二〕師古曰：鞀音徒高反。

〔三〕師古曰：自師摯已下八人，皆紂時奔走分散而去。鄭玄以爲周平王時人，非也。【補注】先謙曰：太師摯下見論語。梁玉繩云：表及禮樂志與董仲舒對策並以爲紂時人，廣韻亦云「殷時賢人」，見師字、播字注。

〔四〕師古曰：适音江闊反。

〔五〕【補注】先謙曰：見管蔡世家。

〔六〕【補注】先謙曰：有本紀，名昌。

〔七〕師古曰：曶與忽同。

〔八〕【補注】先謙曰：見管蔡世家。

〔九〕師古曰：中、叔二人皆文王弟也。【補注】梁玉繩曰：文王敬友二虢，咨于二虢，見晉語。錢大昕曰：君奭篇敘殷周賢臣，表皆列二等，伊陟、臣扈、巫賢、虢叔在第三。後人校刊亂之也。仲爲叔兄，亦當二等。

〔一〇〕師古曰：鬻讀與粥同。【補注】先謙曰：見楚世家。梁玉繩云：各本「子」上脱「熊」字。周壽昌云：依下熊狂注「麗子」、熊艾注「繹子」諸人例之，非脱也。熊，國姓，不以在名上下有異。

			叔夜					
	大顛		叔夏					
	閎夭	粥熊〔一〕	季隨	虞侯				
	散宜生		季騧〔二〕	芮侯〔三〕				
	南宮适〔四〕	辛甲〔五〕						
		周任〔六〕						
		史扁〔七〕	成叔武	吳周章	芮伯〔九〕			
		向摯。	文王子。	中雍曾孫。〔八〕				
	祭公〔一一〕	殷史〔一〇〕	霍叔處					
			文王子。〔一二〕					

〔一〕師古曰：文王師也。粥音弋六反。【補注】先謙曰：有世家。

〔二〕師古曰：伯達以下周之八士也。騧音瓜。【補注】錢大昭曰：國語「詢於八虞」，賈侍中、唐尚書並云即論語「周八士」也。

〔三〕師古曰：二國訟田，質於文王者。【補注】先謙曰：見周紀。

〔四〕師古曰：大顛以下文王之四友也。【補注】梁玉繩曰：太顛下見書大傳。

〔五〕【補注】先謙曰：見周紀及集解引劉向別録。

〔六〕【補注】先謙曰：周大夫。見論語、左傳。

〔七〕師古曰：扁音編。【補注】梁玉繩曰：爲文王卜畋得太公望。見文選東方朔非有先生論注引六韜。翟云升曰：法言吾子作「史篇」。

〔八〕【補注】先謙曰：見吳世家。

〔九〕師古曰：周同姓之國在圻內者，當武王時作旅巢命。

〔一〇〕【補注】錢大昭曰：閩本作「殷太史」。先謙曰：官本作「殷太史」，見呂覽先識篇。

〔一一〕師古曰：祭音側介反。【補注】梁玉繩曰：祭爲周公子，與凡、蔣、邢、茅並封，見後。此列文王之世，未詳。馬注論語十亂有榮公。晉語周、召、畢、榮並稱。表缺榮公，蓋「祭」即「榮」之誤。

〔一二〕【補注】先謙曰：並見管蔡世家。

武王 文王子。〔二〕	師尚父〔三〕	邑姜 武王妃。〔四〕	檀伯達〔五〕	杜伯〔九〕	巢伯〔一〕			
	畢公 文王子。〔六〕	大姬 武王妃。〔七〕	蘇忿生〔八〕	楚熊狂 麗子。〔一一〕				
	太師庛〔一〇〕	曹叔振鐸 文王子。〔一二〕						

〔一〕師古曰：南方遠國，武王克商而來。【補注】梁玉繩曰：二伯並見周書序。先謙曰：官本「來」下有「朝」字，是。

〔二〕【補注】先謙曰：見周紀，名發。

〔三〕【補注】先謙曰：有世家。

〔四〕【補注】先謙曰：見左傳、晉世家注。

〔五〕師古曰：武王臣。

〔六〕【補注】先謙曰：見左傳、魏世家。

〔七〕【補注】先謙曰：見左傳，周、魯語。「女」誤「妃」。

〔八〕師古曰：武王司寇蘇公。

〔九〕【補注】先謙曰：見左傳、晉語。周成王滅唐，遷之杜，爲杜伯。

〔一〇〕【補注】梁玉繩曰：見周紀、宋世家。「庛」作「疵」。廣韻「太」字注作「疵」。

〔一一〕【補注】先謙曰：見楚世家。

〔一二〕【補注】先謙曰：有世家。

少師强〔一〕

毛叔鄭 文王子。〔二〕

虞閼父〔六〕

陳胡公滿 舜後。〔七〕

滕叔繡 文王子。

原公 文王子。

郜子 文王子。〔八〕

雍子 文王子。

虞中 周章弟。〔三〕

杞東樓公 禹後。〔五〕

邗侯 武王子。

韓侯 武王子。〔一〇〕

季勝 惡來弟。〔四〕

秦女妨 惡來子。〔九〕

〔一〕【補注】先謙曰：見周紀、宋世家。

〔二〕【補注】先謙曰：見左傳、周書克殷解。

〔三〕【補注】先謙曰：見吳世家。武王封爲虞公。

〔四〕【補注】先謙曰：見秦紀、趙世家。

〔五〕【補注】先謙曰：有世家。官本考證云「監本誤列第六格，從宋本移」。

〔六〕【補注】先謙曰：周陶正，見左傳。

〔七〕【補注】先謙曰：有世家。

〔八〕師古曰：郜音告。

〔九〕【補注】先謙曰：秦紀「妨」作「防」。據旁皋下作女防，知此刊本之誤。

〔一〇〕【補注】先謙曰：並見左傳。

		周公 文王子。〔一一〕
成王誦 武王子。〔一〕	召公 周同姓。〔六〕	史佚〔一二〕
衛康叔封 文王子。〔二〕	聃季載 文王子。〔七〕	君陳〔一三〕
酆侯 文王子。	郇侯 文王子。〔八〕	
齊丁公伋 師尚父子。〔五〕	魯公伯禽 周公子。〔九〕	
楚子繹 狂子。〔三〕	孟會 季勝子。〔一〇〕	
禄父 紂子。〔四〕	管叔鮮 文王子。	蔡叔 文王子。〔一四〕

〔一〕【補注】先謙曰：見周紀。

〔二〕【補注】先謙曰：有世家。

〔三〕【補注】先謙曰：見楚世家。

〔四〕【補注】先謙曰：見殷、周紀。

〔五〕【補注】先謙曰：見齊世家。

〔六〕【補注】先謙曰：有世家。

〔七〕【補注】錢大昭曰：管蔡世家作「冉」，「季」字同。

〔八〕師古曰：郇音荀。【補注】先謙曰：檀伯下見左傳。

〔九〕【補注】先謙曰：見魯世家。

〔一〇〕【補注】錢大昕曰：秦紀、趙世家作「孟增」，後文亦作「孟增」，會蓋「曾」之譌。

〔一一〕【補注】先謙曰：有世家。

〔一二〕【補注】梁玉繩曰：逸書克殷解作「尹佚」。尹，蓋其氏。大戴禮保傅篇與太公、周、召稱四聖。

〔一三〕【補注】梁玉繩曰：周公次子，世守采地。見禮檀弓疏引鄭詩譜。

〔一四〕【補注】先謙曰：並見管蔡世家。「叔」下脱「度」字。

		芮伯〔一〕	唐叔虞 武王子。〔二〕	凡伯 周公子。	蔡中胡 叔度子。〔三〕			
		師伯〔四〕	應侯 武王子。〔五〕	蔣侯 周公子。				
		毛公〔六〕	右史戎夫〔七〕	邢侯 周公子。				
		師氏〔九〕	祝雍〔八〕	茅侯 周公子。				
				胙侯 周公子。				

〔一〕師古曰：周司徒也。

〔二〕【補注】先謙曰：有世家。

〔三〕【補注】先謙曰：有世家。

〔四〕師古曰：周宗伯也。尚書作彤伯。

〔五〕【補注】先謙曰：見左傳。

〔六〕師古曰：周司空也。

〔七〕【補注】錢大昕曰：當作「左史」，見逸書、史記解。穆王時作記。表列成王之世，非。

〔八〕【補注】梁玉繩曰：見大戴禮公符篇。

〔九〕師古曰：周大夫也。

		龍臣〔三〕 中桓 南宮髦〔八〕	邗叔〔一〕 商子〔四〕	祭侯 周公子。〔二〕 晉侯燮 虞子。〔六〕 秦旁皋 女防子。〔九〕 楚熊艾 繹子。〔一〇〕 宋微中 啟子。〔一一〕	衞康叔 封子。〔五〕 陳申公 滿子。〔七〕			

〔一〕【補注】翟灝曰：邗侯見前五等，此「邗」當作「陶」字之誤也。陶叔，成王司徒，見左傳。

〔二〕師古曰：祭音側介反。【補注】先謙曰：凡伯下見左傳。

〔三〕師古曰：周武賁氏也。尚書作武臣。【補注】梁玉繩曰：唐避諱不僅作武，或爲虎，或爲獸，又閒作豹，此則以龍代。

〔四〕【補注】梁玉繩曰：見說苑建本篇。

〔五〕【補注】錢大昭曰：衞世家「康叔卒，子康伯立」。「叔」當爲「伯」。

〔六〕【補注】先謙曰：見晉世家。

〔七〕【補注】先謙曰：見陳世家，名犀侯。

〔八〕師古曰：二人亦周大夫也。桓、髦皆其名也。自芮伯以下，皆見周書顧命。【補注】先謙曰：髦、毛通作。

〔九〕【補注】先謙曰：見秦紀。

〔一〇〕【補注】先謙曰：見楚世家。

〔一一〕【補注】先謙曰：表兩微中，此注啟子，不用史記，班必有據。蘇轍古史云「微子卒，世子早死，立世子之弟微仲衍」。自注「世以仲爲微子之弟，失之」。即本人表。

康王釗　成王子。〔一〕

魯孝公　伯禽子。〔三〕

齊乙公　丁公子。〔七〕

晉武公　燮子。〔一一〕

蔡伯　胡子。〔二〕

楚熊亶　艾子。〔六〕

宋公稽　仲子。〔九〕

衞孝伯　康伯子。〔一二〕

蔡侯宫　伯子。〔四〕

衡父　孟增子。〔八〕

祭公　辛繇靡〔五〕

昭王瑕　康王子。〔一〇〕

〔一〕師古曰：釗音之遥反，又音工遼反。【補注】先謙曰：見周紀。

〔二〕【補注】先謙曰：見蔡世家，名荒。

〔三〕【補注】梁玉繩曰：魯世家、律曆志作「考公」，「孝」字蓋誤。

〔四〕【補注】先謙曰：「侯宫」當爲「宫侯」，見蔡世家。

〔五〕師古曰：繇讀與由同。【補注】先謙曰：祭公與昭王俱抎漢中，辛繇靡游振得王。見吕覽音初篇及史正義引世紀。

〔六〕【補注】先謙曰：見楚世家。又作「䵣」。

〔七〕【補注】先謙曰：見齊世家，名得。

〔八〕【補注】先謙曰：見秦紀、趙世家。

〔九〕【補注】先謙曰：見宋世家。

〔一〇〕【補注】先謙曰：見周紀。

〔一一〕【補注】先謙曰：見晉世家，名寧族。「公」當作「侯」。

〔一二〕【補注】先謙曰：見衞世家。

四	穆王滿 昭王子。〔八〕　呂侯〔一一〕
五	秦大几 旁皋子。〔二〕　魯煬公 孝公子。〔四〕　齊癸公 乙子。〔七〕　秦大雒 大乙子。〔九〕
六	陳柏公 申公弟。〔三〕　陳孝公〔五〕　造父 衛父子。〔六〕　徐隱王〔一〇〕
九	房后〔一〕

〔一〕師古曰：昭王后也。【補注】先謙曰：見周語。
〔二〕【補注】先謙曰：見秦紀。
〔三〕【補注】先謙曰：陳世家「柏」作「相」，名皋羊。
〔四〕師古曰：煬音氏(何)〔向〕反。【補注】先謙曰：見魯世家。
〔五〕【補注】先謙曰：見陳世家，名突。當有「申公子」三字。
〔六〕師古曰：造音千到反。【補注】先謙曰：見秦紀、趙世家。
〔七〕【補注】先謙曰：見齊世家，名慈母。「乙」下脱「公」字。
〔八〕【補注】先謙曰：見周紀。
〔九〕【補注】先謙曰：秦紀作「大駱」，乙乃「几」之譌。
〔一〇〕師古曰：即偃王也。【補注】先謙曰：見秦紀、趙世家。
〔一一〕師古曰：穆王司寇也。【補注】先謙曰：即甫侯，見周紀、竹書、尚書呂刑疏。

君牙〔二〕

伯㷡〔五〕

祭公謀父〔八〕

楚熊盤
艾子。〔一〕

衛嗣伯
孝伯子。〔四〕

衛建
嗣伯子。〔七〕

秦非子
大雒子。〔一〇〕

鉛陵卓子〔三〕

楚熊鍚
盤子。〔六〕

宋愍公
共公子。〔一一〕

共王伊扈
穆王子。〔一二〕

魯幽公
煬公子。〔九〕

〔一〕【補注】錢大昕曰：楚世家熊艾生熊䵣，熊䵣生熊勝，熊勝以弟熊楊爲後。鄒誕生本「楊」作「鍚」，又作「煬」。此熊盤即世家之熊勝也。世家以爲艾孫，表以爲艾子，又以鍚爲盤子，並與世家異。

〔二〕師古曰：穆王司徒也。【補注】梁玉繩曰：禮緇衣作「君雅」。

〔三〕【補注】梁玉繩曰：韓子外儲説右作「延陵卓子」。廣韻「陵」字注引「鉛陵卓子」，見呂覽。而今本呂覽無之。

〔四〕【補注】先謙曰：見衛世家。

〔五〕師古曰：穆王太僕也。㷡音居永反。【補注】錢大昕曰：「㷡」當作「臩」，轉寫之誤。先謙曰：見書序、周紀。

〔六〕【補注】先謙曰：楚世家作「熊楊」。

〔七〕【補注】先謙曰：衛世家作「𢊁伯」，疑表譌脱。

〔八〕師古曰：祭音側介反。【補注】先謙曰：見左傳、周語。

〔九〕【補注】先謙曰：見魯世家，名宰。

〔一〇〕【補注】先謙曰：見秦紀。

〔一一〕【補注】先謙曰：宋世家「宋公卒，子丁公申立，丁公卒，子湣公共立」。此「共公」係「丁公」之誤，又脱丁公一代。

〔一二〕【補注】先謙曰：見周紀。

密母〔二〕

衛靖伯 建子。〔三〕
楚摯紅 渠子。〔一〇〕

晉成侯 武侯子。〔四〕
陳慎侯 孝侯子。〔八〕
蔡厲侯 宣侯子。〔一一〕

齊哀公 癸公子。〔一〕
密康公〔五〕
懿王堅 穆王子。詩作。〔七〕

宋煬公 愍公弟。〔六〕
齊胡公 哀公弟。〔九〕
魯魏公 幽公弟。〔一二〕

〔一〕【補注】先謙曰：見齊世家，名不辰。

〔二〕【補注】梁玉繩曰：密康公母，見周語。史集解引列女傳云「隗氏」，今本列女傳作「魏」。

〔三〕【補注】先謙曰：見衛世家。

〔四〕【補注】先謙曰：見晉世家，名服人。

〔五〕【補注】先謙曰：見周語，爲共王所滅。

〔六〕【補注】先謙曰：見宋世家，名熙。

〔七〕師古曰：政道既衰，怨刺之詩始作也。【補注】錢大昕曰：周紀「堅」作「囏」，音相近。先謙曰：詩作亦見周紀。

〔八〕【補注】先謙曰：見陳世家，名圉戎。兩「侯」字當作「公」。

〔九〕【補注】先謙曰：見齊世家，名靜。

〔一〇〕【補注】先謙曰：梁玉繩云「當依繹史本作『楚熊渠，鍚子』。下九等熊摯注『渠子』，尤表有熊渠之驗。熊摯、熊紅乃渠二子，摯以疾廢，紅嗣渠而立。史誤合摯、紅爲一，俗本繆仍之」。先謙案，熊渠應補。梁説固當，熊紅渠子，亦不宜缺。補熊渠於前，改「摯」爲「熊」，庶合。

〔一一〕【補注】梁玉繩曰：見蔡世家，宫侯子。「宣」字誤。

〔一二〕【補注】先謙曰：見魯世家，名濞。

秦嬴　非子子。[一]
秦侯　嬴子。[八]

衛貞伯　靖伯子。[五]
魯獻公　厲公弟。[九]
燕惠公　邵公九世。[一三]

魯厲公　魏公子。[二]
晉厲侯　成侯子。[六]
衛頃侯　貞伯子。[一一]

孝王辟方　共王弟。[三]
夷王摺　懿王子。[一〇]

楚熊摯　渠子。[四]
宋厲公　愍公子。[七]
齊獻公　胡公弟。[一二]

[一]【補注】先謙曰：秦紀大駱生子成，孝王邑之秦，使復續嬴氏祀，號曰秦嬴。是與非子爲兄弟，非非子子也。
[二]【補注】先謙曰：見魯世家，名擢。
[三]師古曰：辟音壁。【補注】先謙曰：見周紀。
[四]【補注】先謙曰：見左傳，世表作「鷙」，有惡疾，廢居夔，爲楚附庸。見正義引宋均注樂緯。
[五]【補注】先謙曰：見衛世家。
[六]【補注】先謙曰：見晉世家，名福。
[七]【補注】先謙曰：見宋世家，名鮒祀。
[八]【補注】先謙曰：見秦紀。
[九]【補注】先謙曰：見魯世家，名具。
[一〇]師古曰：摺音變。【補注】先謙曰：周紀作「燮」。
[一一]【補注】先謙曰：見衛世家。
[一二]【補注】先謙曰：見齊世家，名山。
[一三]【補注】先謙曰：見燕世家。「公」作「侯」。

等	人物
一	宋弗父何 愍公子。[一]
二	
三	芮良夫[八]
四	共伯和[五]
五	史伯[一三]
六	宋釐公 厲公子。[四] 曹夷伯 振鐸六世。[一〇]
七	楚熊延 摯弟。[二] 蔡武侯 厲侯子。[六] 衛釐公 頃公子。[一一]
八	齊武公 厲公子。[三] 杞題公 東樓子。[七] 曹幽伯 夷伯子。[一二]
九	厲王胡 夷王子。[九] 衛巫[一四]

〔一〕【補注】錢大昭曰：南監本、閩本在上下。先謙曰：官本列上下，此誤。見左傳。

〔二〕【補注】先謙曰：見楚世家。

〔三〕【補注】先謙曰：見齊世家，名壽。「厲」當作「獻」。

〔四〕師古曰：釐讀曰僖。下皆類此。【補注】先謙曰：見宋世家，名舉。

〔五〕師古曰：共，國名也。伯，爵也。和，共伯之名也。共音恭。而遷史以爲周召二公行政，號曰共和，無所據也。【補注】先謙曰：見莊子讓王篇、呂覽開春(紀)〔論〕。

〔六〕【補注】先謙曰：見蔡世家。

〔七〕【補注】梁玉繩曰：杞世家「東樓公生西樓公，西樓公生題公」。表無西樓，以題爲東樓子。與世家異。

〔八〕【補注】先謙曰：周大夫芮伯。見周語、逸周書、左傳。

〔九〕【補注】先謙曰：見周紀。

〔一〇〕【補注】先謙曰：曹世家振鐸子太伯脾，脾子仲君平，平子宮伯侯，侯子孝伯雲，雲子夷伯喜。此表不全載。

〔一一〕【補注】先謙曰：見衛世家。兩「公」字當作「侯」。

〔一二〕【補注】先謙曰：曹世家作夷伯弟，名彊。

〔一三〕【補注】張雲璈曰：四等之史伯，列宣王時。此厲王之世，不聞有史伯，蓋公伯之譌。秦紀「秦侯生公伯，立三年卒。生秦仲」。表無公伯，而後秦仲注「伯子」，則此誤，無疑。

〔一四〕【補注】先謙曰：見周語。

宋父　何子。〔一〕
秦中　伯。〔五〕
魯武公　愼公弟。〔一〇〕
秦嚴公　仲子。〔一四〕

魯愼公　獻公子。〔二〕
齊文公　厲公弟。〔七〕
晉釐侯　靖侯子。〔一二〕

楚熊勇　延子。〔三〕
晉靖侯　厲侯子。〔八〕
郲顏
夏父〔一一〕

陳幽公　愼公子。〔四〕
齊厲公　武公子。〔九〕
魯懿公　武公子。〔一三〕

楚熊嚴　勇子。〔六〕

〔一〕【補注】先謙曰：見詩商頌疏引世本。
〔二〕【補注】先謙曰：見魯世家，名濞。「愼」作「真」。
〔三〕【補注】先謙曰：見楚世家。
〔四〕【補注】先謙曰：見陳世家，名寧。
〔五〕【補注】先謙曰：伯下脱「子」字，官本有，見秦紀。
〔六〕【補注】先謙曰：楚世家云「勇弟」，疑不在九等。
〔七〕【補注】梁玉繩曰：見齊世家，云「厲公子。名赤」。
〔八〕【補注】先謙曰：見晉世家，名宜臼。
〔九〕【補注】先謙曰：見齊世家，名無忌。
〔一〇〕【補注】先謙曰：見魯世家，名敖。
〔一一〕【補注】先謙曰：並見公羊傳。
〔一二〕【補注】先謙曰：見晉世家，名司徒。
〔一三〕【補注】先謙曰：見魯世家，名戲。
〔一四〕【補注】先謙曰：見秦紀。

			嘉父[一]		楚熊紃 嚴弟。[二]	蔡夷侯 武侯子。[三]	叔術	伯御 魯懿公兄子。[四]
							旴[五]	
			譚大夫[七]	楚熊霸 嚴子。[六]		楚熊罗 紃子。[八]		
		召虎	寺人孟子[九]		衛武公 釐公子。[一〇]			衛共伯 釐公子。[一一]
						陳釐公 幽子。[一二]		
		方叔						
			伯陽父[一三]					

[一]【補注】錢大昕曰：即詩節南山之家父。家、嘉古通。

[二]師古曰：紃音巡。【補注】梁玉繩曰：鄭語作「季紃」，侯表、楚世家作熊徇。熊嚴少子，熊霜弟。紃、徇音近通借。「嚴弟」當作「嚴子」，或云「霜弟」。

[三]【補注】先謙曰：見蔡世家。

[四]【補注】先謙曰：見魯世家。弒懿公。

[五]【補注】錢大昕曰：邾顔、夏父、叔術、旴四人，見公羊傳。叔術讓國雖未合於正，較邾顔則彼善於此。表列邾顔、夏父七等，叔術、旴八等，疑傳寫之譌。

[六]【補注】先謙曰：「霸」誤，繹史本作「霜」。見楚世家。

[七]【補注】先謙曰：見詩大東序。

[八]【補注】先謙曰：見楚世家。「罗」當爲「咢」。

[九]【補注】先謙曰：見詩巷伯。據張晏注，元在三等。

[一〇]【補注】先謙曰：見衛世家。

[一一]【補注】先謙曰：見衛世家，名餘，爲弟武公所弒。

[一二]【補注】先謙曰：見陳世家，名孝。「幽」下脱「公」字。

[一三]【補注】翟云升曰：見周語，幽王大夫。非老子。周紀唐固注，始以老子字伯陽亂之。

上上	上中	上下	中上	中中	中下	下上	下中	下下
	周宣王靖 厲王子。〔四〕	南中		宋世子士〔一〕	宋惠公 釐公子。〔二〕	晉獻侯 釐侯子。〔三〕		
		中山父	史伯〔五〕					
		申伯	師服〔七〕		燕釐侯 十世。〔八〕	晉繆侯 獻侯子。〔六〕		
		尹吉父		蔡夷侯〔九〕				
		韓侯				齊成公 文公子。〔一〇〕		
		蹶父〔一一〕		奄父 造父六世孫。〔一二〕	宋戴公 惠公子。〔一三〕			

〔一〕【補注】梁玉繩曰：家語本姓篇、孝經疏作「世子勝」，唐書世系表作「世父勝」。獨此作「士」，蓋出世本。而商頌疏引世本「宋父生考父」，無士一代。必是脱誤。

〔二〕【補注】先謙曰：見宋世家，名覸。

〔三〕【補注】先謙曰：見晉世家，名籍。

〔四〕【補注】先謙曰：見周紀。「周」字衍。

〔五〕【補注】先謙曰：見鄭語。周太史。

〔六〕【補注】先謙曰：見晉世家，名費。

〔七〕【補注】先謙曰：晉大夫。見左傳。

〔八〕【補注】先謙曰：見燕世家。

〔九〕【補注】錢大昭曰：前七等已有蔡夷侯，此重出。

〔一〇〕【補注】先謙曰：見齊世家，名脱。

〔一一〕師古曰：蹶音居衞反。

〔一二〕【補注】先謙曰：見趙世家。

〔一三〕【補注】梁玉繩曰：世家「惠公卒，子哀公立。卒，子戴公立」。是戴公惠公孫，哀公子也。侯表無哀公一代，此依侯表，不列哀公，又以孫爲子。

張中

程伯休父〔二〕

虢文公〔三〕

鄭桓公友〔四〕

魯孝公 懿公子。〔一〕

陳武公 釐公子。〔五〕

蔡釐侯 夷侯子。〔八〕

燕頃侯 十一世。〔九〕

曹戴伯 幽子。〔六〕

曹惠伯 戴伯子。〔一一〕

晉殤公 繆公弟。〔七〕

幽王宫涅 宣王子。

褒姒

虢石父〔一〇〕

〔一〕【補注】梁玉繩曰：世家以爲懿公弟。律曆志以爲伯御叔父，年表以爲伯御弟。疑以傳疑，公羊子已莫能定矣。

〔二〕師古曰：休音許虯反。【補注】先謙曰：召虎下見詩。

〔三〕【補注】先謙曰：見周語。

〔四〕【補注】先謙曰：有世家。

〔五〕【補注】先謙曰：見陳世家，名靈。

〔六〕【補注】先謙曰：曹世家云「幽伯弟名蘇」，「幽」下脱「伯」字。

〔七〕【補注】先謙曰：見晉世家，作「殤叔」。「繆公」當作「穆侯」。

〔八〕【補注】先謙曰：見蔡世家，名所事。

〔九〕【補注】先謙曰：見燕世家。

〔一〇〕【補注】先謙曰：幽王下見周紀。

〔一一〕【補注】先謙曰：見曹世家，名兕。

皇父卿士

齊嚴侯　成侯子。〔一〕

司徒皮〔二〕

陳夷公　武公子。〔三〕

太宰冢伯〔四〕

陳平公　夷公弟。〔五〕

膳夫中術〔六〕

楚若敖　咢子。〔七〕

內史掫子〔八〕

趣馬蹶〔九〕

秦襄公　嚴公子。〔一〇〕

〔一〕【補注】先謙曰：見齊世家，名購。兩「侯」字當作「公」。

〔二〕師古曰：即十月之交詩所謂「蕃維司徒」是也。【補注】錢大昕曰：蕃音婆，古讀「皮」如「婆」。

〔三〕【補注】先謙曰：見陳世家，名說。

〔四〕【補注】梁玉繩曰：「冢」當依繹史本作「家」，家，其氏也。

〔五〕【補注】先謙曰：見陳世家，名燮。

〔六〕師古曰：即所謂中允膳夫也。【補注】梁玉繩曰：鄭箋，中術本作中允字也。

〔七〕【補注】先謙曰：見楚世家，名儀。

〔八〕師古曰：掫音側流反。【補注】先謙曰：鄭箋，「掫」本作「聚」，聚，氏也。

〔九〕師古曰：趣音(于)〔千〕後反。蹶音居衛反。【補注】梁玉繩曰：鄭箋，蹶，氏。

〔一〇〕【補注】先謙曰：見秦紀。

				文子〔三〕	晉文侯仇 繆侯子。〔四〕	魯惠公 孝公子。〔一〕		師氏萬〔二〕
				辛有〔七〕	趙叔帶 奄父子。〔八〕	秦文公 襄公子。〔五〕		申侯〔六〕
					宋武公 戴公子。〔一〇〕	楚甯敖 若敖子。〔九〕		

〔一〕【補注】先謙曰：見魯世家，名弗湟。

〔二〕師古曰：萬讀(曰)〔與〕楀同，音九禹反。【補注】梁玉繩曰：鄭箋，萬本作「楀」。楀，氏。先謙曰：皇父以下見詩小雅十月之交。術、掫、萬，三家詩異文。

〔三〕【補注】梁玉繩曰：藝文志「老子弟子，與孔子同時」。而稱周平王問，似依託者。檢道德篇平王問一條，無「周」字。末云「寡人敬聞命」，其非周王甚審。通考以爲楚平王。士仁篇有王良，更足證爲楚平時人。班此表仍列周平王時，亦疑以傳疑之意也。

〔四〕【補注】先謙曰：見晉世家。

〔五〕【補注】先謙曰：見秦紀。

〔六〕【補注】先謙曰：見周紀。

〔七〕【補注】先謙曰：見左傳。

〔八〕【補注】先謙曰：見趙世家「去周如晉，事文侯」。

〔九〕【補注】先謙曰：見楚世家，作「霄敖，名坎侯」。表作「甯敖」。

〔一〇〕【補注】先謙曰：見宋世家，名司空。

〔五〕

衛嚴公 武公子。〔三〕

陳文公 平公子。〔六〕

宋宣公 武公子〔一一〕

鄭武公 桓公子。〔一〕

燕哀侯 十二世。〔四〕

燕鄭侯 十三世。〔九〕

晉昭侯 文侯子。〔七〕

潘父〔一〇〕

曹桓公 繆公子。〔一二〕

平王宜臼〔二〕

曹繆公 惠公子。〔八〕

曲沃桓叔 晉文侯弟。〔一三〕

〔一〕【補注】先謙曰：見鄭世家，名掘突。

〔二〕【補注】先謙曰：見周紀。當有「幽王子」三字。

〔三〕【補注】先謙曰：見衛世家，名楊。

〔四〕【補注】先謙曰：見燕世家。

〔五〕【補注】錢大昭曰：陳文公之上，閩本有宋正考父，在三等，南監本脱。先謙曰：官本第三格有「宋考正父」四字。齊召南云：監本、别本俱脱，宋本在第三格，今從之。「考正父」當作「正考父」，宋本亦誤。

〔六〕【補注】先謙曰：見陳世家，名圉。

〔七〕【補注】先謙曰：見晉世家，名伯。

〔八〕【補注】先謙曰：見曹世家，名武。

〔九〕【補注】先謙曰：見燕世家。

〔一〇〕【補注】先謙曰：見左傳、晉世家。

〔一一〕【補注】先謙曰：見宋世家，名力。

〔一二〕【補注】先謙曰：見曹世家，名終生。

〔一三〕【補注】先謙曰：名成師。

宋大金 考父子。〔六〕

楚蚠冒 甯子。〔二〕
宋繆公和 宣公弟。〔九〕

蔡共侯 釐公子。〔一〕
齊釐公 嚴公子。〔四〕
燕繆侯 十四世。〔七〕
陳桓侯鮑 文侯子。〔一一〕

蔡戴侯 共公子。〔三〕
蔡宣侯 戴侯子。〔八〕

晉孝侯 昭侯子。〔五〕
曲沃嚴伯 桓叔子。〔一〇〕

〔一〕【補注】先謙曰：見蔡世家，名興。梁玉繩云：前稱釐侯，「公」字誤。

〔二〕師古曰：蚠音扶粉反。【補注】先謙曰：見楚世家，名眴。韓非子云，謚厲王。

〔三〕【補注】先謙曰：見蔡世家。「公」當爲「侯」。

〔四〕【補注】先謙曰：見齊世家，名禄甫。官本「嚴」下脱「公」字。

〔五〕【補注】先謙曰：名平。

〔六〕【補注】梁玉繩曰：據世本，世子生正考父，正考父生孔父嘉，嘉生木金父，木金父生祁父，祁父生防叔。「大」當爲「木」。表少祁父一代，又世次倒異。

〔七〕【補注】先謙曰：見燕世家。

〔八〕【補注】先謙曰：見蔡世家，名措父。

〔九〕【補注】先謙曰：見宋世家。

〔一〇〕【補注】先謙曰：名鱓。桓叔下見左傳、晉世家。

〔一一〕【補注】先謙曰：見陳世家。兩「侯」字當作「公」。

	臧釐伯〔四〕　石碏〔八〕
	蔡桓侯封人宣侯子。〔一〕　郲儀父〔五〕　潁考叔
	展亡駭〔三〕　宋司徒皇父
	鄭嚴公寤生武公子。〔七〕　叔段〔九〕
	魯隱公惠公子。〔二〕　公子翬〔六〕　衞桓公完嚴公子。

〔一〕【補注】先謙曰：見蔡世家。

〔二〕【補注】先謙曰：見春秋經傳、魯世家，名息姑。隱列九等，昔人以爲疑。廣宏明集二教論謂「隱既未自全，陷弟不義，漢書定評，於是爲得」。先謙案，隱創禪讓之端，以啟簒弒之禍，名成父志，實愧賢達。班表於亡國喪身之主，特列之下愚，欲使後世人君知所鑒戒也。

〔三〕【補注】先謙曰：見春秋經傳。

〔四〕【補注】先謙曰：見春秋經傳。梁玉繩云：即公子彄，字子臧。加臧於僖伯之上，傳家追言之。錢大昕云：釐伯當與哀伯同在四等。石碏亦當在四等。刊本誤下一格。

〔五〕【補注】先謙曰：見春秋經傳。

〔六〕師古曰：翬音暉。【補注】先謙曰：見春秋傳、魯世家。

〔七〕【補注】先謙曰：見左傳、鄭世家。

〔八〕師古曰：碏音千若反。【補注】先謙曰：見左傳、衞世家。官本注「千」作「于」。

〔九〕【補注】先謙曰：見詩鄭風、春秋經傳。

鄭公子呂〔一〕
晉鄂侯孝侯子。〔二〕
公子州吁〔三〕

司空牛父〔四〕

楚武王蚡冒弟。〔五〕
曹嚴公亦姑桓公子。〔六〕
公子穀生〔七〕
宰咺〔八〕
芮伯〔九〕

彤班〔一〇〕
宋殤公宣公子。〔一一〕
魯桓公惠公子。〔一二〕

臧哀伯
鄧曼楚武王夫人。〔一三〕
桓王林平王孫，泄父子。〔一四〕

〔一〕【補注】先謙曰：並見左傳。

〔二〕【補注】先謙曰：見晉世家，名郄。左傳云「孝侯弟」。史記、竹書云「孝侯子」。

〔三〕【補注】先謙曰：並見春秋經傳、衛世家。

〔四〕【補注】先謙曰：左傳作司寇。

〔五〕【補注】先謙曰：見左傳、楚世家，名通。

〔六〕師古曰：即射姑也。【補注】先謙曰：見春秋經傳、曹世家，亦作「夕姑」。

〔七〕【補注】先謙曰：左傳「生」作「甥」。

〔八〕師古曰：咺音許遠反。【補注】先謙曰：見春秋經傳。

〔九〕【補注】先謙曰：見左傳，名萬。官本缺「芮伯」二字。

〔一〇〕師古曰：彤音而。【補注】先謙曰：皇父下見左傳。梁玉繩云：四人在宋武公世，表次春秋初，嫌太後。

〔一一〕【補注】先謙曰：名與夷。

〔一二〕【補注】先謙曰：見春秋經傳、魯世家，名允。

〔一三〕【補注】周壽昌曰：同時鄭莊公夫人亦曰鄧曼，見桓十一年傳注，故班注楚夫人以別之。

〔一四〕【補注】先謙曰：見周紀。

		宋孔父			秦憲公		華督〔三〕	夫人文姜
		大金子。〔一〕		魯施父	文公子。〔二〕	衞宣公晉	蔡哀侯	彭生〔六〕
		衞太子伋				桓公子。〔四〕	桓侯弟。〔五〕	
								陳厲公〔七〕
							晉哀侯	
		公子壽〔九〕			宋嚴公馮	虞公	鄂侯子。〔八〕	
				鬬伯比〔一一〕	繆公子。〔一〇〕	虞叔〔一二〕	晉小子侯	
							哀侯子。〔一三〕	

〔一〕【補注】先謙曰：見春秋經傳。

〔二〕【補注】梁玉繩曰：憲公見始皇紀末，索隱引秦紀亦作「憲公」，今本秦紀、侯表並作「寧公」，形近致誤。史稱文公生竫公，不饗國而死。竫公太子憲公立。是文公子「子」當作「孫」。

〔三〕師古曰：華音下化反。【補注】先謙曰：並見春秋經傳、宋世家。梁玉繩云：督弒君，當在下下。

〔四〕【補注】先謙曰：見左傳、衞世家。

〔五〕【補注】先謙曰：見左傳、蔡世家，名獻舞。

〔六〕【補注】先謙曰：並見春秋傳，齊、魯世家。

〔七〕【補注】先謙曰：官本有「桓公弟」三字，是。見春秋經傳。

〔八〕【補注】先謙曰：名光。

〔九〕【補注】先謙曰：並見衞世家。

〔一〇〕【補注】先謙曰：見春秋經傳、宋世家。

〔一一〕【補注】翟云升曰：已見四等，宜删其一。

〔一二〕【補注】先謙曰：並見左傳，公求璧，叔伐公。

〔一三〕【補注】先謙曰：並見左傳、晉世家。

隨季良〔三〕 魯申繻〔一一〕
熊率且比〔二〕 鄭祭足〔七〕 楚文王 武王子。〔一〇〕
燕宣公 十五世。〔一〕 觀丁父 薳章〔八〕 嚴王佗 桓王子。〔一二〕
楚瑕丘〔四〕 隨少師〔六〕 魯嚴公同 桓公子。〔一三〕
秦出公曼〔五〕 鄭厲公突 嚴公子。〔九〕 夫人哀姜〔一四〕

〔一〕【補注】先謙曰：見燕世家。「公」作「侯」。

〔二〕師古曰：率音力出反。且音子余反。【補注】先謙曰：鄧曼下見左傳。

〔三〕【補注】先謙曰：隨賢臣。良，梁古通。

〔四〕【補注】先謙曰：文有誤。馬驌正作楚屈瑕。案與隨少師同列，繹史本是也。

〔五〕【補注】先謙曰：見秦紀，不云名曼。梁玉繩云：秦憲公在七等。憲，史作「寧」。徐廣云，一作「曼」。疑皆「憲」之譌。表當有「憲公子」三字。先謙案，出公，紀作「出子」。

〔六〕【補注】先謙曰：並見左傳。

〔七〕【補注】先謙曰：見春秋經傳、鄭世家。

〔八〕師古曰：薳音于詭反。【補注】先謙曰：並見左傳。

〔九〕【補注】先謙曰：見左傳、鄭世家。

〔一〇〕【補注】先謙曰：見左傳、楚世家，名貲。

〔一一〕【補注】先謙曰：臧哀伯下見左傳。

〔一二〕【補注】先謙曰：見左傳、周紀。

〔一三〕【補注】先謙曰：見春秋經傳、魯世家。

〔一四〕【補注】先謙曰：見春秋經傳。

楚保申〔二〕

騅甥〔三〕　聃甥〔五〕　養甥〔七〕　謝丘章〔八〕　辛甲〔九〕

鄧祁侯〔四〕　衛惠公朔　宣公子。〔六〕　公子黔牟　左公子泄〔一〇〕

鄭昭公忽　厲公兄。

周公黑肩〔一一〕

長狄僑如〔一〕

〔一〕【補注】先謙曰：見春秋傳、魯世家。梁玉繩云：獲僑如在魯文之世，表列莊公時，非。

〔二〕【補注】先謙曰：見説苑正諫篇。梁玉繩云：吕覽直諫作「葆申」，淮南説山作「鮑申」。保、葆古通，保、鮑音近。

〔三〕【補注】錢大昭曰：南監本、閩本「駐」作「騅」，是。先謙曰：官本作「騅」。

〔四〕【補注】先謙曰：見左傳。梁玉繩云：史通品藻篇謂表居第七，則今本六等，譌。

〔五〕師古曰：聃音乃甘反。

〔六〕【補注】先謙曰：見春秋經傳、衛世家。

〔七〕【補注】先謙曰：三甥見左傳。梁玉繩云：史通言表列三甥第六，今本在五等，譌也。

〔八〕【補注】梁玉繩曰：通志氏族略三引風俗通，路史後紀十引盟會圖及廣韻注，言「周宣王支子食采謝丘，其後爲氏。人表魯有謝丘章」。徧檢書傳，未見章名。鄭、羅但引人表爲説也。以爲魯人，並不知所據。

〔九〕【補注】錢大昭曰：閩本無辛甲，南監本有。翟灝曰：辛甲前列三等，此是辛伯之譌，故與周公黑肩上下相隨。見左傳。

〔一〇〕【補注】先謙曰：並見左傳。梁玉繩云：元表蓋皆七等，譌入中下。錢大昕云：左傳「泄」作「洩」。陳洩冶，表亦作「泄」。蓋各本左傳如此。唐石經避諱改「洩」，相沿到今耳。

〔一一〕【補注】先謙曰：見左傳、周紀。

齊寺人費〔二〕
石之紛如〔六〕
潘和〔一〕 秦武公 出公兄。〔三〕 燕桓侯 十六世。〔八〕
高渠彌 鄭子亹 昭公弟。〔五〕 右公子職〔一〇〕
連稱 管至父〔七〕 雍人稟〔一一〕
齊襄公兒〔四〕 公子亡知〔九〕

〔一〕【補注】翟云升曰：即卞和。韓非子「和氏，楚人獻玉者」。後漢孔融傳「信如卞和」。注引「卞」本作「弁」，弁有潘音也。

〔二〕師古曰：即徒人費也。費音祕。【補注】先謙曰：見左傳、齊世家。王念孫云：徒人費本作侍人費。侍、寺同，説詳經義述聞。

〔三〕【補注】先謙曰：見秦紀。「出公」當作「出子」。

〔四〕【補注】先謙曰：「兒」上脱「諸」字。當有「釐公子」三字。

〔五〕【補注】先謙曰：昭公下見左傳、鄭世家。高伯弒君，宜列下下。

〔六〕師古曰：紛音扶云反。【補注】先謙曰見左傳。

〔七〕【補注】先謙曰：並見左傳。

〔八〕【補注】先謙曰：見燕世家。

〔九〕【補注】先謙曰：並見春秋經傳、齊世家。

〔一〇〕【補注】錢大昭曰：左公子洩六等，此七等，傳寫之譌。

〔一一〕【補注】先謙曰：雍人稟當作雍稟人。「稟」，古「廩」字，文誤倒耳。左莊八年傳「無知，虐於雍廩」，明是地名。「廩」，又作「林」，音近字通。齊世家「齊君無知游於雍林，雍林人嘗有怨無知，及其往游，雍林人襲殺無知」。足證雍林齊地，而云「雍林人嘗有怨無知」，則未定主名之詞也。秦紀亦曰「齊雍林人」。左昭十一年傳云「齊渠丘實殺無知」，賈逵因有雍廩渠丘大夫之注，見史集解。杜預襲之，乃云「渠丘，齊大夫。雍廩，邑」。王念孫曲爲之説，遂以史記爲誤。且謂當史公時，左傳尚未有章句，故誤以雍林爲邑名，斯惑之甚矣。

管仲〔八〕

鮑叔牙
召忽〔一二〕

王青二友〔一〕
高傒〔九〕

齊桓公小白 襄公弟。〔二〕
蕭叔大心

齊公子糾〔三〕
魯公孫隱〔一〇〕
顓孫〔一三〕

王子克〔四〕
紀侯〔六〕
紀季〔一一〕
齊伯氏〔一四〕
寺人貂〔一六〕

鮒里乙〔五〕
宋愍公捷〔七〕
南宮萬〔一五〕
子游
猛獲

〔一〕【補注】翟云升曰：王青乃王登之譌。二友，仲章、胥己也。見韓非外儲，當在戰國時。
〔二〕【補注】先謙曰：見春秋經傳、齊世家。
〔三〕【補注】先謙曰：見春秋經傳、齊世家。
〔四〕【補注】先謙曰：並見左傳。
〔五〕【補注】錢大昕曰：家語始誅篇「管仲誅付乙」，荀子宥坐篇作「付里乙」，即此鮒里乙也。説苑貴德篇作「符里」。
〔六〕【補注】先謙曰：見春秋經傳，即大去其國者。
〔七〕【補注】錢大昭曰：南監本、閩本注「嚴公子」三字。
〔八〕【補注】先謙曰：有列傳。
〔九〕師古曰：傒音奚。【補注】先謙曰：見春秋經傳。
〔一〇〕【補注】李賡芸曰：即左傳公子偃。隱、偃聲近字通，徐偃王亦作徐隱王。
〔一一〕【補注】先謙曰：見春秋經傳，紀侯弟。
〔一二〕師古曰：召讀曰邵。
〔一三〕師古曰：顓音上專反。【補注】錢大昕曰：即左傳歂孫也。梁玉繩曰：「歂」譌從「頁」。此次公子偃，知非莊二十二年陳顓孫。
〔一四〕【補注】先謙曰：見論語。
〔一五〕【補注】先謙曰：並見春秋經傳、宋世家。
〔一六〕【補注】梁玉繩曰：此下四人不當居七等。

		隰朋〔一〕	王子成父〔三〕	石祁子	曹釐公夷 嚴公子。〔二〕	易牙〔四〕	南宮牛〔五〕	
		甯戚〔六〕	賓須亡〔一一〕	原繁	宋桓公禦説 愍公弟。〔七〕	常之巫〔八〕	鄭子嬰齊 子亹弟。〔九〕	
		宋仇牧〔一〇〕	麥丘人〔一三〕			衛公子開方〔一二〕	傅瑕〔一四〕	
		魯曹劌〔一五〕						

〔一〕【補注】先謙曰：鮑叔下見左傳。

〔二〕【補注】先謙曰：見曹世家。

〔三〕【補注】先謙曰：見左傳。梁玉繩云：管子小匡，吕覽勿躬篇，齊、魯世家並作「城父」。城、成通用字。

〔四〕【補注】先謙曰：並見左、公羊傳，管子。

〔五〕【補注】先謙曰：並見左傳、宋世家。

〔六〕【補注】梁玉繩曰：見齊語、管子小匡篇、吕覽勿躬篇。

〔七〕師古曰：説讀曰悅。【補注】先謙曰：見春秋經傳、宋世家。官本「愍」下少「公」字。

〔八〕師古曰：齊桓時人也，見吕覽。【補注】先謙曰：見知接篇。管子小稱作「堂巫」，索隱引作「棠巫」，並音形相近。棠其地，巫其官也。

〔九〕【補注】先謙曰：左傳作「子儀」，侯表、世家作「子嬰」，齊字衍。

〔一〇〕【補注】先謙曰：見春秋經傳。

〔一一〕【補注】先謙曰：見左傳、齊語、管子大匡諸篇。

〔一二〕【補注】錢大昕曰：齊桓公所遇者。見韓詩外傳十，新序雜事篇。

〔一三〕【補注】先謙曰：見管子大匡篇。

〔一四〕【補注】先謙曰：見左傳。

〔一五〕師古曰：劌音居衛反。【補注】先謙曰：史記作「曹沫」，有列傳。

			輪邊〔三〕		秦德公 武公弟。	釐王胡齊 嚴王子。〔二〕	晉愍侯 哀侯弟。〔一〕	
			平陵老〔五〕				曲沃武公 嚴公子。〔四〕	
		楚鬻拳〔六〕			秦宣公 德公子。〔七〕	陳宣公杵臼 嚴公弟。〔八〕		
			愚公〔九〕				王子頹	
			陳公子完 佗子。〔一〇〕	息媯〔一二〕		息侯〔一一〕	蔿國	

〔一〕【補注】先謙曰：見左傳、晉世家，爲曲沃所滅。梁玉繩云：國滅無謚，愍其名，當在侯下。左傳作「晉侯緡」，侯表作「湣」。緡、湣、愍、閔，古字通。

〔二〕【補注】先謙曰：見周紀。

〔三〕師古曰：輪扁也。扁音翩。【補注】梁玉繩曰：見莊子天道、淮南道應篇。斲輪人，名扁，問桓公讀書者。

〔四〕【補注】先謙曰：名稱，見左傳、晉世家。梁玉繩云：莊伯子，誤作「公」。

〔五〕【補注】錢大昕曰：齊桓時人，見説苑貴德篇。

〔六〕【補注】先謙曰：見左傳。

〔七〕【補注】先謙曰：並見秦紀。

〔八〕【補注】先謙曰：見左傳、陳世家。梁玉繩云：嚴公名林，見侯表、世家。表當有，傳寫脱之。

〔九〕【補注】錢大昕曰：齊桓時人，見説苑政理篇。梁玉繩曰：列子湯問有平山之愚公，别一人。

〔一〇〕【補注】先謙曰：有世家。

〔一一〕【補注】梁玉繩曰：表列媯及息侯於第五、第七，從列女傳同日自殺之説也。

〔一二〕【補注】先謙曰：見左傳，爲楚所滅。

		宰孔	虢史嚚	虢叔〔四〕	燕嚴侯十七世。〔一〕	惠王母涼〔二〕	邊柏〔三〕	
			周内史過〔八〕	魯禦孫〔一〇〕	鄭文公椄厲公子。〔六〕	鄭高克〔七〕	楚杜敖文王子。〔五〕	
				召伯廖〔一四〕	彊鉏〔一一〕	公孫素〔九〕	陳太子御寇〔一二〕	
						陳轅濤塗〔一三〕	魯公子牙	
						楚申侯〔一五〕		

〔一〕【補注】先謙曰：見燕世家。「侯」作「公」。

〔二〕【補注】先謙曰：見左傳、周紀。梁玉繩云：當有「釐王子」三字。

〔三〕【補注】先謙曰：子頹下見左傳。

〔四〕【補注】翟云升曰：殺王子頹之虢叔，與第三別。

〔五〕師古曰：即堵敖。【補注】先謙曰：見左傳、楚世家，名囏。

〔六〕【補注】先謙曰：見春秋經傳、鄭世家。名椄，一作名踕。梁玉繩云：接、椄字同，古木、手通寫。

〔七〕【補注】先謙曰：見左傳。

〔八〕【補注】先謙曰：並見左傳。

〔九〕【補注】錢大昕曰：即詩序「公子素，作詩刺文公、高克者」。

〔一〇〕【補注】先謙曰：禦、御通用。

〔一一〕【補注】先謙曰：見春秋經傳、陳世家。

〔一二〕【補注】先謙曰：見左傳，鄭伯刖之。梁玉繩云：不當在第六。

〔一三〕【補注】先謙曰：見春秋經傳。

〔一四〕【補注】先謙曰：蕭叔大心下見左傳。

〔一五〕【補注】先謙曰：見左傳。

魯公子季友〔一〕　魯公子奚斯〔九〕　衛弘夤〔一四〕
楚屈桓〔三〕
齊中孫湫〔五〕　許夫人〔一〇〕　先丹木
秦成公宣公弟。〔二〕　曹昭公班釐公子，作詩。〔六〕　衛戴公黔牟子。〔一二〕
魯公子般〔四〕　魯閔公啟嚴公子。〔七〕
圉人犖　公子慶父〔八〕　卜齮〔一一〕　衛懿公惠公子。〔一三〕

〔一〕【補注】先謙曰：並見春秋經傳。

〔二〕【補注】先謙曰：見秦紀。

〔三〕師古曰：屈音九勿反。【補注】先謙曰：官本「桓」作「完」，是。見春秋經傳。

〔四〕【補注】翟灝曰：太子不當稱公，「公」字衍。

〔五〕師古曰：湫音子小反。【補注】先謙曰：見春秋經傳。

〔六〕【補注】先謙曰：見春秋經傳、曹世家。錢大昭云：鄭氏詩譜謂「昭公好奢而任小人，曹之變風始作」。先謙案，詩非公作，依周懿王下文之例，亦當云「詩作」。

〔七〕【補注】先謙曰：並見春秋經傳、魯世家。

〔八〕【補注】先謙曰：公子牙下見春秋經傳、魯世家。

〔九〕【補注】先謙曰：即左傳之公子魚。

〔一〇〕【補注】先謙曰：見左傳、詩載馳序。

〔一一〕師古曰：音螘。【補注】先謙曰：見左傳。

〔一二〕【補注】先謙曰：見左傳、衛世家。梁玉繩云：「子」當作「弟」。

〔一三〕【補注】先謙曰：見左傳、衛世家，名赤。

〔一四〕師古曰：夤音演。【補注】錢大昭曰：見呂覽忠廉篇、淮南繆稱訓、韓詩外傳七、新序八。

		荀息〔三〕	卜偃	羊舌大夫	趙夙〔一〕	史華龍滑〔五〕	晉獻公武公子。〔二〕	晉驪姬〔八〕
		宋公子目夷	辛廖〔四〕	史蘇〔六〕	畢萬畢公後。〔七〕	奚齊	優施〔一〇〕	
		宮之奇	梁餘子養	魯釐公〔九〕	士蔿〔一一〕	卓子〔一二〕	梁五	
			罕夷	楚逢伯	臣猛足〔一三〕	趙孟	東關五	
			申生		井伯〔一五〕		虞公	
			狐突〔一四〕					

〔一〕【補注】先謙曰：見左傳、趙世家。當有「叔帶五世孫」五字。

〔二〕【補注】先謙曰：見春秋經傳、晉世家，名佹諸。

〔三〕【補注】先謙曰：見春秋經傳。

〔四〕師古曰：廖音聊。

〔五〕【補注】先謙曰：見左傳，衞太史。

〔六〕【補注】先謙曰：先丹木下見左傳。

〔七〕【補注】先謙曰：有世家。

〔八〕【補注】先謙曰：見春秋傳、晉語、晉世家。

〔九〕【補注】先謙曰：見春秋經傳、魯世家，名申。梁玉繩云：當有「嚴公子」三字。

〔一〇〕【補注】先謙曰：見晉語。

〔一一〕【補注】先謙曰：見左傳。

〔一二〕師古曰：卓音敕角反。【補注】先謙曰：並見春秋經傳、晉世家。

〔一三〕【補注】錢大昕曰：太子申生臣，見晉語。梁玉繩曰：「臣」乃「晉」之譌。

〔一四〕【補注】先謙曰：卜偃下見左傳。

〔一五〕【補注】先謙曰：見左傳、晉世家。錢大昕云：或謂井伯即百里奚者，非。

				衛甯嚴子		夙子，生衰。〔一〕	爲晉所滅。王季後。〔二〕	
			秦繆公成公弟。〔三〕		衛文公戴公弟。〔四〕			
		百里奚〔五〕		富辰		蔡繆公〔六〕	虢公爲晉所滅。王季後。〔七〕	
				晉冀芮	宋襄公桓公子。〔八〕			
			秦繆夫人					
				慶鄭		許釐公〔九〕	鄭子華〔一〇〕	
		奄息	公孫枝〔一一〕	韓簡	蔡嚴侯穆侯子。〔一二〕			
				鄭叔詹			曹共公昭公子。〔一三〕	

〔一〕師古曰：衰音楚危反。【補注】先謙曰：即共孟，見趙世家。疑脱「共」字。

〔二〕【補注】先謙曰：梁五下見左傳。梁玉繩云：與第七等之虞公非一君，相距四十餘年也。

〔三〕【補注】先謙曰：見秦紀，名任好。官本脱「成公弟」三字。

〔四〕【補注】先謙曰：見春秋經傳、衛世家，名燬。

〔五〕【補注】先謙曰：目夷下見左傳。

〔六〕【補注】先謙曰：「公」當作「侯」。見左傳、蔡世家，名肸。梁玉繩云：當有「哀侯子」三字。

〔七〕【補注】先謙曰：見左傳、晉世家，名醜。

〔八〕【補注】先謙曰：見春秋經傳、宋世家，名茲父。

〔九〕【補注】先謙曰：見春秋經傳，名業。

〔一〇〕【補注】先謙曰：見左傳。

〔一一〕【補注】先謙曰：並見左傳、秦紀。

〔一二〕【補注】先謙曰：見蔡世家，名甲午。

〔一三〕【補注】先謙曰：見左傳、曹世家，名襄。

		中行〔一〕	繇余〔二〕	皇武子〔四〕	燕襄公 十八世。〔五〕	襄王鄭〔三〕	惠后〔八〕	王子帶〔九〕
		鍼虎〔六〕	蹇叔	鼇負羈妻〔一〇〕	梁卜招父〔一一〕	晉惠公 獻公子。〔七〕	梁伯〔一三〕	
			燭之武	曹豎侯獳〔一二〕		里克〔一五〕		
			內史叔興					
			卜徒父〔一四〕					

〔一〕師古曰：音户郎反。【補注】先謙曰：「音」上官本有「行」字，是。

〔二〕師古曰：即由余。【補注】梁玉繩曰：見韓子十過、呂覽不苟篇、韓詩外傳九、秦紀。

〔三〕【補注】先謙曰：見春秋經傳、周紀。梁玉繩云：當有「惠王子」三字。

〔四〕【補注】先謙曰：逢伯下見左傳。

〔五〕【補注】先謙曰：見燕世家。

〔六〕師古曰：鍼音其炎反。【補注】先謙曰：奄息下見詩序、左傳。官本注「炎」作「廉」。

〔七〕【補注】先謙曰：名夷吾。

〔八〕【補注】先謙曰：見左傳、周紀。

〔九〕【補注】先謙曰：見春秋傳、周紀。

〔一〇〕【補注】先謙曰：見左傳。周壽昌云：梁玉繩依繹史本，於「羈妻」上加「羈」字，爲二人。案羈妻明智，故班列之。與下列辟司徒妻而不列辟司徒同例。

〔一一〕師古曰：招音上遥反。【補注】先謙曰：見左傳。

〔一二〕師古曰：獳音乃侯反。【補注】先謙曰：見左傳。官本「豎」作「堅」。

〔一三〕【補注】先謙曰：見春秋經傳。爲秦所滅。

〔一四〕【補注】先謙曰：蹇叔下見左傳。

〔一五〕【補注】先謙曰：並見春秋經傳、晉世家。里克疑不在七等。

					衞元咺〔一〕	虢叔〔二〕		楚成王惲〔三〕
			禽息〔四〕			宋襄公 成公子。〔五〕		
				楚子玉			晉懷公 惠公子。〔八〕	潘崇〔九〕
				鬭宜申〔六〕	叔武〔七〕			
			王廖〔一〇〕					
			晉文公 獻公子。〔一一〕		鍼嚴子	齊孝公 桓公子。〔一三〕	衞成公 文公子。〔一二〕	
				成大心				
	甯武子〔一四〕	狐偃		欒悼子〔一五〕				
		趙衰〔一六〕	夫人姜氏〔一七〕					

〔一〕師古曰：咺音許遠反。

〔二〕【補注】錢大昭曰：「叔」當作「射」。南監本、閩本不誤。先謙曰：官本作「射」，見左傳、晉語。

〔三〕師古曰：左傳作「頵」，音於倫反。【補注】先謙曰：當有「杜敖弟」三字。

〔四〕【補注】梁玉繩曰：薦百里奚不見納，以死悟穆公。見後漢朱穆傳注、循吏傳引韓詩外傳。

〔五〕【補注】錢大昭曰：前已有宋襄公，此當云宋成公，襄公子。轉寫倒誤。先謙曰：見春秋經傳、宋世家，名王臣。

〔六〕【補注】先謙曰：並見春秋經傳。

〔七〕【補注】先謙曰：並見春秋經傳、衞世家。

〔八〕【補注】先謙曰：見左傳、晉世家，名圉。

〔九〕【補注】先謙曰：並見左傳、楚世家。

〔一〇〕師古曰：廖音聊。【補注】梁玉繩曰：見文選四子講德論注引韓詩外傳。秦紀作「内史廖」，説苑尊賢篇作「王子廖」。

〔一一〕【補注】先謙曰：見春秋經傳、晉世家，名重耳。

〔一二〕【補注】先謙曰：見春秋經傳、齊世家，名昭。

〔一三〕【補注】先謙曰：見左傳、衞世家，名鄭。

〔一四〕【補注】先謙曰：見春秋經傳。

〔一五〕【補注】先謙曰：晉欒無悼子，迺貞子之謁，即欒枝也。後韓貞子謁悼子，可互證。並見左傳。

〔一六〕師古曰：衰音楚危反。【補注】先謙曰：趙世家云「共孟子」。

〔一七〕【補注】先謙曰：見左傳、晉世家。

哀妻 介子推 推母
魏犨 畢萬子。〔三〕 顛頡 胥臣 賈佗〔一○〕
晉李離〔一〕 寺人披〔五〕 曹文公壽 共公子。〔九〕 燕桓公 十九世。〔一二〕
倉葛〔四〕 鄭繆公蘭 文公子。〔七〕 石㚟〔一一〕
鄭子臧〔六〕
曹共公 昭公子。〔二〕 齊公子無詭〔八〕

〔一〕【補注】梁玉繩曰：見韓詩外傳二、新序節士篇。文公之理，過聽殺人，自拘伏劒死。先謙曰：有列傳。

〔二〕【補注】先謙曰：見前重出。此傳寫誤增。

〔三〕【補注】先謙曰：見左傳，晉、魏世家，謚武子。

〔四〕【補注】先謙曰：並見左傳。

〔五〕【補注】先謙曰：見左傳、晉世家，作「履鞮」。

〔六〕【補注】先謙曰：見左傳，爲文公所殺。

〔七〕【補注】先謙曰：見春秋經傳、鄭世家。

〔八〕師古曰：左氏傳作「無虧」。

〔九〕【補注】先謙曰：見春秋經傳、曹世家。

〔一○〕師古曰：佗音徒何反。【補注】先謙曰：與賈季非一人。顛頡下見左傳。顛頡被戮，疑不在中上。

〔一一〕師古曰：㚟音丑畧反。【補注】先謙曰：見左傳。梁玉繩云：鄭繆公立後六十餘年，㚟始見傳，蓋譌寫在前。當列鄭公孫夏下。

〔一二〕【補注】先謙曰：見燕世家。

郤縠〔一〕
舟之僑〔四〕
荀林父
先軫
狼瞫〔一三〕
陽處父〔一四〕

董因〔二〕
豎頭須〔五〕
齊國嚴子〔七〕
周内史叔服〔一〇〕
孟明視

秦康公
繆公子。〔八〕
晉襄公
文公子。〔一一〕
邾文公〔一五〕

陳繆公
宣公子。〔六〕
陳共公
繆公子。〔一二〕
魯文公〔一六〕

周頃王壬臣〔九〕
夏父不忌〔一七〕

齊昭公
孝公子。〔三〕

〔一〕【補注】先謙曰：狐偃下見左傳、晉世家。

〔二〕【補注】先謙曰：見晉語。

〔三〕【補注】先謙曰：名潘，見齊世家，云「孝公弟」。「子」字誤。

〔四〕【補注】梁玉繩曰：史通品藻篇譏表敘晉文臣佐，不當置僑於陽處父、士會上。

〔五〕【補注】先謙曰：見左傳。韓詩外傳十作「里凫須」。

〔六〕【補注】先謙曰：名款。

〔七〕【補注】先謙曰：名歸父。

〔八〕【補注】先謙曰：見春秋經傳、秦紀，名罃。

〔九〕【補注】先謙曰：「周」字衍。見左傳、周紀。梁玉繩云：紀作「王臣」，誤。宋成公之名亦誤爲「王臣」。襄五年楚公子壬夫，匡謬正俗謂當作「王夫」。隸辨魯峻碑陰有王端子行，即王字。蓋古「壬」作「𡈼」，而「王」作「王」。故譌亂耳。

〔一〇〕【補注】先謙曰：並見春秋經傳。

〔一一〕【補注】先謙曰：見春秋經傳、晉世家，名驩。

〔一二〕【補注】先謙曰：名朔，並見春秋經傳、陳世家。

〔一三〕師古曰：瞫音審。

〔一四〕【補注】錢大昕曰：史通所見本在第四，此在第三，栞本之誤。

〔一五〕【補注】先謙曰：名蘧蒢。

〔一六〕【補注】先謙曰：見春秋經傳、魯世家，名興。當有「釐公子」三字。

〔一七〕【補注】先謙曰：弗忌，見左傳、魯語。錢大昕云：古讀「弗」如「不」。

		甯嬴 臾駢[二] 鄭弦高 叔仲惠伯[一四]	西气術[一] 士會[五] 繞朝[六] 石癸[九] 公孫壽[一二] 蕩意諸[一五]	宋子哀 邾子玃且[七] 魯公孫敖[一六]	周匡王班[三] 齊君舍 昭公子。[一〇] 單伯[一七]	宋昭公[四] 胥申父[八] 狐射姑[一一] 魯宣公[一八]		楚繆王商臣[一三]

〔一〕【補注】先謙曰：見左傳。錢大昭云：「气」古「乞」字。三師無白乙丙，蓋脱。

〔二〕師古曰：駢音步千反。

〔三〕【補注】先謙曰：「周」字衍，見春秋經、周紀。梁玉繩云：當有「頃王子」三字。

〔四〕【補注】先謙曰：見春秋經傳、宋世家，名杵臼。梁玉繩云：當有「成公子」三字。

〔五〕【補注】梁玉繩曰：史通謂表在五等，今第四，刊本之譌。

〔六〕【補注】梁玉繩曰：韓子説難「爲戮於秦」。

〔七〕師古曰：玃音居碧反。且音子余反。

〔八〕【補注】先謙曰：官本作「甲父」。

〔九〕【補注】先謙曰：即石甲父。

〔一〇〕【補注】先謙曰：見春秋經傳、齊世家，被殺。錢大昕云：不當在六等。

〔一一〕【補注】先謙曰：並見春秋經傳。

〔一二〕【補注】先謙曰：宋公子蕩之子。

〔一三〕【補注】先謙曰：見春秋經傳、楚世家。梁玉繩云：當有「成王子」三字。

〔一四〕【補注】先謙曰：舟之僑下見左傳。

〔一五〕【補注】先謙曰：公孫壽之子，死昭公之難。

〔一六〕【補注】先謙曰：邾文公下見春秋經傳。

〔一七〕【補注】先謙曰：春秋莊、文經傳兩見，疑非一人。

〔一八〕【補注】先謙曰：見春秋經傳、魯世家，名綏。梁玉繩云：當有「文公子」三字。

		宋方叔嘉子。[一]	公冉務人	蔡文公嚴公子。[三]	魯叔孫得臣[二]		郰歜[四]	齊懿公商人[五]
		欒豫	卜楚丘[六]	單襄子	秦共公康公子。[七]		閻職[八]	
			晉趙盾衰子。[九]	靈輒	晉成公黑臀靈公弟。[一四]		晉趙穿[一〇]	晉靈公夷皐襄公子。[一二]
		董狐[一一]	鉏麑[一五]	祁彌明[一三]				

[一]【補注】錢大昭曰：見孔子世家。方、防古通。「嘉子」二字誤爲大字。

[二]【補注】先謙曰：見春秋經傳。

[三]【補注】先謙曰：見春秋經傳、蔡世家。兩「公」字當作「侯」。名申。

[四]師古曰：歜音觸。

[五]【補注】先謙曰：見春秋經傳、齊世家。梁玉繩云：當有「昭公弟」三字。

[六]【補注】先謙曰：魯掌卜大(未)〔夫〕。士會下見左傳。

[七]【補注】先謙曰：見春秋經傳、秦紀。

[八]【補注】先謙曰：無詭下並見左傳、齊世家。

[九]【補注】先謙曰：見春秋經傳、晉世家。

[一〇]【補注】先謙曰：見左傳、晉世家。「晉」字衍。此與上二人弑君，疑在九等。

[一一]【補注】先謙曰：見春秋經傳、晉世家。

[一二]【補注】先謙曰：並見左傳。

[一三]師古曰：祁音上尸反。【補注】先謙曰：官本無「音」字。

[一四]【補注】先謙曰：見春秋經傳、晉世家。錢大昭云：當作「襄公弟」。

[一五]【補注】先謙曰：見左傳、晉世家。

		令尹子文	宋伯夏叔子。〔一〕	鄭子良〔三〕	秦桓公共公子。〔一二〕	周定王榆〔五〕	鄭靈公〔六〕	陳靈公共公子。〔七〕
			鬬伯比〔四〕	士貞子〔八〕	衛穆公速〔九〕	宋文公鮑昭公弟。〔二〕	公子歸生	夏姬
			楚嚴王穆公子。〔一〇〕	泄冶	逢大夫〔一三〕		子公〔一四〕	孔寧
				孔達〔一一〕				儀行父〔一五〕

〔一〕【補注】先謙曰：見孔子世家。「叔子」二字小注，誤大字。防叔也。

〔二〕【補注】先謙曰：見左傳、秦紀。

〔三〕【補注】先謙曰：汪繩祖云：表於鄭穆氏不盡列，未必及大季子良，疑此乃楚子良之誤，故與令尹子文、楚子越上下接近，楚司馬子良，子文之弟，越椒之父。

〔四〕【補注】錢大昕曰：伯比已列五等，此蓋因上令尹子文注云「鬬伯比子」，既譌爲正文而删「子」字。又意伯比不當在三等而移下一格耳。然子文亦不當在莊王時。

〔五〕【補注】先謙曰：見左傳、周紀。「周」字衍。梁玉繩云：當有「匡王弟」三字。

〔六〕【補注】先謙曰：官本有「穆公子」三字，是。名夷。

〔七〕【補注】先謙曰：見春秋經傳、陳世家，名平國。

〔八〕【補注】先謙曰：單襄下見左傳。

〔九〕【補注】先謙曰：見後七等。此傳寫誤增。

〔一〇〕【補注】先謙曰：見春秋經傳、楚世家，名侶。

〔一一〕【補注】先謙曰：見春秋經傳、宋世家。

〔一二〕【補注】先謙曰：並見春秋經傳。

〔一三〕【補注】先謙曰：見左傳。

〔一四〕【補注】先謙曰：靈公下見左傳、鄭世家。二人弑靈公，當在九等。

〔一五〕【補注】先謙曰：並見春秋傳、陳世家。

			王孫滿	王子伯廖〔一〕	王札子〔二〕	翟豐舒〔三〕		
		楚蒍賈	箴尹克黄	晉解陽〔四〕	魯公子歸生〔五〕	召伯〔六〕	晉先穀〔七〕	
		申叔時	魏顆〔八〕	荀尹〔九〕	申舟〔一一〕	毛伯〔一二〕	楚子越〔一〇〕	
		孫叔敖〔一三〕	五參〔一四〕	箕鄭〔一五〕	齊惠公懿公弟。〔一六〕	少師慶〔一七〕		

〔一〕師古曰：廖音聊。
〔二〕【補注】先謙曰：見春秋經傳。
〔三〕【補注】先謙曰：見左傳。射傷君目，爲晉所殺，疑不在七等。豐、酆通用字。
〔四〕【補注】先謙曰：陽、揚通作。並見左傳。
〔五〕【補注】梁玉繩曰：此公孫歸父之誤。見春秋經傳，字子家，襄仲子。
〔六〕師古曰：召讀曰邵。【補注】先謙曰：即召戴公。
〔七〕【補注】錢大昭曰：「失」當作「先」。先謙曰：官本作「先」，見左傳、晉世家。
〔八〕師古曰：顆音口果反。
〔九〕【補注】梁玉繩曰：此荀庚轉寫脱其半耳。
〔一〇〕【補注】先謙曰：見左傳、楚世家，名椒。滅若敖氏。
〔一一〕【補注】先謙曰：見左傳。
〔一二〕【補注】先謙曰：並見見春秋經傳。爲王札子所殺。
〔一三〕【補注】先謙曰：有列傳。
〔一四〕【補注】先謙曰：五、伍通作。王孫滿下見左傳。
〔一五〕【補注】先謙曰：並見春秋經傳。
〔一六〕【補注】先謙曰：見春秋經傳、齊世家，名元。
〔一七〕【補注】錢大昕曰：楚莊王臣。見説苑至公篇。

			陳應〔一〕	公子雍〔二〕		士亹〔三〕		
			申公申培〔四〕	秦景公 桓公子。〔七〕	陳成公 靈公子。〔五〕	鄭襄公堅 靈公子。〔六〕		
			樂伯〔八〕	楚郟公	燕宣公 二十世。〔九〕	衞繆公 成公子。〔一〇〕		
			優孟〔一一〕	鍾儀〔一三〕	曹宣公廬 文公子。〔一四〕	周簡王夷 定王子。〔一五〕		
			鄭公子弃疾〔一二〕					

〔一〕【補注】王念孫曰：潛夫論慎微篇「楚莊出陳應，爵命管蘇，故能中興，强霸諸侯」。則應爲楚莊王臣。故列伍參、申公之閒。翟云升曰：應，陳軫子，當在戰國時。見魏策。先謙曰：王説是。

〔二〕【補注】先謙曰：見左傳、晉世家。梁玉繩云：表列魯文時，故知非齊公子雍。

〔三〕【補注】先謙曰：見楚語。莊王使傅太子。

〔四〕師古曰：培音陪。【補注】梁玉繩曰：見呂覽至忠篇。殺隨兕而死。下「申」當作「子」。

〔五〕【補注】先謙曰：見春秋經傳、陳世家，名午。

〔六〕【補注】先謙曰：見春秋經傳、鄭世家。梁玉繩云：「子」當作「弟」。

〔七〕【補注】先謙曰：見春秋經傳、秦紀。

〔八〕【補注】先謙曰：見左傳。

〔九〕【補注】先謙曰：見燕世家。

〔一〇〕【補注】先謙曰：見春秋經傳、衞世家，名速。

〔一一〕【補注】先謙曰：有列傳。

〔一二〕【補注】先謙曰：見春秋經傳。穆公庶子去疾。梁玉繩云：「去」亦作「弃」，與弃疾形近音鄰，義並得通，故以「去」爲「弃」。晉頃公名去疾，史侯表作「棄」，與此同。

〔一三〕【補注】先謙曰：見左傳。梁玉繩云：鄖公鍾儀一人。各本誤離爲二。

〔一四〕【補注】先謙曰：見春秋經傳、曹世家。

〔一五〕【補注】先謙曰：「周」字衍。見春秋經傳、周紀。

第一格	第二格	第三格	第四格	第五格	第六格	第七格	第八格	第九格
			子反[二]	楚共王 嚴王子。[一]	吳壽夢 中雍後十五世。[四]	魯成公 宣公子。[五]	穀陽豎[三]	
			逢丑父[七]	晉郤克[六]		齊頃公 惠公子。[九]		
			賓媚人[一〇]	辟司徒妻[八]				
			范文子 士燮。[一三]	荀罃	鄭悼公 襄公子。[一一]	衞定公 繆公子。[一二]	鄭公子班[一四]	

[一]【補注】先謙曰：見春秋經傳、楚世家，名審。

[二]【補注】先謙曰：見春秋經傳。

[三]【補注】先謙曰：見左傳。晉、楚世家作「陽穀豎」。

[四]師古曰：夢音莫風反。【補注】先謙曰：見左傳、吳世家。翟云升云：當作十八世。案周章見表，當云「周章後十五世」。

[五]【補注】先謙曰：見春秋經傳、魯世家，名黑肱。

[六]【補注】先謙曰：見春秋經傳、晉世家。

[七]【補注】先謙曰：見左、公羊傳。

[八]師古曰：辟讀曰壁。

[九]【補注】先謙曰：見春秋經傳、齊世家，名無野。

[一〇]【補注】先謙曰：見春秋經傳。即國佐。

[一一]【補注】先謙曰：見春秋經傳、鄭世家，名費。

[一二]【補注】先謙曰：見春秋經傳、衞世家，名臧。

[一三]【補注】先謙曰：見左傳。士會子。

[一四]【補注】先謙曰：見左傳。爲子駟所殺。

		曹郗時〔六〕	臧宣叔〔四〕	鄭賈人	申公巫臣〔一〕	衛孫良夫〔二〕	曹成公負芻 宣公弟。〔三〕	
			韓獻子厥〔九〕	伯宗	王孫閱〔七〕	中叔于奚〔五〕	屠顏賈〔一〇〕	
				伯宗妻	燕昭公 二十一世。〔一一〕	宋共公瑕 文公子。〔八〕		
				秦醫緩		晉景公 成公子。〔一二〕		

〔一〕【補注】先謙曰：見左傳。
〔二〕【補注】先謙曰：見春秋經傳。
〔三〕【補注】先謙曰：見左傳、曹世家。
〔四〕【補注】先謙曰：見春秋經傳，名許。文仲子。
〔五〕【補注】先謙曰：見左傳。
〔六〕師古曰：即曹欣時也。郗音許其反。
〔七〕【補注】梁玉繩曰：即周語王孫説。閱、説古通。
〔八〕【補注】先謙曰：見春秋經傳、宋世家。
〔九〕【補注】先謙曰：見左傳、韓世家。索隱引世本「韓簡孫」。
〔一〇〕師古曰：即屠岸賈也。音工下反。【補注】先謙曰：見趙世家。顏、岸一音之轉。
〔一一〕【補注】先謙曰：見燕世家。
〔一二〕【補注】先謙曰：見春秋經傳、晉世家，名獳。

程嬰　羊舌[三]　公孫杵臼[九]　劉康公[一三]

桑田巫　呂相[四]　郄至[七]　姚句耳[一三]

趙朔 盾子。[一]　郄犨　郄錡[八]　中行偃　胥童　欒書[一四]

宋平公 成公子。[五]　叔孫僑如[一〇]　公子偃[一一]

宋蕩子[二]　晉厲公 景公子。[六]

〔一〕【補注】先謙曰：見左傳、趙世家。

〔二〕【補注】梁玉繩曰：蕩澤子山也。意諸弟虺子。見左文十六年、成十五年傳。表脱「山」字。或曰「襄六年子蕩樂轡」。翟云升曰：此文七年公子蕩。

〔三〕【補注】先謙曰：孫志祖云：嬰、杵臼之閒，豈容復儳羊舌其人，衍文無疑。

〔四〕【補注】先謙曰：辟司徒妻下見左傳。

〔五〕【補注】先謙曰：見春秋經傳、宋世家。錢大昭云：「成」當作「共」。

〔六〕【補注】先謙曰：見左傳、晉世家，名州蒲。

〔七〕【補注】先謙曰：見春秋經傳、晉世家。

〔八〕師古曰：錡音螘。

〔九〕【補注】先謙曰：與程嬰並見趙世家。

〔一〇〕【補注】先謙曰：見春秋經傳。

〔一一〕【補注】先謙曰：見春秋經傳。以與謀廢立被刺。梁玉繩云：公子偃有三，一魯莊公時大夫，一鄭穆公子子游，亦在魯成時。此與僑如並列，是被刺之公子偃也。

〔一二〕【補注】先謙曰：見春秋經傳，亦曰王季子。

〔一三〕師古曰：句音鉤。

〔一四〕【補注】先謙曰：郄犨下見春秋經傳、晉世家。

			單襄公〔一〕	吕錡	羊魚〔二〕	長魚矯〔三〕	宋魚石〔一三〕	
			苗賁皇〔五〕	養由基	鮑嚴子牽〔四〕	羊斟〔一二〕		
			叔嬰齊〔七〕	叔山舟〔八〕	向于〔六〕			
			宋華元〔一〇〕	匡句須〔一一〕	鄭成公綸〔九〕			
			孟獻子〔一四〕					

〔一〕【補注】梁玉繩曰：單襄子前列五等，此單靖公之譌。見左傳，襄公子。叔向稱「單子不忝前哲，必興單氏」，故列中上。

〔二〕【補注】先謙曰：盧文弨云：左傳夷羊五亦作夷陽五，晉語作夷陽午。蓋夷其氏，羊五其名。古五、吾、魚三字通借，羊、陽，午、五亦通。隋張公禮龍藏寺碑「五臺」作「吾臺」。晉語「暇豫之吾吾」，韋注「吾讀如魚」。溝洫志「吾山，水經注八作魚山」。列子黃帝篇「魚語女」，張注「魚」當作「吾」，是其證。

〔三〕【補注】先謙曰：見左傳。

〔四〕【補注】先謙曰：見左傳，爲齊靈公所刖。

〔五〕【補注】先謙曰：見左傳。楚鬬伯棼子，奔晉爲大夫。

〔六〕【補注】錢大昕曰：時宋有向爲、向帶，當與魚石同在八等，此蓋別一人。翟云升曰：或左昭二十年向行之譌。

〔七〕【補注】先謙曰：見春秋經傳。即子叔聲伯。

〔八〕【補注】李賡芸曰：左傳作「冉」。冉、舟字形相涉而譌。

〔九〕師古曰：綸音工頑反。左傳作「睔」，音工頓反。【補注】先謙曰：鄭世家亦作「睔」，疑「綸」字誤。

〔一〇〕【補注】先謙曰：見左傳。華督曾孫。

〔一一〕師古曰：句音其于反。

〔一二〕【補注】先謙曰：見左傳。

〔一三〕【補注】先謙曰：見春秋經傳。

〔一四〕【補注】先謙曰：見春秋經傳，名蔑。

	欒正求		牧中〔三〕	晉悼公周〔五〕			鄭唐〔八〕	楚工尹襄	祁奚	
	鮑國	晉解狐		祁午	韓亡忌		銅鞮伯華〔九〕			
燕武公	二十二世。〔一〕		鄭廖〔四〕		楊干〔六〕	子服佗〔七〕		叔梁紇〔一〇〕		
									靈王泄心	簡公子。〔一一〕
慶克	國佐〔二〕							楚公子申		

〔一〕【補注】先謙曰：見燕世家。

〔二〕【補注】梁玉繩曰：國佐即賓媚人，不應重出。此與慶克並，必慶佐之譌也。佐，克子，並見左傳。

〔三〕【補注】先謙曰：並見孟子。「求」蓋「裘」之省。

〔四〕【補注】梁玉繩曰：「鄭」乃「鄧」之譌。鄧廖，楚之良。見左傳。

〔五〕【補注】先謙曰：見春秋經傳、晉世家，襄公曾孫。

〔六〕【補注】先謙曰：見魏世家。左傳作「揚干」。梁玉繩云：疑不在六等。

〔七〕【補注】梁玉繩曰：仲孫它字子服，見魯語。孟獻子之子，謚孝伯，其後爲子服氏。案表列獻子庶子它而無其適長孟莊子速，疑脱。

〔八〕【補注】翟灝曰：左傳「鄢陵之戰，唐苟爲鄭成公右而戰死」。此傳寫脱「苟」字。

〔九〕【補注】先謙曰：即羊舌赤。

〔一〇〕師古曰：紇音下結反。【補注】先謙曰：見左傳、孔子世家。

〔一一〕【補注】先謙曰：見左傳、周紀。「公」當作「王」。

羊舌職〔一〕
魏絳〔五〕
張老
籍偃
汝齊
宋子罕

魯匠慶〔二〕
衞柳壯〔六〕
吳諸樊〔一一〕

秦堇父
狄斯彌〔七〕
士鞅〔九〕
尹公佗

魯襄公〔四〕
齊靈公環
頃公子。〔一〇〕
衞獻公衎
定公子。〔一三〕

公子壬夫〔三〕
鄭釐公
成公子。〔八〕
子駟

程鄭〔一二〕
西鉏吾〔一四〕

〔一〕【補注】先謙曰：叔向父。工尹襄下見左傳。

〔二〕【補注】先謙曰：姚句耳下見左傳。

〔三〕【補注】先謙曰：並見春秋經傳。

〔四〕【補注】先謙曰：見春秋經傳、魯世家，名午。梁玉繩云：當有「成公子」三字。

〔五〕【補注】先謙曰：見左傳，晉、魏世家。武子孫，悼子子。謚昭子。

〔六〕師古曰：壯讀曰莊。【補注】梁玉繩曰：見禮檀弓、韓詩外傳七。

〔七〕【補注】先謙曰：並見左傳。梁玉繩云「虒」作「斯」，以音近而誤。

〔八〕【補注】先謙曰：見左傳、鄭世家，名惲。

〔九〕【補注】先謙曰：見春秋經傳、晉世家。

〔一〇〕【補注】先謙曰：見春秋經傳、齊世家。

〔一一〕【補注】先謙曰：見左傳、晉世家。梁玉繩云：晉語稱其端而不淫，好諫不隱，似不當列下愚。盧文弨云：疑春秋弑晉厲公之程滑，「鄭」字誤也。

〔一二〕【補注】先謙曰：吳子遏即諸樊，見七等。宜删此存彼。

〔一三〕【補注】先謙曰：見春秋經傳、衞世家。

〔一四〕【補注】先謙曰：見左傳。錢大昕云：宋之能臣，似不應列九等。

				齊晏桓子	庾公差		孫蒯[一]	
			白戌[二]	楚子囊	公孫丁		朱庶其[三]	
			范宣子士匄。					
				鄭師慧[四]	無終子嘉父	衛殤公焱獻公弟。[五]	鄭尉止[六]	
			晉邢蒯	衛大叔儀				
					姜戎駒支			
			齊殖綽[七]	公子鱄[八]			衛甯喜[九]	
					楚令尹子南	孫文子林父。[一〇]		

[一]【補注】先謙曰：並見左傳。

[二]【補注】錢大昭曰：「白」當作「向」。南監本、閩本不誤。先謙曰：官本作「向」。

[三]【補注】先謙曰：「朱」當作「邾」，見春秋經傳。

[四]【補注】先謙曰：晏桓子下見左傳。

[五]師古曰：春秋「焱」作「剽」。【補注】錢大昕曰：殤公被弒，不當在七等。王念孫曰：「焱」當爲「猋」之譌。猋、剽聲近字通。先謙曰：見春秋經傳、衛世家。「獻」當爲「定」。

[六]【補注】先謙曰：見左傳。子産殺之。官本脱此人。

[七]【補注】梁玉繩曰：綽非蒯比，不當居四等。

[八]【補注】先謙曰：並見春秋經傳。

[九]【補注】先謙曰：見春秋經傳。

[一〇]【補注】先謙曰：見春秋經傳、衛世家。

等	人物
一	
二	范武子〔九〕
三	魯季文子
四	鄭游眅〔一〕 齊杞梁 殖妻〔七〕 華州〔一〇〕 祝佗父〔一三〕
五	曹武公勝 成公子。〔二〕 鄭簡公嘉 釐公子。〔五〕 晉陽 罕〔一一〕
六	觀起〔三〕 燕文公 二十三世。〔六〕 魯國歸父〔一二〕
七	福陽子 妘姓。〔四〕 楚屈建〔八〕 魯臧堅
八	
九	

〔一〕師古曰：眅音普板反。【補注】錢大昭曰：說文「眅，多白眼也」。引春秋傳鄭游眅字子明。是眅當從「目」。先謙曰：眅以奪妻見殺，疑不居四等。

〔二〕【補注】先謙曰：見春秋經傳、曹世家。

〔三〕師古曰：觀音工喚反。【補注】先謙曰：尹公佗下見左傳。錢大昕云：屈建在七等，子南、觀起在六等，亦必有誤。

〔四〕師古曰：即偪陽也。妘音云。

〔五〕【補注】先謙曰：見春秋經傳、鄭世家。

〔六〕【補注】先謙曰：見燕世家。

〔七〕【補注】先謙曰：殖即梁也。亦見列女傳。

〔八〕【補注】先謙曰：並見春秋經傳。

〔九〕師古曰：據今春秋說，范武子即士會也。而此重見，豈別人乎？未詳其說。【補注】梁玉繩曰：「武」疑「獻」字之誤。晉有兩范獻子，一士鞅，一士富。左襄傳士富爲候奄，晉語謂之范獻子，或即其人。錢大昕曰：潛夫論云「劉氏自唐以下，漢以上，德著於世，莫若范會之最盛也。斯亦有修己以安人之功矣」。後書周舉傳「詔曰：性侔夷、魚，忠踰隨、管」。蓋漢時以二人並稱，故管仲、范武子俱列二等。前四等有士會，劉知幾以爲班氏原本在第五等者，疑別自一人。

〔一〇〕師古曰：即華周。【補注】錢大昭曰：周、州古字通。先謙曰：說苑又作「華舟」。

〔一一〕【補注】梁玉繩曰：各本三字誤分爲二。「罕」乃「畢」之譌。陽畢，晉大夫，見晉語。

〔一二〕【補注】梁玉繩曰：繹史本删「魯」字，是也。「國」爲「析」之譌。齊析歸父見左襄傳。翟云升曰：齊國歸父。見左僖傳。

〔一三〕師古曰：佗音徒何反。【補注】梁玉繩曰：各本「佗」誤「鮀」。

				行人子員〔一〕	鄭公孫夏〔二〕	宋華臣		
		欒王鮒					巢牛臣	
						晉叔魚〔三〕		
			申蒯〔四〕	子朱	燕懿公二十四世。〔五〕			
	晉叔向	楚申叔豫	陳不占〔六〕	楚湫舉〔七〕		齊崔杼	宋伊戾〔八〕	
	向母〔九〕		士鞅〔一〇〕		楚康王	慶封〔一二〕		
		齊大史三人	衛右宰穀臣〔一三〕	薳奄〔一四〕	共王子。〔一一〕	慶嗣〔一五〕	吳餘祭〔一六〕	

〔一〕師古曰：員音云。

〔二〕【補注】先謙曰：見春秋經傳。

〔三〕【補注】先謙曰：臧堅下見左傳。官本「魚」作「漁」。

〔四〕【補注】先謙曰：張老下見左傳。

〔五〕【補注】先謙曰：見燕世家。

〔六〕【補注】梁玉繩曰：新序義勇篇「赴莊公難，聞戰鬭之聲，恐駭而死」。亦見御覽四百九十九引韓詩外傳。

〔七〕師古曰：即椒舉。【補注】先謙曰：楚語作「湫」，左傳作「椒」。

〔八〕【補注】先謙曰：並見左傳。

〔九〕師古曰：向讀曰嚮。

〔一〇〕【補注】梁玉繩曰：士鞅見中下。此蓋士魴之譌，士會子彘恭子。見春秋經傳。

〔一一〕【補注】先謙曰：見春秋經傳、楚世家，名招。

〔一二〕【補注】先謙曰：並見春秋經傳、齊世家。梁玉繩云：崔、慶弑君，當在下下。

〔一三〕【補注】梁玉繩曰：左傳無「臣」字。吕覽觀表篇作「縠臣」、文選廣絶交論注作「轂臣」。

〔一四〕【補注】先謙曰：子員下見左傳。奄即薳掩。

〔一五〕【補注】先謙曰：見左傳，封之族。

〔一六〕師古曰：祭音側介反。【補注】先謙曰：見左傳、吳世家，當有「遏弟」二字。

	蘧伯玉 吳季札 鄭子產〔九〕	南史氏〔三〕 陳文子〔八〕 卞嚴子〔一四〕	厚⿱成子〔四〕 衞公子荆 絳老人	趙武 朔子。〔一〕 鬷蔑〔五〕 鄭子皮〔一〇〕	晉亥唐〔一一〕	吳遏 壽夢子。〔二〕 晉平公彪 悼公子。〔六〕 齊陳桓子〔一二〕	景王貴 靈王子。〔七〕	齊嚴公光 靈公子。〔一三〕

〔一〕【補注】先謙曰：見春秋經傳、趙世家。

〔二〕【補注】先謙曰：見春秋經傳、吳世家，即諸樊。

〔三〕【補注】先謙曰：令尹子文下見左傳。

〔四〕【補注】梁玉繩曰：左傳作「厚成叔」，吕覽觀表篇作「郈成子」，本書五行志又作「后」。錢大昕曰：說文「垕」古文「厚」。集韻或作「郈」。故郈作「后」、作「厚」，皆省文。

〔五〕師古曰：鬷音子公反。【補注】先謙曰：見左傳。梁玉繩云：齊有鬷蔑，此與子皮並列，必然明也。

〔六〕【補注】先謙曰：見春秋經傳、晉世家。

〔七〕【補注】先謙曰：見左傳、周紀。

〔八〕【補注】先謙曰：見左傳、田齊世家，陳完曾孫。

〔九〕【補注】先謙曰：叔向下見左傳。

〔一〇〕【補注】先謙曰：見春秋經傳、鄭世家。

〔一一〕【補注】先謙曰：見孟子。

〔一二〕【補注】先謙曰：見左傳、田齊世家，名無宇。當有「文子子」三字。

〔一三〕【補注】先謙曰：見春秋經傳、齊世家。

〔一四〕【補注】梁玉繩曰：見論語、韓詩外傳十、新序義勇篇。

仲尼〔七〕

晏平仲〔一〕
太子晉〔八〕

臧文中〔六〕

史趙
士文伯
鄭卑湛〔九〕

秦醫和〔三〕
晉船人固來〔一〇〕

衞襄公惡
獻公子。〔四〕
曹平公
武公子。〔一一〕

魯昭公稠〔二〕
晉昭公夷
平公子。〔一二〕

楚夾敖
康王子。〔五〕
蔡景侯〔一三〕

〔一〕【補注】先謙曰：有列傳。

〔二〕師古曰：稠音直流反。【補注】先謙曰：見春秋經傳、魯世家。梁玉繩云：當有「襄公子」三字。

〔三〕【補注】先謙曰：見左傳。

〔四〕【補注】先謙曰：見春秋經傳、衞世家。

〔五〕【補注】先謙曰：見春秋經傳、楚世家。「夾」本作「郟」，葬於郟，謂之郟敖，名員。

〔六〕【補注】梁玉繩曰：表次文仲昭公時，反在其子宣叔後，又不列武仲，必傳寫之誤。錢大昕曰：此列卞莊子後，必武仲也。論語稱武仲智，故在智人之列。後人嫌其要君，改爲文仲，又嫌重出，並去前文仲名耳。

〔七〕【補注】先謙曰：有世家。

〔八〕【補注】先謙曰：見逸周書、周語，靈王太子。

〔九〕師古曰：卑音脾。湛音甚。【補注】梁玉繩曰：左傳釋文裨諶本作「湛」。後書皇后紀注引風俗通云「裨」又作「卑」。案諶、湛古通，卑是裨之省。當與裨竈同族。

〔一〇〕師古曰：即固乘也。【補注】錢大昕曰：新序雜事篇作「固桑」。説苑尊賢篇作「古乘」，與顔注同。固即古字。「來」、「乘」皆「桑」之譌。韓詩外傳作「盇胥」，文選注引作「蓋胥」。蓋、盇皆古合切，與固聲近。桑、胥亦聲近也。外傳以爲晉平公時人，説苑以爲趙簡子時。表列亥唐、醫和之後，蓋據韓詩。

〔一一〕【補注】先謙曰：見春秋經傳、曹世家，名頃。

〔一二〕【補注】先謙曰：見春秋經、晉世家。

〔一三〕【補注】先謙曰：名同。當有「文侯子」三字。

左丘明
顏淵
閔子騫
冉伯牛

宰我
子貢[一]
冉有
季路
子游

行人子羽
馮簡子
子大叔
衛北宮文子

劉定公[二]

舟人清涓[四]
魯謝息[八]
鄭定公 簡公子。[一二]

陳惠公 哀公孫。[九]

燕惠公 一十五世。[一]
陳公子招[五]
周儋桓伯[七]
魯南蒯[一三]

蔡靈侯[三]
陳哀公弱 成公子。[六]
吳餘昧 餘祭弟。[一〇]

[一]【補注】先謙曰：見燕世家。

[二]【補注】先謙曰：有列傳。

[三]【補注】先謙曰：並見春秋經傳、蔡世家，名般。當有「景侯子」三字。

[四]師古曰：涓音工玄反。【補注】梁玉繩曰：見御覽六百二十四引尸子。

[五]【補注】先謙曰：見春秋經傳、陳世家。

[六]【補注】先謙曰：見陳世家。

[七]【補注】先謙曰：左傳「儋」作「詹」。

[八]【補注】先謙曰：見左傳。

[九]【補注】先謙曰：見春秋經傳、陳世家，名吳。

[一〇]師古曰：昧音秣。【補注】先謙曰：見春秋經傳、吳世家。梁玉繩云：傳稱「夷末甚德而度」，似非下愚。且兄弟三人分三等，疑傳寫之譌。

[一一]【補注】先謙曰：名夏。見春秋經傳。

[一二]【補注】先謙曰：見春秋經傳、鄭世家，名寧。

[一三]【補注】先謙曰：見左傳。

仲弓〔四〕

子夏　曾子〔五〕　子張

魯叔孫豹〔一〕　狐丘子林〔一〇〕

公孫楚〔二〕　公孫黑〔一一〕　韓宣子厥〔一三〕

燕悼公二十六世。〔六〕　蘧啟疆〔一四〕

鄭孔張　周原伯魯〔七〕

莒子庚輿〔三〕　晉頃公昭公子。〔八〕　宋元公佐平公子。〔一五〕

宋寺人柳　魯豎牛〔九〕　楚靈王圍〔一二〕

〔一〕【補注】先謙曰：公子荆下見左傳。

〔二〕【補注】先謙曰：即游楚，見左傳。

〔三〕【補注】先謙曰：見春秋經傳。

〔四〕【補注】先謙曰：左丘明下見論語。

〔五〕【補注】周壽昌曰：曾子宜列第二，傳寫誤入三等。其後即列曾晳。必無近在二三人將父子先後倒置之理。史通譏其進伯牛而抑曾子，未經綜覽前後，知此誤在唐以前。

〔六〕【補注】先謙曰：見燕世家。

〔七〕【補注】先謙曰：並見左傳。

〔八〕【補注】先謙曰：見春秋經傳、晉世家，名去疾。

〔九〕【補注】先謙曰：並見左傳。

〔一〇〕【補注】錢大昭曰：子産之師。吕覽下賢篇作「壺丘子林」。狐、壺古字通。先謙曰：表依吕覽列魯昭公時。列子書言「列子師之」，蓋别一人。

〔一一〕【補注】先謙曰：見春秋經傳。

〔一二〕【補注】先謙曰：見春秋經傳、楚世家。當有「康王弟」三字。

〔一三〕【補注】梁玉繩曰：韓厥前列四等，此韓宣子起，厥子也。傳寫譌「厥」爲大字，又脱下「子」字。先謙曰：見春秋經傳、韓世家。

〔一四〕【補注】先謙曰：見左傳。

〔一五〕【補注】先謙曰：見春秋經傳、宋世家。

		曾皙	晉趙文子〔一〕					晉邢侯
				魯叔孫昭子	申子亹〔二〕			
		子賤					蔡平侯 景侯子。〔三〕	雍子
			孟釐子		左史倚相			
		南容〔四〕		楚薳罷〔五〕				楚公子比
			孟懿子				樊頃子	
				吳厥由〔六〕	申亡宇			
		公治長	南宮敬叔〔七〕		申亥 亡宇子。		司徒醜〔八〕	觀從〔九〕
		公西華		衞史鼂	晉籍談		子鼂〔一〇〕	

〔一〕【補注】先謙曰：前趙武列中中，馬驌以爲重出。梁寶繩云：表不列文子之子，則「文」當作「景」。趙景子見左傳、晉語。伯樂稱其「纂修先業，無謗於國」，故居中上。先謙案，「景子」，世家作「景叔」。

〔二〕【補注】梁玉繩曰：申公子。亹見楚語，亦曰史老。

〔三〕【補注】先謙曰：見春秋經傳、蔡世家，名廬。

〔四〕師古曰：南宮縚也，字子容。

〔五〕師古曰：罷讀曰疲。【補注】先謙曰：並見春秋經傳。

〔六〕師古曰：即蹶由。

〔七〕師古曰：南宮适。

〔八〕【補注】先謙曰：並見左傳。

〔九〕師古曰：觀音工喚反。【補注】先謙曰：邢侯下見左傳。

〔一〇〕【補注】先謙曰：見左傳、周紀。

有若	漆彫啟	澹臺滅明〔八〕	
郯子〔一〕	老子〔四〕	南榮疇〔九〕	
師曠	屠蒯		
子鉏商〔三〕	周史大㢰〔六〕	蜎子〔一〇〕	
〔一一〕			
賓猛〔二〕	蔡悼侯靈侯孫。〔七〕	梁丘據〔一二〕	
周悼王猛景王子。〔五〕			

〔一〕【補注】先謙曰：孟鼇下見左傳。

〔二〕師古曰：即賓孟也。【補注】先謙曰：見左傳。

〔三〕【補注】先謙曰：倚相下見左傳。梁玉繩云：鉏商微者，何必置第六？事在哀公中年，亦不當列昭公之世。

〔四〕【補注】周壽昌曰：唐天寶元年詔「漢書古今人表玄元皇帝升入上聖」。宋徽宗詔「史記老子傳升列傳之首，自爲一帙」。前漢古今人表列於上聖，後來各本俱遵之，惟毛本列第四，猶存班書元式。先謙曰：官本列上上，有列傳。

〔五〕【補注】先謙曰：見春秋經傳、周紀。「周」字衍。

〔六〕【補注】梁玉繩曰：太史大弢見莊子則陽篇。廣韻：「㢰，平義切；弢，土刀切。」音義俱別。疑此譌。

〔七〕【補注】先謙曰：見春秋經傳、蔡世家，名東國。

〔八〕師古曰：澹音大甘反。

〔九〕師古曰：即南榮趎也。趎音直俱反。【補注】梁玉繩曰：南榮疇見文子精誠篇。莊子庚桑楚作「南榮趎」。

〔一〇〕師古曰：蜎音一兖反。【補注】先謙曰：老子弟子。見藝文志，蓋本劉歆七畧。

〔一一〕【補注】錢大昭曰：南監本、閩本第七等俱有「齊景公杵臼」，及注「嚴公弟」共八字在梁丘據之上。此脫。先謙曰：官本有八字，見春秋經傳、齊世家。

〔一二〕【補注】先謙曰：見左傳、魯世家。

		樊遲		子服惠伯〔一〕			曹桓公 平公子。〔二〕	
		巫馬期		晉荀吴〔三〕				
					孝成子〔四〕			
		司馬牛		裨竈			南宫極〔五〕	敬王丏 景王子，悼王兄。〔六〕
					齊虞人〔七〕			
		子羔	公伯寮〔八〕	里析			頓子	
		原憲			越石父	裔款〔九〕		
		顏路〔一〇〕	公肩子〔一一〕	梓愼			胡子髡	

〔一〕【補注】先謙曰：厥由下見左傳。

〔二〕【補注】先謙曰：「桓」當爲「悼」。見春秋經傳、曹世家，名午。

〔三〕【補注】先謙曰：見春秋經傳。

〔四〕【補注】梁玉繩曰：「孝」當作「老」，見列子周穆王篇。先謙曰：亦見藝文志。

〔五〕【補注】先謙曰：見左傳，震死。

〔六〕【補注】先謙曰：見左傳。「丏」是「匄」之譌。梁玉繩云：各書以敬王爲悼王母弟，此以敬爲悼兄，疑誤。敬王能終其世，未聞失德，貶居末等，反在子朝之下，蓋傳寫有譌。

〔七〕【補注】先謙曰：見左傳、孟子。

〔八〕【補注】先謙曰：弟子傳「寮」作「僚」。

〔九〕【補注】先謙曰：見左傳。梁玉繩云即晏子諫篇之艾孔。

〔一〇〕【補注】先謙曰：宰我下見論語。

〔一一〕【補注】先謙曰：弟子傳名定，「肩」一作「堅」。

		商瞿〔一〕			栢常騫	許男〔二〕		
				申須〔三〕			沈子逞	楚平王棄疾靈王弟。〔四〕
		季次〔五〕	子石〔六〕		燕子干〔七〕			
		公良〔八〕		林既〔九〕			陳夏齧〔一〇〕	
			鬷成子〔一一〕					
				北郭騷〔一二〕	魏獻子絳孫。〔一三〕		魯季平子〔一四〕	費亡極〔一五〕

〔一〕師古曰：瞿音劬。

〔二〕【補注】先謙曰：翟云升云：當是許男斯，悼公子也。見春秋定四年。許君惟斯無謚，故止稱許男。先謙案，蓋脱「斯」字。

〔三〕【補注】先謙曰：裨竈下見左傳。

〔四〕【補注】先謙曰：見春秋經傳、楚世家。

〔五〕【補注】錢大昭曰：即公晳哀，季次其字。

〔六〕【補注】錢大昭曰：即公孫龍。梁玉繩曰：在平原門之公孫龍，與子思玄孫孔穿同時，非此人。先謙曰：見弟子傳。

〔七〕【補注】梁玉繩曰：石父下見晏子春秋。「干」當作「午」。

〔八〕【補注】錢大昭曰：即公良孺，脱一字。

〔九〕【補注】錢大昕曰：見説苑善説篇，齊景公時人。

〔一〇〕【補注】先謙曰：頓子下並亡於吳楚雞父之戰。見春秋經傳。

〔一一〕【補注】先謙曰：弟子傳無鬷成子。翟云升云：疑縣成子之譌。見弟子傳。

〔一二〕【補注】錢大昕曰：見晏子雜篇、吕覽士節、説苑復恩篇。

〔一三〕【補注】先謙曰：見左傳、魏世家。

〔一四〕【補注】先謙曰：見左傳、魯世家。

〔一五〕【補注】先謙曰：見左傳、楚世家。

顏刻〔一〕

琴牢〔二〕

逢於何〔三〕　司馬穰苴〔六〕　楚伍奢

司馬彌牟　司馬篤〔七〕　魏戊　智徐吾

燕共公二十七世。〔四〕　楚太子建〔一〇〕

宋樂大心　季公烏　公叔務人〔九〕　寺人僚相〔一一〕

曹聲公悼公弟。〔五〕　吳僚餘昧子。〔八〕　曹隱公通平公弟。〔一二〕

〔一〕【補注】先謙曰：商瞿下並見孔子弟子傳。

〔二〕【補注】王引之曰：「牢」本作「張」，後人據家語改之也。人表所載，皆經傳所有。左昭傳及孟子並作「琴張」，莊子大宗師作「子琴張」，無作「琴牢」者。論語「牢曰子云『吾不試，故藝』」。鄭注以爲子牢，蓋據莊子則陽篇「長梧封人問子牢」之文，然亦不以爲琴張。牢與琴張本非一人也。惟家語弟子篇始云「琴牢衞人，字開，一字張」。又序云，語云「牢曰子云」，讀者不知爲誰，多妄爲之說。孔子家語「弟子有琴張，一名牢，字子開，亦字張，衞人也」。是琴牢字張，始見於王子雍所僞撰之家語，何得據之而改漢書乎？賈逵、鄭衆注左傳，以琴張爲顓孫師，而服虔駁之云「子張少孔子四十餘歲，孔子是時四十，知未有子張」。趙岐注孟子，亦以琴張爲子張，云「子張善鼓琴，號曰琴張」。如漢書有琴牢，則鄭、趙、服、賈諸家，何不據以釋「牢曰」及「琴張」乎？然則人表不作琴牢明甚。

〔三〕【補注】錢大昕曰：見晏子諫篇。

〔四〕【補注】先謙曰：見燕世家。

〔五〕【補注】先謙曰：見曹世家，名野。

〔六〕師古曰：穰音人羊反。苴音子余反。【補注】先謙曰：有列傳。

〔七〕【補注】錢大昕曰：即左昭二十二年傳司馬烏也，非左昭十二年楚靈王大夫司馬督。烏、篤形近而譌。

〔八〕師古曰：僚音聊。【補注】先謙曰：見春秋經傳、吳世家。

〔九〕【補注】孫志祖曰：務人死齊師，疑不在八等。

〔一〇〕【補注】先謙曰：見左傳、楚世家。

〔一一〕師古曰：相音側加反。

〔一二〕【補注】先謙曰：見曹世家，名通。

等	人
一	
二	
三	
四	楚子西〔九〕
五	伍尚　魯師已　子家羈〔六〕
六	孟丙〔一〕　成鱄〔三〕　闞没　汝寬
七	燕平公二十八世。〔二〕　專諸〔五〕　秦哀公　景公子。〔七〕
八	臧昭伯　厚昭伯〔四〕　吳王闔廬〔一〇〕
九	吳夫槩〔八〕

〔一〕【補注】先謙曰：彌牟下見左傳。王念孫云：「孟」當爲「盂」。釋文、廣韻並作「盂丙」。唐石經始譌爲「孟」。地理志作「盂丙」。此表作「孟丙」，是後人以誤本左傳改之。

〔二〕【補注】先謙曰：見燕世家。

〔三〕師古曰：音上兑反。【補注】先謙曰：官本「兑」作「兖」，是。

〔四〕師古曰：即郈昭伯也。【補注】先謙曰：欒大心下見左傳。

〔五〕【補注】先謙曰：有列傳。

〔六〕【補注】先謙曰：伍奢下見左傳。

〔七〕【補注】先謙曰：見春秋經傳、秦紀。

〔八〕師古曰：夫音扶，槩音工代反。【補注】先謙曰：見左傳、吳世家。

〔九〕【補注】先謙曰：見左傳、楚世家。

〔一〇〕【補注】先謙曰：見左傳、吳越世家，名光。疑當有「過子」二字。

			公子闔[二]	吳孫武[一]	楚司馬子期	楚昭王 平王子。[三]	楚郄宛[六]	徐子章禹[四]
			五子胥[五]	申包胥	沈尹戌	鍾建[七]	越王允常 夏少康後。[一〇]	衞靈公元 襄公子。[一一]
			江上丈人[八]	蔡墨	衞彪傒[九]	鄭獻公蠆 定公子。[一二]	闞且[一三]	南子
			史魚	楚史皇	萇弘			
				王孫由于				

〔一〕【補注】先謙曰：有列傳。

〔二〕【補注】錢大昕曰：即楚公子閭。白公欲以爲王，不從被殺者。梁玉繩曰：左傳、楚世家、淮南繆稱訓作「閭」。繹史據改「闔」，蓋譌字。

〔三〕【補注】先謙曰：見春秋經傳、楚世家，名軫。

〔四〕【補注】先謙曰：見春秋經傳。

〔五〕【補注】先謙曰：官本作「伍」。案本書姓例作「五」，有列傳。

〔六〕【補注】先謙曰：見左傳。爲費亡極所譖殺。梁玉繩云：傳稱「宛直而和，國人説之」。疑不在八等。

〔七〕【補注】先謙曰：見左傳。

〔八〕【補注】梁玉繩曰：見吕覽異寶篇、吴越春秋、越絶書。

〔九〕師古曰：傒音奚。

〔一〇〕【補注】先謙曰：見越世家。

〔一一〕【補注】先謙曰：見左傳、衞世家。

〔一二〕【補注】先謙曰：見春秋經、鄭世家，名蠆。疑「禹」誤。

〔一三〕師古曰：且音子余反。【補注】先謙曰：見楚語。

			公叔文子	鑢金〔五〕	員公辛〔二〕	宋景公兜欒	魯定公〔四〕	蒯聵〔一〕
			中叔圉	屠羊説〔七〕	王孫章〔九〕	元公子。〔三〕	宋昭公〔六〕	宋朝
			祝佗〔八〕		楚石奢〔一二〕	宋中幾	邾嚴公〔一〇〕	彌子瑕〔一一〕
							夷射姑〔一三〕	雍渠
								黎且子。〔一四〕

〔一〕師古曰：蒯音五怪反。

〔二〕師古曰：員讀曰鄖。【補注】先謙曰：成鱄下見左傳。翟云升云：楚鄖公已見第五，宜删其一。

〔三〕【補注】先謙曰：見左傳、宋世家。亦作名「頭曼」。

〔四〕【補注】先謙曰：見春秋經傳、魯世家。當有「昭公弟」三字，名宋。

〔五〕師古曰：鑢音慮。【補注】先謙曰：申包胥下見左傳。「鑢」一作「鑪」，盧、慮古通。

〔六〕【補注】梁玉繩曰：宋有兩昭公，前杵臼，後得，表皆列之。此重出。

〔七〕師古曰：説讀曰悦。【補注】梁玉繩曰：見莊子讓王篇、韓詩外傳八。

〔八〕師古曰：佗音徒何反。

〔九〕【補注】錢大昕曰：此與員公辛並列，楚昭功臣王孫賈也。見左傳。「章」字譌。

〔一〇〕【補注】先謙曰：見春秋經傳。

〔一一〕【補注】先謙曰：南子下見左傳。

〔一二〕【補注】梁玉繩曰：見韓詩外傳二。史循吏傳作石渚。不以父廢法，自刎而死。

〔一三〕【補注】先謙曰：見左傳。

〔一四〕師古曰：且音子余反。【補注】先謙曰：見孔子世家。孟子作「癰疽」。錢大昕云：雍渠嬖臣，似不著其世系。黎且子别一人，即齊之犂鉏也。此正文而誤入注者。王良、伯樂與郵無恤一人而並列，此注而誤入正文者。梁玉繩云：黎鉏見孔子世家。韓子内諸下作「黎且」，「子」字衍。

			王孫賈〔一〕	莫敖大心〔二〕		齊高張〔三〕		
					劉文公卷〔四〕			
			公父文伯母〔五〕	蒙穀〔六〕			楚囊瓦	
						榮駕鵞〔七〕		
				陳逢滑〔八〕			唐成公〔九〕	
			衛公子遲〔一〇〕	司馬狗〔一一〕	季康子			季桓子〔一二〕
							蔡昭侯	
						〔一三〕	悼侯弟。〔一四〕	

〔一〕【補注】先謙曰：史魚下見論語。

〔二〕【補注】梁玉繩曰：見楚策、淮南修務訓。吴、楚戰柏舉，死。

〔三〕【補注】先謙曰：並見春秋經傳。

〔四〕師古曰：卷音其專反。

〔五〕【補注】梁玉繩曰：見禮檀弓、魯語、列女傳。叔向母第二，介推母第三，敬姜不在二母下，居第四。張晏譏之。

〔六〕【補注】錢大昕曰：見楚策。昭王反郢，獻雞次之典，自棄於磨山。

〔七〕師古曰：駕音加。【補注】先謙曰：見左傳。

〔八〕【補注】先謙曰：見左傳。

〔九〕【補注】先謙曰：並見左傳、楚世家。

〔一〇〕【補注】錢大昕曰：即左傳公子郢。

〔一一〕師古曰：衛宣公臣也。見魯連子。【補注】梁玉繩曰：魯連子今不傳，它書未見。表列狗於衛靈公世，而宣公在春秋初，時代不合。疑靈公臣司空狗之誤。靈公廢䨓疽、彌子瑕，而立司空狗。見衛策及韓子難四。

〔一二〕【補注】先謙曰：見春秋經傳、魯世家。

〔一三〕【補注】錢大昭曰：南監本、閩本第七等，俱有「秦惠公」及注「哀公孫」六字，在蔡昭侯之上。此脱。先謙曰：官本有六字，見春秋經傳、秦紀。

〔一四〕【補注】先謙曰：見左傳、蔡世家，名申。

					公父文伯〔一〕			
				顏讎由〔二〕				
			觀射父〔三〕				晉定公 頃公子。〔四〕	
				大夫選〔五〕				
					東野畢〔六〕			曹靖公路 聲公子。〔七〕
				陳司城貞子〔八〕			陳懷公 惠公子。〔九〕	
						鄭聲公勝 獻公子。〔一〇〕		
				顏燭雛〔一一〕			滕悼公〔一二〕	

〔一〕【補注】先謙曰：劉文公下見左傳。

〔二〕【補注】先謙曰：見孟子。梁玉繩云：即孔子世家之顏濁鄒。孔叢記義篇可互證。衛賢大夫。非齊之顏涿聚也。

〔三〕師古曰：觀音工喚反。【補注】梁玉繩曰：見楚語。

〔四〕【補注】先謙曰：見左傳、晉世家，名午。

〔五〕【補注】錢大昕曰：即論語大夫僎。

〔六〕【補注】錢大昕曰：見荀子哀公篇、新序雜事五、韓詩外傳二。

〔七〕【補注】先謙曰：侯表作「路」，曹世家作「露」，云聲公弟。

〔八〕【補注】先謙曰：見孟子。左傳稱公孫貞子。

〔九〕【補注】先謙曰：見春秋經傳、陳世家，名柳。

〔一〇〕【補注】先謙曰：見左傳、鄭世家。

〔一一〕師古曰：即顏涿聚子也。【補注】梁玉繩曰：顏注「子」字衍。梁父之大盜，學於孔子，爲齊忠臣，爲智伯所禽而死，左哀傳之顏庚也。亦名顏涿聚。說苑正諫主鳥章作「燭雛」，游海章作「燭趨」，晏子外篇作「燭鄒」，集韻作「燭雛」，俱形近通借。其子名晉，亦見左哀傳。先謙曰：官本「燭」作「濁」。

〔一二〕【補注】先謙曰：見春秋經傳，名寧。

							許幼〔一〕	
							莒郊公〔二〕	范吉射〔三〕
				鄍亡卹				
					周舍〔四〕	趙簡子		
				王良		武子孫。〔五〕	郲悼公〔六〕	
					田果〔七〕			中行寅〔八〕
				柏樂〔九〕	行人燭過〔一〇〕	韓悼子		
			嗚犢			宣子子。〔一一〕		
			竇犨〔一二〕					

〔一〕【補注】先謙曰：繹史本作「許男」。錢大昕云：西都賦「許少施巧，秦成力折」。許少豈即許幼乎？

〔二〕【補注】先謙曰：見春秋經傳。著丘公子。

〔三〕師古曰：射音食亦反。

〔四〕【補注】錢大昕曰：見趙世家、韓詩外傳七、新序。

〔五〕【補注】先謙曰：見春秋經傳、趙世家，名鞅。梁玉繩云：文子，武之孫。此云「武子孫」，誤。趙無武子也。

〔六〕【補注】張雲璈曰：悼公，莊公之父，不應列莊公後。此必隱公益也。見春秋經傳。益，莊公子。

〔七〕【補注】錢大昕曰：藝文類聚二十九、御覽七百二十五引尸子曰「齊有田果，命其狗曰富，命其子曰樂」云云。梁玉繩曰：田果一愚人，何以列第六？表與周舍、燭過並列，疑「果」爲「卑」字之譌。新序義勇篇「中牟人田卑不從佛肸之叛，趙氏求而賞之，辭賞去」。皆趙簡子時事。

〔八〕師古曰：行音户郎反。【補注】先謙曰：並見左傳、晉世家。

〔九〕【補注】梁玉繩曰：「王良柏樂」本四小字，誤爲大字。三名一人。班雙注以定其疑耳。鄍亡卹見左傳，字子良，故亦稱郵良孟子。秦策稱王良，晉語稱伯樂，本書敘傳稱良樂。案列子説符篇「秦穆時有伯樂，善相馬」，蓋因亡卹善御，故以蒙之。王良亦星名，因字子良，又目爲王良也。

〔一〇〕【補注】錢大昕曰：趙簡子臣。見説苑臣術篇。梁玉繩曰：亦見韓子難二、吕覽貴直篇。

〔一一〕【補注】梁玉繩曰：悼當作「貞」，與前欒貞子譌悼子可互證。後韓康子注云，貞子子。此悼爲誤文無疑。先謙曰：見左傳、韓世家。

〔一二〕【補注】梁玉繩曰：嗚犢見孔子世家。竇犨見晉語。

			越句踐 允常子。[五] 大夫種[一三]	陽城胥渠[一] 扁鵲[六] 董安于[一一] 田饒[一四]	燕簡公 二十九世。[八]	齊國夏[七] 桑掩胥[一二]	頓子[二] 胡子[四] 薛襄子[九] 小邾子[一五]	杞隱公 悼公子。[三] 杞釐公 隱公子。[一〇] 曹伯陽 爲宋所滅。

[一]【補注】錢大昕曰：趙簡子時人，見呂覽愛士篇。

[二]【補注】先謙曰：此春秋定四年、十四年，見經之頓子，名牂。

[三]【補注】先謙曰：杞世家題公後，次謀娶公，次武公，次靖公，次共公，次德公，次桓公姑容，次孝公匄，次文公益姑，次平公鬱，次悼公成，次隱公乞。據表注「悼公子」，知悼公必已列入，疑傳寫脱去十世。

[四]【補注】先謙曰：見春秋經傳，爲楚所滅。名豹。

[五]師古曰：句音鉤。

[六]【補注】先謙曰：有列傳。姓秦，名越人。

[七]【補注】先謙曰：見春秋經傳。

[八]【補注】先謙曰：見春秋經傳、燕世家，名款。

[九]【補注】梁玉繩曰：「子」當爲「公」。薛襄公定見春秋定十二年。

[一〇]【補注】先謙曰：見杞世家，云「隱公弟，名遂」。

[一一]【補注】先謙曰：見左傳、晉語、趙策。

[一二]【補注】先謙曰：見左傳。

[一三]【補注】先謙曰：並見越世家。

[一四]【補注】梁玉繩曰：見韓詩外傳二「去魯哀公相燕」，故表序於定、哀之閒。外傳七有陳饒，説苑尊賢篇亦作田饒，齊策作「田需相齊見逐」，非此人。

[一五]【補注】先謙曰：見春秋經傳。

上上	上中	上下	中上	中中	中下	下上	下中	下下
		范蠡〔一〕			嚴先生〔二〕			
				仇汜〔三〕				
			后庸〔四〕			魯哀公〔五〕		公孫彊〔六〕
				榮聲期〔七〕			齊悼公陽生〔八〕	
			諸稽到〔九〕					
					秦悼公 惠公弟。〔一〇〕			
			苦成	楚芋尹文〔一二〕		齊晏孺子〔一一〕		田乞 完六世孫。〔一三〕
							鮑牧〔一四〕	

〔一〕師古曰：即殺陶朱公兒者也。【補注】先謙曰：見越世家。

〔二〕【補注】先謙曰：有列傳。

〔三〕【補注】錢大昕曰：魯之恭士也。行年七十，其恭益甚。説苑敬慎篇作「机汜」。

〔四〕【補注】先謙曰：見左傳。吴語作「舌庸」。

〔五〕【補注】先謙曰：見春秋經傳、魯世家，名蔣。梁玉繩云：當有「定公子」三字。

〔六〕【補注】先謙曰：並見左傳，曹世家。

〔七〕師古曰：即榮啟期也。聲或作「啟」。【補注】先謙曰：見列子天瑞，淮南主術、齊俗篇。錢大昕云：「聲」蓋「罄」之譌，啟、罄聲相近。王念孫云：此因隸書「啟」作「启」，形與聲近而譌耳。據顔注它本，固有作启者矣，不必迂其説，而以爲罄之譌也。

〔八〕【補注】先謙曰：見左傳、齊世家。當有「晏孺子兄」四字。

〔九〕【補注】先謙曰：官本攷證云，「到」當作「郢」，各本俱譌。

〔一〇〕【補注】先謙曰：見秦紀。「弟」當作「子」。

〔一一〕師古曰：即安孺子也。【補注】先謙曰：見左傳、齊世家，名荼。當有「景公子」三字。

〔一二〕師古曰：芋音于具反。【補注】錢大昕曰：見新序義勇、雜事篇。

〔一三〕【補注】先謙曰：見春秋傳、田齊世家，桓子子。

〔一四〕【補注】先謙曰：見左傳。

葉公子高〔八〕

皐如〔一〕　計然〔七〕

隰斯彌〔六〕　市南熊宜僚〔九〕

燕獻公三十世。〔二〕　楚白公勝〔一〇〕　屈固〔一四〕

高昭子〔三〕　楚惠王章昭王子。〔一一〕

田恒陳乞子。〔四〕　諸御鞅〔一二〕　衛大叔遺

齊簡公壬〔五〕　子我〔一三〕　子行〔一五〕

〔一〕【補注】先謙曰：諸稽下見吳語。

〔二〕【補注】先謙曰：見燕世家。

〔三〕【補注】梁玉繩曰：高昭子即高張，已見前。此陳昭子之譌。故與田恒上下相連，非重出也。陳昭子，乞之子，恒之兄，見左傳，名莊。

〔四〕【補注】先謙曰：見春秋經傳、田齊世家。當在九等。

〔五〕【補注】先謙曰：見春秋經、齊世家。當有「悼公子」三字。

〔六〕【補注】錢大昕曰：見韓子説林篇。

〔七〕【補注】先謙曰：見貨殖傳。

〔八〕【補注】先謙曰：見論語、左傳。

〔九〕【補注】先謙曰：見左傳，莊子山木、徐無鬼、則陽篇。

〔一〇〕【補注】先謙曰：見左傳。

〔一一〕【補注】先謙曰：見左傳、楚世家。

〔一二〕【補注】先謙曰：見左傳、田齊世家。梁玉繩云：諸御，官名。越世家「諸御十人」。

〔一三〕【補注】梁玉繩曰：子我置陳恒之下，蓋誤。

〔一四〕【補注】錢大昕曰：見楚世家、伍子胥傳。即左傳之薳固。

〔一五〕【補注】先謙曰：並見左傳。

		達巷黨人〔一一〕	儀封人	大陸子方〔一〕 嚴善〔五〕 魯太師〔六〕 公明賈	檀弓 公儀中子〔九〕 皐魚〔一二〕	申鳴〔二〕 孔文子〔三〕 太叔疾〔七〕 陳轅頗〔一〇〕	衛出公輒〔四〕 渾良夫〔八〕 孔悝	

〔一〕【補注】錢大昕曰：即東郭賈也。見左傳。

〔二〕【補注】錢大昕曰：楚昭王臣，見韓詩外傳十、說苑立節篇。

〔三〕【補注】梁玉繩曰：孔圉已列四等，此必南文子之譌，故敘於公子郢後。猶說苑復恩篇之譌作甯文子也。權謀篇作「南」。南文子見左傳、衛策。文子之父郢字子南，故爲南氏。

〔四〕【補注】先謙曰：當有「蒯(聵)〔聵〕子」三字。

〔五〕【補注】錢大昕曰：即莊善也。見新序義勇篇，韓詩外傳作「莊之善」，辭其母死白公之難。

〔六〕【補注】梁玉繩曰：此太師非必師摯。注疏但云樂官名。或疑表重出，非。

〔七〕【補注】先謙曰：見左傳。

〔八〕師古曰：渾音下昆反。

〔九〕【補注】先謙曰：並見禮檀弓篇。

〔一〇〕【補注】先謙曰：見春秋經傳。

〔一一〕【補注】先謙曰：見論語、孔子世家，即項橐，亦作項託。七歲爲孔子師。見董仲舒傳，淮南說林、修務，論衡實知篇，秦策，甘茂傳。

〔一二〕【補注】梁玉繩曰：見韓詩外傳九。立槁而死。

			長沮〔一〕	陳亢〔二〕		蔡成公	石气	
	朱張				顔亾父	昭公子。〔三〕	狐黶〔四〕	
			桀溺	子服景伯		齊平公驁	衞簡公蒯聵〔六〕	
	少連〔七〕				顔隃倫	簡公子。〔五〕		
			丈人					
				林放		厥黨童子〔八〕		
			何蕢〔九〕		顔夷〔一〇〕		原壤	
							叔孫武叔	

〔一〕師古曰：沮音(于)〔千〕余反。

〔二〕師古曰：音商，又音抗。【補注】先謙曰：官本「商」作「岡」，是。

〔三〕【補注】先謙曰：見蔡世家，名朔。梁玉繩云：兩「公」字當作「侯」。

〔四〕師古曰：即盂黶。【補注】先謙曰：太叔遺下見左傳、衞世家。官本「盂」作「孟」。梁玉繩云：盂、壺聲近，壺、狐字通。史弟子傳作「壺黶」，作「盂」者是也。

〔五〕【補注】先謙曰：「驁」當作「驁」。見田齊世家，云「簡公弟」。

〔六〕【補注】先謙曰：錢大昕云：前九等已有蒯聵，此重出。蒯聵謚莊公，與此亦不合。先謙案，蒯聵不得列出公後，此傳寫妄增。

〔七〕【補注】先謙曰：並見論語。錢大昕云：表無柳下惠，必㮚本脱漏。

〔八〕師古曰：即闕黨童子也。

〔九〕師古曰：蕢音匱。

〔一〇〕【補注】先謙曰：錢大昕云：三人皆善御者，見韓詩外傳二，惟「匹父」作「無父」，隃倫彼文單名淪耳。李賡芸云：亾、無古通，當從毛本。作「匹」者，「亾」字之誤。先謙案，官本作「匹」，與錢所見本同。

		孟之反〔一一〕	楚狂接輿〔一〕 師襄子〔一二〕	陳司敗 陳子禽〔五〕 陽膚 尾生高〔一三〕	陳弃疾〔二〕 工尹商陽〔六〕 齊禽敖〔一四〕	革子戚〔三〕 周元王赤 敬王子。〔九〕 晉出公 定公子。〔一五〕	衞公孫朝 尾生晦〔七〕	衞侯起〔四〕 石國〔八〕 陽虎〔一〇〕

〔一〕【補注】先謙曰：儀封人下見論語。

〔二〕【補注】翟云升曰：楚平王弃疾之外，有左襄二十二年令尹子南之子弃疾，昭六年宫廄尹弃疾。「陳」當爲「楚」。先謙曰：此與商陽並，則是檀弓之陳弃疾，不如翟説也。鄭注「陳」或作「陵」，其人存疑可耳。

〔三〕師古曰：即棘子成也。【補注】先謙曰：官本「戚」作「成」，「字」作「子」，是。並見論語。

〔四〕【補注】先謙曰：見衞世家。

〔五〕【補注】梁玉繩曰：此「子禽」乃「子車」之譌。陳子亢是子車弟，禮檀弓甚明。子亢、子車皆字，與陳人名亢字子禽者判然不同。自鄭注檀弓誤云「子亢，孔子弟子」，遂仞作一人。

〔六〕【補注】先謙曰：禮鄭注「工尹，楚官名」。

〔七〕師古曰：即微生畝也。晦古畝字。【補注】先謙曰：晦是畮之誤。

〔八〕【補注】錢大昕曰：「國」當作「圃」。逐衞侯起，見左傳。

〔九〕【補注】先謙曰：「周」字衍。周紀「名仁」。

〔一〇〕【補注】先謙曰：見春秋傳、魯世家。

〔一一〕【補注】先謙曰：見論語、左傳。

〔一二〕【補注】梁玉繩曰：見孔子世家、韓詩外傳五，衞樂師。非論語擊磬者。故表判然二人。僞家語辨樂篇襲韓詩外傳而妄增擊磬爲官之言，遂合二襄爲一。索隱及朱子集注并仍其誤。淮南主術高注云「魯樂太師」，尤誤。不但師襄非魯伶官，且魯襄職司擊磬，豈得稱太師耶？

〔一三〕師古曰：即微生高也。

〔一四〕師古曰：即黔敖也。【補注】梁玉繩曰：黔姓古讀若禽，廣韻音巨金切。釋文作其廉反，非也。

〔一五〕【補注】先謙曰：見晉世家，名鑿。

陳愍公 爲楚所滅。[一〇]	互鄉童子		申棖[一]		大連[二]			
	萆肸[六]		餓者	師冕[四]	師已[三]			
	公山不狃[一四]	公之魚[九]	陳子亢[五]	鄭戴勝之[八]	賓牟賈[七]	顏丁		
		宋桓魋	陳尊己[一三]	南郭惠子[一二]	公肩瑕[一一]	顏柳		
				姑布子卿[一五]				

[一]【補注】先謙曰：弟子傳作申黨。

[二]【補注】先謙曰：見禮雜記。

[三]【補注】錢大昕曰：前師已列五等，此與賓牟賈並列，乃師乙之譌。

[四]師古曰：即師免。【補注】先謙曰：魯太師下見論語。梁玉繩云：冕字未見有作免者，顏注不可曉。疑表是「免」字，注作「冕」耳。

[五]【補注】先謙曰：詳五等陳子禽下。

[六]師古曰：即佛肸也。萆音弼。

[七]【補注】先謙曰：並見禮樂記。

[八]【補注】梁玉繩曰：「鄭」乃「宋」之譌。鄭無戴氏也。孟子有戴不勝、戴盈之，疏謂不勝字盈之，此又誤爲勝之。惟表列魯哀公時，太早。

[九]【補注】錢大昕曰：見孔子世家。

[一〇]【補注】先謙曰：見陳世家。

[一一]師古曰：即公肩假也。【補注】錢大昭曰：見禮檀弓。

[一二]【補注】錢大昕曰：見荀子法行、墨子非儒篇。子貢之齊，因以見田常。

[一三]【補注】先謙曰：陳弃疾下見檀弓。

[一四]師古曰：即公山不擾也。音人九反。【補注】先謙曰：原壤下見論語。

[一五]【補注】錢大昕曰：見趙世家、韓詩外傳九、荀子非相篇。善相人。

周豐〔一〕	采桑羽〔六〕		樂正子春〔一三〕
衛視夷〔二〕		史留〔一〇〕	豫讓〔一三〕
宋子韋〔三〕	公輸般〔七〕	離朱〔一一〕	陳太宰喜〔一四〕
秦厲共公	悼公子。〔四〕		
匡人〔五〕	貞定王	元王子。〔八〕	
	杞愍公	釐公子。〔九〕	杞釐公〔一五〕
			吳王夫差

〔一〕【補注】先謙曰：顏丁下見禮檀弓。

〔二〕師古曰：即式夷也。見呂氏春秋。【補注】梁玉繩曰：呂覽長利篇有戎夷，未見式夷事。式、視聲近相借，知今本作「戎」，譌也。式夷違齊如魯，天寒而死。高注「齊之仁人」。疑不如班表在前爲確。

〔三〕【補注】梁玉繩曰：見呂覽制樂、淮南道應篇、新序四。宋景公之史。

〔四〕【補注】先謙曰：見秦紀。

〔五〕【補注】先謙曰：並見論語。梁玉繩云：當列下下。

〔六〕【補注】先謙曰：梁玉繩云「羽」本「女」之譌。采桑女見列女傳陳辨女篇。

〔七〕【補注】先謙曰：見孟子、宋策、禮檀弓、墨子。

〔八〕【補注】先謙曰：見周紀，名介。

〔九〕【補注】先謙曰：見杞世家，名維。

〔一〇〕【補注】翟云升曰：即史寥，見秦紀。留、寥音同。周壽昌曰：即史籀也。藝文志「周宣王太史」。「籀」之爲「留」，古字通省耳。先謙曰：周説近之，而表次時代稍後。

〔一一〕【補注】梁玉繩曰：見列子湯問，莊子駢拇、天地，淮南原道篇。黄帝時明目人，蓋因孟子之言，誤與公輸並列。梁耆云：表有墨翟，無楊朱，疑「離」爲「楊」之譌，等次時代皆相近。

〔一二〕【補注】先謙曰：見檀弓。

〔一三〕【補注】先謙曰：有列傳。

〔一四〕【補注】先謙曰：「喜」是「嚭」之省。

〔一五〕師古曰：此不當言釐公，字誤也。【補注】先謙曰：前已有釐公。世家云「湣公弟闕路弑湣公，代立，是爲哀公」。「釐」當作「哀」。

石讐〔四〕
子服子〔一一〕

青荓子〔一〕
趙襄子
簡子子。〔九〕

吳行人儀〔二〕
鄭鄅魁纍〔五〕

鄭共公丑
哀公弟。〔三〕
晉定公
昭公孫。〔六〕

晉哀公忌〔一〇〕

鄭哀公易
聲公子。〔七〕
蔡聲侯産
成侯子。

太宰嚭〔八〕

〔一〕師古曰：荓音步丁反。【補注】錢大昕曰：見呂覽序意篇。豫讓之友，自殺於汾水梁下。
〔二〕【補注】先謙曰：並見禮檀弓。
〔三〕【補注】先謙曰：見鄭世家，云「聲公弟」。
〔四〕【補注】錢大昕曰：見説苑敬慎篇。
〔五〕師古曰：鄭人所俘也。鄅音雋。魁，口賄反。纍音磊。【補注】先謙曰：左哀傳之鄸魁壘也。鄅，譌字。纍、壘通。晉士鄭俘，「鄭」字當衍。官本注，「磊」作「累」。
〔六〕【補注】先謙曰：官本作昭公子。見晉世家。梁玉繩云：前已列定公，當云「晉懿公，哀公子」。參校可得。
〔七〕【補注】先謙曰：見鄭世家。
〔八〕【補注】先謙曰：並見左傳，吳、越世家。
〔九〕【補注】先謙曰：見趙世家，名無恤。
〔一〇〕【補注】梁玉繩曰：六國表出公後，次哀公忌，次懿公驕，據索隱、正義。世家出公死，立昭公曾孫哀公驕。趙世家作昭公曾孫懿公驕。索隱、正義引世本云「昭公生桓子雍，雍生忌，忌生懿公驕」。與世家世系合。是忌乃驕之父，早死未立。哀公或追謚也。後晉幽公注云「懿公子」，而不列懿公，蓋傳寫脱去。
〔一一〕【補注】梁玉繩曰：子服它生椒，椒生回，回生何。表獨缺回一代，此必回也。列哀公時，在子服景伯後，或傳寫失次。回謚昭伯，見左傳。錢大昕曰：魯繆公臣有子服厲伯，見論衡非韓篇。藝文志有子晚子，晚、服字形亦相似。

			知過[一]	燕考公 三十一世。[二]		智伯[三]		
		惠子[四]	鮑焦[五]	魏桓子 獻子曾孫。[六]		齊宣公 平公子。[七]	蔡侯齊 爲楚所滅。[八]	
			墨翟[九]					
		公房皮[一〇]	禽屈釐[一一]	韓康子 貞子子。[一二]		蔡元侯 聲侯子。[一三]	杞簡公春 爲楚所滅。[一四]	

[一] 師古曰：即知果。【補注】先謙曰：見趙策、晉語。

[二]【補注】先謙曰：見燕世家。「考」作「孝」，官本「公」下多「桓」字。

[三]【補注】先謙曰：見左傳、趙世家。

[四]【補注】梁玉繩曰：即司寇惠子，見檀弓。

[五]【補注】梁玉繩曰：見燕、趙策，韓詩外傳一。

[六]【補注】先謙曰：見魏世家。

[七]【補注】先謙曰：見齊世家，名積。

[八]【補注】先謙曰：並見蔡世家。

[九]【補注】梁玉繩曰：見齊策、孟荀傳。

[一〇]【補注】梁玉繩曰：廣韻注：楚公子房之後。或云御覽八百二十八引尸子有宋公歛皮，疑是此人。「房」字譌。

[一一] 師古曰：即禽滑釐者是也。屈音其勿反，又音豆勿反。【補注】梁玉繩曰：墨翟弟子。見墨子公輸、列子湯問、莊子天下篇。先謙曰：官本注「豆」作「丘」，是。

[一二]【補注】先謙曰：見韓世家。

[一三]【補注】先謙曰：見蔡世家。

[一四]【補注】先謙曰：杞世家「哀公卒，出公敕立，出公卒，簡公立」。表脱出公一代。

				高赫〔一〕	田襄子	衞悼公	思王叔襄	
				原過〔五〕	悼子子。〔二〕	出公叔子。〔三〕	定王子。〔四〕	
			我子	任章〔六〕	魯悼公	衞敬公	周考哲王嵬	
			田俅子〔一〇〕		出公子〔七〕	悼公子〔八〕	思王弟〔九〕	
				中山武公	燕成公	西周桓公		
			隨巢子	周桓公子。〔一一〕	三十二世。〔一二〕	考王弟〔一三〕	秦懷公	
				韓武子	秦躁公		躁公立〔一四〕	
				康子子。〔一五〕	厲公子〔一六〕			

〔一〕【補注】梁玉繩曰：見韓子難一，淮南氾論、人間，説苑復恩篇。趙襄子臣。先謙曰：世家作高共。徐廣云：一作「赫」。

〔二〕【補注】先謙曰：見田齊世家，名盤。錢大昕云：襄子即田常之子。常謚成，非悼。

〔三〕【補注】先謙曰：見左傳、衞世家，名黚。梁玉繩云：「子」是「父」之誤。

〔四〕【補注】先謙曰：周紀「定王崩，子哀王去疾立三月，弟叔襲殺哀王自立」。表蓋以哀王即位日淺，故不載。

〔五〕【補注】錢大昭曰：趙襄子臣。見趙世家。

〔六〕【補注】錢大昕曰：魏桓子臣。見魏策、韓子説林篇。

〔七〕【補注】先謙曰：見左傳、魯世家，名寧。王鳴盛云：悼公，哀公子也。疑出公即哀公。哀卒於越，故以號之。

〔八〕【補注】先謙曰：見衞世家，名弗。

〔九〕【補注】先謙曰：並見周紀。「周」字衍。梁玉繩云：此表考王曰考哲，安王曰元安，烈王曰夷烈，顯王曰顯聖，皆二字謚，不知何出。

〔一〇〕師古曰：俅音求。

〔一一〕【補注】先謙曰：見趙世家。

〔一二〕【補注】先謙曰：見燕世家。

〔一三〕【補注】先謙曰：見周紀，名揭。考王封之河南。

〔一四〕【補注】先謙曰：見秦紀。「立」字誤。官本作「子」。梁玉繩云：當爲躁公弟。

〔一五〕【補注】先謙曰：見韓世家。

〔一六〕師古曰：躁音千到反。【補注】先謙曰：見秦紀。

			胡非子〔一〕			魯元公 悼公子。〔二〕	衛懷公 敬公弟。〔三〕	
				公季成〔四〕				
		段干木	魏文侯 桓子孫。〔五〕			周威公 桓公子。〔六〕		
				司馬庚〔七〕	趙獻侯 襄子兄孫。〔八〕		周威烈王 考王子。〔九〕	
		田子方〔一〇〕		司馬喜〔一一〕				
		甯越〔一二〕	李克		趙桓子 襄子弟。〔一三〕		鄭幽公 共公子。〔一四〕	

〔一〕【補注】先謙曰：我子下見藝文志墨家。

〔二〕【補注】先謙曰：見魯世家，名嘉。

〔三〕【補注】先謙曰：見衛世家，名亹，被弒。梁玉繩云：懷公上爲敬公，子昭公糾在位六年，懷公弒之。表脱昭公。懷爲敬弟，史無明文，未詳所出。

〔四〕【補注】錢大昕曰：魏文侯母弟，見新序四。

〔五〕【補注】先謙曰：見魏世家，名都。

〔六〕【補注】先謙曰：「周」上脱「西」字。見周紀。

〔七〕【補注】錢大昕曰：見淮南修務篇。注云，秦大夫，或作唐。

〔八〕【補注】先謙曰：見趙世家，名浣。兄，伯魯也。

〔九〕【補注】先謙曰：見周紀。「周」字衍。名午。

〔一〇〕【補注】先謙曰：並見魏世家，爲文侯師。

〔一一〕【補注】先謙曰：見中山策。三相中山。

〔一二〕【補注】梁玉繩曰：見呂覽不廣、博志諸篇。中牟人。學十五歲而周威公師之。

〔一三〕【補注】先謙曰：見趙世家。

〔一四〕【補注】先謙曰：見鄭世家，名巳。

		太史屠黍〔二〕	魏成子〔三〕		東周惠公　威公子。〔一〕			
		翟黃〔七〕	躬吾君〔八〕		楚簡王　惠王子。〔四〕	秦靈公　懷公孫。〔六〕	宋昭公　景公子。〔五〕	
		任座〔一二〕		司馬期〔九〕	燕愍公　三十三世。〔一〇〕		晉幽公　懿公子。〔一一〕	

〔一〕【補注】先謙曰：周紀「威公卒，子惠公立，乃封其少子於鞏，號東周惠公」。此注「威公子」，則東當作西。蓋表西周惠公（威公子）下，當別有東周惠公（惠公子）一條，傳寫誤删併爲一。下四等有西周武公，是西周惠公之子。表不應缺西周惠公一代，尤其明證矣。

〔二〕【補注】錢大昕曰：見呂覽先識篇，晉出公之太史。説苑權謀篇作屠餘。

〔三〕【補注】先謙曰：並見魏世家。梁玉繩云：公季成在五等，即魏成子也。疑「成」當作「文」。魏文子相襄王，見魏策。表誤列文侯時耳。

〔四〕【補注】先謙曰：見楚世家，名中。

〔五〕【補注】先謙曰：見宋世家。梁玉繩云：左哀二十六年傳名得。世家作「特」。據傳，景公無子，取得與啓畜諸宮。景公卒，先立啓，後立得。世家謂特殺太子自立，此又以昭爲景子，三書不同。

〔六〕【補注】先謙曰：見秦紀。

〔七〕【補注】梁玉繩曰：見呂覽下賢、自知篇，韓子内儲説下，魏世家。文侯上卿。

〔八〕【補注】梁玉繩曰：番吾君見趙世家。古文「番」作「⿴囗米」，遂誤爲「躬」字。

〔九〕【補注】梁玉繩曰：見中山策、韓子難言「死而浮於江」。翟云升曰：説苑正諫篇作「司馬子綦」。

〔一〇〕【補注】先謙曰：見燕世家。

〔一一〕【補注】先謙曰：名柳。梁玉繩云：世家誤以爲哀公子。

〔一二〕師古曰：座音才戈反。【補注】梁玉繩曰：見呂覽自知篇，魏文侯直臣。案任座無作「痤」者，顏音非。

李悝〔三〕
趙倉堂〔七〕
屈侯鮒〔一一〕
西門豹〔一二〕

牛畜
荀訢
徐越〔九〕

趙公中達〔一〕
田大公和〔四〕
秦簡公 厲公子。〔八〕
韓景侯虔 武侯子。〔一三〕

樂陽〔二〕
趙烈侯 獻侯子。〔五〕
燕釐公 三十四世。〔一四〕

衛慎公 敬公子。〔六〕
楚聲王 簡王子。〔一〇〕

〔一〕【補注】先謙曰：趙世家「公仲連相烈侯」。「達」是「連」形近誤字。
〔二〕師古曰：即樂羊也。【補注】先謙曰：見秦、魏、中山策，樂毅傳。
〔三〕師古曰：悝音口回反。【補注】梁玉繩曰：見呂覽驕恣篇、孟荀傳，魏文侯相。
〔四〕【補注】先謙曰：田齊世家「襄子卒，子莊子白立，莊子卒，和立」。表脱莊子一代，又脱注文「莊子子」三字。
〔五〕【補注】先謙曰：見趙世家，名籍。
〔六〕【補注】先謙曰：見衛世家，名頹。官本列在七等。梁玉繩云：慎公父公子適，適父敬公。當作敬公孫。
〔七〕【補注】錢大昕曰：即趙倉唐，見魏世家、武侯傳。
〔八〕【補注】先謙曰：見秦紀。翟云升云：「厲」當作「懷」。
〔九〕【補注】先謙曰：牛畜下見趙世家。
〔一〇〕【補注】先謙曰：見楚世家，名當。
〔一一〕【補注】梁玉繩曰：見魏世家、説苑臣術篇，「鮒」作「附」。
〔一二〕【補注】梁玉繩曰：見魏策、呂覽樂成篇，鄴令。
〔一三〕【補注】先謙曰：見韓世家，武侯當爲武子。
〔一四〕【補注】先謙曰：見燕世家。

	子思〔七〕	公儀休〔二〕	魯穆公 元公子。〔三〕	孫子〔五〕	秦惠公 簡公子。〔四〕	晉列侯 幽公子。〔六〕	元安王驍 威烈王子。〔一〕	
		泄柳	費惠公〔九〕	南宮邊〔一〇〕	趙武公 列侯弟。〔一一〕	宋悼公 昭公子。〔一三〕	鄭繚公駘〔八〕	
		申詳〔一二〕	顏敢〔一四〕	列子〔一五〕				

〔一〕【補注】先謙曰：見周紀。梁玉繩云：史名驕，疑「驍」之誤。

〔二〕【補注】先謙曰：有列傳。

〔三〕【補注】先謙曰：見魯世家，名顯。

〔四〕【補注】先謙曰：見秦紀。此又一惠公。

〔五〕【補注】錢大昕曰：藝文志道家有孫子十六篇，六國時人，非兵家。兩孫子也。梁玉繩曰：見莊子達生篇，名休。

〔六〕【補注】先謙曰：列侯當作「烈公」，見晉世家，名止。

〔七〕【補注】先謙曰：孔子孫，名伋。見孔子世家。表無伯魚，亦必栞本脱漏。

〔八〕師古曰：繚音聊。駘音臺。【補注】先謙曰：見鄭世家，幽公弟。梁玉繩云：史作繻公，集解「繻」或作「繚」，皆謚法所無，疑「繆」字之譌。

〔九〕師古曰：費音祕。【補注】梁玉繩曰：困學紀聞云，即魯季氏之僭。

〔一〇〕【補注】錢大昕曰：魯穆公時人。説苑至公篇作「南宮邊子」。

〔一一〕【補注】先謙曰：見趙世家。

〔一二〕【補注】先謙曰：並見孟子。

〔一三〕【補注】先謙曰：見宋世家，名購由。

〔一四〕【補注】錢大昕曰：「敢」乃「般」之形近誤字。

〔一五〕【補注】梁玉繩曰：見列子書楚策、莊子諸篇，名禦寇。

等	人物
一	
二	
三	
四	王慎〔一〕　長息　公明高〔六〕　嚴仲子〔九〕　聶政〔一二〕
五	魏武侯 文侯子。〔七〕
六	韓列侯 景侯子。〔四〕　吳起〔八〕　韓文侯〔一〇〕　趙敬侯 列侯子。〔一三〕
七	楚悼王 聲王子。〔二〕　韓相俠絫〔一一〕　宋休公 悼公子。〔一四〕
八	
九	鄭相駟子陽〔三〕　齊康公 爲田氏所滅。〔五〕

〔一〕【補注】梁玉繩曰：慎、順古字通。

〔二〕【補注】先謙曰：見楚世家，名疑。

〔三〕【補注】先謙曰：見鄭世家。

〔四〕【補注】先謙曰：見韓世家，名取。官本「列」作「烈」。

〔五〕【補注】先謙曰：見齊世家。

〔六〕【補注】先謙曰：費惠下見孟子。

〔七〕【補注】先謙曰：見魏世家，名擊。

〔八〕【補注】先謙曰：有列傳。

〔九〕【補注】先謙曰：見韓世家、聶政傳。疑不在四等。

〔一〇〕【補注】錢大昭曰：南監本、閩本俱有「列侯子」三字。先謙曰：官本有三字，見韓世家。

〔一一〕【補注】先謙曰：見韓世家、刺客傳。

〔一二〕【補注】先謙曰：有列傳。

〔一三〕【補注】先謙曰：見趙世家，名章。官本「列」作「烈」。

〔一四〕【補注】先謙曰：見宋世家，名田。

			聶政姊〔一〕	陽成君〔二〕	魏惠王武王子。〔三〕	晉孝公列公子。〔四〕	韓哀侯文侯子。〔五〕	
			孟勝	大監突〔六〕		秦出公惠公子。〔七〕		
			徐弱〔八〕	徐子〔一一〕	齊桓侯和子。〔九〕			鄭康公乙爲韓所滅。〔一〇〕
			白圭〔一二〕			楚肅王悼王子。〔一三〕		

〔一〕【補注】先謙曰：見政傳。

〔二〕【補注】錢大昕曰：荆臣。見呂覽上德篇。「成」作「城」。

〔三〕【補注】先謙曰：武王當作武侯，見魏世家，名罃。

〔四〕【補注】先謙曰：見晉世家，名頎。列、烈同。

〔五〕【補注】先謙曰：見韓世家。

〔六〕【補注】錢大昕曰：秦大夫。見呂覽當賞篇。

〔七〕【補注】先謙曰：秦紀作出子。

〔八〕【補注】錢大昕曰：並見呂覽上德篇。孟勝墨者，爲荆之陽成君而死，其弟子徐弱亦死之。

〔九〕【補注】先謙曰：見田齊世家，名午。「侯」當作「公」。官本「子」上多「侯」字。

〔一〇〕【補注】先謙曰：見鄭世家。

〔一一〕【補注】錢大昕曰：魏策所謂外黄徐子也，說太子申勿戰者。藝文志儒家有徐子四十二篇。

〔一二〕【補注】梁玉繩曰：七國前後兩白圭。貨殖傳之白圭當魏文侯時，爲魏取中山。此周人，白姓圭名。呂覽載白圭與惠施、孟嘗問荅，韓子言白圭之行隄，塞其穴，無水難。魏策載二事在魏昭王時，此魏人白姓、丹名、圭字。表列孟子、魏惠王之閒，爲魏白圭無疑。惟趙岐、高誘誤注周人。法言云「子之治産不似丹圭」，已先錯矣。

〔一三〕【補注】先謙曰：見楚世家，名臧。

孟子〔一〕
鄒忌　孫臏〔五〕　田忌〔一一〕
齊威王田恒侯子。〔二〕　章子〔一〇〕
趙成侯敬侯子。〔三〕　燕桓公三十五世。〔七〕　秦獻公靈公子。〔一三〕
韓懿侯哀侯子。〔六〕　魯共公繆公子。〔八〕　龐涓〔一二〕
周夷烈王喜元安王子。〔九〕
晉靖公任伯爲韓、魏所滅。〔四〕

〔一〕【補注】先謙曰：有列傳。

〔二〕【補注】先謙曰：見田齊世家，名因齊。官本注「恒」作「桓」，是。「侯」當作「公」。

〔三〕【補注】先謙曰：見趙世家，名種。

〔四〕【補注】先謙曰：見晉世家，名俱酒。此作任伯，形近致誤。梁玉繩云：三晉分其地，表不列趙，似脱。

〔五〕師古曰：臏音頻忍反。

〔六〕【補注】先謙曰：見韓世家。

〔七〕【補注】先謙曰：見燕世家。

〔八〕【補注】先謙曰：見魯世家，名奮。

〔九〕【補注】先謙曰：見周紀。「周」字衍。

〔一〇〕【補注】先謙曰：見孟子、齊策，即匡章。

〔一一〕【補注】先謙曰：鄒忌下見齊策、田齊世家。

〔一二〕師古曰：涓音工玄反。【補注】先謙曰：見魏、田齊世家。

〔一三〕【補注】先謙曰：見秦紀。

一			
二			
三	趙良〔七〕		
四	太史儋〔三〕	商鞅〔八〕	申子〔一〇〕
五	大成午〔一〕	甘龍	杜摯〔一二〕
六	趙肅侯 成侯子。〔四〕	秦孝公 獻公子。〔六〕	韓昭侯 懿侯子。〔一一〕
七	宋辟公 休公子。〔二〕	衛聲公 慎公子。〔五〕	楚唐蔑〔九〕
八			
九			

〔一〕【補注】先謙曰：韓策亦作「成」，趙世家作「大戊午」。徐廣云：「戊」一作「成」，則「成」字是。

〔二〕【補注】先謙曰：見宋世家，名辟兵。

〔三〕【補注】先謙曰：見周、秦紀，老子傳。

〔四〕【補注】先謙曰：見趙世家。

〔五〕【補注】先謙曰：見衛世家，名訓。

〔六〕【補注】先謙曰：見秦紀。

〔七〕【補注】先謙曰：見商君傳。

〔八〕【補注】先謙曰：有列傳。梁玉繩云：疑不在中上。

〔九〕【補注】先謙曰：見楚、韓世家。「蔑」即「薎」，亦作「眛」。

〔一〇〕【補注】先謙曰：有列傳，名不害。

〔一一〕【補注】先謙曰：見韓世家。

〔一二〕【補注】錢大昕曰：皆秦臣，並見商君傳。

				子桑子〔三〕	燕文公 桓公子。三十六世〔一〕	衛成公 聲公子。〔二〕	周顯聖王扁 夷烈王子。〔四〕	
			屈宜咎〔五〕	被雍〔六〕	安陵繵〔七〕	楚宣王 肅王子。〔八〕		
			鐸椒〔九〕	昭奚恤〔一〇〕			宋剔成君 辟公子。〔一一〕	
			鄭敖子華〔一二〕	江乙〔一三〕	蘇秦			

〔一〕【補注】先謙曰：見燕世家。梁玉繩云：文爲桓子，史無其文。

〔二〕【補注】先謙曰：見衛世家，名速。「公」當爲「侯」。

〔三〕【補注】錢大昕曰：若是子桑伯子，似時代不當在此。翟云升曰：疑呂覽寡爲篇子華子之譌。或荀子正論篇「子宋子」之譌。宋子，宋牼也。

〔四〕師古曰：扁音篇。【補注】先謙曰：見周紀。

〔五〕【補注】梁玉繩曰：韓世家作「臼」，説苑權謀篇作「咎」。

〔六〕【補注】翟云升曰：即吳越春秋夫差内傳之被離，離、雍形近而誤。

〔七〕師古曰：「繵」即「纏」字也。【補注】梁玉繩曰：見説苑權謀篇，即燕策之楚安陵君壇也。

〔八〕【補注】先謙曰：見楚世家，名良夫。梁玉繩云：「子」當爲「弟」。

〔九〕【補注】先謙曰：見十二侯表、藝文志，傳左傳者。

〔一〇〕【補注】先謙曰：見楚策。官本脱「奚」字。

〔一一〕【補注】先謙曰：見宋世家。

〔一二〕【補注】梁玉繩曰：莫敖子華見楚策。它本作「鄚」，又作「鄭」，尤誤，與史扁鵲傳譌「鄚」作「鄭」同。舊唐志開元十三年，以「鄚」類「鄭」字，改爲「莫」，遂誤「莫」、「鄚」爲同字矣。

〔一三〕【補注】先謙曰：見楚策。梁玉繩云：韓子七術作「江乞」。

史舉〔六〕
閭丘光〔八〕

沈尹華〔一〕
馮赫〔七〕
淳于髡〔九〕
昆辯〔一二〕

張儀〔二〕
齊宣王辟彊　威王子。〔四〕
靖郭君〔一一〕
於陵子中〔一四〕

魯康公〔三〕
魯景公　康公子。〔一〇〕
唐尚〔一三〕

嚴蹻〔五〕

〔一〕【補注】錢大昕曰：見呂覽去宥篇「荆威王學書於華」。
〔二〕【補注】先謙曰：並有列傳。
〔三〕【補注】先謙曰：見魯世家，名屯。錢大昕云：當有「共公子」三字。
〔四〕【補注】先謙曰：見田齊世家。
〔五〕師古曰：蹻音居略反。【補注】先謙曰：見西南夷傳。
〔六〕【補注】錢大昕曰：上蔡監門，甘茂師事之。見楚策。
〔七〕【補注】錢大昕曰：楚策有馮郝説楚王，蓋即其人。梁玉繩曰：東周策、趙策有仇赫，元作「郝」，秦策公孫郝元作「赫」，可互證。
〔八〕【補注】錢大昕曰：即閭丘先生也，齊宣王時人。見説苑善説篇。孫志祖曰：「光」乃「先」之譌。漢人稱先生，每單稱先。
〔九〕【補注】先謙曰：有列傳。
〔一〇〕【補注】先謙曰：見魯世家，名匽。
〔一一〕【補注】先謙曰：見齊策、孟嘗君傳。齊威王子，孟嘗父田嬰。
〔一二〕師古曰：齊人也。靖郭君所善，見戰國策。而呂覽作劇貌辯。【補注】錢大昕曰：「昆」當作「皃」，古「貌」字。呂覽「劇」乃「劑」之譌。國策「劑」作「齊」。先謙曰：官本「善」、「見」倒。
〔一三〕【補注】錢大昕曰：見呂覽士容篇。
〔一四〕【補注】先謙曰：見齊策、孟子。官本「子中」作「中子」，是。

					司馬錯〔一〕	秦惠王 孝王子。〔二〕	楚威王〔三〕	
					犀首〔四〕			
				閭丘卬〔五〕	公中用〔六〕	魏襄王 惠王子〔七〕	衛平公 成公子。〔八〕	
				顏斶〔九〕	史起〔一〇〕			
					蕩疑〔一一〕	韓宣王 昭王子。〔一二〕	衛嗣君 平公子。〔一三〕	慎靚王〔一四〕
				王升〔一五〕				

〔一〕【補注】先謙曰：見秦策、秦紀。

〔二〕【補注】先謙曰：秦紀亦作惠文君。孝王當作孝公。

〔三〕【補注】先謙曰：見楚世家，名商。梁玉繩云：當有「宣王子」三字。

〔四〕【補注】先謙曰：即公孫衍，有列傳。

〔五〕【補注】錢大昕曰：見新序五。年十八，道遮齊宣王求仕。

〔六〕【補注】錢大昕曰：即韓策公仲朋也。「用」是「朋」之譌。

〔七〕【補注】先謙曰：見魏世家，名赫。

〔八〕【補注】先謙曰：見衛世家。兩「公」字當爲「侯」。

〔九〕師古曰：斶音觸。【補注】先謙曰：見齊策。

〔一〇〕【補注】先謙曰：見呂覽樂成篇，亦見溝洫志。

〔一一〕師古曰：即薄疑也。【補注】先謙曰：見呂覽務本、韓子七術篇。王念孫云「蕩」是「薄」之譌。雖姓亦有蕩，然據元和姓纂薄姓下引風俗通云「衛賢人薄疑」，則當作「薄」明矣。它書亦無作「蕩疑」者。

〔一二〕【補注】先謙曰：見韓世家，即宣惠王。「昭王」當作「昭侯」。

〔一三〕【補注】先謙曰：見衛世家。

〔一四〕【補注】先謙曰：見周紀，名定。王念孫云：各本皆脱「顯王子」三字，當依景祐本補。

〔一五〕【補注】錢大昕曰：齊策所謂王斗先生也。古文「斗」作「升」字，每相亂。

			尹文子〔一〕	魏哀王 襄王子。〔二〕	燕易王 三十七世。〔三〕	魯平公 景公子。〔四〕	越王無彊 句踐十世，爲楚所滅。〔五〕	
			番君〔六〕					
			唐易子〔七〕	韓襄王 宣王子。〔八〕	周昭文君〔九〕	燕王噲 三十八世。〔一〇〕		
			如耳〔一一〕		赧王延 慎靜王子。〔一二〕			

〔一〕【補注】錢大昕曰：藝文志名家有尹文子，説齊宣王。

〔二〕【補注】先謙曰：見魏世家。

〔三〕【補注】先謙曰：見燕世家。

〔四〕【補注】先謙曰：見魯世家，名叔。

〔五〕【補注】先謙曰：越世家：句踐卒，子鼫與立。卒，子不壽立。卒，子翁立。卒，子翳立。卒，子之侯立。卒，子無彊立。表不具載。「十」爲「七」字之譌。

〔六〕【補注】翟云升曰：見高帝紀，當在秦時。先謙曰：吴芮漢臣，不當入表，存疑。

〔七〕【補注】梁玉繩曰：見韓子外儲説右上，載二説，一云田子方問弋於唐易鞠，一齊宣王問弋於唐易子。疑唐易是氏，前後兩人。

〔八〕【補注】先謙曰：見韓世家，名倉。

〔九〕【補注】梁玉繩曰：見吕覽〔諭〕〔論〕大、報更、務大諸篇。亦曰「周文君」，見東周策。

〔一〇〕【補注】先謙曰：見燕世家，易王子。

〔一一〕【補注】錢大昕曰：見秦策，魏世家，韓子七術、外儲説右。

〔一二〕【補注】先謙曰：「赧」同「赧」。見周紀。錢大昕云：周自思王以後，七傳皆在第八，不應赧王轉列六等。故知此葉大率誤超二格。官本「靜」作「靚」，字同。

屈原[三]　漁父[一四]

昭廷[一〇]

西周武公[一]　陳軫[八]　占尹[一一]　應豎[一五]

蘇代　蘇厲[六]　宋遺[一二]　上官大夫[一六]

馬犯[七]　周景[九]　令尹子椒

子之[二]　楚懷王 威王子。[四]　靳尚[一三]

夫人鄭袖[五]

[一]【補注】先謙曰：見周紀。當有「惠公子」三字。

[二]【補注】先謙曰：見燕世家、竹書。錢大昕云：燕噲王宜居下下。即楚懷、靳尚亦當與鄭袖同等，而誤入第七。蓋此數行刊本差錯，均應退下兩格。

[三]【補注】先謙曰：有列傳。

[四]【補注】先謙曰：見楚世家，名槐。

[五]【補注】先謙曰：見楚策，懷王之幸夫人。但稱夫人，無所繫屬，亦楚懷本列九等之確證。

[六]【補注】先謙曰：並見國策，蘇秦弟。

[七]【補注】錢大昕曰：見周紀。

[八]【補注】先謙曰：有列傳。

[九]【補注】錢大昕曰：當作周最，亦見周紀。翟云升曰：或秦始皇紀贊「翟景」之譌。

[一〇]【補注】梁玉繩曰：即楚懷王良臣昭過也。廷、過字形近而誤。

[一一]【補注】錢大昕曰：當是楚詞之太卜鄭詹尹也。周壽昌曰：文選「四五詹兔缺」，李注「詹」與「占」同，古字通。考異「詹」作「占」。特楚詞卜居之詹尹，乃楚人，鄭詹尹別一人也，亦不同時。

[一二]【補注】錢大昕曰：見楚世家，懷王時勇士。

[一三]【補注】先謙曰：見楚策。

[一四]【補注】先謙曰：見屈原傳。

[一五]【補注】先謙曰：官本作「應豎」。翟云升云：疑即周策「陽豎」。

[一六]【補注】先謙曰：見屈原傳。梁玉繩云：新序節士篇以上官即靳尚，非是。錢大昕云：當在第七格。

			秦武王惠王子〔三〕。	烏獲〔四〕	子蘭〔一〕	魏昭王哀王子〔二〕。		
				軋子	孟説〔五〕		趙武靈王肅侯子。	
				聅子〔六〕		魯愍公平公子〔七〕。		
		樗里子〔八〕	任鄙〔九〕					
			公羊子	沈子〔一〇〕	戚子〔一一〕		李兑	
					根牟子〔一二〕	楚頃襄王懷王子〔一三〕。	田不禮	

〔一〕【補注】錢大昕曰：並見新序節士篇，作令尹子蘭、司馬子椒。梁玉繩曰：當在下下。

〔二〕【補注】先謙曰：見魏世家。「哀」當作「襄」。

〔三〕【補注】先謙曰：見秦紀。錢大昕云：武王、任鄙、烏獲皆宜與孟説同等。

〔四〕【補注】先謙曰：見孟子、秦紀。

〔五〕師古曰：説讀曰悦。【補注】先謙曰：見秦紀。

〔六〕師古曰：聚字也。【補注】錢大昕曰：疑即治春秋之夾氏、鄒氏也，軋、夾，聅、鄒音近。翟云升曰：字書聅與熧同，無聚字之説。

〔七〕【補注】先謙曰：見魯世家，作「文公」。索隱、世本作「湣公」。

〔八〕師古曰：樗音丑於反。【補注】先謙曰：有列傳，名疾。秦庶長。

〔九〕【補注】先謙曰：見秦紀，秦力士。

〔一〇〕師古曰：魯人也，善春秋。【補注】梁玉繩曰：見穀梁、公羊傳，稱子沈子。

〔一一〕【補注】翟云升曰：元和姓纂「戚子著書未知所本」。梁玉繩曰：「戚」疑「臧」之譌。齊伐宋，宋使臧子索救於荆，料荆王不至。見宋策。

〔一二〕【補注】錢大昕曰：根牟子受詩於孟仲子，傳孫卿。見經典釋文。案高子、仲梁子傳詩在四等，沈子輩傳春秋在五等，此在六等，有譌。梁玉繩曰：廣韻注，根牟子古賢者，著書。出風俗通。

〔一三〕【補注】先謙曰：見楚世家，名横。

	肥義〔一〕	甘戊〔九〕	穀梁子〔二〕	北宮子	申子〔三〕	衞懷君嗣君子。〔六〕	代君章〔四〕	宋君偃爲齊所滅。〔一七〕
		滕文公〔一四〕	萬章	魯子	慎子〔五〕	齊襄王愍王子。〔一三〕	齊愍王宣王子。〔八〕	
			告子	公扈子〔一〇〕	嚴周〔七〕		淖齒〔一六〕	
			薛居州	尸子〔一五〕	惠施〔一一〕			
			樂正子		公孫龍〔一二〕			

〔一〕【補注】先謙曰：並見藝文志。

〔二〕【補注】先謙曰：見趙世家。錢大昕云：肥義在二等，非班元文。以孔父、仇牧、荀息之例證之，可見。

〔三〕【補注】梁玉繩曰：申不害已列四等，呂覽審應篇有周申向亦稱申子，乃不害之族。疑此是。

〔四〕【補注】先謙曰：武靈王下見趙世家。

〔五〕【補注】先謙曰：見孟荀傳，名到。

〔六〕【補注】先謙曰：見衞世家。

〔七〕【補注】先謙曰：有列傳。

〔八〕【補注】先謙曰：見田齊世家，名地。

〔九〕【補注】先謙曰：即甘茂，有列傳，下蔡人。梁玉繩云：説苑雜言篇作「戊」，古通。案官本作「甘茂」。

〔一〇〕【補注】先謙曰：北宮子下見公羊傳。錢大昕云：以上皆傳春秋者。

〔一一〕【補注】梁玉繩曰：見楚、魏策，莊子天下篇，荀子非十二子篇。

〔一二〕【補注】梁玉繩曰：見孟荀傳，趙策，列子仲尼篇，莊子秋水、天下篇。

〔一三〕【補注】先謙曰：見田齊世家，名法章。

〔一四〕【補注】先謙曰：見孟子。錢大昕云：魏文侯、魯繆公、費惠公、燕昭王皆四等，文公亦當與彼同科。此刊本之誤。

〔一五〕【補注】梁玉繩曰：見穀梁傳，名佼。商君師之。鞅死，佼逃入蜀。見藝文志。

〔一六〕師古曰：淖音女教反。字或作「卓」。【補注】先謙曰：見田齊世家。

〔一七〕【補注】先謙曰：見宋世家。

				捷子〔一〕	魏公子牟〔二〕			
			高子〔三〕	鄒衍〔四〕				
			仲梁子〔五〕	田駢〔六〕	狐爰〔七〕			
		公孫丑〔八〕		惠盎〔九〕				
			孔穿 子思玄孫。〔一〇〕	王孫賈〔一一〕				
			王歜〔一二〕	宋玉〔一三〕	唐勒			
				嚴辛〔一四〕	景瑳〔一五〕			

〔一〕【補注】錢大昕曰：捷與接同，見孟荀傳、藝文志，齊人。

〔二〕【補注】梁玉繩曰：見趙策、列子仲尼、莊子秋水、荀子非十二子篇。

〔三〕【補注】先謙曰：萬章下見孟子。

〔四〕【補注】先謙曰：見田齊世家、孟荀傳，齊人。

〔五〕【補注】梁玉繩曰：見禮檀弓、韓子顯學篇。儒分爲八，有仲梁氏之儒。

〔六〕【補注】梁玉繩曰：見齊策、莊子天下、荀子非十二子篇、孟荀傳，齊人。

〔七〕師古曰：即狐咺也。齊人。見戰國策。【補注】梁玉繩曰：見齊策、呂覽貴直篇。閔王斮之。

〔八〕【補注】先謙曰：見孟子。梁玉繩云：孟子弟子以樂正子爲首，表置樂正四等，丑居第三，恐亦刊本誤升一格。

〔九〕【補注】梁玉繩曰：見列子黄帝、呂覽順説篇，宋人。淮南道應篇作「惠孟」。

〔一〇〕【補注】先謙曰：見孔子世家。

〔一一〕【補注】先謙曰：見齊策。年十五，與市人殺淖齒。

〔一二〕師(言)〔古〕曰：歜音觸。【補注】錢大昕曰：即田單傳齊人王蠋也。説苑立節篇亦作「歜」。

〔一三〕【補注】先謙曰：見屈原傳。王逸楚詞注，原弟子。

〔一四〕【補注】先謙曰：楚策之莊辛。

〔一五〕師古曰：瑳音子何反。即景差也。【補注】先謙曰：並見屈原傳。

			樂毅〔七〕		
燕昭王三十九世。噲子。〔一〕	郭隗〔八〕	白起〔一一〕	田單〔一二〕	趙奢〔一五〕	
范雎〔二〕	蘇不釋〔五〕	葉陽君〔九〕	涇陽君〔一三〕		
秦昭襄王武王弟。〔六〕	穰侯〔一四〕	趙惠文王武靈王弟。〔一六〕			
燕惠王四十世，昭王子。〔三〕	韓釐王襄王子。〔一〇〕				
騎劫〔四〕					

〔一〕【補注】先謙曰：見燕世家。

〔二〕【補注】先謙曰：有列傳。

〔三〕【補注】先謙曰：見燕世家。

〔四〕【補注】先謙曰：見燕世家。

〔五〕【補注】先謙曰：范燾云「表與范雎並，必蔡澤之譌也」。澤、釋古通。蔡分爲蘇、不二字。有列傳。

〔六〕【補注】先謙曰：見秦紀。

〔七〕【補注】先謙曰：有列傳。

〔八〕【補注】先謙曰：見燕策。

〔九〕【補注】錢大昕曰：即穰侯弟華陽君也。徐廣云：華，一作葉。見秦紀、穰侯傳，即（芊）〔羋〕戎。

〔一〇〕【補注】先謙曰：見韓世家，名咎。

〔一一〕【補注】先謙曰：有列傳。

〔一二〕【補注】先謙曰：有列傳。梁玉繩云：據張注，舊列第五，今在四等，乃後人因張注升之。

〔一三〕【補注】梁玉繩曰：見秦紀、穰侯傳。即公子市，秦昭王母弟。案穰侯、葉陽、涇陽及高陵君公子悝稱四貴，表不列高陵，傳寫脱之。

〔一四〕【補注】先謙曰：有列傳。

〔一五〕【補注】先謙曰：有列傳。

〔一六〕【補注】先謙曰：「弟」當爲「子」，見趙世家，名何。

			縮高〔一〕	安陸君〔二〕		魏安釐王 昭王子。〔三〕		
		廉頗〔四〕		唐雎〔五〕	陳筮〔六〕			
			公孫弘〔七〕	孟嘗君〔八〕	雍門周〔九〕	燕武成王 惠王子。〔一〇〕		
		虞卿〔一一〕		魏公子〔一二〕	范座〔一三〕			
	魯仲連〔一四〕					趙孝成王 惠文王子。〔一五〕	趙括〔一六〕	

〔一〕【補注】梁玉繩曰：見魏策，安陵人。爲其子守管，刎頸而死。

〔二〕【補注】錢大昕曰：「陸」當爲「陵」。表與唐雎並列，即魏策安陵君也。

〔三〕【補注】先謙曰：見魏世家。

〔四〕【補注】先謙曰：有列傳。錢大昕云：據張晏說，藺相如在五等，廉頗何以得列第三？世因相如升入二等，頗亦妄進之。

〔五〕【補注】先謙曰：見秦、楚、魏策。

〔六〕【補注】先謙曰：見韓世家，釐王時人。

〔七〕師古曰：齊人也，孟嘗君所使。見戰國策。【補注】梁玉繩曰：亦見呂覽不侵篇。

〔八〕【補注】先謙曰：有列傳。

〔九〕【補注】錢大昕曰：見説苑善説篇。

〔一〇〕【補注】先謙曰：見燕世家。錢大昕云：脱「四十一世」四字。

〔一一〕【補注】先謙曰：有列傳。

〔一二〕【補注】梁玉繩曰：脱「無忌」二字。先謙曰：有列傳。

〔一三〕師古曰：座音才戈反。【補注】梁玉繩曰：見魏世家。説苑善説篇作「范痤」，通用。

〔一四〕【補注】先謙曰：有列傳。

〔一五〕【補注】先謙曰：見趙世家，名丹。

〔一六〕【補注】先謙曰：見趙世家、趙奢傳。

藺相如〔五〕

朱英〔一二〕

侯嬴〔一〕

平原君〔六〕

毛遂〔一〇〕

蒙恬〔一三〕

朱亥〔二〕

春申君〔七〕

秦孝文王

昭襄王子。〔一一〕

左師觸龍〔三〕

龐煖〔九〕

燕孝王

四十二世。

武成王子。〔八〕

李園〔一四〕

韓王安

爲秦所滅。〔四〕

趙王遷

爲秦所滅。〔一五〕

〔一〕【補注】先謙曰：見魏公子傳。

〔二〕【補注】先謙曰：見魏公子傳。

〔三〕【補注】先謙曰：見趙策、趙世家。

〔四〕【補注】先謙曰：見韓世家。

〔五〕【補注】先謙曰：有列傳。梁玉繩云：據張晏注，魯連、相如在第五，後人妄進之。

〔六〕【補注】先謙曰：有列傳。

〔七〕【補注】先謙曰：有列傳。

〔八〕【補注】先謙曰：見燕世家。

〔九〕師古曰：煖音許元反。又音許遠反。【補注】先謙曰：見趙世家、李牧傳。

〔一〇〕【補注】先謙曰：見平原君傳。

〔一一〕【補注】先謙曰：見秦紀。

〔一二〕【補注】先謙曰：見楚策。錢大昭云：當與毛遂同等，誤超一格。

〔一三〕【補注】先謙曰：有列傳。

〔一四〕【補注】先謙曰：見楚策、列女傳。宜列下下。

〔一五〕【補注】先謙曰：見趙世家。錢大昕云：六國見滅，書法宜一例。楚、燕、魏、齊之君皆列九等，韓、趙不應獨殊。且王安父桓惠王，王遷父悼襄王尚在後，何以二王躐居其前。此皆刊本錯誤之顯然者。

孫卿〔四〕

王翦〔九〕

華陽夫人〔三〕
秦嚴襄王 文王子。〔五〕
吕不韋〔一四〕

楚考烈王 頃襄王子。〔一〕
韓桓惠王 釐王子。〔六〕
衛元君 懷君弟。〔一一〕

魯頃公 爲楚所滅。〔二〕
魏景湣王 安釐王子。〔七〕
趙悼襄王 孝成王子。〔一二〕

楚幽王 考烈王子。〔八〕
燕栗腹
劇辛〔一五〕

楚王負芻 爲秦所滅。〔一〇〕
燕王喜 爲秦所滅。〔一三〕

〔一〕【補注】先謙曰：見楚世家，名元。
〔二〕【補注】先謙曰：見魯世家。錢大昕云：不當列七等。
〔三〕【補注】先謙曰：見始皇紀、吕不韋傳，孝文王后。
〔四〕【補注】先謙曰：有列傳。
〔五〕【補注】先謙曰：見秦紀。梁玉繩云：文上脱「孝」字。
〔六〕【補注】先謙曰：見韓世家。
〔七〕【補注】先謙曰：見魏世家，名增。
〔八〕【補注】先謙曰：見楚世家，名悍。
〔九〕【補注】先謙曰：有列傳。錢大昕云：當與蒙恬同等。
〔一〇〕【補注】先謙曰：見楚世家。
〔一一〕【補注】先謙曰：見衛世家。
〔一二〕【補注】先謙曰：見趙世家，名偃。
〔一三〕【補注】先謙曰：見燕世家。
〔一四〕【補注】先謙曰：有列傳。
〔一五〕【補注】先謙曰：並見燕、趙世家。

			韓非〔一〕	淳于越〔二〕	秦始皇〔三〕		代王嘉爲秦所滅。〔五〕	魏王假爲秦所滅。〔七〕
			燕將渠〔四〕	李牧〔六〕	李斯〔一〇〕		秦二世胡亥〔一五〕	齊王建爲秦所滅。〔一四〕
			欒閒〔八〕	燕太子丹〔九〕	秦武陽〔一三〕			
			高漸離〔一一〕	鞠武〔一二〕				

〔一〕【補注】先謙曰：有列傳。

〔二〕【補注】先謙曰：見始皇紀，秦博士。

〔三〕【補注】先謙曰：有本紀，名政。

〔四〕【補注】先謙曰：見燕世家。

〔五〕【補注】先謙曰：見趙世家。

〔六〕【補注】先謙曰：有列傳，趙將。

〔七〕【補注】先謙曰：見魏世家。

〔八〕【補注】先謙曰：見燕策、樂毅傳。

〔九〕【補注】先謙曰：見燕世家、刺客傳。

〔一〇〕【補注】先謙曰：有列傳。

〔一一〕【補注】先謙曰：見燕策、刺客傳。史通言「漸離居五等」，今在第四，轉寫失之。

〔一二〕師古曰：鞠音居六反。【補注】先謙曰：燕丹太傅。見刺客傳。

〔一三〕【補注】先謙曰：見燕策、刺客傳。梁玉繩云：史通譏武陽居七等，今在第六，轉寫失之。

〔一四〕【補注】先謙曰：見齊世家。

〔一五〕【補注】先謙曰：見始皇紀。當列九等。

孔襄 孔鮒弟子。〔九〕

荊軻〔一〕　樊於期〔三〕　孔鮒 孔穿孫。〔八〕

項梁〔二〕　秦子嬰〔五〕　項羽〔七〕　陳勝　吳廣〔一〇〕

衞君角 爲秦所滅。〔四〕　董翳　司馬欣〔一一〕

趙高　閻樂〔六〕

〔一〕【補注】先謙曰：有列傳。梁玉繩云：史通言「軻居六等」，今列第五，轉寫失之。

〔二〕【補注】先謙曰：見始皇紀、項籍世家。

〔三〕【補注】先謙曰：見燕策、刺客傳。

〔四〕【補注】先謙曰：見衞世家。宜入九等。

〔五〕【補注】先謙曰：見始皇紀。

〔六〕【補注】先謙曰：並見始皇紀。

〔七〕【補注】先謙曰：有本紀。

〔八〕【補注】先謙曰：見孔子世家。爲陳涉博士。孔光傳「穿生順，順生鮒」。

〔九〕【補注】先謙曰：「子」字衍。見孔子世家。錢大昕云：當與孔鮒同等。此皆刊本之誤，非班意。

〔一〇〕【補注】先謙曰：並見陳涉世家。

〔一一〕【補注】先謙曰：並見項羽、高祖紀。梁玉繩云：不列章邯，蓋脱。